普通高等教育规划教材

项目管理教程

王立国　吴春雅　赫连志巍　等编著

机械工业出版社

本书以美国PMI体系为基本线索，在对项目管理方法详细介绍的基础上，重点讲解了项目管理的实用性，并结合中国的项目管理环境，就项目管理本土化建设进行了探索。同时，还介绍了公共项目管理的基本模式和项目管理资格认证体系。全书分为13章，每章后附专业术语、思考题和案例，供读者参考。

本书既可作为项目管理工程硕士教材和经济管理类专业本科生教材，也可作为从事项目管理工作的人员以及参加项目管理资格认证考试人员的参考书。

图书在版编目（CIP）数据

项目管理教程/王立国等编著．—北京：机械工业出版社，2007.11（2016.3重印）

普通高等教育规划教材

ISBN 978-7-111-22744-1

Ⅰ．项…　Ⅱ．王…　Ⅲ．项目管理－高等学校－教材　Ⅳ．F224.5

中国版本图书馆CIP数据核字（2007）第173500号

机械工业出版社（北京市百万庄大街22号　邮政编码100037）
策划编辑：曹俊玲　张敬柱　责任编辑：张敬柱　责任校对：张　嫒
封面设计：张　静　责任印制：李　洋
北京机工印刷厂印刷（三河市南杨庄国丰装订厂装订）
2016年3月第1版第8次印刷
169mm×239mm · 20.75印张 · 403千字
标准书号：ISBN 978-7-111-22744-1
定价：28.00元

凡购本书，如有缺页、倒页、脱页，由本社发行部调换

电话服务
社服务中心：(010)88361066
销售一部：(010)68326294
销售二部：(010)88379649
读者购书热线：(010)88379203

网络服务
门户网：http：//www.cmpbook.com
教材网：http：//www.cmpedu.com
封面无防伪标均为盗版

前　言

自从有了人类社会，就有了项目活动。在长期的项目实践中，人们总结了许许多多有效的方法，并有意识地对项目加以规范化、系统化，于是就有了项目管理。作为管理方法体系的一门学科——现代项目管理诞生于20世纪40年代的美国。随着社会经济的发展，项目管理已经影响到社会生产和生活的各个方面，特别是经济全球化的迅猛发展，政府、企业、国防、科研等各个组织和领域都在以项目管理方法作为提高效率、节约资金、控制时间、降低风险的有效手段。20世纪末，随着我国改革开放的不断深化，项目管理在我国掀起了热潮。可以相信，项目管理将很快在我国政府、企业、科研、国防乃至社会生活当中得到普遍推广，并发挥越来越大的作用。

目前，项目管理在我国还处在引进、消化、吸收的阶段，项目管理的本土化和创新任务还很艰巨。近几年来，已有多种项目管理类图书出版，无论是体系构建，还是内容编排，都各有千秋。本书是作者在经过五年的教学实践并在广大同学和同事的鼓励下完成的，旨在集众家之长，并结合作者的项目管理实践经验，在突出项目管理理论的系统性、实际的操作性和教学的基础性等方面进行了创新和尝试。

本书的主要特点如下：

(1) 保持系统性。本书以美国PMI体系为基本线索，保持了项目管理的知识体系的系统性，对项目管理的基本方法进行了的介绍。

(2) 便于教学。本书每章后附有思考题、专业术语和案例，使学生能够在互动中全面理解、掌握项目管理的知识、方法和体系。

(3) 突出实用性。实用性是项目管理的重要特点。作者结合自身十余年的项目管理实践经验，在阐述中总结了一些项目管理的经验和教训。

(4) 突出本土化建设。项目管理正处在引进、消化、吸收阶段，本书结合中国的项目管理环境，就项目管理本土化建设进行了探索。

(5) 掌握前沿性。本书关注项目管理发展的前沿性，如在第十三章"公共项目管理模式"中，系统地介绍了政府公共项目的治理模式。

本书参加编写的人员及具体分工如下：王立国（前言）；王立国（第一章）；赫连志巍、马莹（第二章）；王立国、李春娟（第三章）；王立国、杨健民（第四章）；刘海燕（第五章）；马宁（第六章）；潘玮炜（第七章）；王立国、吴春雅（第八章）；吴春雅、赫连志巍（第九章）；吴春雅（第十章）；王立国、王娅橦（第十一章）；李雪（第十二章）；陈坤、王娅橦（第十三章）。张亚男、孙斯亮、胡媛媛、单青分别编写了第二章、第八章和第十章的部分书稿。全书由王立国统稿。马宁承担了繁重的校稿工作。

在本书编写和出版过程中，得到了燕山大学经济管理学院院长、博士生导师宋之杰教授，博士生导师宋效中教授，公共事业管理系主任齐经民教授的鼓励和大力支持。同时本书借鉴了一些同行的研究成果和案例，在此一并表示衷心的感谢！

由于作者的水平有限，时间仓促，书中难免有疏漏和不当之处，敬请读者和同行们批评指正。

联系方式：wangliguo@ysu. edu. cn。

作者

目　录

第一章 项目管理概述

本章通过介绍项目和项目管理的概念、特点、类型，了解项目管理的基本内容、历史沿革及发展趋势，明确项目管理的效用和现实意义。

第一节 项 目

"项目"普遍存在于我们的工作和生活当中，并对我们的工作和生活发挥着重要的影响。正如美国项目管理专业资质认证委员会主席 Paul Grace 所说："在当今社会中，一切都是项目，一切也将成为项目，这是一个项目化的社会"。所以，人们非常关心项目的成功，积极探索使项目满意完成的方法。

一、项目的概念

什么是项目？项目"是为创造（完成）某一种独特的产品或服务所作的一次性努力"。

这个概念包括如下基本属性：

(1) 总体属性。从根本上说，项目实质上是一系列的活动，而不是一项工作就能够完成整个项目的目标。尽管项目是有组织进行的，但它并不是组织本身；尽管项目的结果可能是某种产品，但项目并不是产品本身。

(2) 过程属性。项目必须是临时的、一次性的、有限的任务。这是项目过程区别于其他常规"活动和任务"的基本标志，也是识别项目的主要依据。项目的工作活动是一个过程。

(3) 结果属性。项目都有一个特定目标，任何项目都有一个与以往其他任务不完全相同的目标，这一特定目标通常要在项目活动中一步一步地实现。

(4) 约束属性。项目也像其他任务一样，有资金、时间、资源等许多约束条件，项目只能在一定的约束条件下进行。这些约束条件既是完成项目的制约因素，同时也是管理项目的条件和对管理项目的要求。没有约束的任务不能够称之为项目，无休止地进行下去的任务也不是项目。

二、项目的特征

项目是具有一定属性的一类工作活动。这些活动具有许多共性，一般来说，项目这类工作任务具有如下基本特征：

(1) 一次性特征。这是项目与其他重复性的操作、运行工作的最大区别，它是有明确的起点和终点的一次性任务，即从项目整体而言，任务完成，项目即告结束。项目通常没有完全可以照搬的先例，将来也不会再有完全相同的重复。项目大多带有某种创新的性质。

（2）独特性特征。它是指每个项目的内涵（如某个型号、某种产品、某种工程、某种服务）是唯一的。任何一个项目之所以构成项目，其原因就在于它有别于其他任务的特殊要求：或者名称相同，但内容不同；或者内容基本相同，但要求不同。

（3）整体性特征。一个项目是一个整体，在按其需要配置生产要素时，必须追求高效益，做到数量、质量、结构的总体优化。

（4）生命周期性。任何项目都有其生命周期。不同项目的生命周期阶段划分不尽相同。

为便于读者对项目的理解，现对项目与非项目分别举例如下：

项目的例子：开发一种新产品或服务；实现组织结构和经营风格的一次改变；设计一种新型运输工具；开发或获取一个新的信息系统或改进原有信息系统；建造建筑物或设施；为政治机构开展一场竞选活动；实施一套新的商业程序或过程；曹妃店工业区开发等。

非项目的例子：处理索赔、订单或发票；生产某件产品；在餐馆做菜；每天在同一路线上驾驶送货车。简单地说，任何具有纯粹重复性质的事情就不是项目。

项目与非项目（或称日常运作）的区别如表 1-1 所示。

表 1-1 项目与日常工作的区别

项　目	日常工作
一次性执行	由现有系统重复进行
以目标为导向	效率和有效性
与项目经理一起的团队工作	线性管理
变更管理	保持连贯性

三、项目的生命周期

（一）项目生命周期的定义。任何项目的实现都要经历一定的阶段或工作过程，项目的实现过程一般是指为创造项目的可交付成果而开展的各种活动所形成的过程，项目的实现过程通常用项目生命周期来描述，即把项目实现过程中先后衔接的各个阶段的集合称为项目生命周期。

（二）项目生命周期的阶段

根据项目在生命周期中所表现出来的特征，我们可以把项目的一般生命周期划分为以下 3 个阶段，如图 1-1 所示。

第一个阶段是项目启动阶段。在这个阶段主要的工作任务是项目识别、项目构思和项目选择，其形成的文字资料主要有项目建议书、可行性研究报告或

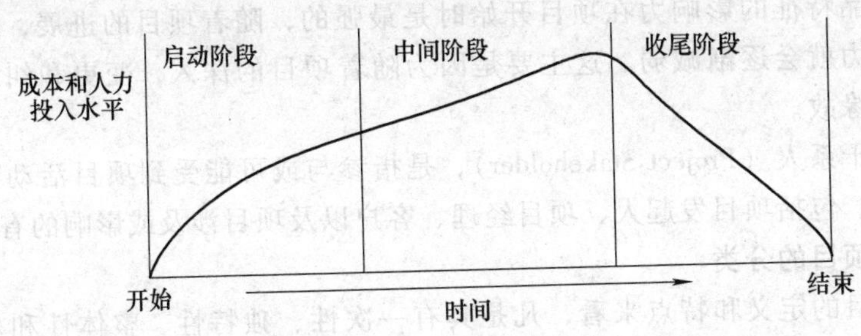

图 1-1　项目的一般生命周期

工作计划。

第二个阶段是项目实施阶段。在这个阶段主要的任务是具体实施项目计划。这一时期的管理重点是执行项目的计划书、跟踪执行过程和进行过程控制，当项目在具体的执行过程中出现偏差时，必须确保项目按照计划有序、协调地执行。同时，在这一阶段也需要根据项目的执行情况，对项目的计划进行必要修改和补充，即项目的变更控制。由此可见，项目执行阶段是项目真正意义上的开始，是顺利实现项目目标的过程。

第三个阶段是项目收尾阶段。当项目的目标已经实现，或者项目的目标不可能实现时，项目就进入了收尾阶段。收尾阶段的管理重点是项目的交接、对项目结果进行检验、项目的评价和总结、吸取经验教训，为以后的项目管理积累经验。

项目生命周期的阶段划分并不是唯一的，有的划分很笼统，有的划分很详细，而且行业不同，其生命周期阶段的划分也不同。

（三）项目生命周期的特征

在项目实现的过程中，项目生命周期的各个阶段的资源投入情况、项目风险程度、项目干系人对项目的可控性均有所不同。一般而言，典型的项目生命周期具有如下特征：

（1）项目资源的投入具有波动性。在项目启动阶段，主要投入的资源是智力劳动，而物力和财力投入比较低，花费的时间也比较少。进入项目的执行阶段后，项目的各种活动数量迅速增加，无论是人力、物力和财力的投入，还是时间的消耗，都急剧增加，达到最高峰，此后便是项目的收尾阶段，投入水平亦随之下降，直到项目的终止。

（2）项目风险程度逐渐变小。项目开始时，由于存在着很多不确定因素，成功完成项目的概率是最低的，风险和不确定性最高。随着项目的进展，不确定因素逐渐减少，成功完成项目的概率通常会逐步增加。

（3）项目干系人对项目的控制力逐渐变弱。项目干系人对项目的成本费用和项目产品特征的影响力在项目开始时是最强的，随着项目的进展，项目干系人的影响力就会逐渐减弱。这主要是因为随着项目的深入，变更和纠错成本不断增加的缘故。

项目干系人（Project Stakeholder），是指参与或可能受到项目活动影响的个体或组织。包括项目发起人、项目经理、客户以及项目涉及或影响的有关人员。

四、项目的分类

从项目的定义和特点来看，凡是具有一次性、独特性、整体性和生命周期性等特点的事情就是项目。因此，项目的种类也极其繁多。为便于进一步了解项目的本质，我们可以为项目作一个基本的分类：

按项目的性质划分，分为基本建设项目，包括改建、迁建、扩建、新建等；更新改造项目，包括设备更新、技术更新。

按项目的领域划分，分为工业、农业、国防、交通、科技、商业等。

按项目的主体划分，分为公共项目、私人项目以及准公共项目。

按项目的行为划分，分为管理项目、研发项目和建设项目。

按项目的结果划分，分为服务项目和产品项目。

第二节 项目管理

一、项目管理的概念

项目管理是指项目经理及项目组织通过共同努力，在时间、费用及功能等条件的约束下，运用科学的理论和方法对项目及其资源进行高效率的计划、组织、协调和控制，从而使项目执行的全过程处于最佳的运行状态，最终实现项目的特定目标的管理方法体系。可以从以下几个方面来进一步理解项目管理的定义：

1. 项目管理是一种管理方法体系，而不是任意的一次管理过程

项目管理不是一次的管理项目的实践过程，而是在长期实践和研究的基础上总结成的一种科学的理论方法，在不同国家、不同行业以及它自身的不同发展阶段，结构、内容及技术、手段都有一定的区别，但它最基本的方面，也就是上述定义中所规定的那些内容，则始终如一、相对固定且已形成一种被公认的专业知识。

2. 项目管理职能主要是由项目经理执行的

项目经理受项目发起人的委托，在时间、资金等约束条件下完成项目目标，有权独立进行计划、资源调配、协调和控制，他必须使组织成员成为一个工作配合默契、具有积极性和责任心的高效群体。

3. 项目管理的对象、目的

项目管理的对象是项目，即一系列的临时任务，而项目管理的主要目的是实现项目的预定目标。

4. 项目管理的职能、任务

项目管理的职能与其他管理的职能是完全一致的，即是对组织的资源进行计划、组织、协调和控制。项目管理的任务是对项目及其资源的计划、组织、协调和控制。不能将项目管理的任务与项目本身的任务混淆。

二、项目管理的特点

（一）项目管理具有创新性

因为项目本身具有不重复性、独特性的特点，因而必须发挥创新性，这也是项目管理与一般重复性管理的主要区别。任何一个项目都有不同于其他项目的地方，这种不同就要求在对项目进行管理的过程中采用特殊的方法，任何照搬别人的方法都不可能成功实现项目管理，只有创新才能实现成功。

（二）项目管理具有复杂性

项目管理是一项复杂的工作。项目一般由多个部分组成，工作跨越多个组织，需要运用多种学科的知识来解决问题；项目工作通常没有或很少有以往的经验可以借鉴，执行中有许多未知因素，每个因素又常常带有不确定性，还需要将具有不同经历、来自不同组织的人员有机地组织在一个临时性的组织内，在技术性能、成本、进度等较为严格的约束条件下实现项目目标。不确定性、综合性、交叉性决定了项目管理的复杂性。

（三）项目管理具有普遍性

由于人类社会的大部分活动都可以按项目来运作，并可实现项目管理所能实现的高效率，当代的项目管理已深入到各行各业，以不同的类型、不同的规模出现。

（四）项目管理需要专门的组织和团队

项目管理通常要跨越部门的界限，在工作中将会遇到许多不同部门的人员，因此，需要建立一个不受现存组织约束的项目组织，组建一个由不同部门专业人员组成的项目团队。

（五）项目管理具有专业性

任何行业都可以应用项目管理的方法提高效率、节省资源，但是不同行业具有不同的专业背景，因此项目管理应结合不同行业背景加以专业化训练。

三、项目管理的基本内容

项目管理综合了管理学科的基本方法，因此其内容是非常丰富、实用和全面的。

（一）项目管理基本要素

实施项目管理包括项目组织、项目团队、项目经理和项目工具四个基本要素。项目组织主要是明确项目团队与项目承接主体（如公司）之间的组织管理形式，以此确定团队的权利和义务；项目团队是实施项目的主体组织和主要完成者；项目经理是项目团队实施项目管理的负责人；项目工具是实施项目管理的技术性工具（如项目管理软件）。

（二）项目管理过程

项目管理过程一般包括启动、计划、实施、控制、收尾 5 个阶段。不同行业的项目管理阶段是不同的。这 5 个过程也只是逻辑上的划分，并不是项目管理的事实，并不存在时间上的必然顺序和职能上的截然划分。

（三）项目管理的知识体系

国际普遍认为项目管理有九大知识体系（或技能）：

1. 项目计划管理

项目计划管理是项目组织根据项目目标的规定，对项目实施工作进行的各项活动作出周密安排。它涉及项目的整体部署，是项目的微观计划，从这个意义上讲，项目计划管理又叫做项目整体管理。

2. 项目质量管理

项目质量管理是为了保证项目的可交付成果能够满足客户的需求，围绕项目的质量进行计划、协调、控制等活动，它包括项目质量规则、质量控制和质量保证。项目经理可以通过质量计划确定项目的质量，通过质量保证监测整个项目的质量，以确保项目达到既定标准，并通过质量控制检验项目的实际可交付成果是否与计划中的标准相一致。

3. 项目进度管理

项目进度管理是在项目的进展过程中，为了确保项目能够在规定的时间内按时实现项目的目标，对项目活动的进度及日程安排所进行的管理过程。它包括活动定义、活动排序、时间估算、制定项目进度计划和进度控制等。项目本身的性质决定了项目进度会有所变动。只要项目经理能控制住这些变动，就不会影响项目的竣工日期。

4. 项目成本管理

项目成本管理是为保证项目实际发生的成本低于（或等于）项目预算成本所进行的管理过程和活动。它包括资源规划、成本估算、成本预算和成本控制等。

5. 人力资源管理

人力资源管理是项目组织对该项目的人力资源所进行的科学的规划、适当的培训、合理的配置、准确的评估和有效的激励等方面的一系列管理工作，是为了保证最有效地使用参加项目者的个别能力。它包括组织规划、人员配备和团队建设。

6. 项目采购管理

项目采购管理是为达到项目的目标而从项目组织的外部获取物料、工程和服务所需的过程，它包括采购规划、询价、合同管理及合同收尾。

7. 项目风险管理

项目风险管理是通过风险识别、风险评估去认识项目的风险，并以此为基础合理地利用各种管理方法、技术和手段对项目风险实行有效的控制，妥善处理风险事件所造成的不利后果，以最少的成本保证项目总体目标的实现。它包括风险识别、风险量化、风险应对和风险控制四个过程。

8. 冲突与沟通管理

项目沟通管理是为了确保项目信息合理收集和传递，对项目信息的内容、信息传递的方式、信息传递的过程进行的全面管理。它包括沟通规划、信息分布、进度报告、收尾善后工作。

9. 项目评估

项目评估是在项目决策与实施活动中开展一系列的分析与评价活动，包括项目决策评估、阶段评估和后评估。

四、项目管理常用分析工具

项目管理是实战性极强的方法体系，是人类长期活动的智慧的结晶，它集合了各门管理科学的理论和方法，其中下面这些是常用的分析工具：

(1) 决策树（DMT）分析：制定项目决策。

(2) 德尔菲（Delphi）法：收集意见并达成一致。

(3) 力场分析：分析积极和消极的因素。

(4) SWOT 分析：确定项目战略。

(5) 财务分析：评估项目的经济效益。

(6) 敏感性分析：评估不确定因素对项目的影响。

(7) 工作分解结构（WBS）：定义项目的工作范围。

(8) 活动网络图（AND）编排工作顺序。

(9) 关键路线法（CPM）：确定项目的工期及活动的时差。

(10) 责任矩阵（RM）：人员分工。

(11) 资源平衡：优化资源。

(12) 头脑风暴法：识别项目风险。

(13) 蒙特卡罗模拟：定量分析项目风险。

(14) 过程失效模式及后果分析（PFMEA）：制定项目的风险管理计划。

(15) 自制与外购分析：制定采购决策。

(16) 质量功能展开（QED）：分析项目需求。

(17) 因果图（鱼骨图）：查明问题的原因。

（18）检查表：检查工作或者累计资料。

（19）排列图（帕累托图）：确定问题的主要原因。

（20）直方图：显示数据的分布规律。

（21）控制图：识别变差的来源。

（22）散布图（点聚图）：测量变量之间的关系。

（23）流程图：描述工作过程。

（24）收益值分析（EV，也称挣值分析）：评价项目的执行绩效。

第三节　项目管理的历史沿革与发展趋势

一、国外项目管理发展概述

项目管理有着悠久的实践历史，中国的万里长城、古埃及的金字塔、古罗马的供水渠被称为古代项目管理的典范。传统的项目和项目管理是从建筑业发展起来的，现代项目与项目管理则开始于大型国防工业。1917 年，亨利·甘特发明了著名的甘特图（“Gantt Chart”或“Bar Chart”），作为项目进度管理的重要工具，应用于车间日常的工作安排。

项目管理是在第二次世界大战后期，随着生产大型、高费用、进度要求严的复杂系统的需要而发展起来的一项重要的新管理技术。随着 CPM（关键路径法技术）和 PERT（网络计划技术）的出现和应用，它作为管理复杂活动的工具价值完全被认识。之后，项目管理在实践中得到迅速发展和不断完善，其应用领域在 20 世纪 60 年代主要集中于国防、航天、大型建筑工程，20 世纪 70 年代扩展到了中小型企业，到 20 世纪 80 年代，扩展到几乎所有行业乃至政府部门。

（一）项目管理科学的兴起

20 世纪 40 年代美国著名的原子弹研制计划——“曼哈顿计划”标志着现代项目管理的诞生。1942 年，美国总统罗斯福决定研制开发原子弹。整个研究工程极为庞大、复杂，涉及大量的理论和工程技术问题，先后有 15 万人参与，包括 1000 多名科学家和 3000 多名军事人员。由于该计划关系到第二次世界大战的局势和美国的国家利益，时间紧迫，任务艰巨，迫使人们开始思考如何对复杂过程和活动进行有效管理以实现既定目标的问题。1945 年 7 月 15 日，在格罗夫斯上校指挥下，世界上第一颗原子弹试爆成功。自此，现代项目管理初步形成。

项目管理取得突破性成就是在 20 世纪 50 年代。1957 年，美国路易斯维化工厂革新检修工作，把检修流程精细分解，凭经验估计出每个工作的时间，并按网络图建立起控制关系。他们惊奇地发现，在整个检修过程中不同路径上的时间是有差别的，其中存在着最长的路径。通过反复压缩最长路径上的任务工期，反复优化，最后只用了 78h 就完成了通常需要 125h 完成的检修，节省时间达到38%，产生效益100多万美元。这种方法就是至今项目管理工作者还在应用的著名的时间管理技术CPM（Critical Path Method），即“关键路径法”。

1958年，美国海军研制北极星导弹时，在CPM的技术基础上，采用按悲观工期、乐观工期和最可能工期三种情况估算不确定性较大的任务所需时间，并用“三时加权”方法进行计划编排，结果只用了4年就完成了预定6年完成的研制项目，时间节省1/3。所发明的这项技术即著名的“计划评审技术”PERT（Program Evaluation and Review Technology），又称“网络计划技术”。

一门学科的发展需要其他学科提供相应的方法论和技术支持。网络计划技术的出现不仅为项目管理人员提供了具体的技术，而且为项目管理科学的建立和专业化发展奠定了基础。

20世纪60年代，美国实施著名的阿波罗登月计划。该项目耗资300亿美元，涉及2万多家企业，有4万多人参与，总共动用了700多万个零部件，由于使用了网络计划技术，使各项工作的进展井然有序，最终整个项目取得巨大成功。

CPM和PERT在北极星导弹计划和阿波罗登月计划中应用的显著成果提醒人们，在完成项目的过程中，还存在着巨大的可挖掘空间。这个发现促使不少从事项目管理的人们走到一起来共同探求其中的奥秘。

（二）项目管理知识体系的形成

1. 项目管理研究发展的历程

- 1965年，欧洲成立了国际项目管理协会IPMA（International Project Management Association）。
- 1969年，美国成立项目管理学会PMI（Project Management Institute）。
- 1976年，美国项目管理学会在蒙特利尔召开研讨会，讨论将迄今为止的项目管理的通用做法汇集成一个标准。之后，有人提出将项目管理看作一个单独的职业。
- 1981年，美国项目管理学会委员会同意成立一个小组，系统地整理有关项目管理职业的程序和概念。该项目的建议书提出了三个重点方面：①从事项目管理的人员应具备的道德和其他行为准则（职业道德）；②项目管理知识体系的内容和结构（标准）；③对从事项目管理者成就的评价（评估）。
- 1983年8月该小组的工作成果在美国《项目管理杂志》上以特别报告的形式发表，后来，该报告成为美国项目管理学会初步评估和认证计划的基础。同年对西卡罗莱纳大学的项目管理硕士课程进行了评估。
- 1984年认证了第一批职业项目管理人员。之后，又对以上资料进行了一系列修改，于1987年获美国项目管理学会委员会批准。最终完成的文件在1987年8月以“项目管理知识体系”为题发表。

• 1991年8月，该报告根据美国项目管理学会提出的意见再次修改。1994年8月，美国项目管理学会标准委员会发布了《项目管理知识体系指南》的草稿，并于1996年正式颁布，其英文名字是“A Guide to the Project Management Body of Knowledge”，缩略为PMBOK，是PMP资格认证考试的指定用书。之后，美国项目管理学会每四年将PMBOK修订一次。

2. 项目管理研究发展的原因

项目管理的理论体系在短短的几十年里取得了飞速发展，这主要是由于以下原因：

（1）PERT在阿波罗登月计划中取得的巨大成功，使国际上许多人对于项目管理产生了浓厚的兴趣，并逐渐形成了两大项目管理的研究体系，即以欧洲为首的体系——国际项目管理协会（IPMA）和美国为首的体系——美国项目管理协会（PMI）。这两大协会的积极推动对现代项目管理的发展起着不可忽视的作用。

（2）从20世纪80年代中期开始，特别是进入20世纪90年代以后，信息产业和高新技术产业的飞速发展促进了项目管理方法和手段研究的深入。

（3）信息时代项目自身的特点发生了巨大变化，事务的独特性取代了重复性过程，管理人员发现许多在制造业经济下建立的管理方法已经不再适用。在信息经济环境下，实行项目管理是实现灵活性的关键手段，而且项目管理在运作方式上可以最大限度地利用内外资源，从根本上改善了中层管理人员的工作效率。因此许多公司纷纷采用这一管理模式，并使之成为企业重要的管理手段。

于是，项目管理的应用领域逐渐扩展开来。从建筑、航天、国防等传统领域，延伸至电子、通信、计算机、软件开发、制造业、金融业、保险业，甚至政府机关和国际组织中也将其作为运作的重要模式。如AT&T、Bell（贝尔）、IBM、Citibank、Morgan Stanley、美国白宫行政办公室、美国能源部、世界银行等在其运营的核心部门都采用了项目管理。

项目管理在各领域的广泛应用促进了其知识体系的形成。随着项目管理工作实践的发展，其理论体系也在不断总结、形成。目前，在经济发达国家中，项目管理正发展成为独立的学科体系和行业，成为现代管理学的重要分支。

3. 项目管理的职业化发展

随着项目管理应用领域的扩展，其作用也日益彰显，许多组织（包括各类企业、社会团体、政府机关）的决策者开始认识到项目管理知识、工具和技术可以为他们提供帮助，减少项目决策和实施的盲目性。于是这些组织开始要求他们的雇员系统地学习项目管理知识，以减少项目过程中的偶发性。这一需求成为项目管理走上职业化发展的推动力。

在此之前，大多数的项目管理人员所拥有的项目管理专业知识并不是通过系统教育培训获得的，而是在实践中逐步积累的。通常他们要在相当长的时间(5~10年)，付出昂贵的代价后，才能成为合格的项目管理专业人员。随着项目管理作用的日益彰显，这种人才成长模式显然无法满足社会对项目管理专业人才产生的巨大需求。

为适应这种需求，有关学科建设、教育培训迅速发展起来。近几年来，西方发达国家的高等学院已陆续开设了项目管理硕士、博士学位教育。在许多发达国家，项目管理人员，特别是项目经理，可以像律师、教师、会计师、医生等一样以自己的专业知识、技能和经验立足于社会、服务社会。这表明，项目管理正逐步走上职业化发展的道路。1996年《财富》杂志在其"在没有经理的时代策划职业生涯"中称项目管理为"number one career choice"；1996年PMI测算项目经理的平均年薪为81000美元。在竞争日益激烈的今天，项目管理职业正在快速成长，职业项目经理人已经占据了他人无法替代的位置。

二、我国项目管理发展概况

（一）项目管理在我国的发展

现代项目管理理论引入我国的时间不算晚。20世纪60年代初，著名数学家华罗庚教授就倡导、研究和推广网络计划技术，并在一些单位使用。1965年、1966年我国分别翻译出版了《计划评审方法基础》和译文集《计划管理的新方法》等项目管理文献。华罗庚本人于1965年出版了《统筹法平话及补充》。网络计划技术，当时又称作统筹法，引入我国后，在国民经济各个部门试点应用，如在湖北葛洲坝工程、上海宝钢、辽宁鞍钢、安徽马钢、天津引滦工程等技术改造项目和建设项目中都取得了成效，并积累了许多经验。1984年由日本大成建设公司承建的云南鲁布革水电站，是我国第一个聘用外国专家、采用国际标准、应用项目管理方法进行建设的水电工程项目，该项目缩短了工期，降低了造价，取得了明显的经济效益。之后，我国在二滩水电站、三峡水利枢纽建设和其他大型工程建设中，都采用了项目管理这一有效手段，并取得了良好的效果。

20世纪70年代末，我国财政部于1994年向世界银行申请了一笔IDF赠款，专门用于项目管理人才培养，建立了由清华大学、同济大学、上海财经大学等五所高校组成的项目管理培训网。先后为十多个省市培养了500多名各种层次的项目管理干部，并结合中国国情，翻译、编写了一些培训教材。

为进一步推动项目管理事业，中国科学院管理科学与科技政策研究所牵头成立了"中国统筹法、优选法与经济数学研究会"，挂靠于西北工业大学。1991年6月，中国项目管理研究委员会正式成立，这是我国唯一的、跨行业的、全国性的、非盈利的项目管理专业组织，其上级组织就是由著名数学家华罗庚教授组建的"中国优选法、统筹法与经济数学研究会"。国家技术监督局组织了国内的专家，对网络计划技术进行研究总结，并于1992年推出了网络计划技术的国家标准GB/T13400；建设部在2001年初也推出了部门标准。

从20世纪90年代末开始，项目管理在国内受到日益重视。1999年11月，中国与PMI签订合作协议，正式引入PMP认证体系。2000年6月中国举办了首次PMP考试，当时参加者不过60余人，而今天每次PMP考试的报名人数都在千人以上。许多行业、许多公司的高层管理者也已认识到项目管理的重要性和学习有关知识的迫切性。目前社会上各种有关项目管理的培训、讲座、认证、考试已让人目不暇接。项目管理（PMP）、工商管理（MBA）和公共管理（MPA）被称为现代管理中的三大热点。

（二）我国项目管理的现状及存在问题

改革开放以来，我国项目管理取得了重要进展。但由于尚未形成自己的理论体系和学科体系，缺乏专业的项目管理人才，有关法律规范和实施准则空缺，致使目前在项目管理中仍存在许多问题。

1. 项目管理发展缓慢，应用面窄

虽然早在20世纪60年代我国就引入了网络计划技术，但目前其应用主要集中在水利、国防、化工等国家大型重点项目以及跨国公司的在华机构中。国内的许多工程项目依然缺乏有效的管理，甚至毫无现代项目管理概念的"六无工程"（无正规立项、无可行性研究报告、无正规设计单位、无正规施工单位、无工程监理、无工程质量检查验收）、"七无工程"（无报建、无开工许可、无招标投标、无正式合同、无政府质量监督、无社会监理、无竣工验收的工程）随处可见，严重影响了工程项目的进程和质量。另外，项目管理在一般制造业、服务业领域的应用也仍处在起步阶段，亟待深入和加强。

2. 项目管理效益亟待提高

虽然许多工程项目引入了项目管理技术，但由于缺乏专业人才，管理水平低下，"豆腐渣工程"、"献礼工程"屡见不鲜。不少项目在实施中出现资金、人力、质量、进度等方面的严重失控，最后不是无限度地追加投资，就是无条件地抢赶工期，不可避免地影响到工程的质量，甚至造成像重庆彩虹桥坍塌、九江大堤溃决等严重事故。有些项目在建设过程中，缺乏民主和科学决策，随意性较强；工程的设计、咨询、建设用地审批、招投标、承发包、监理过程不透明，缺少公开、公正、公平性。这不仅影响了项目建设的质量，而且为某些腐败行为的滋生提供了温床。

3. 专业人员严重匮乏

随着国民经济日益深刻地融入全球市场以及项目管理的国际化，我国对项目管理专业人员的需求数量越来越多，专业水平要求越来越高。但我国至今尚未建立起项目管理专业人员职业资格制度。目前从事项目管理的逾百万人中，多数从属于各企、事业单位或政府部门，上了新项目就调来做项目管理，项目结束又回去做其他事情。这些人往往只有一两次实践机会，无法积累经验，管理水平难以提高。

4. 法律、法规不够完善

尽管我国已经有了项目管理的相关法律、法规，但由于缺乏对丰富的实践经验的系统总结和提高，至今尚没有制定出项目管理专业和行业的指导性实施准则。尤其在政府采购、招投标、项目监理制度等方面，法律法规不够完善，或未很好地与项目管理的理念相结合，致使项目质量难以保证，甚至为暗箱操作、权钱交易等腐败行为提供可乘之机。

5. 学科建设亟待加强

项目管理作为管理科学的一个分支，在1997年原国家教委修订的学科目录中尚没有列入。目前在专业人才教育培训方面也没有规划，缺少规范；各种培训机构开展的PMP培训尚处于照搬国外体系、寻求国外认证阶段，没有统一的教学大纲、课程、教材。项目管理类的专业刊物也很缺乏。

（三）加快推进我国项目管理的发展

纵观我国项目管理发展的现状和存在的问题，对如何在现阶段加快现代项目管理建设的步伐，提出以下建议：

1. 加大项目管理的宣传力度

通过宣传使人们认识到项目管理在保证项目工期、降低成本、提高质量、预防和控制风险等诸多方面起着至关重要的作用，从而促使政府机构、公司团体、私营业主等增强学习和运用项目管理的主动性。

2. 认真总结我国多年来项目管理的实践经验

在广泛总结各行业项目管理经验教训和吸收国际先进经验的基础上，拟订出我国的项目管理实施准则。这个准则应作为指导和规范项目业主、工程师和承包人管理行为的基本原则。与此同时，还应逐步建立和完善我国的项目库、案例库、工具库、规章库等。

3. 开展项目管理学科的国内外交流、研讨

通过国际间的项目合作，国际化的专业活动、会议，以及国际互联网等，加强与世界各国在项目管理方法、文化、观念等方面的交流与沟通，实现项目管理专业信息的国际共享。

4. 加快学科专业化建设

为了加快项目管理的专业化发展，我国于近期在一些高校先后开设了项目管理专业，项目工程硕士于2004年开始招生，这标志着项目管理正式被纳入学位教育体系。目前我们仍需加快学历教育的步伐，在认真总结国内外现有研究工作的基础上，积极探索项目管理的学科体系建设，尽早设立我国项目管理的

硕士点、博士点，依靠自身的教育体系，将我国的项目管理专业化的水平提高到一个新的高度。

5. 大力推行培训+认证制度

将规范项目管理培训和资质认定工作从传统产业推广到高新技术产业；加大培训力度，以推进证书制为突破口，促进专业人员水平的提高与学科发展。从国外发展经验来看，证书制是一种极为有效的做法，它靠专业的权威性吸引着广大项目管理从业人员努力提高自身的专业水平，并形成相当规模的行业。

6. 加快发展项目管理的学会组织

学会是专业学科发展的重要生力军，尤其是像项目管理这样多元化发展的学科。美国PMI和欧洲IPMA以及世界各国的学会组织的作用已充分说明了这一点。1991年6月，中国项目管理研究委员会正式成立，为推动我国项目管理事业的发展做了许多工作，但其力量仍比较薄弱。目前和今后一段时间，政府应加大对项目管理研究学会的支持，鼓励其开展学术交流、出版优秀刊物、加强理论研究，为推进我国项目管理事业发挥更大的作用。

7. 加快项目管理本土化建设

我国现有项目管理理论和方法基本上是从国外引进的，而发达国家的项目管理环境与中国有着很大的差别，盲目地引进、应用项目管理必然造成与我国现实的脱节和扭曲。因此，我们在引进国外项目管理的同时，要结合中国国情加以消化吸收，并注意总结华罗庚等老一辈科学家的实践经验，建立适合中国国情的项目管理体系。

应当看到，我国项目管理与世界先进水平之间确实存在着差距。但是随着申奥成功、加入WTO、西部大开发、振兴东北老工业基地和曹妃甸工业区建设等重大战略的实施，我国正迎来新一轮投资热潮，这无疑将给当前的项目管理的发展提供广阔的市场前景。我们应当加快项目管理在实践应用、理论研究、教育培训、学科建设等全方位发展的步伐。

三、项目管理学科发展的特点和趋势

（一）项目管理发展的三大特点

1. 项目管理的全球化发展

进入21世纪，国与国之间的交往日益密切，信息技术的支撑以及竞争的需要，使整个世界正在联系成为一个紧密的整体，在政治、经济、军事等诸多领域呈现出一体化趋势。项目管理的全球化特点体现在以下3个方面：

（1）国际间的项目合作日益增多。全球化带动了国际间的交流与合作，而这种交流与合作往往都是通过具体项目来实现的。通过这些项目的实施，各国之间在项目管理方法、文化、观念等方面也获得交流与沟通。

（2）国际化的专业活动日益频繁。现在每年都有许多项目管理专业学术会议在世界各地举行，少则几百人，多则上千人，吸引着各行各业的专业人士。

(3) 项目管理专业信息的国际共享。由于 Internet 的发展，许多国际组织已在国际互联网上建起了自己的站点，各种项目管理专业信息可以在网上很快查阅。如 PMI 体系的权威资料 PMBOK 也可以从有关网站查阅、下载。

2. 项目管理的多元化发展

(1) 行业多元化。项目管理实践历史最悠久的行业是建筑业，随后是美国曼哈顿计划、北极星导弹计划等，使项目管理在军事和国防工业中得到应用。进入 20 世纪 80 年代，各行各业各个领域，包括许多高科技产业及各种大型社会活动，也都引入并开始应用项目管理技术。可以说今天的项目管理正逐渐渗透到各个行业。

(2) 项目类型多元化。在项目类型方面有各种不同角度的理解，如宏观、微观，重点、非重点，工程、非工程，硬项目、软项目等。正是因为项目类型的多样化，有的项目是指大类（如城市建设项目、技术改造项目），有的项目则是指一件小的具体任务（如筹办一次运动会，举办一个培训班等），莫衷一是，很不规范。

(3) 项目规模多元化。项目管理的应用范围已经从以前的大型、巨型项目，向中、小规模扩展。目前项目管理的规模和涉及范围有大有小，时间有长有短，涉及的行业、专业、人员差别也很大，难度也有大有小，呈现明显的多元化趋势。

3. 项目管理的专业化学科发展

项目管理的广泛应用促进了项目管理的专业化发展，这也是项目管理学科逐渐走向成熟的标志。具体体现在：

(1) 知识体系。项目管理知识体系（PMBOK）在不断发展和完善之中。美国 PMI 从 1984 年提出至今，数易其稿，并已将其作为组织专业证书制考试的主要内容。欧洲 IPMA 和其他各国的项目管理组织也纷纷推出了自己的体系。

(2) 学历教育。项目管理目前已纳入许多国家的学历教育中，从学士、硕士到博士都设置了相应的专业课程；非学历教育也从基层项目管理人员到高层项目经理形成了层次化的教育培训体系。

(3) 学科探索。对项目与项目管理的学科探索正在积极进行之中，有分析性的，也有综合性的；有原理概念性的，也有工具方法性的。国际项目管理组织目前正在积极筹备建立有关国际机构与论坛，以求发展全球项目管理的专业化与标准化问题。世界各国关于项目管理的专业书籍大量涌现，有关学科发展问题的呼声也很高。

（二）项目管理发展的热点

自 20 世纪 90 年代以来，项目管理的发展步伐加快，势头强劲，出现三大热点：证书制热、培训热、软件热。

1. 证书制热

证书制是项目管理人员资质认证的制度。项目管理人员的素质是项目成功与否的关键，由权威机构认证并颁发证书是保证项目管理从业人员专业技能和素质的重要途径。目前，在项目管理领域，国际上有两种权威的认证体系，即IPMP与PMP。每年都有很多项目管理人员参加证书考试。

2. 培训热

由于项目管理从业人员日渐增多，培训的需求急剧增长。世界各国的学校、专业组织、培训机构、咨询公司等，纷纷提出可以满足各种层次需求的培训计划和方案。例如美国PMI从1998年3~11月就安排了9次不同时间不同地点举办的研讨及培训班。一般每个班都有4~6门课程可供选择，与专业证书考试相结合，两者相得益彰。在欧洲，IPMA每年在丹麦的哥本哈根都安排有专业培训课程，内容广泛且注重实用性，如项目的准备与启动、项目的风险管理和多文化的项目管理等。我国目前也掀起了项目管理的培训热潮，许多高校和社会机构都在大力开发有关培训课程。项目管理培训已然成为当今职业培训的一个新热点。

3. 软件热

管理技术的实施如果仅依赖于手工实现，则只能停留在理论的或较低的水平，要真正在项目管理中发挥各种管理技术的作用，必须借助计算机这个强大的工具。尤其在目前竞争日益激烈的环境下，面对各种复杂的项目，有大量的信息、数据需要动态管理，要提高管理水平，提高工作效率，先进的软件工具必不可少。有数据表明，在美国项目管理人员中，有90%左右的人已在不同程度上使用了项目管理软件，包括面向计划与进度管理的软件，基于网络环境信息共享的软件，围绕时间、费用、质量三坐标控制的软件，信息资源系统管理的软件等。

（三）项目管理的未来发展趋势

对任何事物的预测都带有不确定性，尤其像项目管理这样一门发展了仅仅40多年的应用性学科。但总结其目前发展的特点和规律，至少有以下几点我们可以预见：

1. 项目管理技术将继续进步

现代项目管理科学的兴起是基于相关技术（CPM、PERT等）的出现和支持的。随着项目管理理论研究和实践的深入，尤其随着管理学、信息系统、计算机网络技术等支持性学科的发展，项目管理这门新兴的应用性科学将在其领域继续取得进步。

2. 应用领域将继续拓宽，重点转向服务业等软领域目前项目管理已经走出军事、国防、工程建造等传统行业，电子、通信、IT、金融、医药等服务业领域正在成为其发展的新天地。许多商务活动、法律诉讼、广告策划，甚至一场婚礼都可以采用项目管理模式运作。进入新世纪，项目管理将成为政府机构、企业组织、社会团体规划和管理其活动的一种主要形式。有人预测，在未来，几乎所有的人类活动都可以纳入项目管理，一切都将成为项目。

3. 项目管理将更注重动态化管理

项目本身就是一系列的预测，凡是预测就具有不确定性。项目在实施过程中，随着客观条件的改变、客户需求的调整，不可避免地要遇到许多变数。目前，大多数项目管理者仍习惯于静态的管理模式，认为在做好最初项目规划后即可以一成不变地执行到底。在未来，这种基于可预测性的模式将不再适用，项目经理必须随时准备应对客户需求调整、外界环境变化等不确定性因素，并作出有效反应。基于不可预测模式上的动态管理将成为未来项目管理的本质特征。

4. 项目管理文化将更强调合作

项目实施过程中，尤其对于复杂的大型项目，往往涉及许多参与方。目前，大多数项目在参与方之间，尤其承包商与客户之间、不同子项目的分包商之间，存在着一种类似球场上的相互对峙的关系，各方都以自身利益为重，很难做到从客户角度优化设计方案，致使项目的整体效果下降。

随着项目管理实践的发展，人们将认识到参与项目的各方之间应建立起合作而非敌对的关系，这是一种管理文化的建设。目前已有许多企业开始实践这种文化，并取得良好的效果。可以预见，在未来的项目管理中，围绕客户利益、项目各方之间进行合作管理的文化将成为项目管理发展的新趋势。

第四节 项目管理资格认证

一、世界主要项目管理组织

尽管人类的项目实践可以追溯到几千年前，但是将项目管理作为一门科学来进行分析研究，其历史并不长，从第一个专业性国际组织 IPMA 于 1965 年成立至今，不过 40 余年。经过这 40 多年的努力，国际专业人士对项目管理的重要性及其概念已有了初步共识，各种专业性组织，如学会、培训教育机构、咨询服务机构和研究与开发机构等层出不穷。从世界范围看，目前国际公认的项目管理专业组织主要包括欧洲的 IPMA 和美国的 PMP。

(一) 国际项目管理协会

IPMA 创建于 1965 年，是国际上成立最早的项目管理专业组织，它是一个在瑞士注册的非赢利性组织，其职能是促进国际间项目管理的交流，为国际项目领域的项目经理之间提供一个交流各自经验的论坛。IPMA 于 1967 年在维也纳主持召开了第一届国际会议，项目管理从那时起即作为一门学科而不断发展，截止目前 IPMA 已分别在世界各地举行了 15 次年会，主题涉及到项目管理的各个方面，如“网络计划在项目计划中的应用”、“项目实施与管理”、“按项目进行管理”、“无边界的项目管理”、“全面的项目管理”等，范围极其广泛。IPMA 的成员主要是各个国家的项目管理协会，到目前为止共有英国、法国、德国、中国、澳大利亚等 30 多个成员国组织，这些国家的组织用他们自己的语言服务于本国项目管理的专业需求，IPMA 则以广泛接受的英语作为工作语言提供有关国际服务。为了达到这一目的，IPMA 开发了大量的产品和服务，包括研究与发展、教育与培训、标准化和证书制以及有广泛的出版物支撑的会议、讲习班和研讨会等。

除上述各成员组织外，有一些其他国家的学会组织与 IPMA 一起在促进项目管理的国际化，对于那些已经成为 IPMA 成员的各国项目管理组织，他们的个人会员或团体会员已自动成为 IPMA 的会员。在那些没有项目管理组织或本国项目管理组织尚未加入 IPMA 的国家的个人或团体，可以直接加入 IPMA 作为国际成员。

《国际项目管理杂志》是 IPMA 的正式会刊：每年面向其个人会员发行 6 期。该刊包括并综合了项目管理各方面的内容。它为全世界的专业人员提供了一个了解所需技术、实践和研究领域的场所，同时也为读者提供了一个论坛，在这里读者可以分享到各个行业应用项目管理的共同经验。

国际项目管理专业资质认证（International Project Management Professional, IPMP）是 IPMA 在全球推行的四级项目管理专业资质认证体系的总称。IPMP 是对项目管理人员知识、经验和能力水平的综合评估证明，能力证明是 IPMP 考核的最大特点。根据 IPMP 认证等级划分获得 IPMP 各级项目管理认证的人员，将分别具有负责大型国际项目、大型复杂项目、一般复杂项目或具有从事项目管理专业工作的能力。

IPMP 认证的基准是国际项目管理专业资质标准（IPMA Competence Baseline, ICB），由于各国项目管理发展情况不同，因此 IPMA 允许各成员国的项目管理专业组织结合本国特点，参照 ICB 制定在本国认证国际项目管理专业资质的国家标准（National Competence Baseline, NCB），这一工作授权于代表本国加入 IPMA 的项目管理专业组织完成。

（二）美国项目管理协会

PMI（即美国项目管理协会）成立于 1969 年，它是一个有着近 5 万名会员的国际性协会，是项目管理专业领域中最大的由研究人员、学者、顾问和经理组成的全球性专业组织。

PMI一直致力于项目管理领域的研究工作，在1976年PMI提出了制定项目管理标准的设想。经过10多年的努力，1987年他们推出了项目管理知识体系指南（Project Management Body of Knowledge，PMBOK），这是项目管理领域的一个里程碑。因此，项目管理专家们把20世纪80年代以前称为“传统的项目管理”阶段，把80年代以后称为“新的项目管理”阶段。PMBOK将项目管理科学地划分为项目启动、项目计划、项目执行、项目控制和项目收尾五大过程组，根据各个过程的特点和所面临的主要问题，将项目管理知识体系归纳为范围管理、时间管理、费用管理、质量管理、人力资源管理、风险管理、采购管理、沟通管理和整合管理九大知识领域，并对各个领域的知识、技能、工具和技术作了全面总结，形成了39个子过程，与五大过程组相对应。PMBOK又分别在1996年和2000年进行了两次修订，使该体系更加成熟和完整。

如今，PMI制定出的项目管理方法已经得到全球公认，PMI也已经成为全球项目管理的权威机构，其组织的项目管理资格认证考试（PMP）已经成为项目管理领域的权威认证。每年全球都有大量从事项目管理的人员参加PMP资格认证。同时全球的PMP人员也在为保持其项目管理的科学性和权威性在进行着不懈的努力。PMI致力于向全球推行项目管理，以提高项目管理专业的水准，在教育、会议、标准、出版和认证等方面制定专业技术计划。PMI正成为一个全球性的项目管理知识与智囊中心。

二、IPMA的IPMP认证

（一）IPMP四级证书体系

IPMP是IPMA在全球推行的四级项目管理专业资质认证体系的总称，它是IPMA对项目管理人员知识、经验和能力水平的综合评估。根据IPMP认证等级划分获得IPMP各级项目管理论证的人员，将分别具有负责大型国际项目、大型复杂项目、一般复杂项目或具有从事项目管理专业工作的能力。

IPMA依据国际项目管理专业资质标准（ICB），针对项目管理人员专业水平的不同，将项目管理专业人员资质认证划分为四个等级，即A级、B级、C级和D级，每个等级分别授予不同级别的证书。

（二）关于IPMP认证

IPMP的运作是由加入IPMP会员国的项目管理组织进行推广。在会员国推行IPMP认证有两个前提条件：一是建立本国的PMBOK。由于文化背景的不同，世界各国在项目管理知识的应用上具有一定的差异性，因此IPMA要求推广IPMP的成员国必须建立适应本国项目管理背景的项目管理知识体系。二是将ICB转化为NCB。由于ICB是各国进行国际项目管理专业资质认证的评判基准，因此IPMA要求推广IPMP的各个国家应该按照ICB的转换规则建立本国的国际项目管理专业资质认证国家标准 NCB。

1. IPMP 认证的特点

考核方式除了知识考核外，对申请者的资质能力要进行全面考核，即 IPMP 注重能力考核，能力 = 知识 + 经验 + 个人素质是 IPMP 对能力的基本定义。

IPMP C 级以上考核，级别越高对于经验的要求越严格，比如 IPMP A 级就要求申请者具有负责多文化、跨国域的大型项目的经历或者是具有负责一个大型组织中的项目群的经历。

IPMP C 级以上考核需要经过三个方面的考核，即笔试、案例讨论及面试。

IPMP 笔试考核注重于解决实际问题的能力，并且试题考核以案例为导向，笔试考核强调对项目管理方法的应用。

案例讨论与案例报告是 IPMP 特有的考核形式，对于应试者个人素质及解决问题的能力考核非常重要，通过这一过程可以对申请者具有的综合素质进行考评。

IPMP 面试着重于对应试者综合素质的考核，全面了解应试者从事项目管理的理念。

2. IPMP 的能力考核因素

IPMP 的能力考核主要从以下六个方面进行综合考核：

(1) 基本能力。包括管理，项目和项目管理，项目背景和利益相关者，系统方法和项目管理，项目管理实施，项目目标，项目成功与失败的准则，项目阶段，项目生命期，标准与指南。

(2) 社会能力。包括洞察力，激励，社会化结构，小组和团队，学习型组织，自我管理，领导艺术，冲突管理，特殊交流状况。

(3) 方法能力。包括项目结构，过程和时间管理，资源管理，成本管理，财务管理，实施质量和项目进展，项目控制，多项目管理，创新技术，解决问题。

(4) 组织能力。包括公司和项目组织，质量管理，合同管理，构型和更改文档管理，项目起始，风险管理，项目信息系统/报告，项目结束和评估，人员管理。

(5) 个人素质。包括沟通能力；首创精神，务实，热情，激励能力；联系的能力，开放性，灵敏，自我控制，价值鉴赏能力，乐于负责任，人格诚实；解决冲突，辩论文化，公正；解决问题能力，全面思考；忠诚，坚强，乐于助人。

(6) 总体印象。包括常理（常识），逻辑和系统，语言/文字表达能力，综合能力，明晰，技能，知识水平，经历（阅历）。

三、PMI 的 PMP 认证

项目管理专业人员资质认证（Project Management Professional，PMP），是由美国项目管理协会PMI于1984年设立、1991正式推广的一种专业资质认证，除北美外，大洋洲及亚太地区的日本、韩国等都将其作为衡量人才的标准，目前已得到120多个国家承认，每年有上万人申请参加认证。

PMP认证考试是全世界第一个通过ISO9001认证的考试，它已经形成一个标准体系，从教材、题库到考卷全部由美国PMI学术委员会统一制定，参与命题的专家来自全球各地，试题要求既要符合PMI的认证标准，又能体现出开放性和多元化的包容思想。

1999年底，PMP认证由国家外国专家局引入中国。PMP考试在中国采用中英文对照形式，但试卷必须送往PMI审阅。到目前为止，我国共有近6000人次参加了PMI项目管理知识体系各种形式的培训，5000多人参加了PMP认证考试，其中，3000多人获得了PMP证书。

PMP申请者必须通过以下两种形式的考核：

1. 项目管理经历的审查

要求参加PMP认证考试者必须具有一定的教育背景和专业经历，报考者需具有学士学位或同等的大学学历，必须有3年以上、4500h以上的项目管理经历，并且，在申请之日前6年内，累计项目管理月数至少达36个月（在计算项目管理月份时，所要求的36个月是不重叠的、单独的）；报考者如不具备学士学位或同等大学学历，但持有中学文凭或同等中学学历的，应具有在项目管理五大过程中至少7500h的项目管理经验，并且，在申请之日前8年内，累计项目管理月数至少60个月。

2. 要求申请者必须经过笔试考核

这主要是针对PMI的PMBOK的九大知识模块进行考核，要求申请者参加并通过包括200道选择题的考试，申请者必须答对其中的137道选择题。

取得证书后，每位PMP将收到一本专业发展计划手册。为加强PMP的专业持续发展，鼓励和认可个人学习机会，为获得和记录专业发展活动提供一个标准的目标机制，维持PMP的国际证书信誉，所有PMP必须满足PMI制定的专业发展计划的要求，以保持“项目管理专家”资格。为保持证书的有效性，每位PMP必须达到专业发展计划的要求，即每三年提供至少60个专业发展单位（Professional Development Units，PDU），并愿意继续遵守PMI的职业行为标准。

研修PMI的注册教育提供者（Registered Education Providers，REP）的课程，或通过诸如演讲、论著、培训等多种交流方式，按照PMI规定均可以获得相应的PDU积分。

四、IPMP与PMP认证的区别

（一）认证体系上

IPMP是国际项目管理协会IPMA在全球推行的四级项目管理专业资质认证体系的总称。它有四个级别——IPMP A级：认证的高级项目管理；IPMP B级：认证的项目经理；IPMP C级：认证的项目管理专家；IPMP D级：认证的项目管理专业人员。每个人可根据自己专业水平自由选择相应级别的认证。

PMP是美国项目管理协会PMI推行的一种认证体系。PMP认证只有一个级别，对参加PMP认证学员资格的要求与IPMP的C级相当。

（二）考核方式上

IPMP注重经验、能力的考核，能力=知识+经验+个人素质是IPMP考核的最基本定义，IPMP认证有一套严格、科学、规范化的程序，每个级别有其相应的认证程序，包括笔试、研讨会、项目报告、面试。

PMP认证与IPMP认证的侧重点不同。虽然PMP包含对项目管理能力的审查，但它更注重知识的考核，在申请时对项目管理经验有一定的要求。PMP认证只有笔试，题型一般为选择题。申请者必须参加并通过包括200个问题的考试，其中给定场景来回答的问题约占总题目数量的20%~30%。

（三）引进方式上

IPMP是经IPMA授权由中国项目管理研究委员会（PMRC）引进的。PMRC参照国际项目管理专业资质基准，结合中国国情，建立了中国项目管理知识体系与国家项目管理专业资质基准。PMRC已将IPMP认证程序、认证考试等全部汉化。IPMP是符合中国国情并与国际接轨的项目管理专业资质认证。

PMP在中国的认证，是完全学习PMI的，并由PMI组织考试，有关PMP的认证程序、培训、考试等均是英语，现在正逐步汉化，采用英汉对照式。由国家外国专家局的直属事业单位——国家外国专家局培训中心负责在中国组织和实施PMP资格认证和考试。

（四）证书的管理

IPMA全权授权PMRC负责中国的IPMP认证，所以认证学员是否通过认证考核、是否获得证书以及对证书的发放与管理，是在IPMA的指导与监督下，由IPMP中国认证委员会负责的。

PMP在中国认证的代理点只负责培训与考试的组织工作，至于认证学员是否通过认证考核，是否获得证书以及对证书的发放与管理，必须上报至PMI，由PMI认定。

（五）关于IPMP与PMP证书

IPMA与PMI签订了证书互相认可协议，IPMP C级证书与美国PMP证书完全等同，两者互相认可。实际上，美国PMP证书的考核方式类同于IPMP D级考核，只是资格要求上同IPMP C级相同。

专业术语

项目 项目管理知识体系 项目生命周期 项目工具 项目干系人 PMP 项目管理 决策树（DMT）分析 德尔菲（Delphi）法 力场分析 SWOT 分析 敏感性分析 活动网络图 关键路线法 责任矩阵 资源平衡 头脑风暴法 蒙特卡罗模拟 过程失效模式及后果分析 自制与外购分析 质量功能展开 因果图（鱼骨图） 检查表 排列图 直方图 控制图 散布图（点聚图） 流程图 收益值分析 项目管理环境 项目管理人员 项目管理软件 本土化 项目管理信息系统 IPMP

思考题

1. 你如何对一个项目加以定义？举出你了解的项目的例子。
2. 项目的基本特征是什么？并简要描述每一特点的主要内容。
3. 项目与日常工作有哪些区别？
4. 项目的生命周期有什么特点？研究项目生命周期对研究项目管理有什么意义？
5. 什么是项目管理？怎样理解这一概念？
6. 项目管理有哪些基本特点？
7. 项目管理的基本要素有哪些？
8. 项目管理包括哪些基本内容？
9. 现代项目管理诞生的主要标志是什么？
10. 项目管理的发展趋势呈现怎样的特点？

案例

胜利油田尝试推广项目管理

项目管理是指投资项目完成立项决策后的项目设计、预算、施工、试运投产、竣工验收、完工结算等全过程管理，是细化投资管理，强调分级负责制，严格控制投资规模的一种较好管理方式。但由于以往的项目管理只是说多做少，未能真正发挥项目管理的作用。胜利油田组织计划、工程、定额、财务、企管、合同等部门，研究制定了《进一步加强建设投资管理的规定》，规定中以加强项目管理为主线，同时对项目管理中的钻井管理、工程费用管理、设计变更管理、应急工程管理等薄弱方面作了规范要求，并结合投资项目的特点，对于适宜的项目，实行了项目管理，进一步明确了项目管理的作用及构成。通过实施项目管理，使得投资项目的各个管理环节都得到了加强。采取的具体措施有：

（1）加强前期工作的质量和广度，实施项目管理。严格按前期工程程序运行，即先编制项目开发方案，报上级部门审批，审批后编制可行性研究报告，达到行业要求且经批复计划下达后，进入准备、施工等阶段。单项工程等大型项目的前期工作开展，不仅仅局限于简单地完成任务的数量上，而是更注重提高前期工作的质量。在项目建议书或可行性研究报告编制过程中，坚持深入调查研究，弄清现场的油、水、电、路等各系统的具体情况，注意从多角度、多方位考虑问题，每个项目编制出 2～3 种建设方案，以便对比分析，从中选出最佳建设方案。

对于中小型项目也按基本建设项目程序开展前期工作，实行了采油矿申报计划、计划科申批、职能科室组织交底、计划科出工程施工方案图及编审预算、工程科报出工程费用明细表、计划科下达计划等前期工程程序，做到了先算后干，事前控制，有效地提高了中小型项目的管理水平。

（2）加强计划的控制力度和适用性。在投资项目的合同鉴定前期工作中，通过对合同申请表进行调整，把项目组名称、项目组承包资金、项目组已完成资金、项目经理等内容添加进去。这样做的目的：一是为了提高投资计划管理部门、项目经理的控制力度；二是为了加强项目组资金使用的整体性。

另外，各项目组都制定了定期运行会议制度，一般是一月一开，以便发现问题及时解决。

针对投资结算渠道不畅，造成的投资与成本项目相互混淆的现象，为加强投资和成本管理，理顺结算渠道，2000 年经过计划、财务、预算、基建工程等有关部门协作，制定了《关于理顺投资结算的管理规定》，从而使投资结算制度初步完善。其具体方法是：工程项目到财务科报账前，先经计划科审核分类，打印计划单，财务科按计划科规定的资金来源进行决算。这样既便于财务部门的操作，又在一定程度上改善了投资和成本相互挤占难以说清的现象。同时也便于加强成本管理，提供准确的生产经营基础数据，真实反映成本水平，为领导制定生产经营决策起了重要作用，有效地保证了投资项目计划与最终结算的一致性。

在投资计划的运行方式上，对于有明确建设蓝图的产能建设及单项工程通过计划形式下达，对于小型工程通过零星计划单的形式下达。计划下达的依据是项目前期工作的完成情况。自 2000 年初以来，对基建工程项目，胜利油田在旬度会上检查已下达计划项目的进度情况，解决实施当中存在的问题。有关单位报下一旬的建设计划，经过讨论初步确定出拟建项目，会后有关部门按照要求进行调查落实论证后，视前期工作的完成情况随时下达实施计划。基建项目旬度运行方式，便于及时掌握工程进度，同时使计划的针对性强，计划随时下达的灵活方式比较好地满足了生产运行的需要。

(3) 加强施工过程管理。按照项目经理要求，根据工程类别，划分了运输、土建、安装、电气、信息五个专业组，实行项目专业化管理，使各项工程施工、技术、质量、资料管理达到规范化、标准化、程序化。同时，对大型工程项目，成立了工程管理协调小组，每周进行一次由相关部门参与的进度、投资、安全、质量管理分析会，对各方所存在的问题及时进行协调处理。同时，加强了对工程进场材料的质量检查与验收工作，工程监理、监督人员对工程主要材料都要进行现场见证取样，并作好登记记录。

由于项目组成员中有工程管理部门的人员，使得主管工程的成员从项目的立项一直到项目的投产、结算等过程都在参与，明显提高了工程控制力度。

(4) 加强预结算管理。为了提高地面工程预结算的准确性，要求预结算人员从工程交底到工程验收均要到现场，这样做明显地提高了预结算审查质量。对招标项目，在工程标的的编制上，预算价格必须根据工期运行的需要，调整力量，团结协作，及时编制标的；对于其中的价款难于确定的部分，采取广泛询价对比、与上级主管部门及时联系、共同商讨等做法，较好地保证了工程标的编制质量。

(5) 加强统计管理。为了使各项目组动态地掌握项目组的运行情况，统计工作结合每月的统计报表，定期进行投资清理，每月向各项目经理提供统计数据，在每个项目组中都配备统计人员，提高了统计人员的工作积极性和责任感。另外，要求统计岗位不要仅仅是完成统计报表，而是要适当地参与到规划、计划管理当中，全过程地参与项目运作，从而使统计报表能准确、全面的反映生产建设信息。这样的统计管理能够对平时发现的问题及时处理，保证了投资运行不出现大问题。

问题：请分析胜利油田在推广项目管理过程中，采取了哪些项目管理的原理和方法？

第二章　项目管理组织的建设与管理

项目确立之后，就必须要确定以什么形式的组织去实施项目，即项目的组织结构；挑选项目负责人（即项目经理），调配人员，形成项目团队，这是项目管理的组织保证。本章通过项目组织的构建、项目经理的挑选、项目团队的组建与管理的讨论，了解项目管理组织与一般传统组织的差异性。

第一节　项目组织

一、项目组织的概念

组织是管理过程中的一项重要职能，建立合理的组织结构对开展组织活动来说非常重要。项目组织是为完成一个项目，组成的与组织目标相适应的结构形式。一般也称为项目班子、项目管理班子、项目组等。

项目组织的具体职责、组织结构、人员构成和人数配备等会因项目性质、复杂程度、规模大小和持续时间长短等有所不同。项目组织可以是另外一个组织的下属单位或机构，也可以是单独的一个组织。例如，某企业的新产品开发项目组织是一个隶属于该企业的组织；而某水电站项目组则是水电开发有限责任公司，其本身是一个法人企业，负责该水电站的资金筹集、建设、建成投产后的经营、偿还贷款和水库上游地区的开发管理。

项目组织的一般职责是项目规划、组织、指挥、协调和控制。项目组织要对项目的范围、费用、时间、质量、采购、风险、人力资源和沟通等多方面进行管理。

二、项目组织结构设置的原则

（一）目的性原则

项目组织机构设置的根本目的是为了发挥组织功能，实现项目目标。从这一根本目的出发，就应因目标设事、因事设岗、因职责定权力。

（二）精干高效原则

大多数项目组织是一个临时性组织，项目结束后就要解散，因此，项目组织应精干高效，力求一专多能，一人多职，应着眼于使用和学习锻炼相结合，以提高人员素质。

（三）项目组织与企业组织一体化原则

项目组织往往是企业组织的有机组成部分。企业是项目组织的母体。项目组织是由企业组建的，项目管理人员来自企业，项目组织解体后，其人员仍回企业，所以项目的组织形式与企业的组织形式密切相关。

另外，还要考虑到项目的性质和规模。许多公司因为对项目没有一个清楚的定义，结果一些大的项目团队被经常用来处理一些小的项目。公司拥有的资源是有限的，而很多情况下公司都要承担多个项目。因而，对于特别重要的项目，公司需要调用各方面的力量来保证其目标的实现；而一些不是很重要的项目，可以委托一部分人或某一部门去自行组织。

三、项目组织结构的类型

常见的项目组织结构有三种形式，分别是职能型组织结构、项目型组织结构和矩阵型组织结构。

（一）职能型组织结构

职能型组织结构是当今最传统、最普遍的一种组织形式。它的出现是社会化大生产和专业化分工的结果。这种组织结构的特点是：以职能为导向，将技能相似的专业人员集合在各自专门的职能机构内，并在各自的业务范围内分工合作；层级化鲜明，组织内部具有高度分明的层级结构，命令由上至下传达。随着层级越高，上级管理人员逐渐减少，整个框架结构呈现一种塔状。

这种组织结构的项目是作为组织中职能部门的一部分，由各职能部门的成员来承担相应的项目任务。他们一般都是在完成项目任务的同时，还要完成自己所属职能部门的任务。这时的项目经理可能由职能部门经理承担。

采用职能型组织结构开展项目的优点如下：

（1）组织结构层次清晰，分工明确，每个成员都清楚自己的工作程序、职责规范。

（2）人员比较容易控制，因为每个成员都有而且只有一个上级，沟通方便、畅通。

（3）组织结构是按照职能和专业技术划分的，因此有利于各成员发挥专业特长，并且同部门成员之间可以共同钻研技术业务，交流经验。

（4）充分利用公司内部资源，人员使用灵活，避免人员的浪费。

采用职能型组织结构开展项目的缺点如下：

（1）没有一个直接对整个项目负责的人，跨职能的整合变得十分困难，而高层管理者也常常陷入日常琐事之中。

（2）因项目团队成员来自于不同的职能部门，横向联系少，成员之间缺乏合作。

（3）没有把客户作为活动的焦点，因此对客户的需求反应变得迟钝而且容易失真。

（4）由于项目团队成员通常情况下是兼职的，项目被看作不是他们的主要工作，因此积极性往往不是很高，也不会主动承担责任和风险。

（二）项目型组织结构

项目型组织结构是与职能型组织结构区别比较明显的另一种组织形式。这里的部门不是按照职能而是按照项目本身来设置的。每个部门都是一个独立的单元，相当于一个更小的职能型组织。每个部门都有自己的项目经理和其下属的职能部门。项目经理全权负责项目，对项目成员进行直接领导。

项目型组织结构的优点如下：

（1）各个部门是基于项目组建的，有持续的项目流程，以项目推动部门工作的开展，对外部客户的需求反应速度快。

（2）在项目型组织结构中，项目成员不像职能型组织结构那样具有双重身份，通常是专职人员，而且每个成员能够明确理解自己的工作职责并能集中精力，有利于团队精神的充分发挥。

（3）项目经理对项目全权负责，在项目的进度、成本、质量、决策等方面的控制比较灵活，可以统一协调整个组织的管理工作；并且项目经理可以全身心的投入到项目中去，保证项目的成功实施。

（4）项目型组织结构的每个成员有且只有一个上司，直接对项目经理负责，沟通渠道通畅，并且避免了多重领导。

（5）出现在组织内部以及涉及到与其他项目的冲突，由项目经理来解决，这样组织的高层管理者有更多的时间用于组织的长期目标等决策上。

项目型组织结构的缺点如下：

（1）每个项目组都设有自己的职能部门，资源不能共享，这样会造成人员、设备、工作的重复设置，资源低效使用，人力资源浪费，管理成本高。

（2）对项目成员来说缺乏一种事业上的保障，在项目结束之后，他们可能会“无家可归”。因此，随着项目临近结束，项目成员的心里会变得不安，可能会影响项目的进度以及收尾工作。

（3）各项目组往往只注重自身项目中所需的技术，不同项目之间缺乏技术交流机会，这样就阻碍了公司在新技术和创新能力方面的提高，尤其当外部激烈竞争的时候，公司可能会面临比较严重的问题。

（三）矩阵型组织结构

职能型组织结构和项目型组织结构都各有优缺点，矩阵型组织结构试图把二者的优点结合起来，最大限度地发挥职能型和项目型组织结构的优势。它是在职能型组织的垂直层次结构中增加了项目型组织的水平结构。一方面是由项目经理负责项目团队，各个项目经理直接向项目总经理报告，并对各自的项目全权负责；另一方面是由职能经理领导的职能部门，这样就形成了纵横交叉式的矩阵型组织结构。

当公司承接项目后，项目总经理会挑选出一名合格的项目经理。项目经理根据项目的需要，同各职能部门协调，从中挑选出项目所需要的人员组成项目团队。当项目结束后，项目团队成员可回到原来的职能部门，或者转去其他的项目团队中工作。在矩阵型组织结构中，项目经理对项目全权负责，对项目的资源、质量、成本、进度等拥有控制权；职能经理则主要提供项目所需的工作人员，并且也通常拥有对所派成员进行考核、任用、晋升、解雇的权力。

矩阵型组织结构的优点如下：

（1）以项目为导向，项目经理负责管理整个项目，可以充分调动项目的资源，保证项目的有效实施。

（2）职能部门对项目主要起支持作用。因为项目的人员来自职能部门，这样公司的技术骨干可以共享。当有多个项目时，这些人才对所有项目都是可用的，从而可以减少像项目型组织中出现的人员冗余，成本可以大大降低。

（3）项目组成员在项目结束后都有自己的"归宿"，忧虑减少。项目结束后他们会回到原来的职能部门。

矩阵型组织结构的缺点如下：

（1）矩阵型组织结构对项目经理的能力要求比较高，不仅要处理好项目资源分配、技术支持、进度安排等方面的问题，还要懂得如何与各职能部门进行协调和配合。

（2）高层必须注意职能组织和项目组织间的权力平衡。因为项目经理和职能经理可能会在一些职权、职责方面产生冲突，诸如人员分配、项目优先权、人力成本等。

（3）位于交界部分的公司职员有两个上司，他得同时听从职能经理和项目经理的指挥。当他们的命令发生冲突时，会使项目成员无所适从。

根据项目组织中项目经理和职能经理权限的大小，矩阵型组织结构又可细分为弱矩阵、平衡矩阵和强矩阵三种不同形式。其中弱矩阵式保留了职能型组织的许多特点，项目经理只相当于协调人的角色；强矩阵式具有许多项目型组织的特点，项目经理拥有相当大的权限，比职能经理对所分配的资源使用有更大的影响。平衡矩阵式是介于弱矩阵式与强矩阵式之间的一种形式。在这种组织结构中，项目经理与职能经理的权限相等，其主要特点是项目经理由某一职能部门中的团队成员担任。项目经理除了要负责项目的管理工作以外，还可能负责本部门所承担的项目中的任务。此时，项目经理在与上级沟通时不得不在其职能部门的负责人与公司领导之间作出平衡与调整。

各种组织结构形式及其特征关系总结如表2-1所示。

（四）项目组织结构的选择

前面介绍了三种常见的项目组织结构形式，而每种形式都有其优缺点，但是组织结构并没有绝对的好坏之分，而只是适合或不适合的问题。目前几乎没有标准化、明确的步骤方法来告诉人们选择什么类型的组织结构以及如何建立这种组织结构。我们只能根据项目的具体目标、任务条件、项目环境等因素进行分析、比较、选择最合适的组织结构形式。表 2-2 给出了项目组织结构与一些关键因素的关系。

表 2-1　各种矩阵组织结构及其特征的关系

特征＼组织结构	职能型	项目型	矩阵型		
			弱矩阵式	平衡矩阵式	强矩阵式
项目经理权限	很少或没有	很大甚至全部	有限	从小到中等	从中等到大
组织中全职人员的百分比（%）	几乎没有	85～100	0～25	15～60	50～95
项目经理的投入时间	兼职	全职	兼职	全职	全职
任命项目经理常用的头衔	项目协调员	项目经理	项目协调员	项目经理	项目经理
项目管理行政人员投入项目的时间	兼职	全职	兼职	兼职	全职

表 2-2　项目组织结构选择考虑的关键因素

因素＼组织结构	职能型	项目型	矩阵型
项目风险程度	低	高	高
项目所用技术	标准	创新性强	复杂
项目复杂程度	低	高	适中
项目持续时间	短	长	适中
项目投资规模	小	大	适中
项目在公司中的重要性	低	高	适中
客户的类型	多	单一	适中
对公司内部依赖性	弱	强	适中
对公司外部依赖性	强	弱	适中
时间限制性	弱	强	适中

一般来说，职能型组织结构适用于项目规模小、专业面窄、以技术为重点的项目。如果一个组织经常有多个类似的、大型的、重要的、复杂的项目，应采用项目式的组织结构；如果一个组织经常有多个内容差别较大、技术复杂、

要求利用多个职能部门资源时，比较适合选择矩阵式组织结构。如果要完成一个大型的、重要的、复杂的、要求利用多个职能部门资源的项目则可采用工作队式。下面通过一个例子来说明选择适当组织结构的过程。

某家计算机公司计划设计、生产和销售一种多任务的便携式个人电脑，设想该种电脑的定位应为：32 位处理器、32M 以上内存、2G 以上硬盘、200M 以上处理速度、重量不超过 1.5kg、点阵式彩色显示器、电池正常操作下可用 6h 以上、零售价不超过 2 万元。该计算机公司在人力上完全有能力完成这个任务，在硬件和操作系统设计上也能达到当前的先进水平。这个项目预计持续 18～24 个月，是目前为止该公司投资最大的项目。

根据这一项目的目标，可列出项目的关键任务以及相应的组织单元，见表 2-3。

表 2-3　项目关键任务及组织单元

项目的关键任务	相应的组织单元
描述产品需求	市场部、研发部
设计硬件，作初步测试	技术部
筹备硬件生产	生产部
建造生产线	生产部
进行小批量生产及质量测试	生产部、质量部
设计、编写和测试应用软件	软件开发部
编写所有文档资料，包括用户手册	软件开发部、生产部、技术部
建立服务、维修体系	市场部
制定营销计划	市场部
推销	市场部
准备促销演示	市场部

可将项目的关键任务概括为：①设计、生产、测试硬件；②设计、编制、测试软件；③建立服务、维修体系；④营销策划，包括演示宣传等。

要完成以上任务，需要涉及公司的六个部门。可以看出，该项目不适合采用职能型项目组织结构，因为该项目涉及部门多，很难将其归于某个职能部门之下进行管理；同时该公司并不存在多个类似的项目，也不需采用项目型；因此，可考虑采用矩阵型。由于该项目是该公司投资最大的项目，是非常重要的一个项目，且内容复杂、涉及专业面广，需要尽量缩短项目完成时间，使新品计算机尽快投放市场，综合分析项目要求，采用矩阵型组织结构应是最好的。该公司应任命某个副总经理任该项目经理，从软件开发部、生产部、技术部、市场部、质量部、研发部抽调若干骨干力量组成项目组，集中人力、物力、财力完成该项目。

第二节 项目经理

项目经理即项目负责人，负责整个项目的计划、实施和控制，以保证项目目标的成功实现。项目经理是整个项目团队的核心和灵魂人物。

一、项目经理的权力和责任

（一）项目经理的权力

既然项目经理担负着保证项目成功的重大责任，那就必须赋予他一定的权力，使他在一定范围内行使这种权力，以保证项目顺利实施。

项目经理的权力大小取决于项目的组织结构类型以及项目在组织中的重要性。例如，项目如果是职能型结构，项目经理的权力可能在职能经理之下；如果是项目型结构，项目经理的权力就比较大，可能在职能经理之上。另外，如果项目对公司比较重要，则项目经理的权力就相对比较大。一般来说，项目经理的权力表现在以下三个方面。

（1）项目经理对项目成员的选择与任务分配有最大的决策权。值得注意的是，在项目成员的晋升、定级、薪金等方面，项目经理一般没有决策权，这些属于职能经理的权限，但是项目经理可以施加一定的影响。

（2）制定和项目有关决策的权力。既然项目经理要对项目的管理负责，所以他有权制定项目的政策、程序、规则、方针和指令。当然，这些要与整个公司的政策相符合。

（3）对项目所获得的资源拥有使用和分配的权力。资源一旦分配给项目，具体的使用与分配权力完全控制在项目经理手中。

作为一名管理者，除了拥有职位所赋予他的权力之外，还应该具备个人权力。这种权力是由管理者个人的品德、智慧、能力等个人特征形成的。一个成功的项目经理除了要正确行使组织赋予的权力外，还应该具备良好的素质以及多方面的技能。这部分内容将在后面作详细的阐述。

（二）项目经理的责任

项目经理在行使权力的同时，必须承担相应的责任，不能出现有权无责、权力过大、滥用权力的情况。以下分别从项目经理对公司、项目、项目成员等三个方面阐述项目经理的责任。

（1）项目经理要对项目有一个全局的、系统的观点，保证项目的目标与公司的整体目标相一致。很多项目经理在项目启动之后，把自己看作是独立经营的企业家，喜欢将其项目从公司的运行中分离出来，这并不可取。项目经理必须在其公司的方针、政策、程序、规章和指导下进行管理。

公司的高层管理者在项目管理中扮演着比较重要的角色，尤其是在项目开始和计划时，他们可以为项目经理提供建议和指导。因此，项目经理要与公司的高层管理者进行及时有效的沟通，及时汇报项目的进展情况，成本、时间等资源的花费，项目实施可能的结果，以及对将来可能发生的问题的预测，以便于高层管理者制定与项目相关的有效决策。

(2) 项目经理对项目的成功负有主要责任。项目经理要在时间、成本、绩效的约束下，保证项目达到预期效果，同时还要注意和客户保证良好的关系，了解和掌握客户的需求。

公司的资源通常是很有限的，尤其是拥有多个项目的时候。项目经理要保证获得的资源得到充分有效的利用。

尽管项目组织是专门的、以任务为导向的实体，但它不可能离开传统的组织结构而存在，因此项目在实施过程中存在各种各样的冲突（项目团队和职能组织、项目经理和职能经理等）。项目经理在面对这些冲突的时候，要做到尽量化解矛盾、平衡利害。

(3) 项目经理有责任为项目成员提供良好的工作环境和氛围。因为项目小组是一个临时的集体，尤其在团队刚组建的时候，团队成员可能会产生一些顾虑（对项目经理的领导风格和方式；与其他项目成员并不了解，缺乏沟通；项目是否会帮助或阻碍自己的事业发展；对自己原工作方式和生活的影响等）。项目经理应该处理好这些顾虑，保证项目组成员形成一个好的工作团队，促进项目成员之间密切配合、相互合作，培养良好的团队精神。

项目经理还要建立一套对项目成员公平的考评制度，对项目成员的绩效进行监督与考评。

二、项目经理的职责

项目经理作为项目团队的领导者、管理者，应该履行的职责有：计划、组织、领导、控制。

（一）计划

任何项目要保证实现项目目标，必须制定一系列计划，包括项目成本计划、进度计划、质量计划、风险计划、采购计划、组织规划及项目综合计划等，通过这些计划才可能对项目的各项活动和任务的完成作出系统的安排。项目经理是项目计划的主要制定和决策者，并对项目计划工作负主要责任。项目经理的计划职责主要是要高度明确项目目标，并就该目标与项目利益相关者取得一致意见，然后要与项目组织就这一目标进行沟通交流，一起制定实现项目目标的各项具体计划和集成计划，并对成功地完成目标所应做的工作形成共识。

（二）组织

项目经理作为项目组织的管理者，要负责进行项目团队的组建，分配项目团队角色；决定哪些工作由组织内部完成，哪些工作由承包商或顾问公司完成。

对于那些由组织内部进行的工作要进行任务分派，授予他们相应的权力；对于由承包商完成的工作，项目经理应对工作范围作出清楚的划分，并与每一位承包商协商并签订合同。项目经理的组织职责主要是努力为项目实施获得足够的人、财、物等资源，并使人与事得到合理的配置，从而保证高效完成项目目标所规定的各项任务。

（三）领导

领导就是通过有效的沟通和激励，使组织成员能够心甘情愿地、努力地为实现项目目标而工作。项目经理需要通过项目组织中的每个人员的共同努力来完成项目目标，因此，领导职能是必不可少的。项目经理的领导职责主要是充分运用自己的职权和个人魅力去影响他人，与组织成员进行有效的沟通，对每一个成员进行有效的激励，并有效地解决可能出现的各种矛盾和冲突，使项目组成员齐心协力、全心全意地工作。领导的本质是下级真心诚意的追随。项目组成员常常来自于不同的职能部门，具有不同的专业特长，要使大家在一个临时性的组织努力工作相互协作，项目经理更多地要以自己的博学和能力获得成员的认可，要能营造一种工作环境，使所有成员都能士气饱满地投入工作。

（四）控制

控制就是跟踪实际工作进程并将其与计划安排进程进行比较，发现问题，及时纠正，以保证项目计划的有效实施。项目经理的控制职责主要是全面地对项目进行监控，了解项目实际进展状况，及时发现偏差，并采取措施加以纠正，使项目工作处于受控状态。

三、项目经理的技能和素质

（一）项目经理的技能

项目是独特的。有些项目很复杂，可能需要大量昂贵的资源，或者是有较大的风险；有此项目可能很简单，只要几个人，利用成熟的技术在短期内就可以完成。无论项目是复杂还是简单，项目经理在整个项目完成过程中都发挥着举足轻重的作用。一个成功的项目经理应该同时具备管理和专业技能，具体表现在以下几个方面：

1. 团队组建技能

组建项目团队是项目经理的一项基本任务。一个项目要取得好的绩效，一个关键的要素就是项目经理应该具备把各方人才聚集在一起，组建一个有效的项目团队的技能。项目经理首先要充分了解项目的目标，确定项目所需人才，并通过和职能部门的“谈判”获得所需人才；然后对项目的工作任务进行分解，确定项目组织中的岗位，把具体任务落实到人。

为了有效工作，项目经理也必须营造一个有助于团队协作的氛围：形成良好的人际关系和团队精神；具备必要的专业知识和资源；获得高层领导的支持；

减少的成员之间、组织之间的冲突。

2. 领导技能

由于项目经理权力有限，却又不得不面对复杂的组织环境，肩负保证项目成功的责任，因此，项目经理需要具备在相对松散的环境中依然能领导团队的能力。而与组织中的其他职位相比，项目经理的领导才能更多地依赖于个人经验和在组织内部所获得的信任度。其有效的领导技能表现为以下几个方面：给予项目成员清楚的项目领导和指示；帮助项目成员解决问题；帮助新成员融入团队；处理人际关系冲突；具备计划和制定方案的能力；良好的沟通能力；平衡技术、经济与人员因素的能力。

3. 应付危机及解决冲突的技能

项目的独特性意味着项目常常会面临各种风险和不确定性，会遇到各种各样的危机，如资源危机、人员危机等。项目经理应该具有对风险和不确定性进行评价的能力，以及通过积累经验和不断学习来预防危机的发生，提高应对危机的能力。

在项目管理中存在的各种各样的冲突通常源于项目组织与多职能组织、成员之间的相互作用，这些冲突可发生在项目成员之间、项目和公司之间、项目组和职能组之间以及项目与顾客之间。了解冲突产生的原因对项目经理有效解决冲突十分重要。如果冲突引起组织失调，则常常会导致项目决策质量低下，问题拖延不决，团队工作遭受损失等。但是，冲突也有其有利的一面，它能促进参与，带来新的信息，增强竞争意识。

项目经理要有效解决冲突就应该做到：

（1）充分了解组织与行为要素之间的相互作用，建立一个激励团队协作的工作环境，促进成员的积极参与，减少不必要的冲突。

（2）采取多种沟通手段，和与项目目标及决策有关的所有组织层面进行有效沟通。

（3）充分认识冲突产生的原因及其在项目生命周期中存在的时间。有效的项目计划、应急计划以及上层参与等措施能够避免或减少许多可能阻碍项目执行的冲突的发生。

4. 人际交往和沟通的技能

项目经理负责对横跨多个职能的活动进行协调和整合。为了做到这一点，项目经理要有强大的沟通和人际交往能力。例如，一个计算机制造业的高层管理者正向外部寻找项目经理。当问及他是否希望候选人具备计算机操作技术时，他说，如果一个人有良好的沟通与人际交往能力，我将给他这个职位。我可以教他技术，也可以给他技术专家，以帮助他决策，但我不可能教给一个人如何与他人一起工作。

项目经理的人际交往能力表现在：处理好与上级主管的委托代理的能力；处理好和项目干系人的利益关系的能力；处理好项目涉及的公关关系方面的能力；处理好项目团队内部关系的能力。

5. 技术技能

要求项目经理具备项目所需的全部技术、行政管理和营销等专业知识，这是不必要的，也是不可能的。然而，项目经理必须了解技术、市场以及业务环境，这样才能有效地参与项目的技术解决方案和技术创新研究。项目经理需具备的专业技术技能包括：了解项目涉及的技术；运用有关的技术工具；理解市场、客户对项目的技术要求；产品（项目）的技术应用价值；技术的发展趋势；各项支持技术之间的关系。

（二）项目经理的素质特征

项目经理除了要具备丰富的管理技能之外，更应该注重个人的品质和良好的素质。这主要表现在以下几个方面：

1. 素质特征

（1）有丰富的管理经验和实践工作经验。

（2）与高层领导有良好的关系。

（3）拥有成熟的个性，具有个性魅力；有较强的技术背景。

（4）具有创造性思维。

（5）具有灵活性，同时又具有高度的组织性和纪律性。

（6）善于决策和发现问题。

2. 品质特征

（1）诚实、正直、热情。

（2）遇事沉着、冷静、果断。

（3）具有警惕性和快速反应能力。

（4）精力充沛、坚韧不拔。

（5）有进取心、自信，有说服力，口头表达能力强。

（6）有抱负，积极主动，有威信。

（7）有广泛的兴趣爱好，多才多艺。

四、项目经理的挑选

选好项目经理是项目管理成功的必要因素。如何挑选一名合格的项目经理，经常让组织的高层管理者处于两难境地。有些项目经理可能适合于历时较长、决策相对较慢的项目，而另一些则适合于在压力环境里的短期项目，因此高层管理必须充分了解项目经理的能力和不足。

项目经理可以从公司内部选拔、培养，也可以从公司外部招聘。从公司内部培养项目经理的好处是，因为他们对公司的组织、政策、人员等比较了解，这样有利于与其他部门的协调，也可以引导项目团队尽快融入到公司的理念和文化中；从公司外部招聘项目经理的好处是，项目经理因为与公司的职能部门没有很大的干系，因而可以公平地对待每一个项目。

选择项目经理主要依据项目的特点、候选人的素质和技能等因素。如果是一个比较大且复杂的项目，组织应该任命一个全职的项目经理；对于一个很小的项目，则无需这样，可以由一个兼职项目经理来负责。因为对于一个项目经理来说，同时掌管几个项目是非常普通的事情，特别是当这些项目有联系或相似时；如果一个项目的技术含量很高，需要专门技术，而且可由一个部门来完成，此时则可以由职能经理兼任，担当项目经理。

高层管理者在挑选项目经理时要避免陷入一些误区，表现在以下几个方面：

（1）成熟。一些高层管理者有可能被候选人的成熟所迷惑。成熟的项目经理应该是参与过几个不同类型的项目，而且在项目组织内担任过不同的职位。可能一个项目经理在同一类项目有过10年甚至更久的项目经理经历，但这并不表明他能够很好地管理其他类型的项目，因为对于新项目，他可能会固守以前的管理经验，不利于新项目的管理。

（2）强硬的管理风格。对下属过于苛刻强硬可能会导致士气低落。项目经理应该给下属足够的开展工作的自由，而不是持续的监督和提示。对于职能经理来说，因为他们掌管着下属的薪水，可以采取相对比较强硬的领导方式来管理下属；而项目经理没有此权力，所以必须采取相对宽松的领导方式。

（3）技术专家。高层管理者总愿意提拔技术部门的经理或技术专家来负责项目。一般来说，技术专家难于脱离技术而成为一个好的项目经理，他的专业技术知识越多，他就越可能卷入项目的技术细节中去。如果项目是R&D项目，技术本身关系着项目的成败，那么技术专家充当项目经理可能是比较合适的。如果一个专家被选为项目经理，那么他必须学会怎样才能人尽其才。

（4）迎合客户。高层管理者经常为了满足客户的需求而安排项目经理，但迎合客户并不能确保项目成功。如果不得不屈服客户的要求，那么高层管理者必须给予项目强有力的支持。

（5）培养人才的误导。高层管理者可能从岗位轮换的角度考虑让一个人担任项目经理，而这样做仅仅是为了让他对项目管理有所体验。如让职能经理担任18个月的项目经理，然后再调回，这样会对项目或企业本身造成风险：他可能技术已经落伍，也可能对项目管理不会完全投入。

第三节 项目团队

并不是组织为项目经理提供了足够的人力等资源就可以完成项目任务的。

项目团队聚集了来自不同部门的个体，还要把他们变成一个整体的、有效的工作单元。在今天越来越复杂和多变的环境中，要把具有不同的需要、背景、专业、文化等职能专家和成员组织起来，使他们“各有其位、各司其职”，难度可想而知。因此，项目团队的组建和管理对于项目的成功至关重要。

一、项目团队的结构

项目团队一般由项目经理、职能交叉层面上的项目成员以及项目办公室组成。无论项目是大是小，设立一个项目办公室是很重要的。项目办公室（PMO）是用来帮助项目经理履行职责的组织，项目办公室人员必须与项目经理一样对项目尽职尽责，并且要与项目经理和职能经理保持良好的工作关系。项目办公室的职能如下：①作为内部控制和客户报告的信息中心；②控制时间、成本和绩效以符合合同要求；③确保所有的工作要求都有记录，并分发到各个关键人员手中；④确保所有的工作都有合同授权和资金提供。⑤项目经理和项目办公室人员的主要职责是对组织中跨职能的工作进行整合。项目办公室的规模取决于项目规模、类型、需要的技术水平和客户要求等，一方面要保证完成任务所需的人员数量，另一方面又不能超过成本控制。

二、项目团队的发展

项目团队从开始到结束，是一个不断成长和变化的过程，这个过程包括四个阶段，即形成阶段、磨合阶段、规范阶段、执行阶段。其相应的领导风格用领导生命周期理论来分类最为合适，分别是指导型、影响型、参与型和授权型。

（一）形成阶段

形成阶段是项目团队发展过程的最初阶段，它将一些个体人员转变成项目团队成员。这一阶段的特征是，项目团队成员具有一种积极向上的精神，并急于开始工作和表现自己。但同时这个阶段的项目成员最容易产生焦虑，他们不知道要干什么、和谁一起干、能否和同事愉快相处以及从事的工作是否与自己的兴趣能力相匹配等。

因此，项目经理在团队组建初期就应该采取措施来解决上述问题。项目经理可以与每个团队成员进行谈话或召开会议，就项目的目标、项目的重要性、为什么该团队成员会被选中、担任何职、可能会遇到什么问题、必须遵循的准则、团队成员的专业兴趣、对顺利完成项目的建议等问题，与团队成员开诚布公地讨论，减轻最初的忧虑，让员工感到他们是团队中不可缺少的一员。这样，团队成员可能会把更多的注意力放在项目的需要上，并能增强成员之间的信息交流，培养项目成员的归属感。

（二）磨合阶段

虽然在项目的初期阶段，对团队建设予以恰当的注意是必要的，但它也是一个永无止境的过程。随着项目的进行，员工之间的各种冲突不断出现，项目经理要不断地监控团队的功能和表现，以发现团队的各种潜在问题并采取行动予以解决。在项目团队成员逐渐减弱了焦虑和疑问，明确了自己的目标后，项目进入了磨合阶段。这一阶段的特征是项目团队成员发现现实与自己的期望不一致，越来越不满意项目经理的指导和命令，对项目所采用的设备和技术不熟悉，时常发生错误。

这一阶段项目团队成员的情绪有挫折、不满、愤怒甚至对立的情绪，比如项目团队成员对自己的角色不太满意，觉得项目经理制定的计划和安排不合理。有些成员甚至提出退出项目组。因此，项目经理要对他们进行适当的指导，但是这种指导比最初阶段要少得多，并且要引导每个项目团队成员对自己的角色以及责任进行调整。另外，项目经理还要明确项目团队成员相互之间的关系和行为规范，使每个成员都清楚地了解自己的责任以及和别人的关系。

（三）规范阶段

项目团队在经过了一段时间的磨合后，就进入了正常发展的规范阶段。这一阶段的特征是，项目团队的矛盾程度降低，同时随着成员的期望和实际情形的统一，他们的不满情绪也逐步降低。项目的规章制度得到改进和规范，具体的控制和决策权也逐步从项目经理转移到项目团队成员手中。

这一阶段项目团队成员之间开始建立相互信任、相互帮助的关系，开始互相交流看法，合作意识明显加强。所以，在这一阶段项目经理要逐步减少指导性工作，对团队成员的工作要给予支持，并且对项目团队成员所取得的成果进行表扬。

（四）执行阶段

在这一阶段，项目团队成员对自己本职工作、相关技能已经非常熟练，经验丰富，对自己的能力有信心，得到了项目经理和其他成员的信任。项目成员的工作成熟度和心理成熟度都有很大的提高。项目团队可以根据实际需要，以个人或临时小组的方式进行工作，相互依赖程度高。在这一阶段，项目经理的工作就是协助项目团队制定、修正并执行项目计划。

三、项目团队的建设

（一）项目团队建设的障碍

在项目团队的形成中，项目团队只是个人的集合，这些人因为他们的技能和能力被挑选出来执行即将来临的项目工作。然而，要想成功，个人的努力必须综合到一起。这要求团队成员必须作为一个统一的团队一起工作，生产同一个整体系统相适合的创新性产品。在项目建设中，可能会有很多问题阻碍项目团队作为一个整体统一运行。理解项目团队组建的障碍有助于建立一个有益于项目团队有效工作的环境，主要表现在以下几个方面：

（1）团队成员之间不同的见解、优先考虑事项和兴趣。当团队成员的专业目标和兴趣与项目目标不同时，就存在着一个重大障碍。在项目的早期就应该尽力发现这些冲突，充分解释项目的范围和顺利完成项目可能带来的奖赏；要宣传团队精神，设法使个人兴趣与整个项目的目标相一致。

(2) 任务冲突。当团队成员之间存在任务冲突时，如对在项目组织内部和外部支持组织中，谁应该做什么工作的问题不明确界定时，项目小组的发展就会受到阻碍。应该在尽可能早的项目前期，询问团队成员他们认为自己最适合从事项目的哪项工作；确定如何才能把整个项目分为最恰当的子系统和子任务(如 WBS)；分配任务；举行常规评审会议，以便让团队了解进展情况。

(3) 项目目标/结果不明确。不明确的项目目标会频繁引发冲突，使得明确的定义任务和责任变得很困难。应该确保各参与方理解总体的和跨组织的项目目标，与高层管理者和客户进行明确而频繁的交流，召开会议来听取反馈，有助于强化项目目标。

(4) 动态的项目环境。许多项目在一种不断变化的状态下运营。例如，高层管理者不断地改变项目范围、目标和资源基础；客户需求的变化也能极大地影响项目团队的内部运营。应该让高层管理者和客户了解无根据的变化带来的不利后果，预测项目发展所处环境的变化是至关重要的，并应制定一些应急计划。

(5) 团队成员的选择。在项目招募员工时，如果成员感到受到了不公正的待遇或受到威胁，就会产生障碍。在有些情况下，项目成员是由职能经理指派给团队的，项目经理在选择员工的过程中没有或几乎没有参与。单纯委派可能会导致一些不满情绪、不负责任等问题。通常项目经理对团队成员的选择权越大，分配给其的任务就越容易达成一致，团队建设的努力就越富有成效。

(6) 项目经理的信誉。当项目经理在团队内部或其他经理人中信誉不高，团队建设的努力就会受阻。在这种情况下，团队成员经常不愿对项目或项目经理承担责任。信誉问题可能是由于管理技能差、技术判断力差或是缺乏与项目有关的经验造成的。

(7) 团队成员缺乏责任心。缺乏责任心可能有几个原因。例如，团队成员有其他专业兴趣、与项目相关的不安全感、顺利完成任务后可能带来的奖赏的不确定性，以及团队内部激烈的人际关系冲突，都可能导致缺乏责任心。应设法在项目生命周期的早期察觉，并且尽力改变可能对项目不利的观点，减少团队成员的担心，协调和其他团队成员的冲突。最后，如果一个团队成员的专业兴趣在其他领域，项目经理应该分析满足该项目成员兴趣的方法或考虑换人。

(8) 交流问题。缺乏交流是进行有效团队建设的大敌。缺乏交流主要存在四个层面：团队成员之间、项目经理和团队成员之间、项目团队和高层管理者之间、项目经理和客户之间。项目经理应该投入相当多的时间与个别团队成员就其需要和关心的事进行交流。此外，项目经理应该鼓励团队成员之间进行交流。强化沟通的方式有报告会、进度检查、汇报工作等。同样，项目经理应该与客户和高级管理层建立定期而全面的联系。

(9) 缺乏高级管理层的支持。高级管理层的支持，对于有效处理有相互作用的组织和恰当的资源配置是绝对必要的。因此，项目经理的一个主要目标就是保持高级管理层对其项目的持续的兴趣和承诺。同时，高级管理层要为项目的有效运行提供适宜的环境，这需要项目经理在项目开始时就告诉管理层需要何种资源。

成功的项目经理不仅要认识到这些障碍，而且要知道在项目周期中它们什么时候最有可能发生，并采取预防措施。

（二）建设高效的项目团队

为了建设高效的项目团队，必须具备以下条件：职业激励的工作氛围、优秀的项目领导、称职的人员以及稳定的工作环境。

(1) 为团队创造一种氛围。项目经理必须确保团队在新的项目环境下身心愉悦，这包括相互信任、尊重，以及感觉到新任务是可操作的，并得到管理层的支持。

(2) 界定项目组织、交界面和汇报关系。成功创建一个新的项目团队的关键是明确地界定沟通责任以及组织关系。系统的描绘项目组织的工具来自传统的管理实践，包括大项目或项目组织的章程、项目组织图（它定义了主要的汇报和权力关系）、责任矩阵或工作单以及工作说明。

(3) 界定项目范围和关键参数。界定项目的技术成分很少会出现问题。项目成员通常在他们的技术领域非常胜任。然而，工作只是项目4个参数（工作、时间安排、资源、责任）中的1个。这些在招募人员开始之前必须界定清楚。

(4) 为项目挑选人员和组织团队。挑选项目组织的人员在项目形成阶段是一个主要的活动。如果人员的挑选很草率而且没有明确地界定要执行的基本工作，结果就常会使人员同工作要求不相匹配，易产生冲突，士气低落。

总之，有效的团队建设是项目成功的决定性因素。尽管团队建设的过程会使所有涉及的人（项目经理、项目成员、高级管理层、职能层）付出精力，但回报也会是很大的。下面列出了高效和低效团队的几个特征，见表2-4。

（三）团队、成员与项目领导的关系

(1) 成员表现的四个阶段。任何团队成员在一个组织中要有效地完成某项任务必须具备两个条件：意愿和能力。意愿就是成员有完成任务的取向，能力就是成员完成任务的基本技能。一般地说，每个成员在项目的每个阶段意愿和能力表现不同。假如按照项目管理四阶段分析，在第一阶段，由于成员对新项目的好奇心，成员的意愿较高，但是技能缺乏，能力较低，称之为“热情高涨的新手”；在第二阶段，随着项目问题和困难的出现，成员的意愿降低，能力更低，几乎没有创造性，称之为“憧憬幻灭的学习者”；在第三阶段，随着成员对项目困难的克服和技能的提高，成员的意愿有所增加，能力也随之提高，称之为“有能力但谨慎的执行者”；在第四阶段，对项目认识的日益渐进，成员的意愿大大增强，创造性能力出现，甚至超出成员自己想象的能力，这正是团队管理追求的最佳状态，称之为“独立自主的完成者”。

表 2-4 高效和低效团队的特征

高效团队的特征	低效团队的特征
较高的业绩和工作效率	较低业绩
创造性行为	完成项目目标的责任心低
责任心	不明确的项目目标，主要参与人责任心水平参差不齐
团队成员的职业目标与项目要求相一致	操纵他人，隐瞒，不计一切代价的冲突
解决冲突的能力	混乱、冲突、无效率
有效的交流	蓄意的暗中破坏，担心，不感兴趣或拖延
较高的信任度	拉帮结派，勾结和孤立团队成员
喜欢合作	无生气，反应迟钝
充沛的精力和高度的热情	
高昂的士气	

（2）团队的四种状态。对于团队而言，如果成员处在第一阶段，团队则表现为需要相互了解；如果成员处在第二阶段，成员表现为对团队或项目产生不满；如果成员处在第三阶段，团队出现逐渐融合的状态；如果成员处在第四阶段，团队则进入了高效状态。

（3）成员的四个阶段需求。处在第一阶段的成员是“热情高涨的新手”，因此需要给予知识、方法和技能；处在第二阶段的成员是“憧憬幻灭的学习者”，因此需要给予鼓励、支持、知识和技能；处在第三阶段的成员是“有能力但谨慎的执行者”，因此需要支持、认可、提供资源；处在第四阶段的成员是“独立自主的完成者”，因此需要信任、尊重、授权，最大限度地发挥成员的积极性和创造性。

专业术语

项目组织　职能型组织　项目型组织　矩阵型组织　弱矩阵式　强矩阵式　平衡矩阵式　项目经理　组织　组织单元　领导能力　项目目标　项目环境　项目范围　内部激励　控制

思考题

1. 项目的组织形式主要有哪几种类型？各自的优缺点有哪些？

2. 怎样区分职能矩阵与项目矩阵？
3. 项目经理与职能经理的主要区别是什么？
4. 你认为项目经理最重要的素质特征是什么？
5. 挑选项目经理应该考虑哪些因素？
6. 讨论项目经理对项目团队成员所承担的责任有哪些？
7. 采用哪种形式来组织下面的一些项目：
(1) 一家银行的投资银行部的投资项目。
(2) 一个公司的基础研究实验室的研究项目。
(3) 一个跨国建筑公司的项目。
(4) 一个城市的公共交通项目。
(5) 一个管理咨询公司的咨询项目。
8. 有效的项目团队成员应具备哪些本质特征？
9. 你认为建立一支高效的项目团队应该注意哪些问题？

案例

小李是一个称职的项目经理吗？

A公司是一家生产电子设备的中型公司，该公司目前同时开展着10个项目，并且这些项目处于不同阶段。该公司拥有很多项目经理，他们全都向总经理负责。项目团队成员既要受职能部门经理领导，也要受项目经理领导。例如，电气工程师既要归电气工程部经理领导，又要由所在项目的项目经理安排工作。有些人只为一个项目工作，有些人则分时间段在几个不同的项目中工作着。

小李于某大学电气工程专业硕士毕业后的6年间一直在该公司工作，目前级别是高级电气工程师，向电气工程部负责。前不久，公司获得一个2000万元的合同，小李被提升为项目经理，负责这一项目。

小李被提升为项目经理后，高级电气工程师这一职位空缺，于是公司招聘了一位新员工小王。小王与小李的专业相同，并已经获得了博士学位，而且已经有8年的工作经验，专业能力很强。小王进入公司后被分配到小李的项目团队中。

由于小李不了解小王的工作方式，因此他经常找小王谈话，建议他怎样进行方案设计等，但是小王根本不理会他的看法。有一次，小王告诉小李，他有一个可以使系统成本降低的创新设计方案。小李听了以后说："尽管我没有博士头衔，我也知道这个方案毫无意义，不要这样故作高深，要踏实地做好基本的工程设计工作。"这使得小王很不高兴，他觉得小李的做法根本就不像一个项目经理所为，认为小李还是比较适合从事技术工作。

问题：

1. 分析一下A公司属于哪种项目组织结构？为什么？
2. 你认为作为该项目的技术人员，小王对待项目经理小李的态度合适吗？
3. 你认为小李胜任项目经理这个职位吗？为什么？

第三章 项目管理过程

项目是一个全过程管理。本章涵盖了项目管理的所有过程。通过对本章的学习，可进一步了解项目过程管理的任务、规律及相关问题，总体把握项目管理的实质。

第一节 初识项目管理过程

众所周知，过程是“产生结果的一系列行为”，是基于一定输入、采用相关工具和技术，产生一定输出的活动集合。而项目管理过程则描述了如何组织、规划和实施项目的各项工作。

项目的实现过程是由一系列的项目阶段或项目工作过程构成的，任何项目都可以划分为多个不同的项目阶段或项目工作过程。同样，对于一个项目的全过程所开展的管理工作也是一个独立的过程，这种项目管理过程也可以进一步划分成不同的阶段或活动。一般认为，项目管理过程由以下五个基本过程组成：启动、计划、执行、控制和收尾。

（一）启动过程

在一个项目管理过程循环中，首要的管理具体过程（或阶段/活动）是一个项目或项目阶段的启动过程。它所包含的管理活动内容有：定义一个项目或项目阶段的工作与活动；决策一个项目或项目阶段的启动与否；决策是否将一个项目或项目阶段继续进行下去等工作。这是由一系列项目决策性工作所构成的项目管理具体过程（或阶段/活动）。

（二）计划过程

一个项目管理过程循环中的第二种具体管理（或阶段/活动）是项目或项目阶段的计划过程。它包含的管理活动内容有：拟订、编制和修订一个项目或项目阶段的工作目标、任务、工作计划方案、资源供应计划、成本预算、计划应急措施等工作。这是由一系列项目计划性工作所构成的项目管理具体过程（或阶段/活动）。

（三）执行过程

一个项目管理过程循环中的第三种管理具体过程（或阶段/活动）是项目或项目阶段的执行过程，它所包含的管理活动内容有：组织和协调人力资源及其他资源；组织和协调各项任务与工作；激励项目团队完成既定的工作计划；生产项目产出物等工作。这是由一系列项目组织管理性工作所构成的项目管理具体过程（或阶段/活动）。

（四）控制过程

一个项目管理过程循环中的第四种管理具体过程（或阶段/活动）是项目或项目阶段的控制过程。它所包含的管理活动内容有：制定标准；监督和测量项目工作的实际情况；分析差异和问题；采取纠偏措施等工作。这是由一系列项目管理控制性的工作所构成的项目管理具体过程（或阶段/活动）。

（五）收尾过程

一个项目管理过程循环中的第五种管理具体过程（或阶段/活动）是项目或项目阶段的收尾过程。它所包含的管理活动内容有：制定一个项目或项目阶段的移交与接收条件，并完成项目或项目阶段成果的移交，从而使项目顺利结束。这是由一系列项目文档化和移交性、验收性的工作所构成的项目管理具体过程（或阶段/活动）。

可以把项目管理视为一系列相互联系的过程。在某个时候，某个知识领域所作的决定和行动常常会影响到其他方面。处理这种影响，经常不得不权衡项目管理的三项约束——范围、时间和成本。项目经理还要在其他知识领域进行权衡，比如，在风险和人力资源之间进行权衡。

第二节　项目启动

一个项目之所以能够产生必然有其产生的原因，那就是社会的某种需求。所以识别需求是项目管理的首要工作，也是项目启动的前提条件。此外，项目启动之前，还有很重要的一步，那就是项目筛选。适合的项目才是好项目，而好项目只有在运用恰当的方法付诸实施的时候才能取得相对满意的结果。这就又涉及到项目启动的相关工具和方法。

一、项目的来源

需求分析，是一个项目提出方和承担方相互沟通的过程，一方是使用者，一方是制造者，只有双方相互配合，共同对方案进行设计才能最后达到使用的要求。清晰的需求是承约商进行规划与实施项目的基础。假如您感到居住多年的房屋已显得陈旧，希望将房屋重新装修一番，当装修公司询问您需要什么样的布局、风格时，您如何描述需求呢？

——需求的描述：“你看着办吧，只要好就行。”

——结果会如何呢？也许你会说：“你怎么装修的如此浮华俗气，你知道我是一个知识分子，房间的布局、风格应充满书香墨气”。

其实，责任是很明确的：一方面是客户没有明确告诉委托人他所希望的目标，另一方面是委托人也没有进行充分调查与研究，所以这个项目以事实上的失败而告终。所以，项目需求分析是项目成功的必要条件之一。

（一）需求识别

任何一个项目都是从需求识别开始的。所谓需求识别就是客户基于某些方面的变化而产生的一种特定需求。客户的需求主要来自以下几个方面：

（1）市场需求。如某汽车公司针对市场上汽油涨价或短缺的情况，为研制更省油的汽车而批准一个项目。

（2）竞争需求。如某公司启动一个研发项目，目的是提高自身的竞争力。

（3）技术领先需求。如某IT企业面对形形色色的软件产品的出现，启动新项目开发新的增长点。

（4）商业需求。如某校创办企业项目，以增加学校收入。

（5）社会需求。如某民间组织批准一个项目，向受灾地区提供饮用水系统。

（6）法律需求。如某企业启动环保项目，以满足政府环保条款的相关要求。

当客户对上述需求作出反应时，就意味着他们有了某种需求。但这种需求还比较粗略，尚需近一步研究和分析自身资源和现状，仔细全面地考虑项目的各种因素，以确定自己的最终需求，即进入项目的需求建议书编制阶段。

（二）需求建议书

这是需求识别过程的结果。它是客户向承约商发的用来说明如何满足自己识别需求所要进行的全部工作的书面文件。客户只有在需求建议书中提供了全面的、相关的信息后，承约商才能完全了解客户的需求。

项目需求建议书通常是正式的，也可以是非正式的。规范的项目建议书一般包括以下内容：

（1）项目工作陈述。它主要是对当前的工作进行描述，并确定工作范围。客户应在此明确指出承约商所要完成的工作任务或任务范围。

（2）项目目标的要求。客户必须在项目建议书中明确规定项目可交付成果的相关性能和特征。

（3）客户要求的进度计划以及项目实施方式。

（4）客户要求的合同类型以及合同内容等。

（5）客户要求的建议书的具体格式以及提交建议书的最后日期。

（6）客户对需求的确认。

（7）客户的付款方式。

（8）客户供应条款。

（9）承约商项目申请书的评价标准。

二、项目的筛选

很多情况下，虽然需求已经明确，但是究竟选用什么样的项目来满足却并不清楚。实际上，要满足同一需求，可以对应多种项目。而不同的地区、不同的用途，也可能会有不同的最优选择。

（一）项目识别

当承约商得到客户发来的需求建议书时，项目识别过程就开始了。所谓项目识别，是指根据客户的需求识别，在若干个被选的项目方案中承约商对一些能够满足客户需求的方案进行遴选的过程。它与需求识别是不同的。项目识别是指以承约商为主体的行为，而需求识别是以客户为主体的一种行为，两者是互相联系，互相影响的。项目识别以需求识别为基础，是对需求识别的回应。

（二）项目构思

项目构思是指对未来项目的目标、功能、范围以及项目涉及的各主要因素和大体轮廓的设想与初步界定。为了保证客户的需求得到满足，承约商经常会针对一种需求提出多种解决方案，每种方案都会有不同的特点，以便客户根据自己的偏好和实际情况进行选择。

项目构思的过程包括准备、酝酿、调整和完善。它是一种创造性的探索过程，是项目策划的基础和首要步骤，其实质在于挖掘可能捕捉到的机会。项目构思的好坏，不仅直接影响到整个项目策划的成败，而且关系到项目策划过程的繁简、工作量的大小等。任何项目都需要构思，项目构思常常来自于项目的上层系统（即国家、部门、企业等）的现存需求、战略、问题和可能性等。

项目构思阶段通常有很多的方法可以使用，但要受到构思者生活背景、知识水平、习惯、经验、能力以及构思者所在组织的特征、文化等多方面对影响。一般情况下需要具体问题具体分析。其主要方法有，项目混合法、比较分析法、集体创造法（头脑风暴法、多学科交叉法、集体问卷法、逆向头脑风暴法）、创新法等（信息整合、聚集式创新、发散式创新、逆向式创新）。

（三）项目选择

组织与个人需要对各种项目机会作出比较和选择，将有限的资源以最低的代价投入到收益最高的项目设想，以确保组织或个人的发展，这就涉及到项目选择的问题。

1. 项目选择的原则

为了正确地选择项目，避免失误，在项目选择过程中一般应遵循下列基本原则：

（1）科学化原则。项目选择行为本身是一种决策行为，而决策有科学决策和非科学决策之分。科学的项目决策就是在科学的理论和知识的指导下，通过科学的方法和程序所作的符合客观规律的决策。只有这样地决策才能经受住实践 的考验，达到预期的目的。

（2）民主化原则。项目选择应避免单凭个人主观经验决策，要集思广益，在反复论证的基础上，有机地作出决策。

(3) 系统性原则。项目选择是对一个复杂的系统进行综合分析与判断的决策过程，其影响因素很多，在选择项目时，应综合考虑各项目（建议）的收益与风险、项目间的联系、组织的战略目标和可利用资源等多种因素，选择最适合的项目组合，使项目组合的整体绩效和价值最大化。

(4) 效益性原则。进行项目选择时，要讲求项目的总体效益最优。既要考虑经济效益，也要考虑社会效益，从而达到微观效益与宏观效益的统一，近期效益与长期效益的统一。

(5) 效率性原则。要选择投入产出比高、投入产出周期短的项目。

2. 项目选择应考虑的因素

(1) 生产因素。项目在选择时要考虑项目在生产上是否具有可行性。包括新能源需要量、设备需求、生产过程的安全性、原材料使用情况的变动等。

(2) 市场因素。项目产品最终是要面向市场的，因此市场决定了项目目标的实现程度。它主要包括潜在的市场规模、可能的市场份额、产量生命周期性波动的影响、公众接受程度等。

(3) 财务因素。财务因素涉及的是项目的经济可行性问题，一般包括盈利性、投资的净现值、支付周期、现金需求量、投资规模等。

(4) 员工因素。员工是使项目得以落实的载体，因此人的因素不可忽视。它主要包括培训要求、技能水平、当前劳动强度水平、劳动力的性别等。

(5) 管理和其他各种因素。它主要包括国家的有关法律规定、项目的社会影响、对项目的管理能力等。

3. 项目选择的基本方法

一般而言，项目选择的方法可以分为两类，即定性方法和定量方法。定性方法主要包括“神圣”的提议、操作的必要性、竞争的必要性、比较收益模式等几种方式。而定量方法主要有确定性模型、风险性模型和非确定性模型三种。这两种方法均被广泛使用，很多组织通常把这两种方法结合起来，以达到选择的效果。

(四) 项目论证

项目论证是指对拟实施项目技术上的先进性、适用性，经济上的合理性、盈利性，实施上的可能性、风险性，进行全面科学的综合分析，为项目决策提供客观依据的一种技术经济研究活动。它是项目实施、项目融资、项目规划和风险管理的依据。

三、项目启动的步骤、要求及工具和方法

(一) 项目启动的步骤

1. 项目发起

项目选定之后，还要有一个发起过程，才能使项目行动起来。所谓发起，就是让和项目有切身利益的有关方面承认项目的必要性，让他们根据自己的责任和义务投入相应的人力、物力、财力、信息或精力。项目发起人可以是投资者、项目产品或服务的用户或者提供者、项目业主、建设项目的施工单位，也可以来自政府或民间。

在发起一个项目，寻求他人支持时，要有书面材料交给可能的支持者，使其明白项目的必要性和可能性，这种书面材料可以称为项目发起文件。

2. 项目核准

项目选定之后，大项目，特别是需要由政府投资的公益性和基础性项目，还需要经过核准，即由项目实施组织最高决策者正式承认项目的必要性，把项目实施所需的全部权利交给项目管理班子的过程。也有些项目，例如一些小项目，由选定项目的个人或组织自己实施，无须由他人核准，也就不存在项目委托人。

3. 项目启动

项目启动就是项目管理班子开始项目或项目阶段的具体工作，包括项目或项目阶段的规划、实施和控制等的过程。只有在项目的可行性研究结果表明项目可行或项目阶段必备的条件已经成熟的时候才可以启动。在不清楚项目是否可行，或项目阶段的必备条件成熟之前贸然启动是不可取的。项目正式开始有两个明确的标志：一是任命项目经理，建立项目管理班子；二是项目许可证书。

如果项目经理或项目班子是接受他人的委托，对已经有委托人选定的项目进行管理，则项目经理在接受委托时，一定要同委托人明确四件事：资金、权限、要求和时间。资金，就是要明确委托人有无足够的资金用于项目，并支付项目经理和项目班子成员的工资；权限，就是查明委托人有无足够的权限保证项目的顺利进行；要求，是指委托人对项目及项目经理和项目班子成员是否有明确的要求；时间，是指项目何时启动，何时完成。如果是项目经理和项目班子自己选定和发起的项目，项目经理也应明确落实资金、权限、要求和时间。

（二）明确项目要求

项目有多个方面，包括范围、费用、时间、质量、风险、人力资源、采购等。可以把这些不同的方面叫做项目变数、项目变量或者项目参数。

项目经理在接受委托之后、准备启动项目之前，必须弄清项目委托人对项目变数的要求。项目发起人或委托人对项目的许多情况往往并不清楚。比如，要达到什么目标、需要投入多少资源、要求达到什么样的质量等，一般只有一个模糊的概念。如果项目发起人或委托人由多个人或多个组织构成，问题可能更严重。他们对于项目的目的、内容、范围和行动方案的认识在大多数情况下并不一致，各有各的想法，相互矛盾。因此，项目经理就要负责统一他们的认识，如果不弄清楚，则项目无法启动。要为项目以后进展铺平道路，一定要进行下面的工作：

(1) 项目经理和项目班子必须花费足够的时间对项目进行研究、讨论和分析。必要时，还要研究以前类似的项目是怎样组织的，采取了什么样的做法。此外，还要研究本身过去的哪些经验可以用来进行本项目的规划过程。

(2) 如果在研究、讨论和分析项目之后，认为已经明确了项目大局，则应编制一份“项目界定”文件，初步明确项目的内容和范围。

(3) 在项目界定的基础上说明项目要取得什么样的最终结果，实现什么样的目标。

(4) 将项目的最终结果区分为哪些是必须取得的，哪些是最好能够取得的。只有实现了必须能实现的目标，项目才能算是成功。

(5) 目标确定之后，就是实现目标的手段和行动路线或策略。一定要针对项目的具体情况提出实现项目目标的策略。

(6) 策略提出之后，要经过评价。评价项目策略的准则应当现实、可行，反映出项目的终极目标。通过评价选取最优或满意的行动路线，即项目策略。

(三) 项目启动的工具和方法

1. 净现值法

净现值法是运用投资项目的净现值进行投资评估的基本方法。

净现值等于投资项目未来净现金流量按资本成本折算成现值，减去初始投资后的余额。其基本做法是：把某投资项目投产后的现金流量，按照预定的投资报酬率折算到该项目开始建设的当年，以确定折现后的现金流入和现金流出的数值，然后相减。若现金流入的现值大于现金流出的现值，净现值即为正值，表明投资不仅能获得符合预定报酬率的期望利益，而且还可得到以正值差额表示的现值利益，这在经济上是可行的；反之，若现金流入的现值小于现金流出现值，则表明投资回收水平低于预定报酬率，投资人将无利可图。

2. 内部收益率法

内部收益率法是指根据方案本身的报酬率来评价方案优劣的一种方法。

所谓的内部收益率，是指在项目整个寿命期内，各年净现金流量累计等于零时的折现率，就是说项目以每年的净收益归还投资后，所获得的最大投资利润率，也是项目内潜在的最大盈利能力。如果内部收益率大于规定的贴现率，则项目是可行的。反之则是不可行的。

需要注意的是，内部收益率作为投资项目效益重要的评价指标，但它不是唯一的判别指标。它表明的只是一个比率，不是绝对值。它有自身的优缺点和局限性，在实际估算中，还应与其他相关指标结合起来运用，才能保证项目估测的结果更为全面合理。

3. 投资回收期法

投资回收期法又称“投资返本年限法”，是计算项目投产后在正常生产经营条件下的收益额和计提的折旧额、无形资产摊销额用来收回项目总投资所需的时间，与行业基准投资回收期对比来分析项目投资财务效益的一种静态分析法。其计算公式为：

$$投资回收期=\frac{项目总投资}{年收益额+年计提折旧额+年无形资产摊销额}$$

式中的项目总投资是包括项目建设期间借款利息的总投资。年收益额是项目投产后达到设计年产量后第一个年度所获得收益额、计提的折旧额和无形资产摊销额。年收益额可按税前利润和税后利润计算，目前一般都按年税前利润计算。在计算投资回收期时之所以在年收益额外还要加上计提折旧额和无形资产摊销额，是因为折旧额和摊销额是重新购置固定资产和无形资产的资金来源，它虽不是项目的收益，但是它是用以补偿固定资产和无形资产投资的，所以也应将它与收益额一起作为收回的投资。

4. 要素加权分析法

要素加权分析法主要是针对项目设定一系列的评价指标或要素，并给予它们一定的权重，然后对各个要素分别打分，综合分值最高的项目即为最好的方案。要素加权分析法的步骤如下：

（1）列出影响项目的重要因素，将其按重要性大小排列。

（2）根据各要素的重要性给每项要素一个权重数值，一般用 1～5 来表示，其中 5 表示最重要。

（3）给要素打分，打分时不考虑权重因素。分数最好规定范围，如 1～10、1～100 等。

（4）如果每个人的打分相差很大，可能有必要更改打分程序，尽量使得最可行的项目得分最高。

（5）将单项得分与权重相乘的结果填入加权得分栏内，再把所有的加权得分相加，就得出每个项目各自总的加权得分。最高的项目就是最好的项目。

5. 效益分析法

效益分析法是一种将项目所涉及的全部成本和收益系统地进行权衡的过程。在进行效益分析时，首先要衡量项目的收益和成本，然后才能评估其经济效益。只有当项目方案的经济效益大于零或经济效率大于 1 时，即收益大于成本时，项目才具有可行性。

6. 层次分析法

层次分析法（AHP）是将与决策有关的元素分解成目标、准则、方案等层次，在此基础之上进行定性和定量分析的决策方法。这种方法的特点是在对复杂的决策问题的本质、影响因素及其内在关系等进行深入分析的基础上，利用较少的定量信息使决策的思维过程数学化，从而为多目标、多准则或无结构特性的复杂决策问题提供简便的决策方法。尤其适合于对决策结果难于直接准确计量的场合。

层次分析法的整个过程体现了人的决策思维的基本特征，即分解、判断与综合，易学易用，而且定性与定量相结合，便于决策者之间彼此沟通，是一种十分有效的系统分析方法，广泛地应用在经济管理规划、能源开发利用与资源分析、城市产业规划、人才预测、交通运输、水资源分析利用等方面。

第三节 项目可行性研究

项目计划阶段的主要工作是作好项目可行性研究，有关项目的计划将在第四章中介绍，本章侧重介绍项目可行性研究的一般常识。

一、项目可行性研究的含义

可行性研究是在投资决策之前，对拟建项目进行全面的技术分析与论证，以试图对其作出可行或不可行评价的一种科学方法。它是项目投资前期工作的重要内容，是项目投资决策中必不可少的一个工作程序。

在项目投资分析与决策过程中，可行性研究具体是指在项目投资决策之前，调查、研究与拟建项目有关的自然、社会、经济、技术资料，分析、比较可能的投资建设方案，预测、评价项目建成后的社会经济效益，并在此基础上，综合论证项目投资建设的必要性，财务上的营利性和经济上的合理性，技术上的先进性、适用性以及建设条件上的可能性和可行性，从而为投资决策提供科学依据的工作。一个完整的可行性研究报告至少应该包括这样三个方面的内容：一是分析论证投资项目建设的必要性。这主要是通过市场预测工作（即通过市场预测分析项目所生产的产品的市场需求情况）来完成的。二是项目投资建设的可行性。这主要是通过技术分析和生产工艺论证来完成的。三是项目投资建设的合理性（财务上的营利性和经济上的合理性）。这主要是通过项目的效益分析来完成的。其中，项目投资建设的合理性时可行性研究中最核心的问题。

项目可行性研究就是通过对拟建项目进行投资方案规划、工程技术论证、经济效益的预测和分析，经过多个方案的比较和评价，为项目决策提供可靠的依据和可行的建议。它应该明确回答项目是否应该投资和怎样投资。

二、项目评估和可行性研究的关系

项日评估与可行性研究都是处于项日投资前期的两项重要工作。可行性研究为项目决策提供有关技术、市场、组织、财务、经济和社会等全方位的评价依据，而项目评估是在决策前对项目的可行性研究及其所选方案作系统的评审、估价和提出政策性建议。按世界银行关于项目选定、项目准备、项目评估等项目周期的工作内容看，项目选定和项目准备主要是进行可行性研究，而项目评估是在可行性研究之后进行的，实质是对可行性研究所作的可行性研究。

在实际工作中，项目的可行性研究通常由项目业主方（如建设单位或项目主管部门）负责。当然，项目业主也可以把这项工作委托专业的设计单位或咨询机构承担，后者只对前者负责。项目评估则是由项目投资的决策机构或项目贷款银行负责和主管。主管项目评估的机构既可自行组织评估小组进行评估，也可委托专门咨询机构完成。

在改革开放之前或初期，项目投资的决策机构主要是国家各级主管投资计划的部门。随着我国社会主义市场经济体制的建立和完善，投资主体从过去单一的国家主体发展到国家、企业、民间、国外等多元化投资主体；资金来源也从单一的国家预算拨款发展到包括国家投资、利用发行股票筹资、内部留利筹资、债券筹资、银行信贷、接收国外直接投资等多种筹资渠道。其中尤为突出的是，随着发行投资决策权的下放，企业开始作为真正的投资主体发挥越来越重要的作用。因此，在企业自主投资的情况下，投资决策机构主要是企业的决策层，如董事会或高级管理层等。董事会或高级管理层必须对企业在项目前期进行的可行性研究进行评估。项目评估仍是在企业内部建立更严格的投资决策责任制、强化投资风险约束机制的关键措施。

由于项目评估与可行性研究都是为了加强投资决策的科学性和客观性，以及提高项目投资的综合效益，因此尽管两者在项目前期的工作次序、分析深度、着重点有所不同，但内容和方法是相通的。可行性研究与项目评估在投资决策过程中的关系是：可行性研究为项目评估提供依据和基础；项目评估则是对可行性研究的进一步论证，是继可行性研究后的下一步骤和再研究。

三、可行性研究阶段的划分及主要内容

可行性研究工作可分为机会研究、初步可行性研究、可行性研究、项目评估与决策四个阶段。这四个阶段的内容顺次由浅入深，工作量由小到大，估算精度由粗到细，因而研究工作所需的时间和费用也逐渐增加。另外，在可行性研究的任何一个阶段，只要得出“不可行”的结论，就不须再进行下一步的研究工作；可行性研究的工作阶段和内容也可以根据项目的规模、性质、要求和复杂程度的不同，进行适当的调整和简化（见表3-1）。

（一）机会研究

机会研究的主要任务是捕捉投资机会，为拟建投资项目的投资方提出轮廓性的建议。它又可以分为一般机会研究和项目机会研究。

表 3-1　项目可行性研究的阶段划分及内容比较

工作阶段	机会研究	初步可行性研究	详细可行性研究
工作性质	项目设想	项目初选	项目拟定和评估
工作内容	鉴别投资方向，寻找投资机会，提出项目投资的建议	对项目作专题辅助研究，广泛分析、筛选方案，确定项目初步可行性	对项目进行深入细致的分析论证，提出结论性建议，确定项目投资的可行性
工作成果	提出项目建议，为初步选择投资项目提供依据	编制初步可行性研究报告，确定是否有必要进行下一步的详细可行性研究	编制可行性研究报告，作为项目投资决策的基础和重要依据
估算精度	±30%	±20%	±10%
费用占总投资的百分比（%）	0.2～1.0	0.25～1.25	大项目：0.8～1.0 小项目：1.0～3.0
需要时间/月	1～3	4～6	8～12 或更长

一般机会研究是以某一地区、某个行业或部门、某种资源为基础的投资机会研究。项目机会研究是在机会研究的基础上以项目为对象进行的机会研究，通过项目机会研究将项目的设想落实到项目投资建议，以引起投资者的注意和兴趣，并引导其作出投资意向。

这一阶段的工作内容相对比较粗略，一般根据类似项目的投资额及生产成本来估算本项目的投资额与生产成本，初步分析投资效果。如果投资者对该项目感兴趣，则可转入下一步的可行性研究工作，否则，就停止研究工作。

（二）初步可行性研究

对一般项目，仅靠机会研究尚不能决定项目的取舍，还需要进行初步可行性研究，以进一步判断项目的生命力。初步可行性研究是介于机会研究和可行性研究的中间阶段，是在机会研究的基础上进一步弄清拟建项目的规模、厂址、工艺设备、资源、组织机构和建设进度等情况，以判断是否有可能和有必要进行下一步的可行性研究工作。其研究内容与可行性研究基本相同，只是深度和广度略低。

这一阶段的主要工作是：分析投资机会研究的结论；对关键性问题进行专题的辅助性研究；论证项目的初步可行性，判定有无必要继续进行研究；编制初步可行性研究报告。

初步可行性研究对项目投资的估算，一般可采用生产能力指数法、因素法、

比例法等估算方法。估算精度一般控制在 ±20% 以内，所需时间约为 4 ~6 月，所需费用约占投资额的 0.25%

（三）可行性研究

这一阶段的可行性研究亦称详细可行性研究，它是对项目进行详细深入的技术经济论证的阶段，是项目决策研究的关键环节。其研究内容主要有以下几个方面：①实施要点。简单说明研究的结论和建议。②项目背景和历史。③市场销量和项目的生产能力。列举市场预测的数据、估算的成本、价格、销售收入及利润等。④原材料投入。⑤项目实施的地点或厂址。⑥项目设计。说明生产工艺最优方案的选择，工厂的总体设计，建筑物的布置，建筑材料和劳动力的需要量，建筑物和工程设施的投资估算。⑦工厂的管理费用。⑧项目人员编制。根据工厂生产能力和工艺过程，得出所需劳动力的构成、数量及工资支出等。⑨项目实施设计。说明项目建设的期限和建设进度。⑩项目的财务和国民经济评价。

（四）项目评估与决策

项目评估是在可行性研究报告的基础上进行的，其主要任务是对拟建项目的可行性研究报告提出评价意见，最终决策项目投资是否可行并选择满意的投资方案。

第四节　项目执行与控制

前面探讨了项目管理领域中的计划过程，计划过程完结以后就可以正式进入项目的实施阶段了。项目的实施可以从项目的执行和控制两个方面来分析。

一、项目执行

（一）项目执行概述

一般认为，项目执行是指正式开始为完成项目而进行的活动或努力的过程。项目产品最终是在这个过程中产生的，所以执行过程是项目管理中最为重要的一个环节。项目计划执行有如下子过程（多数是保证性过程）：

（1）项目计划执行，即将项目计划付诸实施，展开计划中的各项活动。

（2）信息分布，即将必要的信息及时提供给项目干系人。

（3）询价，即取得报价、标价和建议书。

（4）来源选择，即选定承包或供应单位。

（5）班子建设，即提高项目班子个人和集体对项目进行高效管理的综合能力。

（二）项目执行的准备工作

在项目计划付诸实施之前，必须花一定时间和力量对项目班子和有关干系人，包括项目发起人和业主进行宣传、说服和动员。营造有利于事实项目计划的气氛和环境等。

(1) 项目班子应当对项目计划进行核实，看其是否完整、合理、现实与可行，项目所需的资源是否有保证，项目班子应当拥有的权限是否已经得到各方承认等。

(2) 项目参与者的确认，让项目参与者在项目计划上签字，承担责任。

(3) 项目团队组建。项目各方面因素中，最重要的是人。项目班子建设是项目实施最重要的内容，其目的不但是提高项目班子作为一个集体发挥作用的能力，也是提高所有干系人为项目作贡献的能力。项目班子建设要根据项目计划、人员配备计划、进展报告和外部对项目管理班子表现的反馈来进行。

(4) 项目规章制度的实施。目的是为了项目的执行活动能够有章可循，以保证项目的顺利实施。

(5) 项目执行动员。项目经理要充分发挥其宣称、动员和组织的作用。只有各方面的力量动员组织起来之后，项目团队成员对项目计划才能形成统一认识，明确自己的角色和作用，使项目计划顺利实施。

(三) 项目执行的能力和方法

1. 一般管理技能

这一点对项目计划的有效实施来说，是必不可少的。对项目团队成员，尤其是项目经理来说，掌握了领导、谈判、沟通等管理技能都将会在项目计划实施中发挥积极的作用。

2. 产品所需的技能和知识

对项目产品所需的技能和知识有适当的了解，项目团队才能够按照预定计划生产出项目产品或提供工作成果。如果项目团队成员还不具备这种专业技能，项目经理就有责任对团队成员进行培训，或设法找到其他人或通过其他途径来完成所需的工作。

3. 工作授权体系

它是批准项目工作的一个正式程序，用来确保按照适当的时间、合适的顺序完成工作。项目团队成员被赋予权力与责任的条件如下：

(1) 首先必须明确其负责活动的目标，并说明理由。

(2) 必须对其负责的活动有可行的计划。

(3) 必须拥有对其负责任的活动相关的技术和资源。

(4) 要有衡量其负责的活动成果的方法。

(5) 要明确其被赋予的权利，以便在工作出现偏差时及时采取措施。

在实际操作中，授权体系的设计应视项目各自的成本要求而定。例如，对许多小型项目，采用口头授权更合适。

4. 执行状况检查例会

应按期按计划召开，保证项目信息能及时、有效地进行交流。同样，例会的层次和频率也应根据具体情况而定，如项目团队内部的例会就可以比与客户之间的例会频繁一些。

5. 项目管理信息系统

项目管理信息系统（PMIS）是一种基于计算机技术而进行的项目管理系统。它能够帮助进行费用估算，并收集相关信息来计算挣得值和绘制 S 曲线，能够进行复杂的时间和资源调度，还能够帮助进行风险分析和形成适宜的不可预见费用计划等。

6. 组织程序

项目涉及的所有组织都会有一些正式或非正式的程序，这些程序可能是对项目有利的，也可能会对项目计划的执行产生阻碍。如果组织有一个人人都必须遵循的计划制定的指导方针，以帮助项目整体计划及其他各知识领域计划的制定，那么项目计划的制定和工作就会容易得多。同样，如果组织能够把计划作为执行期间实施和监督项目进程的基础，这样一种公司文化将会促进计划和执行之间的联系。因此，项目团队应该了解这些程序以备在项目实施期间随时用到。

此外，项目管理软件在项目计划的实施中也发挥着重要的作用。项目经理和其他项目团队成员可以利用项目管理软件（如 Microsoft Project 2000）生成项目整体计划的甘特图。

二、项目控制

曾有人在谈到什么是管理的时候说，管理就是制定计划，然后按计划执行。这话足够精练。试想，如果所有的事情都能够按照计划执行，管理将成为一件简单的作业。但是实际情况并不那么简单，由于环境的变化、认识的偏差、能力的不足等，造成了实际状况与计划的偏离。而要保证项目围绕计划开展，就得用到项目控制。

（一）项目控制的概念

项目控制是指以一定的标准为依据，定期或不定期地监控项目，发现项目活动与标准之间的偏离，并采取必要措施进行解决。有了项目控制，项目问题可以被及时解决，避免损失扩大。

（二）项目控制的形式和类型

项目控制有多种形式和类型，可以从不同的角度进行划分：

（1）正规和非正规控制。正规控制就是定期进展情况汇报会，阅读项目进展报告等。正规控制要利用项目实施组织或项目班子建立起来的管理系统进行控制。许多施工项目经理一有时间就到现场转，观察工程进展，同人们交谈，这就是一种非正规控制，有人称之为“走动管理”。在现场，项目的实际情况在项目经理头脑中形成了鲜明印象，这个印象随时同项目计划对照。非正规控制要比正规控制频繁。

(2) 预防性控制和更正性控制。预防性控制就是在深刻地理解项目的各项活动，预见可能发生的问题基础上，制定出相应的措施，防止不利事件发生。更正性控制是由于未能或者根本无法预见项目会发生什么问题，只能在问题出现后采取行动，纠正偏差。对于项目控制，更正性控制要比预防性控制用得多。

(3) 预先控制、过程控制和事后控制。预先控制是在项目活动或阶段开始时进行，可以防止使用不符合要求的资源，保证项目的投入满足规定的要求。过程控制是对进行过程中的项目活动进行检查和指导，一般在现场进行，一定要注意项目活动和控制对象的特点。事后控制是指在实际行动发生以后，再分析、比较实际业绩与控制目标或标准之间的差异，然后采取相应的措施防错纠偏，并给予造成差错者以适当的处罚。

(4) 直接控制和间接控制。直接控制着眼于产生偏差的根源，而间接控制着眼于偏差本身。项目活动的一次性常常迫使项目班子采取间接控制。项目经理直接对项目活动进行控制属于直接控制；而具体的项目活动由项目班子成员去控制，项目经理不直接对项目活动而对项目班子成员进行控制，属于间接控制。

(三) 项目控制的策略

项目控制要讲策略。以下策略可供参考：

(1) 不要丢掉控制权。项目实施过程中，具体工作要由班子成员去做，要把必要的权限交给他们。但是，在他们完成任务后应把相应的权限及时收回。

(2) 让决策者及时了解情况。项目管理班子可支配的资源及权限是有限的。对于一些重大问题，必须争取项目实施组织上层决策者的支持。提前将重大问题通报批评给他们，使其能够根据及时、准确和可靠的信息作出决定。

(3) 充分利用决策层的协调能力加强控制。在进行控制时，往往需要项目班子以外的有关职能部门配合。尽管项目班子可以同有关职能部门商量，请其协助，但在许多情况下，请项目实施组织的决策者出面，可以大大加强对项目的控制。

(4) 加强沟通。加强项目内外和上下的沟通，顺畅信息交流，做到下情上达、上情下达，是实现项目控制的基本条件。

(5) 根据修改后的计划进行控制。虽然控制的基本依据是项目计划，但是项目计划要不断地修改，所以项目控制的标准、方法和策略也要不断更新，不能固守不变。

第五节 项目结尾

在实际项目管理中，项目收尾过程和工作往往不被大家重视。有时因为项目任务繁重，项目组为了按时完成任务忙于埋头赶工，项目经理干脆就把该项工作给忽略了。阶段管理收尾工作是使一个项目成功的重要管理手段，它和项目的其他工作和任务一样，应该纳入项目计划并按计划落实。

一、项目收尾概述

(一) 项目收尾

项目管理要善始善终，不能虎头蛇尾，这是一个基本的理念。当项目或项目阶段的所有活动均已完成，或者虽然未完成，但由于某种原因而必须结束时，项目班子应当做好项目或项目阶段的收尾工作。项目收尾是项目全过程的最后阶段。没有这个阶段，项目就不能正式投入使用，不能生产出原定的产品或服务。即使投入使用，项目的维修保养也无法进行。项目或项目阶段结尾包括范围核实、行政收尾和合同收尾。

项目接近完成时，往往注意力会转移到新的任务，有些项目成员也要调离。而项目结尾工作常常是零碎、繁琐，容易被人忽略。因此，项目结尾的重要性应当特别强调，否则会给项目的运营带来后患。

(二) 项目终止的方式

当一个项目出现下列情况之一时就将会被终止：

(1) 项目的目标已经实现。

(2) 项目的有关工作已经停止或放慢，进一步的进展已经不可能。

(3) 项目被无限期延长。

(4) 项目所需要的资源被分配到其他项目。

(5) 项目不再具有实际应用价值，不需要再继续进行下去。

(6) 项目目标与组织目标已经不一致。

(7) 项目组织发生重大变化，迫使项目无法继续开展。

项目终止的方式各不相同，可以划分为下面几种：绝对式（恐龙式）终止、内含式（附加式）终止、整合式（集成式）终止和自然式（自灭式）终止。

(1) 绝对式终止。所谓绝对式终止，就是指项目一旦终止，所有与项目有关的实质性活动都将终止，项目组将被解散，项目组成员回到原来的单位或重新安排工作。

一旦项目以这种方式被终止，虽然其实质性活动都将终止，但大量的后续组织活动仍然需要，这时对项目组成员的去留需要重新安排，而项目的所属财产、设备、物料等则需根据合同授权重新分配，与此同时还需准备项目最终报告。

(2) 内含式终止。所谓内含式终止，就是指项目终止时被发展为企业或组织的一个组成部分，即“附加”给企业。附加式终止一般是对企业内部项目而言，即项目的实施是为企业本身而用，而且以这种方式终止的项目，一般适合成功的项目。

这种附加的过程可能是先把项目转化为企业的一个部门，然后逐步发展壮大而发展成为一个公司。这种项目的成功往往成为企业新的增长点。

(3) 整合式终止。所谓整合式终止，是指项目终止时，项目的结果被转变为企业或顾客的运营系统的一个有机组成部分，与企业或顾客现有的系统完全融合在一起。采取整合式终止的项目，可能是企业的内部项目，也可能是企业外部的项目。采取这种方式终止的项目一般是成功项目。

以这种方式终止的项目，项目的所属财产、设备、物资等被分配到现有的组织中，成为现有组织要素的有机组成部分，与企业或客户融为一个整体。

(4) 自然式终止。所谓自然式终止，顾名思义就是项目通过自生自灭的方式而最后终止，这是一个逐渐终止的过程，往往通过预算的缩减来逐渐终止项目，最终使项目不了了之。一般来说，采取这种方式终止的项目往往是不成功的项目或没有实力使之成功的项目。

(三) 项目终止过程

项目的“善始善终”需要一个特定的适当的过程来保证。认真成功地完成项目的结束工作和项目的其他阶段一样重要。这一阶段项目的首要任务是结束计划的制定，结束项目的人选、成果的交流和评价。

较早地拟定终止项目的计划和进度安排可以按照以下两点进行：可以让项目的成员接受项目即将结束的客观现实；准备转向新的项目。精心安排项目结束阶段的工作是一个困难的任务，也是对项目经理领导能力的一个挑战。

二、项目收尾程序

项目收尾过程建立了某些程序，用于协调、核实项目可交付成果的各项活动，并形成文件，协调并与顾客联系、沟通，使其正式验收这些可交付成果；调查在项目未能完成就终止时采取行动的理由并将其形成文件。

(一) 范围核实

范围核实又叫移交和验收。项目或项目阶段结束时，项目班子要把已经完成的项目可交付成果交给该项目成果的使用者或其他有权接受方。而在正式移交之前，接受方要对已经完成的工作成果或项目活动结果重新进行审查，核查项目计划规定范围内的各项工作或活动是否已经完成，可交付成果是否令人满意。

进行项日核实时，项日班子必须向接受方出示说明项目成果的文件，如项目计划、技术要求说明书等。项目范围核实完成后，参加项目范围核实的项目班子和接受方人员在事先准备好的文件上签字，表示接受方（如业主或发起人）已经正式认可并验收项目全部或阶段性成果。

（二）收尾程序

它规定了项目团队成员与参加执行项目行政收尾和其他利害关系者的所有活动以及有关的角色和责任，包括将收集项目记录、分析项目成败、收集吸取的教训以及将项目信息存档供以后参考使用等活动统一为一个整体。

（三）合同收尾

合同收尾就是了结合同并结清账目，包括解决所有尚未了结的事项。合同收尾类似于行政收尾，因为合同收尾既是成果验收，又是行政收尾，即将项目记录加以更新以反映项目或阶段的最后结果，并将其归档以备后用。

合同收尾之前要整理好合同文件。合同文件至少应包括合同本身及全部有关的表和清单、经过批准的合同变更、由承包商提出的技术文件、承包商的进度报告、单据和付款记录等财务文件，以及所有与合同有关的检查结果。

（四）行政收尾

项目或项目阶段在达到目的或因故中止时，必须做好行政收尾工作。项目班子的收尾工作就是编造、收集和散发有关的信息、资料和文件，宣布项目阶段的结束。

项目班子首先应检查项目结束结果并将检查结果形成文件，以便由发起人、业主或顾客正式验收项目结果。收尾工作包括收集确能反映项目最后性能的记录、分析项目的成功和有效之处，以及把这些资料存档以备后用。

三、项目验收

（一）项目验收的定义

项目验收也称范围核实或移交，是核查项目计划规定范围内的各项工作或活动是否已经全部完成、可交付成果是否令人满意，并将核查结果记录在验收文件中的一系列活动。项目验收时，应注重以下三个方面：明确项目的起点和终点；明确项目的最后成果；明确各子项目成果的标志。

（二）项目验收的标准和依据

1. 验收的标准

验收标准是指判断项目产品是否合乎项目目标的根据。所以，科学合理的验收标准才能对项目进行有效的验收。验收标准一般包括项目合同书、国际惯例、国际标准和行业标准以及国家和企业的相关政策、法规等。对于不同的项目，选用的验收标准也是不一样的。

2. 验收的依据

（1）工作成果。工作成果是项目实施的最终结果，只有成果验收合格，项目才具有实际价值。

（2）成果说明。项目团队还要向客户提供说明项目成果的文件，以供验收审查。

（三）项目验收程序

（1）项目收尾。

（2）返工或者处理。

（3）准备验收材料。

（4）项目团队自检并提交验收申请。

（5）验收工作组检查验收材料。

（6）对项目的完成情况进行初审。

（7）解决存在的问题。

（8）正式验收。

（9）签署验收鉴定书。

（10）项目移交。

专业术语

项目管理过程　需求分析　评价标准　项目识别　项目构思　项目选择　项目论证　项目发起　项目核准　项目可行性研究　项目执行　工作授权体系　项目控制　范围核实　合同收尾　行政收尾　交付成果

思考题

1. 什么是项目管理过程？项目管理过程包括哪几个阶段？
2. 项目管理过程组包括哪些内容？它们之间有什么联系？
3. 客户的需求主要来自哪几个方面？
4. 项目识别与需求识别有什么区别？
5. 项目选择的原则是什么？考虑因素有哪些？项目选择方法有哪些？
6. 什么叫可行性研究？可行性研究有哪些主要作用？
7. 可行性研究包括哪些主要内容？
8. 项目可行性研究的意义和基本方法有哪些？
9. 编制可行性研究报告的依据是什么？编写可行性研究报告有哪些要求？
10. 什么是项目控制？项目控制有什么策略？
11. 什么情况下项目会终止？
12. 项目验收的标准和依据有哪些？

案例

某厂区道路翻修工程项目管理过程

一、项目背景

厂区内东西道路，始建于80年代初期，其设计标准过低，没有人行道，人车混行，加之路幅宽只有9m，经过20多年的使用已造成路基沉陷、路面翻浆，给工厂和职工的生产、生活带来严重影响。随着工厂生产、经营规模的不断扩大和职工生活水平的日益提升，急需一条能适应工厂生产经营规模不断扩大、改善职工生活水平、具有较高标准且配套齐全的厂区道路。

对此，厂召开党政联席会议专题进行研究，并广泛征求职工意见，决定按较高标准投资翻修厂区东西道路，并责成由企管策划部负责具体组织实施。

二、项目启动

（1）组建项目团队。以企管策划部牵头、相关部室人员组成“厂区道路建设项目部”，由企管策划部主任担任项目组长。按职能式组织结构组建项目部。

（2）召开项目首次启动会议。

- 明确项目目标和任务。
- 明确项目范围和责任。
- 对项目团队成员进行分工。
- 明确项目任务和本职工作发生冲突的基本处理办法。

（3）开展项目前期的调研和论证。项目团队组建以后，即开始进行项目的前期调研和论证工作。

- 查阅原公路的有关资料。
- 走访公路设计单位。
- 走访公路施工企业。
- 进行可行性研究。
- 编写项目报告。
- 提交厂党政联席会议研究决定。

三、项目计划

（1）编制项目总体计划。

- 设计标准：按城市道路，参照二级公路标准进行设计。
- 项目进度安排：施工工期为2003年7月1日~9月30日。
- 项目范围：旧路基础及旧路灯拆除、排水沟清淤及损坏盖板更换、1341m×14m主路新建、两侧各1341m×4m人行道新建、两侧路灯新建。
- 投资估算：350万元。其中主路及人行道新建300万元、两侧路灯新建

50 万元，主路及人行道新建 300 万元由中标施工企业按包工包料进行一次性承包。其余工程由厂内基建公司承建。

- 总体质量要求：达到公路建设优良等级标准。

(2) 项目前期计划安排。

- 项目设计：委托市政工程公司设计所进行设计并进行初步预算。
- 项目预算和招标：委托某工程咨询造价有限公司进行项目总体预算和组织招标，并明确投标企业必须具备公路施工二级资质。
- 项目施工监理：委托某建设工程监理有限责任公司进行项目监理。工厂另外派二名项目工程师到现场进行监督。
- 项目最终质量验收：委托市建设局质量检验中心进行项目质量最终验收。

(3) 要求监理公司编制项目监理计划。

(4) 项目的施工计划。

- 要求施工企业按 WBS 进行工作结构分解。
- 要求施工企业组建项目部。
- 要求施工企业编制项目部组织机构图。
- 要求施工企业编制其他施工相关文件。
- 由施工企业编制资源计划。

—技术及施工人员配备清单

—施工机具及设备配备清单

—原料采购计划

- 由施工企业编制施工进度计划。

—要求编制网络计划图。

—旧路基础及旧路灯拆除进度计划。

—排水沟清淤及损坏盖板更换进度计划。

—1341mm × 14m 主路基础、水泥稳定层及路面进度计划。

—两侧各 1341mm × 4m 人行道新建进度计划。

- 由施工企业编制施工质量计划。
- 由施工企业编制施工安全计划。
- 由施工企业编制雨季施工应急预案计划。

四、项目实施

(1) 按照项目前期计划安排，完成以下各项工作：

- 委托项目设计，并签订设计合同。
- 委托项目预算和招标，签订预算和招标合同，并实施招标。项目招标部分设计单位最初预算为 325 万元，招标前招标公司按照项目部要求重新预算为 282 万元，招标结果为 271 万元。为项目计划 300 万元总投资打下基础。

• 委托项目监理，并签订项目监理合同。

• 委托项目最终质量验收，并签订项目最终质量验收合同。

• 和中标施工企业签订工程承包合同。

(2) 按项目施工计划的要求责成施工企业组织项目部，进行工作结构分解，编制相关计划，进行各项资源准备。

(3) 召开项目实施阶段的首次会议。由工厂项目部成员及现场工程师、监理公司驻现场监理师、施工企业代表及项目部成员、设计人员等参加。

• 由设计单位进行设计交底。

• 成立由以上单位相关人员组成的厂区道路翻修工程指挥部。

• 审核施工企业编制的相关施工计划。

• 审核施工企业组织机构及技术和施工人员的配备。

• 审核施工企业施工机具和设备的数量、状况，检查是否到位。

• 审核施工企业原料采购计划的可行性和可靠性，对原料供应商的资信和供货能力进行审查。

• 公布项目施工监理计划。

(4) 由施工企业按审核以后的计划分阶段组织施工。

五、项目控制

按照计划—实施（跟踪）—控制（检查）—反馈（循环）程序，对项目所有实施计划进行控制。采用施工企业自检、监理公司监理、工厂工程师现场检查的办法对项目实施全方位控制，定于每天下午5点准时召开项目指挥部日例会，对当天项目的进度、质量、安全、签证、设计变更等情况进行汇总分析，并提出处理意见。每周召开一次各方联席会议，对本周的施工情况进行汇总分析，并形成会议纪要用于指导项目施工。

(1) 项目进度控制——按进度计划进行。

• 日工程量统计核对。

• 工程进度检查。

• 原料进场检查。

• 雨季施工进度调整——该项目由于在雨季施工（施工期间经统计共下雨60次，总降雨量超过1600mm），给工程进度带来很大影响，尽管有雨季施工预案，采取多种措施赶工期，如调整作业顺序和施工时间、从一班施工改两班施工、灰土层施工加大白灰比例等，但仍使总工期滞后一个月。

(2) 项目质量控制——按质量计划进行。

• 原材料进场质量检查。

• 日施工工艺执行情况检查。

• 日施工质量抽查—施工单位自检—监理公司专检—现场工程师抽检。

- 取样第三方检验—送建设局质量检验中心检验。
- 项目设计变更控制。

(3) 项目费用控制。

- 项目设计变更控制。
- 项目现场签证控制。
- 工程增项控制。

六、项目收尾

(1) 项目验收——按照项目验收计划和相关标准，由建设局质量检验中心组织，监理公司、工厂项目部及相关单位（财务资产、审计监察、科技质量、基建公司等部门和单位）、设计单位、施工企业等参与，组成项目最终验收联合检查组，对项目各个部分进行一一验收，最终评定结果为优良工程。

(2) 对设计变更和现场签证进行内部审计。

(3) 将项目相关资料报上级审计处审计。

(4) 按合同和审计结构进行工程结算。

(5) 项目资料整理归档。

(6) 编写项目最终报告上报工厂。

问题：

请说明该项目的实施管理过程与项目成功有什么关系？

第四章　项目计划管理

项目计划管理是项目管理中的核心部分。通过对本章的学习，了解项目计划的基本含义、形式、方法和工具，掌握计划管理的基本规律。

第一节　项目计划概述

一、基本概念

计划是组织为实现一定目标而科学地预测并确定未来的行动方案。任何计划都是为了解决三个问题：一是确定组织目标；二是确定为达成目标的行动时序；三是确定行动所需的资源比例。所以制定计划就是根据既定目标，确定行动方案，分配相关资源的综合管理过程。

具体而言，计划就是通过对过去和现在、内部和外部的有关信息进行分析和评价，对未来可能的发展进行评估和预测，最终形成一个有关行动方案的建议说明——计划文件，并以此文件作为组织实施工作的基础。

（一）项目目标

项目目标是实施项目所要达到的期望结果，可能是一种产品，也可能是一项服务。项目计划的第一步就是要明确项目目标。通过确定项目目标，可以明确项目以及项目团队共同努力的方向，也是评价项目是否成功的基准。

1. 制定依据

一般而言，项目目标综述有 5 个组成部分：问题/机会、项目目标、项目目的、成功标准、假设/风险/障碍。

（1）问题/机会。它是对项目的客观描述，包括项目存在的原因、客户要求等。

（2）项目目标。它是项目的目的和方向，即项目的最终交付成果和产出。它使每个项目团队成员对于真正需要完成的工作有一个明确的认识。目标说明不应有难懂的技术术语，必须简明扼要。具体的完成时间、费用估计等在制定项目计划时再考虑。

（3）项目目的。它是项目目标的详细说明，主要是明确目标的准确界限和定义项目的范围。项目目的实际上是项目目标的一种分解，一般包括项目的产出、预计完成日期、评价成功的尺度和如何达到项目目标的手段描述。

（4）成功标准。它是衡量项目是否达到目标的度量方法。成功标准回答到底做到什么才能说项目是成功的。成功标准不能是主观的标准，而应该是能够客观衡量的，如客户满意度、增加的利润、减少的处理时间、降低的生产成本等。

(5) 假设/风险/障碍。它是指希望引起管理层注意的可能影响项目结果的各种因素。这些因素将影响项目的成果、完成项目的时间等。影响项目成功的因素有许多，如技术、环境、人际关系、组织文化等。管理层有必要消除这些因素的影响。

2. 特点

(1) 多目标性。一个项目的目标往往不是单一的，而是一个目标体系。例如，城市河流治理项目的目标不仅是提高河流的防洪、供水能力，还包括改善环境质量、为城市居民提供休闲娱乐场所等。一般情况下，成本、进度、质量目标是任何项目都具有的三个基本目标。

(2) 优先性。由于项目是一个多目标的系统，因此，不同层次的目标，其重要性也不相同，也就被赋予不同的权重。即使是相同的目标，在项目周期的不同阶段，被赋予的权重也可能不一样。

(3) 层次性。项目的描述通常由抽象到具体，具有一定的层次性。项目体系的最高层次是总体目标，指明要解决的问题的总的期望结果；最下层是具体目标，指明解决问题的具体措施。上层目标一般比较模糊、不可控，下层目标则比较具体、明确、可测量。

3. 衡量项目目标的 SMART 标准

描述项目目标一般应遵照 SMART 原则，SMART 是 5 个英文单词首字母的缩写。

S（Specific）代表具体，是指项目有一个明确界定的目标，并且随情境变化而发生变化，有明确的实现步骤和措施。项目目标通常依照工作范围、进度计划和成本来定义。

M（Measurable）代表可度量，是指项目目标是数量化的，验证项目目标的数据或者信息是可以获得的。项目目标的结果或产品都是以具体到可以测量的数据来限制的，如大小、数量、速度等。

A（Attainable）代表可实现，是指项目目标在付出努力的情况下可以实现，避免设立过高或过低的目标水平。

R（Realistic）代表现实性，是指项目目标是实实在在的，可以证明和观察，而不是假设的；利用可用的资源能够现实地完成项目目标。

T（Time bound）代表有时限，是指完成项目目标的特定期限。

由此可见，项目目标必须明确、具体，要用定量化的语言进行描述，以保证项目目标容易被理解和沟通，并能够将项目的总目标分解为每个成员的具体目标。这样将能够起到很好的激励作用。

（二）项目计划

项目计划是项目组织根据项目目标的规定，对项目实施工作进行的各项活动作出周密的安排。它涉及项目的整体部署，是项目的微观计划，因此又称为项目整体管理。项目计划围绕着项目目标，系统地确定项目任务、安排项目进度、编制资源预算等，从而保证项目能够在合理的工期内，用尽可能低的成本高质量地完成。

1. 项目基准计划

项目基准计划是项目在最初启动时的计划，也即初始拟定的计划。在项目管理过程中，它可用来与实际进展进行比较、对照、参考，便于对变化进行管理与控制，从而使项目计划得以顺利实施。项目基准计划一经确定是不变的。在项目管理中要明确区分项目计划和项目基准计划。项目计划是一个文件或文件集，具有一定的动态性和灵活性，随着环境和项目本身的变化而不断变化。而项目基准计划通常仅间隔性地调整，并且一般只是对已批准的工作范围变更或可交付成果变更作出响应时才改变。

2. 项目基线

项目基线是特指项目的规范、应用标准、进度指标、成本指标以及人员和其他资源使用指标等。基线不可能是固定不变的，它将随着项目的进展而变化。

项目计划要回答以下几个问题：①项目做什么（What）：项目经理和项目组成员应该完成哪些工作；②如何做（How）：这一问题需要利用工作分解结构来解决，工作分解结构是必须完成的各项工作的清单；③谁去做（Who）：确定承担工作分解结构中各项工作的具体人员；④何时做（When）：确定各项工作需要多少时间，以及具体于何时开始、何时结束、需要何种资源等问题；⑤花费多少（How much）：确定工作分解结构中每项工作需要多少费用及项目总花费。

项目计划的主要职能如表 4-1 所示。

表 4-1 项目计划的主要职能

需要回答的问题	需要做的事情	可以借用的工具
为什么（why）	如果编制了项目说明书，就已经在“项目目的”部分回答了这个问题。在“项目目的”中已经明确了要处理的问题	项目说明书
什么（what）	在项目说明书的“目标”或“产出”部分回答了这个问题，达到这些目标就是项目要做的“什么”	项目说明书
怎么（how）	计划必须描述如何去完成目标。它包括取得最终结果之前的所有交付以及完成每个交付所需要的工作。为了保险起见，还要分析项目风险，预测哪里可能会出现问题，并决定如何处理问题	工作分解结构

（续）

需要回答的问题	需要做的事情	可以借用的工具
什么时候（when）	安排一个进度表。把项目工作排成序列，估计每项工作需要多少时间，确定阶段交付日期，形成日程表	网络图、关键路线、甘特图等
谁（who）	任务不可能自动完成，必须有人来做。须根据技术和能力确定谁做什么	责任分配矩阵

二、项目计划的作用

项目计划是项目管理过程中不可缺少的一部分，如果没有一个切实可行的项目计划，项目经理可能会无从下手，项目目标也无法实现。具体来讲，项目计划的作用如下：

(1) 确立项目组的成员、工作的责任范围和地位以及相应的职权，以便按要求去指导和控制项目工作，减少风险。

(2) 促进项目组的成员及项目其他干系人之间的交流与沟通，增加顾客满意度，使项目工作协调一致，并在协调关系中了解哪些是关键因素。

(3) 使项目组成员明确自己的奋斗目标，实现目标的方法、途径及期限，并确保以时间、成本及其他资源需求的最小化实现项目目标。

(4) 作为分析、协商及记录项目范围变化的基础，也是确定时间、人员以及经费的基础。这样就为项目的跟踪控制过程提供了一条基线，以便于对变化进行管理。

(5) 把叙述性报告的需要减少到最低。用图表将计划与实际工作作对照，使报告效果更好。也可以把各种变化写入文件，以提醒项目组成员及其他项目干系人。

三、项目计划的原则

要使项目目标得以顺利实现，必须明确项目目标，综合分析与考虑各因素，权衡利弊，扬长避短，制定项目计划。在项目计划制定过程中一般应遵循以下五个原则：

(一) 目的性

任何项目都有一个或几个确定的目标，以实现特定的功能、作用和任务；而任何项目计划的制定正是围绕项目目标的实现而展开的，因而项目计划必须具有目的性。

(二) 系统性

项目计划本身是一个系统，它由一系列子计划组成，各个子计划不是孤立存在的，而是彼此既相对独立，又紧密相关的。这使得制定出的项目计划也具有系统的目的性、相关性、层次性、适应性、整体性等基本特征，使项目计划形成有机协调的整体。

（三）动态性

这是由项目的寿命周期所决定的。一个项目的寿命周期短则数日，长则数年，在这期间，项目环境常处于变化之中，使计划的实施会偏离项目基准计划，因此项目计划要随着环境和条件的变化而不断调整和修改，以保证完成项目目标。这就要求项目计划要有动态性，以适应不断变化的环境。

（四）相关性

项目计划是一个系统的整体。制定项目计划要充分考虑各子计划间的相关性。

（五）职能性

项目计划的制定和实施不是以某个组织或部门内的机构设置为依据的，也不是以自身的利益及要求为出发点的，而是以项目和项目管理的总体及职能为出发点，涉及项目管理的各个部门和机构。

四、项目计划的形式

项目计划按计划制定的过程，可分为概念性计划、详细计划、滚动计划三种形式。

（一）概念性计划

概念性计划通常称为自上而下的计划。概念性计划的任务是确定初步的工作分解结构图，并根据图里的任务进行估计，从而汇总出最高层的项目计划。在项目计划中，概念性计划的制定规定了项目的战略导向和战略重点。

（二）详细计划

详细计划通常称为由下而上的计划。详细计划的任务是制定详细的工作分解结构图，该图需要详细到为实现项目目标必须做的每一项具体任务，然后由下而上再汇总估计，成为详细项目计划。在项目计划中，详细计划的制定提供了项目的详细范围。

（三）滚动计划

滚动计划意味着用滚动的方法对可预见的将来逐步制定详细计划，随着项目的推进，分阶段地重估概念性计划中所定的进度和费用。每次重新评估时，对最后限定日期和费用的预测会一次比一次更接近实际。最终就会有足够的信息，范围和目标也就能很好地确定下来，也就能给项目的剩余部分制定更加切实可行的由下而上的详细计划。

五、项目计划的内容

（一）工作计划

工作计划也称实施计划，是为保证项目顺利开展，围绕项目目标的最终实现而制定的实施方案。

工作计划主要说明采取什么方法组织实施项目，研究如何最佳地利用资源，用尽可能少的资源获取最佳效益。工作计划也需要时间、物资、技术资源，并要反映到项目总计划中去。

（二）人员组织计划

人员组织计划主要是确定各项工作任务该由谁来承担以及各项工作间的关系如何。人员组织计划的编制通常是先自上而下地进行，然后再自下而上进行修改确定。这是项目经理与项目组成员共同商讨确定的结果。

（三）设备采购供应计划

在项目管理过程中，多数的项目都会涉及仪器设备的采购、订货等供应问题。有的非标准设备还包括试制和验收等环节。如果是进口设备，还存在选货、订货和运货等环节。设备采购问题会直接影响到项目的质量及成本。因此，有必要制定一个设备采购供应计划。

（四）其他资源供应计划

如果是一个大型项目，不仅需要设备的及时供应，还有许多项目建设所需的材料、半成品等资源的及时供应问题。因此，有必要预先安排一个切实可行的物资、技术资源供应计划，这将直接关系到项目的工期和成本。制定该计划与制定设备采购供应计划过程十分相似。

（五）变更控制计划

由于项目的一次性特点，在项目实施过程中，计划与实际不符的情况经常发生。有效地处理项目变更可使项目获得成功，否则可能会导致项目失败。变更控制计划主要是规定处理变更的步骤、程序，确定变更行动的准则。

（六）进度报告计划

进度报告计划可以分为进度控制计划与状态报告计划。

1. 进度控制计划

进度计划是根据实际条件和合同要求，以拟建项目的竣工投产或交付使用时间为目标，按照合理的顺序所安排的实施日程。

进度计划也是物资、技术资源供应计划编制的依据，如果进度计划不合理，将导致人力、物力使用的不均衡，影响经济效益。

在进度控制计划中，要确定应该监督哪些工作，何时监督，谁去监督，用什么样的方法收集和处理信息，怎样检查工作进展和采取何种调整措施，并把这些控制工作所需的时间和物资、技术资源等列入项目总计划中去。

2. 状态报告计划

状态报告计划要求简明扼要、表达清楚。所写的内部报告与对项目委托人的报告应协调一致，避免互相矛盾，影响问题的解决。有关信息方面的报告也应发给多层次的有关使用单位或个人。这样，对于同类资料和信息，就避免因为使用对象的不同而重新收集和编写报告，进而造成工作重复的状况。状态报告计划也应反映到总计划中去，总计划要为这项工作提供资源和安排必要的时间。状态报告计划可起到提示通知、报告文件、处理落后者的作用。

（七）财务计划

财务计划主要说明需要何种预算细则、核算哪些成本、进行哪些对比、用何种技术方法收集和处理财务信息以及如何及时检查和采取补救措施。

（八）文件控制计划

文件控制计划由一些能保证项目顺利完成的文件管理方案构成，需要阐明文件控制方式、细则，负责建立并维护好项目文件，以供项目组成员在项目实施期间使用。它包括文件控制的人力组织、控制所需的人员及物资资源数量。

项目管理的文件包括全部原始的及修订过的项目计划、全部里程碑文件、有关标准结果、项目目标文件、用户文件、进度报告文件以及项目文书往来。项目一结束，文件须全部检查一遍，有选择地处理一些不再相关的文件，并保存项目的工作分解结构图与网络图，以备将来项目组参考。

（九）应急计划

项目经理在制定计划时要保持一定的弹性，在工期和预算方面留有余地，以备应急需要。这种难以预料的需要称作“意外需要”，是预先无法确定的需要。这种需要并不包括那些预先能估计到的困难。应急计划是良好的项目管理所必需的，没有应急计划，在项目实施过程中遇到问题时就不能采取正确的行动。

（十）支持手段

项目管理有众多的支持手段，主要有软件支持、培训支持和行政支持，此外还有项目考评、文件、批准、系统测试等。

第二节　项目计划编制的工具和方法

项目计划编制的过程中用到的工具和方法有很多。这里主要介绍工作分解结构、责任分配矩阵、行动计划表、甘特图和网络计划技术这五种基本的工具和方法。

一、工作分解结构

工作分解结构（Work Breakdown Structure，WBS）是将项目按内在结构或实施过程的顺序进行逐层分解而形成的结构示意图。它是项目管理中最有价值的工具，是制定项目进度计划、项目成本计划等多个计划的基础。它将需要完成的项目按照其内在工作性质或内在结构划分为相对独立、内容单一和易于管理的工作单元，从而有助于找出完成项目工作范围内所有的任务。工作分解结构可以把整个项目联系起来，把项目目标细化为许多可行的、更易操作的并且是相对短期的任务。

一旦项目的目标制定以后，就必须确定为达到目标所需要完成的具体任务，即定义项目的工作范围。这就要求必须制定一份该项目所有活动的清单。但是对于比较大的或比较复杂的项目而言，活动清单难免会遗漏一些必要的活动，而工作分解结构将是一个比较好的解决方法。

举一个简单的例子。如果项目的具体目标是“包饺子”，则有如下几项工件要做：“准备饺子馅”和“准备饺子皮”；“准备饺子馅”又可以细分为“买肉馅”、“准备菜”和“准备调料”；“准备菜”又可以分为“买菜”和“切菜”，至此再往下分就没有任何意义了。这种技术被称为工作分解结构，如图4-1所示。

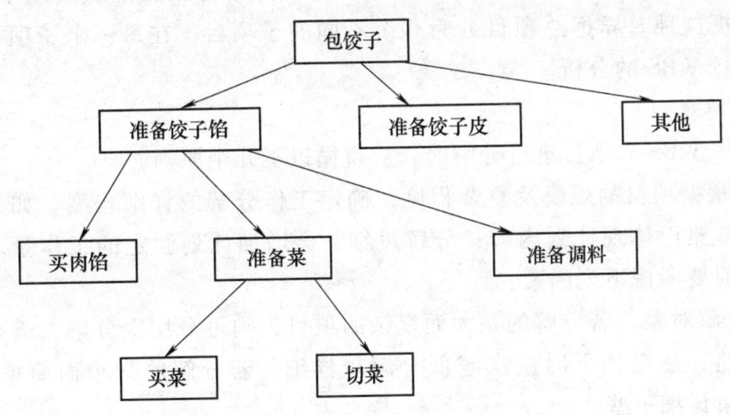

图4-1　包饺子的工作分解结构

在此，从WBS的作用、分解依据、分解原则、工作包和编码等五个方面进行详细阐述。

1. 作用

（1）把项目分解成具体的活动，定义具体工作范围，让相关人员清楚了解整个项目的概况，对项目所要达到的目标形成共识，以确保不漏掉任何重要的事项。

（2）通过活动的界定，按照项目活动之间的逻辑顺序来实施项目，有助于制定完整的项目计划。

（3）通过项目分解，为制定完成项目所需要的技术、人力、时间和成本等质量和数量方面的目标提供基准。

（4）通过活动的界定，就能使项目团队成员明确自己的责任和权利，从而对其应承担和不应当承担的责任有明确的划分。

2. 分解的依据

虽然每个项目都是独一无二的，但许多项目彼此之间存在着某种程度的相似之处。在对一个项目进行分解时，可以参考过去类似项目的工作分解结构。在一些领域有标准或半标准的工作分解结构作为样板，但并不存在着一种进行工作结构分解的万能公式。在现实的工作中，可以从下列原则中选出一条作为分解依据：

（1）功能或技术原则。考虑每一阶段需要什么样的技术或专家。

（2）组织结构。考虑项目的分解应适应组织管理的需要，在一个职能式项目组织结构或项目式组织结构中，项目的工作分解结构要适应组织的结构形式。

（3）地理位置。如果子项目分别位于不同的地区，就需要根据地理位置而不是根据人进行分解。

（4）系统或子系统原则。如果某一项目的几个方面特点具有明显的差异，就可以根据这种差异把总项目分为几个不同的子项目，在每一个子项目中又可以继续进行 WBS 的分析。

3. 分解原则

在运用 WBS 对项目进行分解时，应遵循以下几个原则。

（1）根据项目的规模及复杂程度，确定工作分解的详细程度。如果分解得过粗，可能难以体现计划内容；分解过细，会增加计划制定的工作量。因此在工作分解时要考虑下列因素：

1）分解对象。若分解的是大而复杂的项目，则可分层次分解，最高层次的分解可粗略，逐级往下时层次越低分解越详细；若分解的是小而简单的项目，则可以分解详细一些。

2）使用者。对于项目经理分解不必过细，只需要让他从总体上把握和控制计划即可；对于计划执行者，则应分解得较细。

3）编制者。编制者对项目的专业知识、信息、经验掌握得越多，则越可能使计划的编制粗细程度符合实际的要求；反之则有可能失当。

（2）根据工作分解的详细程度，将项目进行分解，直至确定的、相对独立的工作单元。工作分解结构是按照各任务范围的大小从上到下逐步分解的。工作分解的一般步骤包括：

1）总项目。

2）子项目或主体工作任务。

3）主要工作任务。

4）次要工作任务。

5）工作包。

工作分解结构的框架如图 4-2 所示。

进行工作分解结构分解时必须清楚：要完成该项目必须完成哪些主要活动？

完成这项活动，必须要完成哪些具体子任务？在从上往下排列的过程中，工作分解结构的每一层都变得更为具体，并最终形成一个类似树状的组织结构。

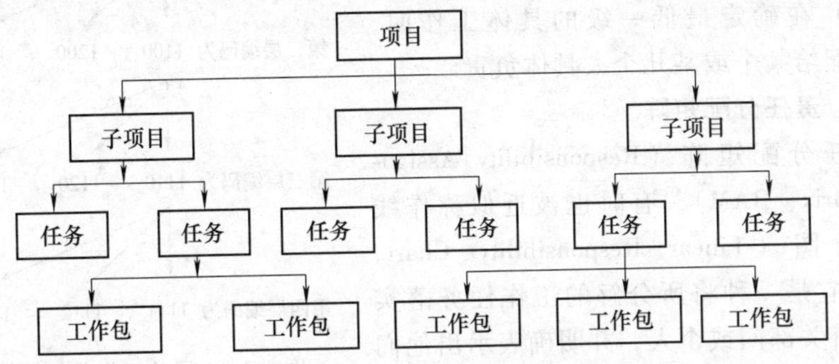

图 4-2　工作分解结构框架图

4. 工作包

工作包是完成项目目标所要进行的相关工作活动的集合，为项目控制提供充分和合适的管理信息。它位于工作分解结构的最底层，也是工作分解结构最低层次的可交付成果。建立有效工作包的原则如下：

（1）工作包应该是可确定的、特定的、可交付的独立单元。

（2）工作包中的工作责任应落实到具体的单位或个人。

（3）工作包的大多数工作应该适用相同的工作人员，从而提高人员之间的沟通。

（4）工作包应与特定的 WBS 单元直接相关，并作为其扩展。

（5）工作包单元的周期应是最短周期。

（6）应明确本工作包与其他工作包之间的关系。

（7）能确定实际的预算和资源需求。

5. 分解结构的编码

运用特定的规则对 WBS 图中的各个结点进行编码，可简化项目实施过程中的信息交流。制定项目的成本、进度和质量等计划时不但可以利用编码代表任务名称，而且可以根据某任务的编码情况推断出该任务在工作分解结构图中的位置。这就要求在工作分解结构中每个结点的编码保持惟一性。

工作分解结构的编码方法有很多种，最常见的方法是利用数字进行编码。如图 4-3 是一个 4 层的工作分解结构图。

6. 注意事项

（1）对项目的各项活动按实施过程、产品开发周期或活动性质等分类，避免成为一个物品清单。

（2）在分解任务的过程中不必考虑工作进行的顺序。

（3）不同的项目分解的层次不同，不必强求结构对称。

(4) 把工作分解到能以可靠的工作量估计为止。

(5) 在确定最低一级的具体工作时，应能分配给某个或某几个人具体负责。

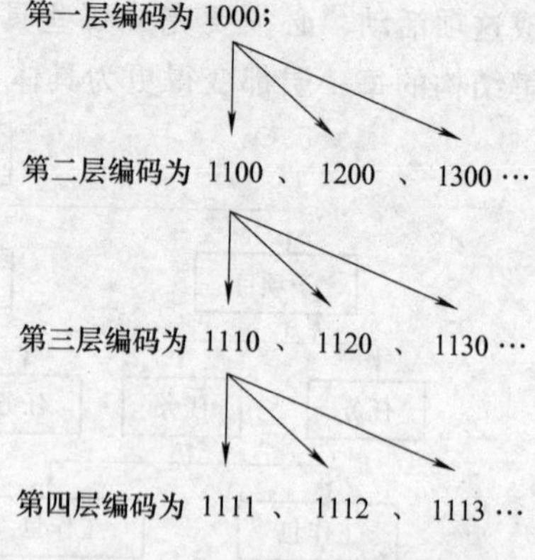

图 4-3　4 层的工作分解结构图

二、责任分配矩阵

责任分配矩阵（Responsibility Assignment Matrix，RAM），有时也被近似称作线性责任图（Linear Responsibility Chart，LRC）。它是一种将所分解的工作任务落实到项目有关部门或个人，并明确表示出他们在组织工作中的关系、责任和地位的方法和工具。

责任分配矩阵是在工作分解结构的基础上建立的一种矩阵结构图。它以组织单元为行、工作单元为列，矩阵中的符号表示项目工作人员或工作部门在每个工作单元中的角色或责任。

责任分配矩阵明确表示出每项工作由谁负责、由谁具体执行，并且明确了每个人在整个项目中的地位。责任分配矩阵还系统地阐明了个人与个人之间的相互关系，它能使每个人认识到自己在项目组织中的基本职责以及与他人配合中应承担的责任，从而能够充分、全面和主动地承担自己的全部责任。

在项目实施过程中，如果某项活动出现了错误，就很容易从责任分配矩阵图中找出该活动的负责人和具体执行人；当协调沟通出现困难或者工作责任不明时，都可以运用责任分配矩阵图来解决，而且还可以针对某个子项目或某个活动分别制定不同规模的责任分配矩阵图。

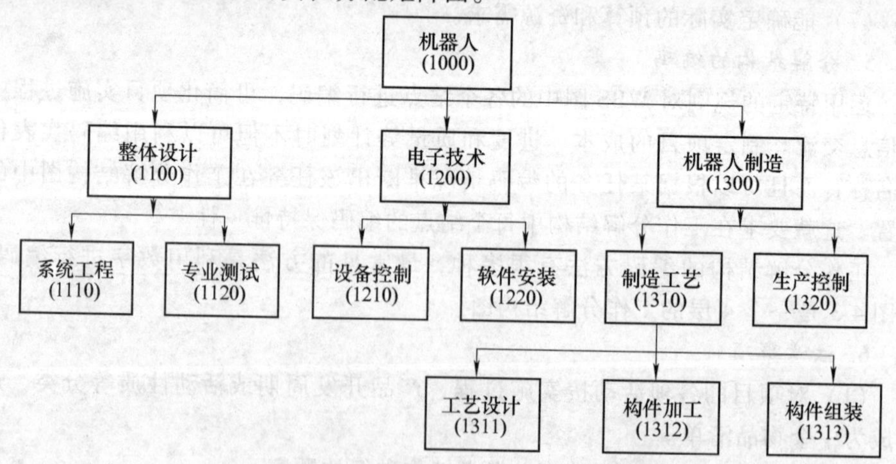

图 4-4　制造机器人项目的工作分解结构编码图

在责任分配矩阵中，用来表示工作参与类型的符号有多种形式，如字母式、几何图形式和数字式等，一般可以自定义含义，只要组织内部能够对其达成共识即可。当然，若项目不存在多种语言交流的问题，为了使责任分配矩阵更加明了，也可以直接用文字表示。

责任分配矩阵简洁明了，可用于项目 WBS 的各个层次，如处于项目战略层的里程碑责任分配矩阵、子项目责任分配矩阵、工作包责任分配矩阵、活动责任分配矩阵等。与制造机器人项目的工作分解结构编码（见图 4-4）相适应的责任分配矩阵图如图 4-5 所示。

编码 任务	任务名称	赵一	钱二	孙三	李四	周五	吴六	郑七	王九	杨十	唐百	白千	高万
1000	机器人	P											
1100	整体设计		P		S								
1110	系统工程			S		P							
1120	专业测试			P				S					
1200	电子技术						P			S			
1210	设备控制						P	S					
1220	软件安装			S				P					
1300	机器人制造									P			
1310	制造工艺									P	S		
1311	工艺设计										P		
1312	构件加工			S								P	
1313	构件组装				S								P
1320	生产控制								P				

注：P（President）表示主要负责人；S（Service）表示次要负责人。

图 4-5 制造机器人项目的责任分配矩阵图

三、项目行动计划表

项目行动计划表是指以工作分解结构图为基础，将项目的一系列活动或任务进一步细分，并按内在的层次关系，把持续时间、紧前任务和所需的资源等汇总并记录所形成的表格。项目行动计划表在不同的项目组织中有不同的表现形式。

（一）GoZinto 图式

GoZinto 图是意大利著名的数学家 Zepartzat Gozinto 教授发明的，并以他的名字命名。图 4-6 显示了以 GoZinto 图的形式表达的行动计划表。

（二）备忘录式

一个行动计划也可以备忘录的形式用文字表达出来，如表 4-2 所示。

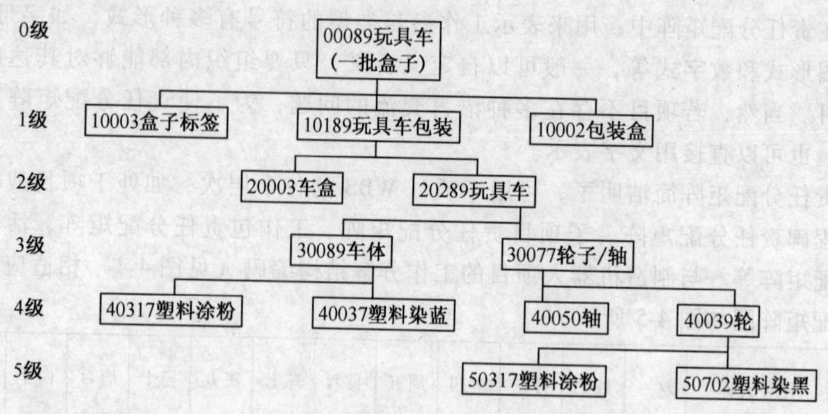

图 4-6 玩具车 GoZinto 图

表 4-2 某学术会议筹备备忘录式行动计划

备忘录

为了使会议在 2002 年 12 月 10 日顺利召开，我们必须照下表行动：

2002 年 6 月 4 日

召开筹备组会议，讨论会议组织及日程安排，分工到个人。筹备组组长由赵一担任。

2002 年 6 月 20 日

邮寄分发会议通知，由钱二负责。

2002 年 8 月 30 日

审定录用的会议论文。由孙三负责，邀请有关专家审阅会议论文。

2002 年 9 月 5 日

邮寄录用通知给论文作者，落实与会人数，由钱二负责。

2002 年 12 月 5 日

布置会场，预订客房，安排用车，预订膳食，由李四负责。

（三）表格式

表格式是更普遍使用的一种行动计划表示方法。机器人项目的表格式行动计划表如表 4-3 所示。需要说明的是，表 4-3 中所列的要素并非绝对必需，可根据项目的具体情况加以调整。

表 4-3 机器人制造项目的表格式行动计划表

任务编号	任务名称	责任人	时间（周）	紧前任务	所需资源
1100	整体设计	钱二	4		
1110	系统工程	周五	3	—	电脑
1120	专业测试	孙三	1	1110	软件
1200	电子技术	吴六	2		

（续）

任务编号	任务名称	责任人	时间（周）	紧前任务	所需资源
1210	设备控制	吴六	1	1120	仪器仪表
1220	软件安装	郑七	1	1210	软件
1300	机器人制造	杨十	5		
1310	制造工艺	杨十	3		
1311	工艺设计	唐百	1	1300	电脑
1312	构件加工	白千	1	1311	车床
1313	构件组装	高万	1	1312	机床
1320	生产控制	王九	2	1313	控制系统软件

四、甘特图法

甘特图（Gantt Chart，GC）也叫横道图或条形图，早在20世纪初期就开始应用和流行，主要应用于项目计划和项目进度的安排。

传统的甘特图不能显示项目中各活动之间的逻辑关系，如果一项活动不能如期完成，会有哪些活动将要受到它的影响就无法清楚地显示在图中。因此，在绘制甘特图时，必须清楚各项活动之间的关系，即哪些活动在其他活动开始之前必须完成，哪些活动可以同时进行。此外，在复杂的项目中，单独的一个甘特图并不能为项目团队成员之间的沟通和协调提供足够的信息。所以，甘特图多用于小型的项目中。在现代的项目管理中，它更多的是和网络结合在一起使用。

五、网络计划技术

网络计划技术是用网络计划对任务的工作进度进行安排和控制，以保证实现预定目标的科学的计划管理技术。网络计划是在网络图上加注工作的时间参数等而编制成的进度计划。因此，网络计划由两部分组成，即网络图和网络参数。网络图是由箭线和节点组成的用来表示工作流程的有向、有序的网状图形。网络参数是根据项目中各项工作的延续时间和网络图所计算的工作、事件、线路等要素的各种时间参数。网络计划技术只是计算了最早和最晚时间，安排计划时还必须考虑项目所需的各种资源的限制和均衡，以达到现实可行的满意结果。网络计划技术包括下列要素：

（1）活动参数标识。它表示一个活动及其时间参数。

（2）时距。它表示网络中活动依赖关系搭接的时间参数。

（3）标识关键线路。关键线路是时差为0或小于0的一系列活动。

（一）主要的分析技术

常用的网络计划技术有关键线路法（CPM）和计划评审技术（PERT）。CPM和PERT是两种分别独立发展起来的技术。其中CPM是美国杜邦公司和兰德公司于1957年联合研究提出的，而PERT则是在1958年由美国海军特种计划局和洛克希德航空公司在规划和研究在核潜艇上发射“北极星”导弹的计划中提出的。

1. 关键线路法

关键线路法（Critical Path Method，CPM）是指根据活动的依赖关系和确定的持续时间，计算项目的最早和最晚开始时间、最早和最晚结束时间及时差，并确定关键线路。CPM的核心是计算时差，确定哪些活动的进度安排灵活性最小。

2. 计划评审技术

计划评审技术（Program Evaluation and Review Technique，PERT）又称计划协调技术，是采用概率统计计算周期时间的一种概率性网络计划方法。它利用活动的逻辑关系和活动持续时间的三个权重估计值（最乐观值、最可能值和最悲观值）来计算项目的各种时间参数。

PERT与CPM的主要区别是：PERT使用活动持续时间三个值的加权平均，而CPM使用一个确定值；CPM不仅考虑时间，还考虑费用，重点在于成本的控制，而PERT主要用于含有大量不确定因素的大规模开发研究项目，重点在于时间控制；PERT关注表示活动的开始或完成的事件或里程碑，而CPM关注执行的工作或活动自身。

在CPM和PERT之后又出现了一些新的网络计划技术，如图型评审技术（GERT）、优先日程图示法（PPM）和风险评审技术（VERT）等。因为这些方法都是通过网络图和相应的计算来反映整个项目的全貌，所以都称为网络计划技术。随着网络计划技术的发展、成熟，它不仅广泛地应用在项目计划的制定中，而且也成为项目进度控制和资源合理配置的有力工具。

（二）几个重要的时间参数

在制定项目进度计划时，必须掌握时间参数。

1. 项目预计开始时间和结束时间

项目经理和客户在签订项目合同时，一般都要规定项目预计的开始时间和结束时间，这两个时间或日期实际上规定了必须完成项目的时间周期，也就是规定了完成项目的时间限制。这个时间周期与项目生命周期的时间周期是不同的。完成项目的时间周期通常是指项目的实际建设期，或项目执行期，或者是项目经理签约后到项目竣工的一段时间周期。而项目生命周期的第一阶段在此之前就已开始，这可以追溯到客户产生需求之时。因此，项目生命周期要长于完成项目的时间周期。

2. 最早开始时间和最早结束时间

最早开始时间（Earliest Start time，ES）是某项活动能够开始的最早时间；

最早结束时间（Earliest Finish time，EF）是某项活动能够完成的最早时间，它是在最早开始时间的基础上加上这项活动的估算时间而得出来的，即 EF = ES + 活动时间估计。

在整个项目的活动中，一个活动的最早开始时间可能依赖于其他活动的结束时间，这是由项目活动的时间顺序决定的。因为前一项活动任务没有完成，后一项活动就无法开始。因此，某项活动的最早开始时间取决于前一项活动的最早结束时间，它必须晚于前一项活动的最早结束时间或与之相等。同样，其他活动的开始时间也依赖于该活动的结束时间。为了保证项目能如期完成，必须规定每项活动最迟不得晚于某一时间结束，这就是下面要介绍的最迟结束时间。

3. 最迟开始时间和最迟结束时间

最迟开始时间（Latest Start time，LS）是指为了使项目在要求的完工时间内完成，某项活动必须开始的最迟时间。最迟结束时间（Latest Finish time，LF）是指为了使项目在要求完工的时间内完成，某项活动必须完成的最迟时间。最迟开始时间可以用该项活动的最迟结束时间减去它的活动时间得出，即 LS = LF - 活动时间估计。

由于项目活动的关联性，一个活动的开始时间、结束时间决定着下一个活动的开始时间、结束时间，而该活动的时间又是由上一个活动的时间决定的。

4. 时差

如果最迟开始时间与最早开始时间不同，那么该活动的开始时间就可以浮动，称之为时差（float）。同理，如果最迟结束时间与最早结束时间不同，那么该活动的结束时间也可以浮动，同样称为该活动的时差。对同一活动来说，用这两个公式所计算出来的时差是相等的。用公式表示为：时差（float）= 最迟开始时间（LS）- 最早开始时间（ES），或时差（float）= 最迟结束时间（LF）- 最早结束时间（EF）。

（三）网络图的基本形式

绘制网络图时，可以使用两种不向的形式，即节点式网络和箭线式网络。

1. 节点式网络（AON）

节点式网络（Activity On the Node，AON）又称为单代号网络（也有的称作顺序图），是用单个节点表示一项活动，用节点之间的箭线表示活动之间的相互关系。每项工作活动由一个节点框表示，也可将有关该活动的描绘都写在框中。其中有两个重要的元素，即节点和顺序。

（1）节点。在节点式网络图中，每项活动用一个方框或圆表示（多数使用方框），叫做节点。对该项活动的描述（命名）一般都写在框内。

（2）顺序。项目活动之间的顺序关系，即哪些活动在其他活动之前开始，哪些活动在其他活动结束之后才能开始，哪些活动必须在其他活动开始以前要做完等情形下的先后顺序关系。这可以用连接活动框的箭线表示，箭头指向的活动是后续活动，箭头离开的活动是前序活动。

简单的节点式网络图如图 4-7 所示。图中 A 与 B 之间的关系为完成—开始型，A 与 D 之间的关系类型为开始—开始型，C 与 F 之间的关系为完成—完成型。

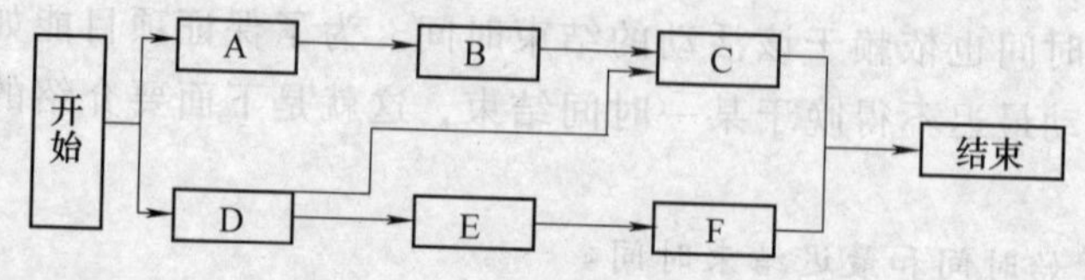

图 4-7 简单的节点式网络图

2. 箭线式网络（AOA）

箭线式网络（Activity On the Arrow 或 Activity On the Aec，AOA）又称为双代号网络，也是一种描述项目活动顺序的网络图。所谓箭线式网络图就是把推进项目所必须的各项工作，按其时间顺序和从属关系，用网络形式表示的一种“矢线图”。一个项目或一项任务可以分解为许多活动，这些活动相互依赖、相互制约，网络图可以把各项活动之间的这种依赖和制约的关系清晰地表示出来。通过网络图，能找出影响项目进度的关键和非关键因素，因而能进行统筹协调，合理地利用资源，提高效率与效益。

（四）箭线式网络图的“三要素”

箭线式网络图的“三要素”即指网络的工作、事件和线路。

1. 工作

工作是网络计划的基本组成部分，根据计划编制的粗细程度不同，工作既可以是一项简单的工序操作，也可以是一个复杂的施工过程或一个项目。

工作用矢箭表示，箭头的方向表示工作的进展方向（一般从左向右），箭尾表示工作的开始，箭头表示工作的完成；矢箭的长短与时间无关，这和甘特图中的横道线有着本质的区别；工作的名称或内容写在矢箭的上面，工作的持续时间写在矢箭的下面，如图 4-8 所示。

图 4-8 箭线式网络图中的工作要素

（1）一般工作既需要消耗时间，也需要消耗资源，例如砌筑墙体等。

（2）由于技术间歇引起的等待也是一项工作，只消耗时间，不消耗资源，如混凝土养护等，如图 4-9 所示。

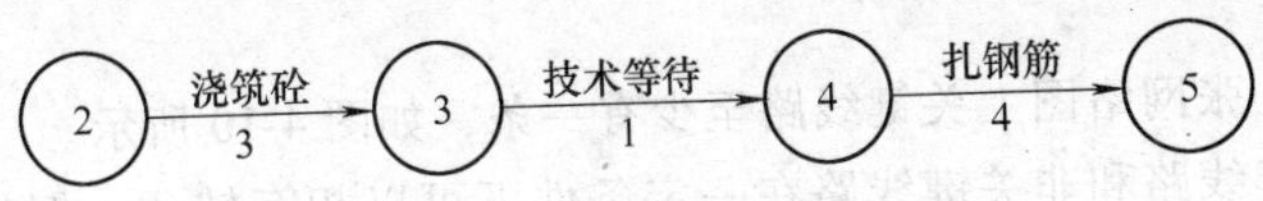

图 4-9　技术等待示意图

（3）虚工作。在箭线式网络图中，通常只描述项目活动时间的“结束—开始”关系。当需要描述项目活动其他逻辑关系时，需要借助一种特殊的活动——“虚活动”来描述。它只表示相邻工作之间的先后关系，既不消耗时间，也不消耗资源，仅表示一种逻辑关系，以满足每项活动必须用唯一的紧前事件和紧随事件的组合来确认的要求，如图 4-10 中的工作④—⑤。

2. 事件（节点）

网络图中的圆圈表示工作的开始、结束或联结关系，在网络图上称为节点。在时间上它表示指向某节点的工作全部完成后，该节点后面的工作才能开始，所以节点也称为事件，它反映前后工作交接过程的出现。因此，圆圈中的数字是事件的序号而不是某项工作活动的序号。对事件有如下规定：

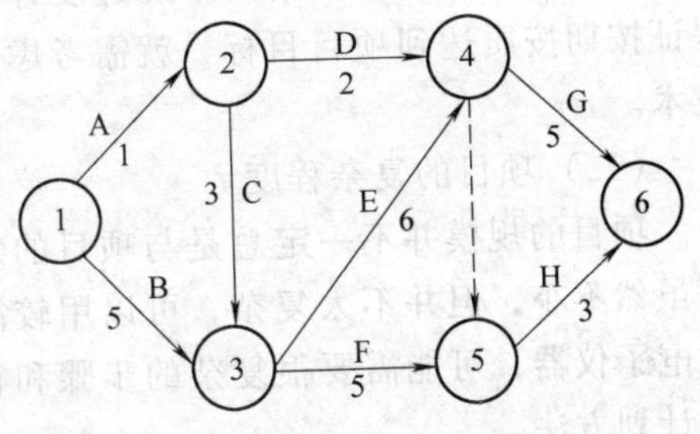

图 4-10　虚工作示意图

（1）事件用“O”表示，圆圈中编上正整数，称为事件编号。在同一个网络图中不得有相同的事件编号。

（2）每个工作都有两个事件，从箭杆出发的事件叫做紧前（起点）事件，箭头指向的事件称为紧后（终点）事件，如图 4-10 中的工作③—④。一个网络计划（除多目标计划外）只有一个原始事件（意味着一项计划的开始）、一个结束事件（意味着一项计划的结束），其余事件都称为中间事件，中间事件反映项目的进度。

（3）箭尾的号码应小于箭头的号码。

3. 线路

线路是指网络图中从原始事件沿箭杆的方向连续通过一系列箭线和事件，最后到达结束事件所经过的通路。从图 4-10 中可以看出，该网络图有 6 条线路。

（1）线路时间。它是指完成某条线路的全部工作所必需的总持续时间。

（2）关键线路。它是指线路时间最长的线路，也称临界线路、主要矛盾线路，用黑粗线或双箭线表示，如图 4-10 所示线路①—③—④—⑥。在关键线路上的工作称为关键工作。

（3）非关键线路。它是指线路时间不是最长的线路，一般在网络计划中这种线路很多，如图 4-10 所示线路①—②—④—⑥。在非关键线路上的工作称为非关键工作。

（4）在一张网络图上关键线路至少有一条，如图 4-10 所示。

（5）关键线路和非关键线路在一定条件下可以相互转化，例如增加资源投入后，工作的持续时间会发生变化。

（6）项目计划的完成时间由关键线路确定。

六、选择项目进度计划方法应考虑的因素

应该采用哪一种进度计划方法，主要应考虑下列六种因素。

（一）项目的规模大小

对于小项目，应采用简单的进度计划方法，如甘特图。对于大项目，为了保证按期按质达到项目目标，就需考虑用较复杂的进度计划方法，如网络计划技术。

（二）项目的复杂程度

项目的规模并不一定总是与项目的复杂程度成正比，例如修一条公路，规模虽然不小，但并不太复杂，可以用较简单的进度计划方法。而研制一个小型的电子仪器，可能需要很复杂的步骤和很多专业知识，可能就需要较复杂的进度计划方法。

（三）项目的紧急性

在项目急需进行阶段，特别是在开始阶段，需要对各项工作发布指示，以便尽早开始工作。此时，如果用很复杂的方法编制进度计划，就会延误时间。这时可先用简单的甘特图法编制进度计划。

（四）对项目细节掌握的程度

如果对项目的细节掌握不够，就无法用 CPM 和 PERT 法。因为使用 CPM 或 PERT 需要知道工作之间的逻辑关系及完成每项工作的时间估计等信息。这时可用简单的方法。

（五）总进度是否由一两项关键事项所决定

如果项目进行过程中有一两项活动需要花费很长时间，而这期间又把其他准备工作都安排好了，那么对其他工作就不必编制详细复杂的进度计划。

（六）有无相应的技术力量和设备

例如，没有计算机，CPM 和 PERT 进度计划方法就难以应用。而如果没有受过良好训练技术人员就无法胜任用复杂的方法编制进度计划。

此外，根据情况不同，还需要考虑客户的要求，能够用在进度计划上的预算等因素。到底采用哪一种方法来编制进度计划，要全面考虑以上各个因素。

第三节　项目计划的实施

通过对项目的充分计划，我们可以得到实施项目所需要的一大堆文件。它包括项目范围说明书、工作分解结构、项目风险管理计划、项目进度表、项目预算表、项目质量管理计划等。项目组虽然花了大量的时间准备这些文件，但它们毕竟只是纸面上的东西，既非项目的最终目标，亦非客户所需要的成果。项目小组还需要进一步把这些计划变成现实，这一过程就是项目计划的实施过程。项目目标能否有效地实现，关键在于这一阶段的工作做得如何，项目所需资源也是大量地消耗在这一阶段。

为了有效地实现计划目标，需要做好下面三个方面的工作：一是建立适合于项目特点的组织结构，通过团队建设活动调动项目团队的积极性，使大家能够积极地投入到项目的实施中来；二是制定实施项目的规章制度和作业程序，做到有章可循，保证项目质量；三是跟踪项目进程、控制项目变更，确保项目沿着计划的轨道运行。

一、项目实施动员大会

项目是靠项目小组的共同努力来完成任务的。项目之所以需要一个团队，而不是靠一个人的单打独斗，就在于团队的力量大于个人。完成一个项目正如赢得一场比赛，不仅需要技术娴熟的队员，还需要队员之间的完美配合，需要队员高昂的斗志及精诚协作的团队精神。因此，在项目实施之前，往往需要项目经理对项目组成员和其他干系人做一些动员、说服和宣传工作，目的是营造气氛、鼓舞斗志、达成共识，使大家能够全身心地投入到项目中来；同时需要宣传项目的美好前景，肯定大家在项目计划过程中的工作，鼓励大家再接再厉，将项目计划付诸实施，把蓝图变成现实。

二、项目信息沟通

项目信息沟通，即发布项目信息以及报告项目执行情况。为了使发布的信息及时、有效，项目经理往往需要制定相应的管理程序以及书面汇报的有关规定，内容包括项目沟通管理计划中关于沟通的内容、频次、方式、对象、发送者等。在项目实施阶段，项目利益相关者之间的信息沟通与交流集中在如下方面：

（1）与计划相比，项目工作量完成情况如何？

（2）已完成的工作质量怎么样？

（3）与计划相比，进度情况如何？

（4）与计划相比，实际成本支出如何？

（5）项目执行到现在，出现了哪些问题？这些问题有哪些解决方案？建议采用哪种方案？为什么？

三、跟踪项目进展

项目跟踪是指项目管理的各级人员根据项目的规划和目标等，在项目实施的整个过程中对影响项目进展的内外部因素进行及时的、连续的、系统的记录和报告的过程。因此项目跟踪的核心在于及时反映项目变化，提供有关信息报告。在项目的实施过程中，必须要定期或不定期地对项目的实施情况进行跟踪，确保项目的实施符合计划的要求。跟踪的方法可分为正规跟踪和非正规跟踪。正规跟踪就是定期召开项目进展情况汇报会、提交项目进展报告等，从而使项目利益相关者了解项目的执行情况。根据进展报告，与会者讨论项目遇到的问题，分析并找出问题的原因，研究、确定应对方案和预防措施，为控制项目提供依据。非正规跟踪则是项目经理频繁地到项目现场，通过观察、与现场人员交谈、收集数据等方式了解情况、发现问题。在项目管理过程中，非正规跟踪往往比正规跟踪更加有效。

四、实施阶段性评审

项目的阶段性评审就是项目组成员及其他项目干系人共同评价项目的实施情况，以便从总体上了解项目的执行状态，发现问题，找到偏差，从而为控制项目提供依据。阶段性评审的具体工作表现在：

(1) 与项目组一起评审项目的绩效，找出值得改进的方面。

(2) 确保项目按照进度表、预算表、质量要求进行。

(3) 及时暴露项目执行过程中的问题，以便采取必要的措施。

(4) 找出其他项目应该用不同的管理方法的方面。

(5) 让客户、管理层及其他利益相关者随时了解项目的状况，确保项目的最终交付物满足客户的要求。

按照评审的内容及重点的不同，项目阶段性评审分为三类：状态评审、设计评审和过程评审。但是无论何种形式，阶段性评审应至少涵盖如下内容：

(1) 项目的当前状况，即完成的工作量、进度、费用、质量状态如何。

(2) 项目的将来状况，即通过预测的方式，设想在下一个评审阶段，项目应达到何种状态。

(3) 关键活动状态，如关键路径上的活动、技术风险较高的活动、过分依赖外部分承包商的活动等，应得到详细的评审。

(4) 风险评估，即项目实施到现在的风险应对情况。

(5) 项目的主要利益相关者对项目执行的态度如何。

(6) 项目团队之间的沟通、配合、协调如何。

(7) 经验教训。通过评审，获得了哪些经验教训可应用于其他项目。

五、解决问题

项目团队在实施项目计划的过程中，总会遇到这样那样的问题。有的问题很严重，如项目的执行结果根本满足不了客户的要求；有的则属一般问题，如项目比计划进度晚了一周，但并没有给客户带来特别大的负面影响；有些是技术问题，如设备安装后，总出现一些故障，有些则是非技术问题，如项目组与客户在工作上出现分歧。项目团队是否能够有效解决问题，会直接影响到项目的成败。因此，必须有一个规范、创造性和有效地解决问题的方法。以下是常用的解决问题的八步法：

（一）问题定义

问题定义也就是对问题的含义、内容本身作出定量、详细的描述，以便项目组能够对问题本身形成一致意见，进而找到问题产生的原因，并针对问题提出解决方案。清楚的问题定义也可以作为将来评判问题是否得以解决的依据。

（二）分析原因

分析原因也就是识别、分析造成这一问题的症状和可能原因。一个已经发生或正在发生的问题会有许多原因，应尽可能分析全面。

（三）确定根本原因

通过收集数据和分析研究，对所有可能的原因进行鉴别，从中确定问题的根本原因。

（四）提出可能的解决方案

在找到问题的根本原因后，针对这个根本原因提出所有的解决问题的方案，先暂且不考虑该方案是否可行或者是否最佳。

（五）评估方案

负责问题解决的团队先必须制定出评估方案的标准，然后，对每个解决方案进行评估。

（六）选择最佳方案

将每个方案评估后的结果进行比较和权衡，可能需要从成本、收益等方面考虑，确定出解决问题的最佳方案。

（七）执行方案

团队成员按照最佳方案的要求，采取行动，具体落实行动方案，以此解决项目中出现的问题。

（八）跟踪并验证

方案实施后，还要跟踪方案的执行效果，验证和判断问题是否真正地得到解决。

第四节 项目的变更及其控制

在一个项目的生命周期中，由于项目的一次性和独特性等特性，使得项目在计划阶段面临许多的不确定性。这种不确定性在项目的执行过程中又会造成项目的实际目标和交付成果等都会与项目初始阶段的计划有不同程度的变化。面对这些变化，就要采取相应的应变措施。上述变化和应变措施统称为项目变更。

可以说，没有一个项目能够自始至终地按计划执行。由于在项目实施过程中不可预见的新情况、新事情、新问题的产生，使得项目始终处于变化之中。项目管理得再好，采用的管理方法再科学，项目也避免不了由于各种原因而带来的变化。根据项目管理的哲学思想，变化是绝对的、正常的，而不变是相对的、不正常的。对于项目管理者来说，最理想的是能够有效地预测所有可能发生的变化，以便采取有效的预防措施，以实现项目的目标。但实际上很难做到这一点，因为许多不确定性的变化是难以预见的。因此，更为实际的方法是通过不断地监控，有效地沟通、协调，认真地分析研究，力求弄清项目变化的规律，妥善地处理各种变化。

项目变更控制的目的并不是控制变更的发生，而是对变更进行管理，确保项目能够有序地进行。具体地说，就是指设计一套变更控制系统，建立一套正规程序，对处于动态环境的项目变更进行有序的控制。

一、项目变更的原因及类型

（一）项目变更的原因

在项目进行过程中，项目的变更可能是由顾客引起的，也可能是由项目团队引起的，或是由不可预见事件的发生引起的。

（1）顾客引起的变更。例如，购房者通过房地产开发商向建筑工程公司建议改变房间布局，或者重新设置窗户的尺寸、位置，这些都是由顾客引起的变更。这些变更类型代表着对最初项目范围的变更，将会对项目的进度、费用产生影响。不过，影响程度却取决于作出变更的时间。如果房子的设计图样正在修改过程中，改变房子的布局和窗户的位置就比较容易；但是，如果房子的主体已完成，窗户也已安装好，要作上述变更，则对项目的进度和费用将会产生很大的影响。

（2）项目团队引起的变更。例如，在项目实施过程中，项目团队发现项目设计方案不合理，则提出设计变更建议。

（3）项目经理引发的变更。例如，某位负责为顾客开发自动发票系统的项目经理提出，为了降低项目成本并加快进度，自动发票系统应该采用现成的标准化软件，而不是为顾客专门设计软件。

(4) 计划的不完善引起的变更。在项目计划过程中，由于忽略了某些环节而引起的变更。例如，在建造房屋时，客户或承包商未将布置电话线、有线电视线列入工作范围，则应进行范围变更。

(5) 不可预见事件引发的变更。例如，由于地质条件的改变使得原先的设计方案不能满足要求则需要进行设计变更。

(二) 项目变更的类型

根据项目变更发生的阶段，可以将项目期内可能发生变更分成如下五种类型：

(1) 在项目早期的开发阶段，项目范围和具体细节的变更。项目的不确定性越大，在项目开发阶段项目范围和具体细节变更的可能性越大。对于这种变更，项目经理必须组织项目的利益相关者仔细评审，并明确告知项目客户，因为一旦批准变更计划，变更后会付出很大的代价。

(2) 由于错误、遗漏或必要的修订，而在设计阶段产生的变更。项目设计中的错误和遗漏必须更改；但由于客户需求变化带来的变更则要质疑，特别是客户改变项目最初范围时。一般情况下，后者更容易发生，因为客户一般倾向于超出原始条款要求变更。

(3) 由政府法令、劳动合同、供应商及其他团体带来的变更（环保、健康等）。通常这些情况下别无选择，只能改变计划。

(4) 有利于提升项目回报率的变更。因为项目回报率难于估计，这类变更也就很难验证是否有必要，因此一般须经过更高的管理层进行决策。

(5) 有益于提升原始需求的变更。通常人们乐于不断地改进工作，但是这种期望的变更会导致项目最初的范围和要求的改变。因此项目经理有必要区分哪些变更是必要的、有益的；对于没有必要的变更，虽然对于项目有益处，仍要予以阻止。

任何项目计划在项目完成之前总是要面对变更。一般来说，项目越大越复杂，变更的次数也就越多，实际成本和进度会越加偏离初期的项目目标。项目出现问题需要变更计划，但变更计划的同时，又会在项目执行过程中产生新的问题。项目计划的变更是费用超支和进度延期的最主要原因，不断的变更会降低项目团队成员的工作热情，破坏项目经理、职能经理和业主之间的关系。

二、影响项目变更的因素

项目的变化是指对原来确定的项目计划基准的偏差。这些基准包括项目目标、项目范围、项目要求、内外部环境以及项目技术质量指标等。面对项目的变化，我们不奢求阻止它，而是要把握项目变化的规律，有效控制项目的变化。项目变化的规律可能因项目而异，但一般情况下，项目变化要受以下因素的影响：

（一）项目的生命周期

项目的生命周期越长，项目的变化就越多，特别是项目的范围更越容易发生变更。

（二）项目的组织

项目的组织越科学、越有力，则越能有效制约项目的变化；反之，缺乏强有力的组织保障的项目则容易发生变化。人员的流动、协调的困难、管理的随意性等都会使项目产生较大的变化。

（三）项目经理的素质

高素质的项目经理善于在复杂多变的项目环境中应付自如，正确决策，从而使项目的变化不会造成对项目目标的很大影响。

（四）外部因素

引起项目变化的因素除了来源于项目自身，更多的则是来源于项目的外部。例如，天气的变化，原材料、设备的供应，法律纠纷以及有关方面的干预等因素都会使项目发生变化。

当然，除了上述因素以外，还有其他若干因素。例如，项目要采用新技术、新方法，项目就可能会发生变化；项目中原定的某项活动不能实现，项目也将要变化；项目的设计不合理，项目更需要变化等。

三、项目变更的影响

一般来说，项目的变化会对项目带来以下影响：

（一）对项目目标的影响

项目的变化可能会造成项目工期、费用、质量的改变。这种影响是项目管理人员和其他利益相关者最为关心的，也是最重要的。

（二）对资源需求的影响

由于项目的变化可能会导致对项目所需材料、设备或工具以及技术人员等资源需求的变化，这需要对组织资源计划更新。

（三）对项目组织的影响

项目的变化可能会导致项目团队组织结构的变化，因此需要对项目团队进行重组。

项目的变化可能会对以上三个方面都产生影响，但更多的情况下是对某一两个方面产生影响。这就需要项目管理人员针对具体情况作出具体分析，以便识别项目的变化对项目所产生的影响。

项目的变化要求项目变更，这种变更会发生在项目实施过程中的任一阶段。但根据项目的生命周期理论，项目的变更发生得越早，项目已形成的价值越小，已消耗的资源越少，后续计划调整的灵活性越大，相应的损失就会越小。例如，在项目设计阶段，一个子系统设计或部分设计中的变更只要求其相关系统的重新设计；而设计完成后的设计变更将会对项目范围、成本和进度都带来很大的影响。因此要及时发现和控制项目的变化，以避免变化的失控和累积。在失控的状态下，任何微小变化的积累，最终都可能会导致项目进度、费用和质量的变化。

四、项目变更控制内容的分类

在项目变更控制管理中，按控制覆盖范围可将变更控制分为以下两大类：

(一) 项目整体变更控制

项目整体变更控制是指协调整个项目全过程的变更。

(二) 项目辅助变更控制

它是作为项目整体变更管理的重要支撑部分，通常在控制内容上包括以下几个部分：

1. 范围变更控制

范围变更控制是对已经高层同意的工作分解结构（WBS）所规定的项目范围的部分或所有修改。范围变更经常要调整成本、进度、质量等项目目标。

2. 进度变更控制

进度计划变更就是对项目进度计划所进行的修正。必要时，要将变更通知有关项目利益相关者。进度计划变更可能会要求对整体项目计划进行调整，如成本计划、资源需求计划以及质量计划等都需要作相应调整。进度计划的变更要受到日期、资源这两个最一般的约束。

3. 费用变更控制

费用变更控制就是对造成费用基准计划变化的因素施加影响，以保证这种变化朝着有利于项目发展的方向前进并确定费用基准计划是否发生了变化。

控制的过程包括：

(1) 监视成本执行以找出与计划的偏差。

(2) 确保所有有关变更都准确地记录在成本基准计划中。

(3) 防止不正确、不适宜或未经核准的变更纳入成本基准计划中。

(4) 将核准的变更通知项目利益相关者。

4. 质量变更控制

质量变更控制就是监控具体项目结果以决定它们是否符合相关的质量标准以及确定排除不满意的结果的方法，并对其进行修正，直到满足质量变更要求为止。

5. 风险变更控制

风险变更控制是指跟踪已识别的风险，监视和识别新的风险，保证风险计划的执行，并评估这些计划对降低风险的有效性。风险变更控制是项目整个生命周期中的持续进行的过程。随着项目的进展，风险会不断变化，可能会有新的风险出现，也可能预期的风险会消失。

总之，每一类变更都有各自的特点，又有专门的控制方法和工具。它可以按照项目整体变更管理的一般流程方法来执行，同时又需要项目控制部门将每一类变更从项目整体的高度以系统的方法来进行协调，特别是项目巨大且复杂的时候。

专业术语

项目计划　概念性计划　滚动性计划　详细计划　基准计划　SMART原则　采购　变更控制　工作分解结构（WBS）　责任分配矩阵（RAM）　关键路径　工作包　工作单元　编码　行动计划表　甘特图　网络计划技术　计划评审技术　节点式网络　箭线式网络　滞后关系　网络敏感度　自由时差　项目跟踪

思考题

1. 为什么说项目计划非常重要？
2. 简述项目基准计划与项目基线的定义并说明二者的区别。
3. 项目计划的基本要素有哪些？简短描述每一要素的构成。
4. 项目计划的形式有哪些？
5. 项目计划如何分类？内容是什么？
6. 什么是SMART原则？
7. 制定WBS的基本步骤有哪些？如何确定工作分解的详细程度？
8. 为何时差对项目经理很重要？
9. 项目计划的五大工具是什么？
10. 试对项目计划和工作分解结构进行比较。
11. 如何理解项目变更管理？
12. 影响项目变更的因素有哪些？项目的变更会对项目造成哪些影响？

案例

M保健品昙花一现

A集团是一家民营企业，成立于1989年，主要生产农药，经过近十年发展，销售额已达10亿元，并于1997年成功借壳上市。考虑到农药市场竞争日益激烈，而生物医药概念在当时异常火爆，众人相信：保健品市场是全球性的朝阳产业。近20年，美国的保健品销售额增长36倍，日本增长32倍，中国的城乡保健品年增长速度在15%～30%，远远高出发达国家13%的市场增长率。在我国，由于保健品市场的技术壁垒低，近年来涌现出近3000家保健品企业。于是，该公司决定推出新产品，进入新领域。1999年以某大学研制的一种心脑血管保健品M进入保健品市场。

由于公司从事的主业是农药的生产和销售，当时的产品销售主要还是通过一些植保中心来进行，市场操作比较简单，企业的销售还停留在比较原始的阶段，对保健品市场的竞争已非常激烈的现状并不了解，简单地认为只要做一点广告，市场就会开拓出来并取得高额利润。其实，M在转让到A集团前曾经有一次不成功的市场操作，但企业并没有深刻总结别人经营失败的原因。上市前的市场调研是销售部一名员工带一个中专生利用三天的时间完成的，根本不能反映市场实际情况。事实上，在开始销售产品时，企业连基本的宣传资料都没有，更没有产品策略、市场策略等产品上市必须考虑的东西。

上市前有专家指出该产品效果不明显，建议对配方作适当调整，加入一些微量元素，效果会提高很多，成本并不会有太大提高。企业考虑可能影响产品上市速度，没有采纳。当时该产品的生产车间是在生产农药的生产线上改造而成，并不能保证产品提取纯度，这也给产品质量的稳定性带来很大影响。结果，产品上市后回头率确实不高。很多顾客反映，有的时候服用效果很好，有的时候效果又不明显。这些都给产品推广带来很大阻力，特别是顾客在尝试性服用无效后，无论你把产品宣传得多好，他都不会再重复购买了。另外，该厂处于城乡结合处，生产工人都是当地农民，经过简单培训就上岗，生产效率比较低，生产成本和同类产品比起来高很多，并且胶囊的灌制水平较差。

产品首先在无锡上市后销售很差，一天只销售几盒，而厂家派驻的业务人员有十几人，他们都是作为市场发展的后备力量进行培养的，但在当时基本都处于无事可做的状态，每天的开销就几千元。在市场受挫后，相关领导并没有很好地总结教训，他们从南京请了一家广告公司，模仿大企业的做法拍了一个精美的广告带，但这种宣传只是对企业形象有好处，并不能对销售产生明显促进。在坚持了三个月后，广告费已经花出去一百多万元，但市场回款不足十万元，市场人员倍感压力，只好停播广告，市场的一线希望又破灭了。经过这次事件以后，企业领导又走向另一个极端，一切花费从简，开拓新市场时前三个月不投广告，为了节约资金，重新拍的广告片连一点艺术处理都没有，广告语就是产品功能的简单堆砌，连厂家的业务人员都不愿意看，这样的广告根本不可能起到带动销量的作用。在市场运作一年半以后，企业对市场的目标只剩下一个，那就是尽量少亏损。到这时，企业在市场上能做的就是减少一切费用支出，很多正常的费月支出也被迫压缩。

保健品公司成立后，机构设置只有销售部和后勤部。销售部经理直接到市场进行产品运作，销售部形同虚设；后勤部主要负责物资供应，但又不能和市场有效配合，经常是市场需要的物资不能及时供应，市场不需要的东西源源不断地往市场送，或者运送的东西不符合市场需求，无法使用。这不但影响了市场运转，也造成很多资源浪费。公司没有单设财务部，所有资金完全由集团临时划拨，而其他部门对保健品市场的运作并不了解，更不能做到很好的配合，这导致市场急需的资金不能及时到位，特别是市场运作不理想时，其他部门更认为保健品公司只会花钱，不会赚钱，对保健品公司满腹怨言，对工作的支持也越来越差，员工也对工作丧失了信心。这对市场销售的进一步恶化起了推波助澜的作用。

公司近几年建立了大量的规章制度，进行了大量的培训，但效果不理想。决策层沿用以前的管理思路，从当地招聘了十几个员工，作为未来的市场负责人培养，这些人一点保健品市场的经验都没有。除了在市场上锻炼外，公司并没有提供任何适合他们发展的培训，这显然会影响市场的开发进度。市场激励制度、奖惩考核都近乎空白，基本上采用大锅饭的形式。市场的开发、促销活动的进行，费用的划拨完全由对市场把握并不准确的各市场负责人来决定。公司表现出对他们的绝对信任，毫无控制措施，出了问题也不用承担责任，造成市场资金的大量浪费。当市场运作不佳时，公司的人才观又变成了外来的和尚好念经，公司大量聘用有大公司从业经验的外来人员，根本不考虑他们的经验是否适合公司的发展，在他们进入公司后也没有进行企业理念的灌输，这些员工在进入公司一段时间后因为不适应企业的管理方式又纷纷流失，给公司带来很大损失。并且公司领导很喜欢那些敢拍胸脯的员工，领导相信你，你再作一份宏伟的市场计划，就有可能获得额外的市场支持。公司在运转失利后，不仅没有好好总结经验，还带着规模效应的侥幸心理继续开发新市场。相继开辟了苏北市场、安徽和浙江的部分市场。在进入这些新市场时，公司规定了很高的投入产出比，如果完不成的话，就连基本的工资也难有保证。这些新的领导都是从原来做得较好的市场调过去的，他们去时就满腹怨言，对前景没有信心。企业只好从一开始就尽量减少投入，经过一年多的运作，市场人员不断流失，这些新市场也以失败而告终。

不到二年的时间，M保健品在市场上销声匿迹了，A公司在M项目上的损失超过1 500万元。

问题：

1. M保健品失败的原因有哪些？
2. 怎样评价A公司在M保健品项目计划上的做法？

第五章 项目质量管理

通过本章的学习，理解项目质量管理的基本概念和过程；了解项目质量计划的编制及其工具和方法；了解项目质量控制与项目质量保证之间的联系和区别；重点掌握掌握项目质量保证和项目质量控制的工具和方法。

第一节 项目质量管理概述

一、项目质量管理的定义

所谓质量，是指一组固有特性满足要求的程度。项目质量是指项目的固有特性（可交付成果）能够满足相关方（客户）需求的程度。对这个定义可以从以下几个方面理解：

（1）固有特性是指在某事或某物中本来就有的，是产品、过程或体系的一部分；特性是指可区分的特征，可以是定性的或定量的，可以是各式各样的特性，如物理的、感官的、行为的、时间的、功能的，等等。项目固有特性主要是指项目的可交付成果，包括产品和服务的特性。

（2）满足需求就是应满足明示的、通常是隐含的或必须履行的需要和期望。"明示"是指合同、规范、标准、技术、文件、图样中明确规定的；"通常隐含"是指组织、顾客和其他相关方的惯例或一般做法，所考虑的要求或期望是不言而喻的；"必须履行"是指法律、法规等所规定的。对质量的要求除考虑满足顾客的需要外，还应考虑组织自身利益、提供原材料和零部件等供方的利益和社会的利益等多种需求，例如需要考虑安全性、环境保护、节约能源等外部的强制性要求。质量管理的一个重要方面是通过项目范围管理把隐含需要转变成明确需求。

（3）项目质量的要求来源于项目的各相关方，它所反映的是"满足需求的程度"，而不是反映为"特性总和"，因为特性是固有的，与要求相比，满足要求的程度才能反映出项目质量的好坏。

根据项目质量的定义，再根据项目本身的特点，项目质量管理是指保证项目满足其目标要求所需要的过程。它涵盖了计划、组织、指挥、协调、控制等活动。这些活动决定着项目的质量、目标、责任，并在质量体系中凭借质量计划编制、质量控制、质量保证和质量提高等措施决定着对质量政策的执行、对质量目标的完成以及对质量责任的履行。由于项目的影响因素多，经历的环节多，使项目质量管理具有复杂性。同时，不同阶段影响项目质量的因素不同，质量管理的内容和目的不同，项目质量管理的侧重点和方法应该随着阶段的不同而作出相应调整。而且，项目具有一次性特点，这就需要对项目的每一个环节、每一个要素都予以高度重视，否则就可能造成无法挽回的影响。

二、项目质量管理的内容

项目质量管理是一个过程，它的内容包括项目质量计划编制、质量保证和质量控制。

（1）质量计划编制包括识别与该项目相关的质量标准以及确定如何满足这些标准。这样质量计划编制首先由识别相关的质量标准开始，通过参照或者依据实施项目组织的质量策略、项目的范围说明书、产品说明书等作为质量计划编制的依据，识别出项目相关的所有质量标准而达到或者超过项目的客户以及其他项目干系人的期望和要求。

（2）质量保证是一项管理职能，包括所有的有计划地、系统地为保证项目能够满足相关的质量标准而建立的活动，质量保证应该贯穿于整个项目生命期。质量保证可以分为：内部质量保证（向项目管理组和执行机构的管理层提供质量保证）和外部质量保证（向客户或不参与项目工作的人员提供质量保证）。

（3）质量控制（QC）就是项目管理组的人员采取有效措施，监督项目的具体实施结果，判断他们是否符合有关的项目质量标准，并确定消除产生不良结果原因的途径。也就是说，进行质量控制是确保项目质量得以完满实现的过程。质量控制应贯穿于项目执行的全过程。

三、项目质量管理的原则

（一）满足需求是核心目标

项目干系人包括项目当事人以及其利益受项目影响的（受益或受损）个人和组织。满足项目干系人的明示的、通常隐含的或必须履行的需要和期望是项目组织的最终目标。

（1）要明确地理解项目干系人的需要，以确保项目的所有过程都是针对并满足这些需要进行的。

（2）确定与所有项目干系人的沟通渠道通畅，加强合同双方的交流，并在整个项目的进程中适时相互反馈信息。

（3）注意解决项目干系人需求间的矛盾。不同的项目干系人对项目有不同的期望和需求，他们关注的目标和重点常常相去甚远。例如，投资方往往在意项目质量，承包商关注进度，而附近社区的公众则希望尽量减少不利的环境影响等。当不同项目干系人的需求发生矛盾时，在遵照国家政策、法规的前提下，应首先考虑项目直接干系人的需求；直接干系人的需求发生矛盾时，应首先考虑重要直接干系人。矛盾的解决应经各项目干系人同意，并形成项目干系人正式协议。在整个项目进展过程中，持续地关注各项目干系人需求的变化，包括新的项目干系人的需求，以利于修正项目目标，保证项目质量。

（二）创建一个良好的项目质量环境

项目经理不仅是项目的执行者，而且要承担起项目全生命期的责任，要保证项目的过程质量和产品质量，除了需要对项目本身、项目组织有充分的了解外，还需要对项目的内、外部环境进行处理。所以，项目经理应该以身作则，努力为项目组织及项目过程创建一个好的质量环境，尽量使组织内形成共同的价值观、行为方式、制度和惯例。创建这种环境的方式方法包括：

(1) 在项目组织内建立一种组织机构（QC 组织、质量部等），并且亲自主持，以满足项目目标。

(2) 使与项目有关的所有人员（包括项目组织成员和供应商）参与保证项目过程和项目产品的质量。

(3) 为项目进展评价提供保证，并将其结果用于进一步的质量管理。

(4) 依据可靠数据和有事实根据的信息作决策。

(5) 与资源提供方和其他相关组织建立互利合作关系。

（三）全员关注质量

项目组织的所有人员都是项目之本，只有他们的充分参与，才能使他们的才干为项目带来成功。但是，项目组织是在不断地更替和变化的。因此，项目组织的人员也是不断变化的，对项目组织成员的质量培训必须是贯穿整个项目进程的，同时针对各阶段的每个参与项目的人员。

（四）按过程实施项目

项目是一次性的渐进过程，从它的开始到结束可划分为若干个阶段，构成它的整个生命周期。一个项目必须按一系列规划好的、并互相关联的过程来实施。首先，在项目规划时，项目的各过程、各过程的负责人及他们的职责和权限都应当确定，并形成文件。其次，项目各过程都应该确定各自的方针。过程的相互依赖性应当定义、协调并综合在项目目标中。再次，要依据质量源头治理思想，设计过程时，要把项目生命周期中较迟出现的过程考虑在内，比如与项目产品的维护有关的过程。最后，为评定项目业绩，必须制定进展评价计划。当项目过程的结果不能由后续的监视或测量加以验证时，项目组织应及时对所有这样的过程实施确认，这包括仅在项目完工、交付之后问题才出现的过程。每一个项目阶段都以它的某种可交付成果的完成为标志，例如，产品设计任务的项目设计要交付产品设计书、工艺设计书。前一阶段的可交付成果通常经批准后，才能作为输入，开始下一阶段的工作（采用基于事实的决策，并运用系统方法制定的“快速跟进”也可以让项目阶段相互搭接进行）。例如，产品设计审查以后才能进行工艺设计。认真完成各阶段的可交付成果对项目过程质量和产品质量都具有重要意义。一方面，可以确保前阶段成果的正确完整，避免返工；另一方面，由于项目人员经常流动，前阶段的参与者离去时，后阶段的参与者可以顺利衔接。PDCA 循环也可用于项目管理。

PDCA 方法适用所有过程，其模式为：

P——计划。根据顾客的要求和组织的方针，建立过程的目标，确定过程的方法和准则，确定过程所需的资源和信息。它体现了有章可循、有据可依，一般情况下，计划应首先制定目标，然后确定实现它的途径和方法。

D——实施。按照策划的结果实施过程。体现有法必依、有章必循。

C——检查。根据方针、目标和产品要求，对程的参数和过程的结果进行监视和测量并报告监视和测量的结果。

A——处置。依据监视和测量的结果采取纠正和预防措施，持续改进过程。

通常情况下，项目在经过进度计划安排后，可分成更多阶段性的小项目执行。对于每一个阶段性小项目，都可以用 PDCA 循环按过程执行。它必须遵循计划、实施、检查、处理四个过程，将"处理"过程的经验用于下一阶段小项目。PDCA 循环的特点是大环套小环，互相促进。

（五）采取系统方法实施项目

项目管理的目标是将完成项目所需的资源在适当的时候、按适当的量进行合理分配，并且力求这些资源的最优利用。如何确定分配给项目的资源数目和何时分配，并判断这些资源是否根据项目目标和实施计划正在被有效地利用是项目管理的关键，也是保证项目过程质量和产品质量的关键。这就必须采用系统的管理方法，比如：CPM（关键路线法，适用于项目进度规划）、PERT（项目评价与评审技术）以及 WBS（工作分解结构，适用于项目范围管理）等。

（六）项目组织需要持续不断地进行改进

项目组织改进的根本目的是不断满足各项目干系人的需要。项目是一次性的，但项目管理是开放性的、连续性的。不管是对于项目组织本身还是对于承接商而言，都应把项目管理看作一个过程。为了提高过程的效果和效率，就必须持续改进过程。同时，由于项目具有一次性、成果的不可挽回性的特点，使项目组织改进的重点应该放在管理过程的改进。改进方法是：第一，建立清晰的、文件化的、系统的过程和指令，并且在项目组织内强制执行。每个过程不断地改进自己和相关活动的质量。第二，项目组织要对自身评定、内部审核及可能的外部审核等作出规定，并考虑所需的时间和资源。

（七）基于事实的有效决策方法

有效决策是建立在数据和信息分析的基础上的。"决策应基于对测量所获得的数据和按照本标准（ISO9000 标准）规定所收集的信息的分析。组织应对各种来源的数据进行分析，以便对照组织的计划、目标和其他规定的指标评价组织的业绩并确定改进的区域，包括相关方可能的利益。”有效和高效的项目活动需要基于事实的决策方法，如：①高效的分析方法；②适宜的统计技术；③基于逻辑分析的结果，权衡经验和直觉，作出决策并采取措施。

项目管理必须定性分析和定量分析相结合。项目管理的许多方面需要量化，包括目标的制定、计划的估量、已实施工作的测定和评价以及对未来的预测和可行性估计等。项目的量化数据通常包括：计量数据、比率数据、序列数据和标识数据。项目经理及各负责人应重视数据与信息的收集、汇总与分析，以便为决策提供依据。对这些数据的分析可采用数理统计、AHP 层次分析法、Pareto 图、鱼刺图等。

（八）加强与资源提供方（供方）互利的关系

供方提供的各种资源与服务，构成项目向客户提供产品（或服务）的一个组成部分，因此处理好与供方的关系，关系到项目能否持续稳定地进行，能否按时完成项目。对供方不能只讲控制，不讲合作互利，特别对关键供方，更要建立互利关系。同时，项目过程中资源需求变化甚大，更需要供方的大力支持，任何资源积压、滞留或短缺都会给项目带来损失。

综上所述，八项质量管理原则是质量管理的经验总结，是 ISO90010 标准的基础，对于新兴的项目管理同样具有极大的指导作用。将八项质量管理原则用于项目质量管理是项目过程和产品获得高质量的关键，也是项目成功的重要因素。

第二节 项目质量计划编制

项目启动时，项目经理就应该编制一份项目质量计划来保证项目的质量。质量计划编制是确定与项目相关的质量标准，并决定如何满足这些标准的方法。它是项目计划制定中的组成过程之一，应该定期进行，并与其他项目计划编制过程同步。项目团队应该意识到现代项目管理的基本宗旨——质量出自计划，而并非出自检查。这主要包括以下三个方面的工作。

一、质量计划的内容与编制的原则

（一）质量计划应包括的内容

（1）编制依据。

（2）项目概况。

（3）质量目标。

（4）组织机构。

（5）质量控制及管理组织协调的系统描述。

（6）必要的质量控制手段，施工过程，服务、检验和试验程序等。

(7) 确定关键工序和特殊过程及作业的指导书。

(8) 与施工阶段相适应的检验、试验、测量、验证要求。

(9) 更改和完善质量计划的程序。

(二) 质量计划的编制原则

(1) 应由项目经理主持编制项目质量计划。

(2) 质量计划应体现从工序、分项工程、分部工程到单位工程的过程控制，且应体现从资源投入到完成工程质量最终检验试验的全过程控制。

(3) 质量计划应成为对外质量保证和对内质量控制的依据。

二、项目质量管理的标准

标准是对重复性事物和概念所作出的统一规定，它以科研、技术和实践经验的综合性权威性成果为基础，经有关方面协商一致由主管机构批准，以特定形式发布，作为共同遵守的准则和依据。“规范”、“规程”就是标准的一种形式。标准按等级不同可分成国际标准、国家标准、专业标准和企业标准。表 5-1 为一些国际常用标准代号。

表 5-1 国际常用标准代号

国际标准	ISO	德国国家标准	DIN
欧洲标准	CEN	日本工业标准	JIS
中国国家标准	GB	法国国家标准	NF
美国国家标准	ANSI	前苏联国家标准	POCT
英国国家标准	BS		

确保项目质量是项目管理永恒的主题。作为生产、工作、服务等各项活动的准则和依据的标准，需要明确提出一些应该达到的，并能够运用一定方法进行检验的质量要求，这些质量要求构成了标准的核心。确定这些质量要求应以系统最佳为目标，不能从某一个质量要求出发，而且要尽可能具体和量化，同时能够测试和便于检验。不同类型的标准有着不同的质量要求内容，而其中每一个具体的标准的质量要求也是各异的。项目质量标准有六大指标：性能、可信度、安全性、适应性、经济性和时间性。表 5-2 列举了产品标准中质量要求的示例。

表 5-2 产品标准质量要求内容

质量特性	质量特性要求	示 例
性能	使用性能要求	功率、效率、速度、灵敏度、互换性等
	外观和感观性能要求	颜色、手感、视觉、嗅觉等
	理化性能要求	化学成分、杂质含量、强度、硬度、韧性、黏度、电容、电阻、电感、磁感等

（续）

质量特性	质量特性要求	示　例
可信性	可靠性要求	平均寿命（平均无故障工作时间）、失效率、可靠度等
	维修性要求	维修度、平均维修间隔时间、平均保养时间等
安全性	安全要求	防爆、防火、防触电、防辐射等
	卫生要求	药品、食品有害成分限制等
	环境保护要求	噪声限制、大气、水质、土壤污染限制等
适应性	环境条件要求	温度、湿度、烟雾、气压、冲击、振动、辐射等
	稳定性要求	对气候、酸碱、水等的反应，抗震、抗磁、抗老化、抗腐蚀性等
经济性	耗能要求	耗电、耗油、耗煤、耗热、耗水等
时间性	时间要求	交货期、等待时间等

标准在质量方面的指标，就是质量管理目标的具体化和定量化。项目质量管理是全过程的管理。实践证明，质量的形成过程，就是标准的制定、实施、验证、修订的过程。项目质量管理的基本过程是：计划、实施、检查、处理四个阶段的循环。从计划阶段开始，根据用户要求和实际可能确定质量方针、目标和计划，并据此制定一套项目质量和工作质量标准，这些标准成为今后开展工作的依据，是影响项目成败的最重要的一环。因此，从某种意义上说，项目质量管理是始于标准的制定。在实施阶段，是根据计划阶段制定的标准进行实施，使项目的实施过程按预定方针、目标、计划和标准进行。在检查和处理阶段，是按标准进行检查，找出明显的和潜在的质量问题，并根据检查的结果采取相应的措施解决问题，从而确认和修订标准。因此，也可以说，项目质量管理又是终于标准的完善。

三、计划编制的方法

（一）质量计划编制的输入

（1）质量政策。质量政策是由组织的最高管理层正式发布的该组织关于质量的总宗旨和总方向。它主要以质量方针的形式公布，包括项目设计的质量方针、项目实施的质量方针和项目完工交付的质量方针。执行组织质量政策可以被项目随时作为标准应用于项目，但是如果执行组织缺少正式的质量政策，或项目涉及多个执行组织（如合资），则项目管理班子需要为项目编制质量政策。无论质量政策源于何处，项目管理班子应了解所执行的质量政策，可以根据项目的实际情况，对项目的质量方针进行适当的调整，并且有责任保证项目干系人全面获知质量政策。

（2）范围说明书。范围说明书是质量计划编制的关键输入，因为它书面说明了主要的项目可交付成果和项目目标，用以定义主要项目干系人的需求，其重要组成部分是对产品的描述，产品描述经常包含可能影响质量计划编制的技术要点和其他注意事项的详细内容。

(3) 产品说明书（成果说明）。虽然产品说明书的成分在范围说明书中有所体现，但是产品描述经常包含可能影响质量计划编制的技术要点和其他注意事项的详细内容。

(4) 标准和规则。项目管理班子必须考虑到特定应用领域中可能影响项目的标准和规则。国际标准化组织（ISO）对规则和标准进行了区分：标准是一个"公认的组织批准的文件，是为了能够普遍地和重复地使用，而为产品、过程或服务提供的准则、指导方针或特征，他们不是强制执行的。"规则则是一种"规定产品、过程或服务特征的文件，包括适用的行政管理条例。规则是强制执行的"。

(5) 其他过程的输出。项目管理其他知识领域的信息也可能成为质量计划编制的依据。例如采购计划编制可能需要确定承包商的质量要求，而该要求应该在总体质量管理计划中有所反应。

(二) 质量计划编制的工具和技术

(1) 收益/成本分析。质量计划编制必须考虑收益与成本之间的平衡。符合质量要求根本的好处在于降低返工率，这意味着较高的生产率、较低的成本和项目干系人满意度的提高。达到项目要求的主要成本是项目质量管理相关活动所发生的成本。收益高于成本是质量管理原则中的公理。

(2) 制定基准计划。制定基准计划也可以叫质量标杆法，它涉及将实际的或根据计划的项目实践同其他项目的情况进行比较，以产生改进的思想，并且提供一套衡量业绩的标准。其他项目可以是项目团队以前完成的类似的项目，也可以是其他项目团队已经完成或正在进行的项目。在参照标杆项目的质量方针、质量标准、质量管理计划等文件为蓝本时，必须结合本项目的实际情况来编制。要特别注意基准或标杆项目实际发生的质量问题和教训，在制定本项目质量计划时，要采取一些防范措施和应急计划，以避免类似问题的再次发生。

(3) 因果分析法。因果分析法也称 ISHIKAWA 逻辑图或鱼刺图（见图 5-1），它提供了一种识别过程问题及其根本原因和辅助原因的方法。鱼刺图是有机构的，鱼头代表问题，每个指向主干的主要分支（如方法）代表一个可能的原因，指向主要分支的较小分支（有缺陷的部分）是引起过程问题的原因。因此，鱼刺图识别了引起过程问题的最主要的原因，以便项目参与者能正确地关注收集和分析相关数据以识别哪些可能的原因是真正的原因。

此外，由项目团队和其他客户参与的集体研讨对原因分析提供意见，这种方式通常会增强他们对问题起因和制定解决方案的意识。其他的工具，比如回归分析、统计相关性分析可以识别变量之间的正相关、负相关和零相关的关系。

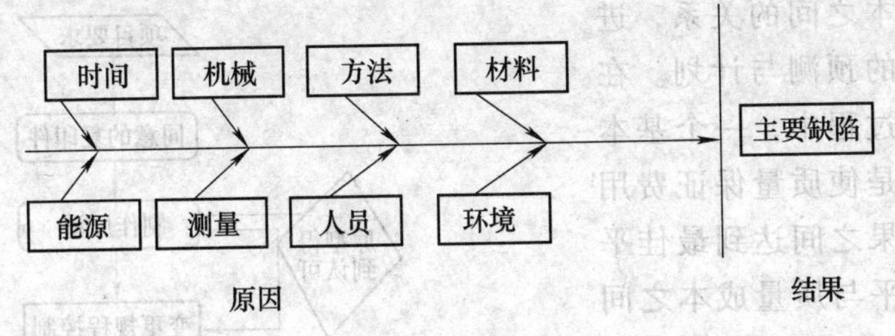

图 5-1　鱼刺图

（4）系统流程图。它提供了项目的工作流程以及各活动之间的相互联系。能帮助项目队伍预测在何处可能发生何种质量问题，因此可以有助于制定处理问题的办法。流程图的常用符号如表 5-3 所示，系统流程图如图 5-2 所示。

表 5-3　流程图常用符号

符号	含　义	表示内容示例
	表示过程的开始或结束	基础工程施工开始
	表示一项活动，活动的名称标于其中	立模
	表示过程的分歧点，即决策点	检验?
	表示一个活动到另一活动的流向	立模 → 绑扎钢筋
	文件符号，表示过程的有关文件	检验报告

（5）试验设计。它是一种统计方法，它帮助人们识别影响特定变量的因子，从而找出影响项目质量的关键因素。这项技术最常用于项目产品分析。如汽车设计人员可能希望确定能够以合理的成本产生最满意的驾驶特性的悬架和轮胎的组合方案。当然，它也同样能应用于诸如成本和进度计划平衡的项目管理问题。例如，高级工程师比初级工程师成本高，但高级工程师能在较短的时间内完成指定的工作。适当设计的“实验”（在这种情况下，根据初级和高级工程师的不同组合计算各自的项目成本和工期）通常能从相关而有限的几种情况中决定最佳的方案。

（6）质量成本分析。质量成本是为了达到产品或者服务质量而进行的全部工作所发生的所有成本。这些努力包括为确保与要求一致而做的所有工作，以及由于不符合要求所引起的全部工作。这些工作引起的成本包括三种：预防成本、鉴定成本和故障成本。质量成本分析就是要研究项目质量成本的构成和项目质量与成本之间的关系，进行质量成本的预测与计划。在保证质量的过程中，一个基本管理问题就是使质量保证费用和取得的效果之间达到最佳平衡。质量水平与质量成本之间的关系如图 5-3 和图 5-4 所示。

(三) 质量计划编制的输出（结果）

(1) 质量管理计划。应该说明项目管理班子执行其项目政策的方式，可以是正式的或非正式的、非常详细的或简要概况的，这取决于项目的要求。按照 ISO9000 术语，质量管理计划应描述项目的质量管理体系："实施质量管理所需的组织结构、责任、程序、过程和资源"。质量管理计划为项目总体计划提供输入，并为项目提出质量控制、质量保证和质量提高方面的措施。

(2) 操作定义。它以非常专业的术语说明了某事务是什么及其在质量控制过程中是如何测量的。例如，仅规定满足计划进度日期是管理质量的测量尺度是不够的；同时项目管理班子必须指出每一个活动是否必须按时开始，还是只需要按时结束；是否对单个活动进行测量，还是仅仅对某些可交付成果进行测量，如果是后者，是哪些可交付成果。在某些应用领域，操作定义也被称为度量标准。

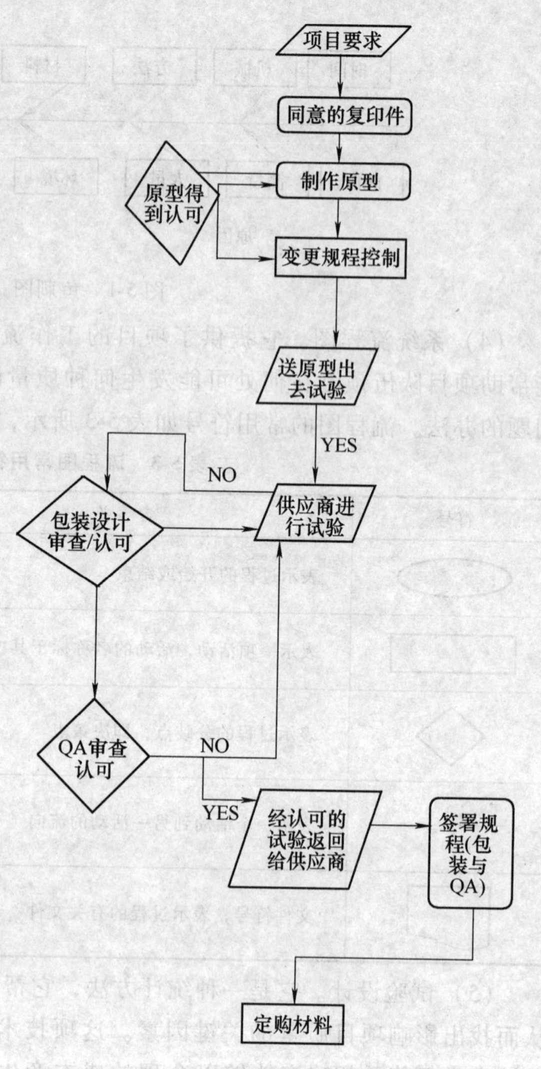

图 5-2 系统流程图示例

(3) 检查表。检查表通常由详细的条目组成，用于核实一系列要求的步骤是否已经实施的结构化工具。检查表可以简单也可复杂。它们通常采用命令式的（做这个！）或询问式的（你做完了吗？）短语。许多组织拥有标准的检查表以保证频繁执行的任务的一致性。在某些应用领域，检查表来自于专业协会或

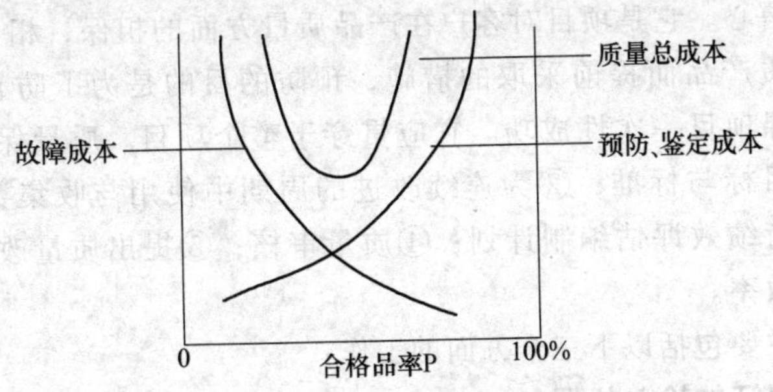

图 5-3 质量水平与质量成本之间的关系曲线

商业服务组织。

(4) 其他过程的输入。质量计划编制过程可以为其他领域进一步的活动确定要求。

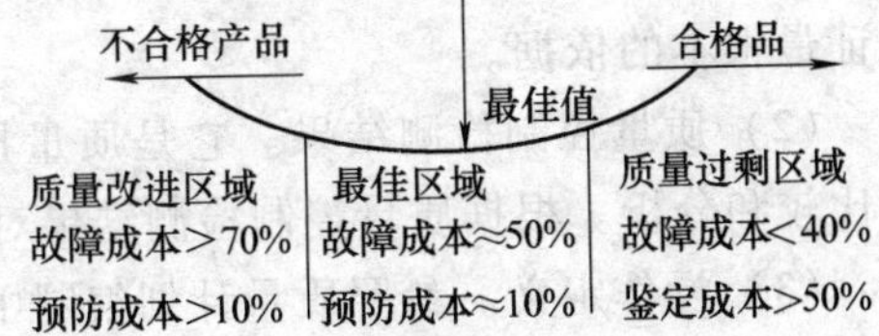

图 5-4 最佳质量成本指标图

根据侧重点不同，项目可分为质量倾斜型、工期倾斜型及成本倾斜型体系。在编制项目计划时，一般而言是时间、成本、质量标准均已确定，在项目实施过程中就需在从客观因素、具体情况出发，根据将要采取的行动和可能导致的后果进行综合分析研究，按切合实际的原则，使项目进展平衡有节奏地进行，以求达到预期目标。避免出现工期紧张或成本减少，导致质量降低的现象。而质量下降又往往造成返工等后果而导致延长工期和增加成本。

为了增加所有关键的利益相关者承诺项目计划的可能性，就要预先考虑以下问题，并对其给予详细的解答。为什么是这个项目？为什么是现在？财务资源是否充足？人力资源是否充足？怎样才能完全了解客户？是否识别了正确的数据？采集、分析系统的数据是否充足？是否描述了客户的权力？是否识别、制定了判断项目的标准？可交付产品及产生可交付产品的工作过程是否可以实施？其余的组织如何从该项目的成功中受益？社会如何从该项目的成功中受益？将计划（或其中一部分）与许多其他的（非关键）利益相关者（他们可能潜在地扰乱项目）共享也是有益的。项目经理、发起者与核心团队应该考虑有谁可能会支持项目，有谁可能会反对项目。然后他们应制定并实施一个战略，以争取各种不同团体的支持。只有当所有的关键利益相关者同意项目计划时，项目质量计划阶段才算结束。

第三节 质量保证

质量保证是在质量体系中实施的全部有计划、系统的活动，以提供满足项目相关标准的信心。它是项目对客户在产品质量方面的担保，相当于疾病预防。它是为获得优质产品而提前采取的措施，预防的目的是为了防止缺陷的产生。它的目的是确保项目一次性成功。它应贯穿于整个项目。质量保证应做到以下几点：①识别目标与标准；②为连续改进的周期中使用与收集数据编制计划；③为建立和维持绩效评估编制计划；④质量审核；⑤提出质量改进措施，提高项目的效能和效率。

质量保证主要包括以下三个方面的工作：

一、质量保证的输入依据

（1）质量管理计划。这在第一个问题中已经介绍过，项目质量计划是质量保证最根本的依据。

（2）质量控制检测结果。它是质量控制测试和测量的记录，其记录格式用于比较和分析。根据质量控制检测结果对不同的问题采取相应的措施予以解决。

（3）操作定义。参照质量计划编制中的操作定义。

二、质量保证的工具和技术

（1）质量计划编制的工具和技术。前面描述的质量计划编制的工具和技术同样适用于质量保证。

（2）质量审计。它是对其他质量管理活动的结构性审查。它的目的是识别出取得的可提高本项目或执行组织内的其他项目实施水平的经验。质量审计的依据通常有有关政策、条例、合同，以及质量管理计划、质量保证结果等。

内部或外部项目质量审查主要是识别文件规定的过程是否被遵守且有效执行，向项目经理报告不可接受的偏差，寻求纠正措施。审查一般包括审查项目进程记录、培训记录、已登记的投诉、书面建议文件、纠偏行动以及之前审计报告中提到的问题。

解释质量控制措施的结果。项目经理需要解释控制图数据，其方式是关注远离控制上限且在上限之上的数据和远离控制下限且在下限之下的数据，把他们当作是干扰目标。只有正确的从统计学角度解释的数据和趋势才是有价值的，因为这样的数据和趋势可以反应出正确的信息或事实，为改善决策奠定坚实的基础。除了解释，项目经理还必须准备在必要时批准新的或附加的检验。当客户在中途变更他需要的产品/或服务的设计时，可能就需要新的或附加的检验以确保合同中规定的产品/服务的质量。此外，项目经理可以通过寻求项目实施中途的反馈信息并与参与者共享，来激发关键的利益相关者的能动性，同时建立一套有组织的方法来处理项目反馈中收集的变更信息。如果不能建立一个明确的变更控制系统，项目的参与者们就会因为不清楚他们的建议是否会被采纳而产生受挫感。

（3）预先规划。在项目质量保证的过程中，要针对可能出现的质量问题预先制定出防范措施。同时还要确定适当的防范范围和等级，如果范围过小或等级过低，就可能达不到质量要求；如果范围过大或等级过高，就会增加项目的工作量和费用。

（4）技术检验。可以通过测试、检查、试验等检验手段确定质量控制结果是否与要求相符。前面所述的质量计划编制的方法也可以用于质量保证。

（5）质量活动分解。项目质量保证要对与质量有关的活动进行逐层分解，直到最基本的和比较容易控制的质量活动，从而对项目质量进行有效的保证。

（6）质量保证体系。它是质量管理的基础，一个项目团队只有建立有效的质量保证体系才能全面地开展项目质量管理活动，从而实现项目的质量目标。如，某项目为提高质量水平，设立了质量保证部门，该部门又下设了质量检验、质保材料、质保管理、质保工程和质保审计五个部门，这五个部门相互协调、相互制约，形成了一套有效的质量保证体系，从而提高了该项目的质量水平。质量活动分解的方式有很多，其中矩阵是常用的形式，见图5-5。

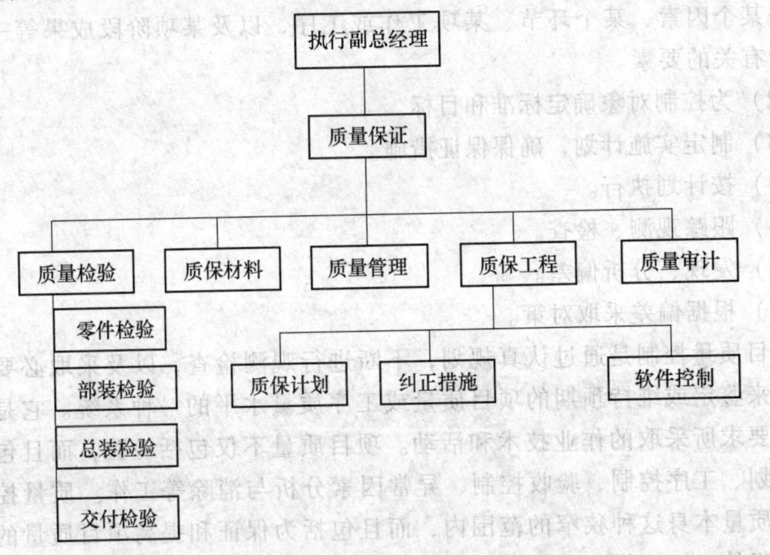

图5-5 某企业部分质量保证体系

三、质量保证的输出结果

质量保证的输出结果主要就是项目质量改进与提高的建议，它能提高项目活动的效率与效果。它一般包括以下几个方面的内容：

（1）目前存在的项目质量问题及其后果。

（2）产生项目质量问题的原因分析。

（3）项目质量改进或提高的目标。

（4）进行项目质量改进或提高的方法和步骤。

（5）项日质量改进或提高的成果确认方法。

第四节 质量控制

质量控制是监控具体项目结果以决定它们是否符合相关的质量标准以及确定排除不满意结果原因的方法。质量控制应贯穿于整个项目。项目结果包括产品结果（如可交付成果）和项目管理结果（如成本和进度计划绩效）。项目质量控制相当于疾病治疗，其目的是采取一定的措施消除那些偏离质量要求的误差。项目管理班子应具有质量控制统计的工作知识，尤其是抽样和概率的知识，以帮助他们评估质量控制的输出。

保证和提高项目质量的一个重要途径就是有效进行项目的质量控制。它一般都需要经历以下基本步骤：

（1）选择控制对象。在项目进展的不同时期、不同阶段，质量控制的对象和重点也不相同，这需要在项目实施过程中加以识别和选择。质量控制的对象可以是某个因素、某个环节、某项工作或工序，以及某项阶段成果等一切与项目质量有关的要素。

（2）为控制对象确定标准和目标。

（3）制定实施计划，确保保证措施。

（4）按计划执行。

（5）跟踪观测、检查。

（6）发现、分析偏差。

（7）根据偏差采取对策。

项目质量控制是通过认真规划，不断进行观测检查，以及采取必要的纠正措施，来鉴定或维持预期的项目质量或工序质量水平的一种系统。它是为了达到质量要求所采取的作业技术和活动。项目质量不仅包括检验，而且包括诸如质量规划、工序控制、验收控制、异常因素分析与消除等工作。质量控制不仅局限在质量本身这种狭窄的范围内，而且包括为保证和提高项目质量的理想水平而进行的一切工作。

项目质量控制所要解决的主要问题是：

（1）项目质量的最优策划。

（2）采取措施，尽量避免异常因素的发生。

（3）及时发现异常因素的存在，并采取措施加以消除。

（4）正确评价项目质量水平。

另外，在实施项目质量控制时，要注意对以下术语进行区分：①预防（把错误排除在过程之外）和检查（把错误排除在到达客户之前）；②特性抽样（结果符合或不符合）和变量抽样（结果是在测量符合程度的连续坐标系排列表示)；③特殊原因（异常事件）和随机原因（正常过程偏差）；④许可的误差（如果在许可的误差规定范围内，结果是可以接受的）和控制限度（如果结果在控制限度内，表明过程在控制之中）。

一、质量控制的原则

（一）坚持"质量第一"

工程质量必须达到设计要求和标准规范的规定，对工程项目的质量要严格要求，达不到标准要求的，应坚决返工，甚至推倒重建。

（二）"一切为客户服务"

客户一是指工程的使用者，二是指下道工序是上道工序的用户。一切为了客户是质量管理系统运行的基本目标。就工序而言，是不给下道工序造成麻烦和隐患，保证本工序的质量；就产品而言，是通过控制工作为业主提供高质量的建筑工程。

（三）"以预防为主"

工程建设工序繁多，施工期限长。控制工序质量，以预防为主尤为重要。在各工序施工过程中，进行抽样检测，统计分析，控制质量动态，发现质量不稳定时，分析原因，采取措施，消除隐患，达到事先预防的目的。

（四）坚持质量标准，严格检查，一切用数据说话

质量标准是评价产品质量的尺度，数据是质量控制的基础。产品质量是否符合质量标准，必须通过严格检查，以数据为依据。

（五）贯彻科学、公正、守法的职业规范

监理工程师在监控和处理质量问题中，应尊重客观事实，尊重科学，正直，公正；遵纪守法，杜绝不正之风；既要坚持原则，秉公办事，又要谦虚谨慎，以理服人。

二、质量控制的方法

（一）质量控制计划输入

（1）工作结果。它包括过程结果和产品结果。可以在有关实际结果的信息中得到关于计划或期望结果的信息（来自项目计划）。还有前面介绍过的质量管理计划、操作定义和检查表。

（2）质量管理计划。在前面已经有讲解，此处不再赘述。

（3）可操作性。它是以非常专业的词汇描述某事物是什么，并且在质量控制过程中如何对其进行测量。例如，仅规定满足计划进度日期是管理质量的测量尺度是不够的：项目管理班子必须指出每一个活动是否必须按时开始，还是只需要按时结束；是对单个活动进行测量，还是仅仅对某些可交付成功进行测量，如果是后者，哪些可交付成果。

（4）检查表。检查表是用来计划工作安排的。通常是在特定工业或活动中，

用于核实一系列要求的步骤是否已经实施的结构化工具。检查表可以简单，也可以复杂，它们通常简要描述为命令或询问。

（二）质量控制的工具和技术

（1）检查。检查包括为确定结果是否符合需求所采取的诸如测量、检查和测试等活动，检查可在任何层次上执行（例如，可以检查单个活动的结果，也可能检查项目的最终产品）。检查也可称为审查、产品审查、审计和巡回检查。

（2）控制图。它是过程的结果随时间变化的图形显示。它用于确定过程是否“在控制之中”。例如，结果中的偏差是因随机变化而产生的？还是异常事件引发的？若是异常事件引发的，就需要确定异常事件的起因并进行纠正。当过程在控制之中时，不应该对其进行调整。为了提供改进，过程可以改变，但当其在控制之中时不应进行调整。它主要是用于区分质量波动究竟由于偶然因素引起还是由于异常因素引起，从而判断项目实施过程是否处于控制状态的一种有效工具。它是监督控制项目质量变化的一双眼睛。控制图上一般有三条控制界限。上面的一条线称之为控制上限，用 *UCL*（Upper Control Limit）表示；下面的一条线称之为控制下线，用 *LCL*（Lower Control Limit）表示；中间的一条线称之为中心线，用 *CL*（Central Line）表示，见图 5-6。

（3）项目进展图。它是以时间顺序将项目数据表示出来的一种线图。纵轴表示完工程度，横轴表示时间范围。进展图描述在一段时间内的项目绩效和过程变动指数。图 5-7 描述的是项目团队每周按时完工的百分比不断提升的情况。进展图通过描述每周的变化，显示项目团队按时完工程度不断提升的百分比，而且分析这些波动有助于通过控制不必要的波动，来改善过程团队绩效。

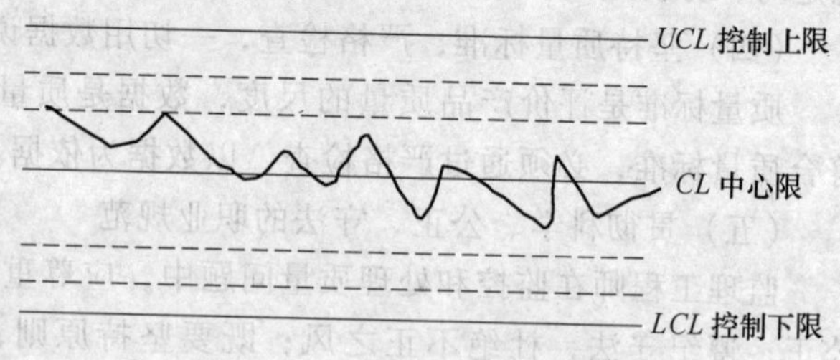

图 5-6　项目进度计划情况控制图

（4）统计抽样。它涉及从收益总体中选取一定数量的样本进行调查。适当的采样经常能够降低质量控制成本。项目管理班子有必要熟悉各种抽样技术：简单随机抽样；系统抽样；分层抽样；整群抽样。对一批产品进行抽样抽检时，首先应确定该产品中随机抽取单位产品的个数，即样本容量的大小；其次必须采用适当的方法用样本质量数据推断该批产品的质量状况。样本容量及判别方法的确定就属于抽样检验方案问题。

（5）帕累托图。帕累托图也叫排列图，是一种按发生频率排序的直方图，它显示了可识别原因的种类和所造成的结果的数量（见图 5-8）。等级排序用于指导纠正措施——项目队伍应采取措施首先解决造成最大数目缺陷的问题。帕累托图概念上与帕累托定律相关，此定律认为绝大多数的问题或缺陷产生于相对有限的原因。这种方法最初是由意大利学者帕累托用于分析社会财富分布情况而提出的。他发现：少数人占有社会上的大量财富，而绝大多数人却处于贫困状态，即发现了"关键的少数和次要的多数"的关系，他用排列图揭示了这种现象。就项目管理而言，影响因素虽然很多，但起主要作用的仅是其中少数几项，完全符合"关键的少数和次要的多数的关系"，从而可将排列图作为关键因素的有效工具。

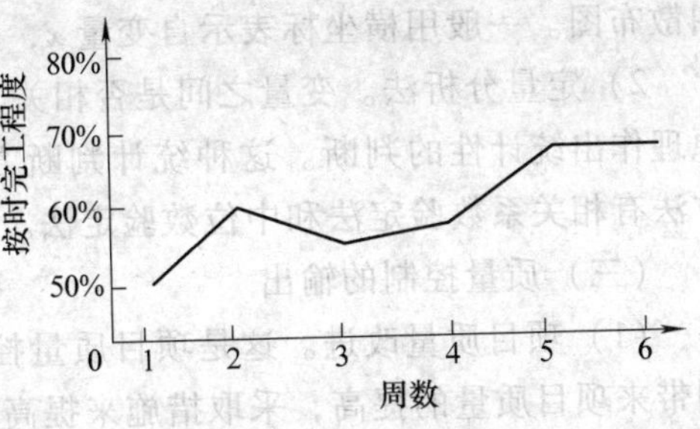

图 5-7　项目进展图

(6) 趋势分析与预测。它是指根据过去的结果利用数学方法预测未来结果的一种方法。事物的发展变化同时受多种因素的影响，在诸多影响因素中，有些对事物的发展起着长期的、决定性的作用，致使事物的发展呈现出某种趋势和一定的规律性；有些则对事物的发展起着短期的非决定性的作用，致使事物的发展呈现出某种不规则性。长期趋势是时间数列的主要构成要素，它是指现在在较长时期内发展变化的一种趋势或状态。通过对时间数列长期趋势的分析，可以掌握现象活动的规律性，并对其未来的发展趋势作出判断和预测。它常用于监控：①技术绩效——鉴定出了多少错误或缺陷，还剩多少没有得到纠正；②成本和进度计划绩效——在一段时间内，完成了多少有重大偏差的活动。

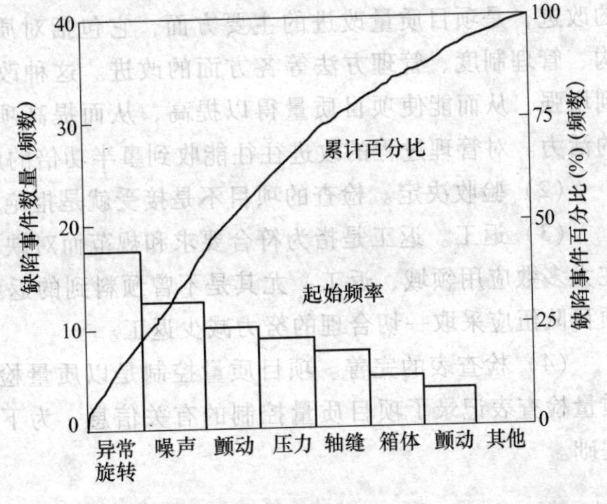

图 5-8　帕累托图

进行趋势分析与预测时，主要应用相关分析与回归分析方法。分析、判断、研究变量之间是否存在相关关系并明确相关程度的方法就是相关分析法。常用的相关分析法有定性分析法和定量分析法。

1）定性分析法。常用的定性分析法是散布图法。将两个变量相对应的数值列出，并用点描绘在坐标纸上，观察两变量之间是否存在某种关系，这种图就叫散布图。一般用横坐标表示自变量 x，用纵坐标表示因变量 y。

2）定量分析法。变量之间是否相关，相关的程度如何，可以根据数理统计原理作出统计性的判断。这种统计判断方法称之为相关检验。常用的相关检验方法有相关系数验定法和中位数验定法。

（三）质量控制的输出

（1）项目质量改进。这是项目质量控制最主要的成果，即通过项目质量控制带来项目质量的提高，采取措施来提高项目的效率。它包括项目本身的改进、对项目实施过程的改进和对管理过程的改进。对项目本身的改进是一种技术改进，这种改进可能会使项目的质量得以提高，也可能会使项目的成本下降，甚至可以促使项目质量的创新；对项目实施过程的改进，是对项目实施方案、实施环节及实施过程中各种生产要素等方面的改进，这种改进可能会使项目质量提高，也可能会使项目成本下降，还可能提高实施过程的有效性。对管理过程的改进，是项目质量改进的主要方面，它包括对质量方针、质量目标、组织机构、管理制度、管理方法等各方面的改进。这种改进会使项目质量保证能力得到增强，从而能使项目质量得以提高，从而提高项目质量管理效率，增加组织的活力。对管理过程的改进往往能收到事半功倍的成效。

（2）验收决定。检查的项目不是接受就是拒绝，拒绝的项目可能需要返工。

（3）返工。返工是指为符合要求和规范而对缺陷或不合格项所采取的措施。在大多数应用领域，返工，尤其是不曾预料到的返工，是项目超限的常见原因，项目队伍应采取一切合理的努力减少返工。

（4）检查表的完善。项目质量控制是以质量检查表为依据的，而完善后的质量检查表记录了项目质量控制的有关信息，为下一步的质量控制措施提供了基础。

专业术语

质量　质量计划　质量审计　质量保证　质量控制　输入依据　输出结果　产品说明书　收益/成本分析　因果分析　系统流程图　质量成本分析　质量保证　项目进展　帕累托图　检查表　控制图

思考题

1. 如何理解项目质量？
2. 项目质量管理是什么？它主要包括什么内容？其基本理念有哪些？
3. 项目质量管理包括几个过程？各自的内容有什么？
4. 简述项目质量管理的原则。
5. 什么是项目质量计划？编制项目质量计划的工具有哪些？

6. 什么是项目保证？项目保证的方法有哪些？
7. 什么是项目控制？项目控制的方法有哪些？
8. 项目质量控制的意义何在？如何进行质量控制？

案例

鞍钢技改项目的质量控制

一、鞍钢整体技术改造项目的背景

鞍钢的主要设备是20世纪50年代由前苏联援助建设的，有的还是日伪时期的老设备。"九五"前，虽然鞍钢在国家支持下进行了部分技术改造，但由于资金不足和使用分散，改造的规模和力度受限，长线得不到控制，短线得不到发展，增产的压力仍然较大，改造的重点难以完全转到提高整体工艺装备水平上来，企业投资质量和效益不高，整体工艺装备水平始终没有摆脱落后的局面，严重影响了企业的生存与发展。

鞍钢认真总结了已往企业技术改造和企业发展的经验教训，贯彻"改造钢铁主体，壮大多元产业，实现结构优化，增强整体实力"的总体发展战略，对原定实现1000万吨钢为核心的"九五"技改方案进行了调整和修改，按照"统筹规划，突出重点，分步实施，滚动发展"的原则，制定了共计13项技术改造项目规划。

为实现技术改造规划目标，鞍钢从市场经济的实际出发，以改进工艺结构、调整产品技术含量和附加值、提高质量和经济效益为立足点，确定了以炼钢、轧钢生产系统为主，以烧结、矿山、动力为辅的技术改造整体方案。

二、鞍钢整体技术改造项目的质量控制

(一) 实行具有鞍钢特色的项目管理机制

考虑到改造规模大，项目多，而且几乎同时交叉进行，鞍钢引入现代项目管理手段，使事事层层都有人负责，保证技改项目的质量，提高技术改造管理的效率。

实行项目经理负责制、层层分包责任制与风险抵押制相结合。

第一层次的承包由鞍钢总经理与项目经理签订工程项目承包合同，明确以控制投资、质量、进度、安全、达产达效五项内容为目标的责、权、利关系。并规定以不突破投资总额为前提条件，完成承包目标予以重奖，否则进行处罚。

第二层次是项目经理把承包费用和目标分块落实到分包单位。

第三层次是分包单位根据实际情况进行逐级分解，落实到专人。例如在1780工程中，项目经理层经过一个多月7次测算，按引进设备、进口税费、国

内设备、工程建筑、安装等项目层层分解，使整个项目经理层人人肩上有指标、有压力。

（二）坚持引进技术和自主创新相结合，在关键环节和重点部位采用当代高、精、尖技术

鞍钢技术引进通过对工艺、技术生命周期的分析，择优引进处于投入期或成长期的技术，确保引进的技术和工艺具有长期的生命力，同时结合实际，对技术改造方案进行反复比较和分析，确定每项改造工程和设备的关键部位，对其进行重点引进，确保技术水平的高起点。

（三）充分利用原有厂房设施和闲置设备，扩大设备国内制造比重，压缩工程投资少投入是实现技术改造高效益的重要保证。充分利用原有厂房、设备和设施，尽量扩大包括自制在内的国内设备制造比重是老企业节约投资的重要途径。为此，鞍钢在项目实施中，十分重视工程的可行性研究，通过优化设计方案，努力盘活存量资产，减少设备国外采购的比重，对降低工程投资取得了明显的效果。

（四）优化施工方案，力争改造期间不停产，确保项目质量

鞍钢技改项目，基本上是就地改造，工程建设与当前生产或两个工程同在一个厂房（或场地）内进行，现场环境复杂，限制环节多，成为鞍钢技术改造施工的难点。如何处理好工程建设与当前生产的关系，作好生产与改造工程的有效衔接，鞍钢人以现代管理理论为指导，创造性地开展工作，成功地解决了这一难题。其基本做法是：

（1）运用网络技术，优化关键线路。如，冷轧酸洗连轧工程运用网络技术优化工期。第一次停机施工，是为保证总工期而实施的轧机部分改造项目的前期工程，原定停机一个月，后考虑当时冷轧产品非常畅销，通过工程管理人员科学优化网络技术，仅用15天就全面、优质完成了任务。第二次停机施工期3个月，施工内容多而且复杂，但能否完成，将直接影响联合机组能否按期进行热负荷试车，技术人员再次通过优化网络技术，将所需各工种人员全部细化到各工序、各接点，使旧设备、旧基础拆除和构筑新基础由57天缩短为41天，为后序设备的安装赢得了时间和质量保证（见图5-9）。

（2）动态调整工程进度。在改造项目工程指挥中，不是机械地按照施工网络计划组织施工，而是运用系统工程理论和控制论，依据施工网络计划对工程进度进行动态调整。通过这样的组织管理，“1780工程”只用了31个月就实现一次热负荷试车成功，比合同工期提前了5个月，创造了世界上同类轧机建设速度最快的纪录。

（3）打破常规，因地制宜巧安排。在“平改转”工程中，设计、施工单位和公司主管部门相配合，独创了大型机件厂外组装后整体装运到现场一次就位

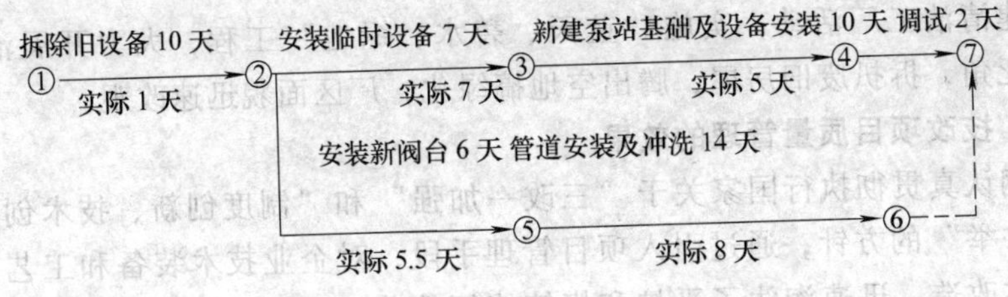

a)

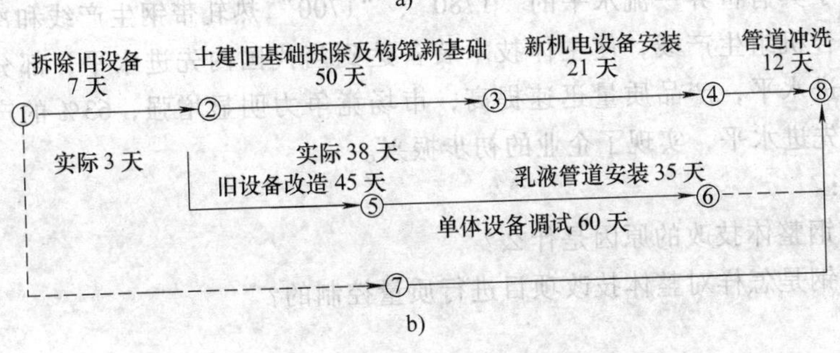

b)

图 5-9 冷轧机停机施工网络与网络计划图

a）冷轧机第一次停机施工网络图 b）冷轧机第二次停机施工网络计划图

安装新办法，充分利用了原有的设施、材料和设备，既盘活了固定资产，又大大缩短了工期。

(4) 科学组织，确保改造和生产两不误。为了使技改施工尽可能不影响生产，鞍钢还采取了切实可行的措施，保证了改造期间生产的协调与稳定。如热轧带钢厂改造时，既有新建的“1780”工程，又有老线“1700”工程的改造。为此，在“1780”工程建设中，保留“1700”老线继续生产，待“1780”工程投产后，再对“1700”老线进行改造。在“1780”工程实施中，首先确保“1700”老线正常生产，然后再进行“1780”新线的施工，通过精心组织，从1996 年动迁到 1999 年 10 月“1780”热负荷试车一次成功为止，既保证了“1700”老线生产，确保鞍钢的整体经济效益不降低，又保证了“1780”新线的施工进度，提前 5 个月投产，确保了改造、生产两不误的良好衔接。

(五) 技术改造与环境保护同步进行

新经济时代，实行清洁生产，实现与社会协调发展，是钢铁工业的生存许可证，是增强企业核心竞争力，实现可持续发展的重要因素。对此，鞍钢坚持在加速技术改造的同时，把环保问题视为影响企业生存与发展的重点工作来抓。

(1) 废气处理。

(2) 废水处理。1998 年鞍钢利用世界银行贷款建成日处理量为 22 万吨的西大沟污水处理厂，经处理后水质达到净环水质标准。

(3) 推行清洁生产。鞍钢结合技术改造，加快了治理整顿环境污染步伐，开展创建清洁工厂活动，实施“蓝天、碧水、绿地”工程，大力开展治理脏、乱、差死角，拆扒废旧房屋，腾出空地搞绿化，厂区面貌迅速改观。

三、技改项目质量管理的效果

鞍钢认真贯彻执行国家关于“三改一加强”和“制度创新、技术创新及管理创新并举”的方针，通过引入项目管理手段，对企业技术装备和工艺进行大规模整体改造，迅速淘汰了平炉和模铸炼钢等落后工艺，实现了全转炉、全连铸，建成了具有世界一流水平的“1780”、“1700”热轧带钢生产线和冷轧酸洗—连轧联合机组生产线，使主体技术装备达到当代国内先进水平，部分设备达到国际先进水平，产品质量迅速提高，市场竞争力明显增强，63%的产品质量达到国际先进水平，实现了企业的初步振兴。

问题：

1. 鞍钢整体技改的原因是什么？
2. 鞍钢是怎样对整体技改项目进行质量控制的？

第六章 项目成本管理

本章主要介绍项目成本管理的概念和原理，包括项目资源计划、项目成本估算、项目成本预算和项目成本控制以及各个过程的输入依据、工具和技术及输出结果。

第一节 项目成本管理概述

一、项目成本管理的概念及原则

（一）项目成本的概念

任何一个项目，无论大小，从设计到完成都要耗费成本。成本是指为达到一定的目标而牺牲或放弃资源的货币体现。因此，项目成本就是指项目从设计到完成期间所需要的全部费用的总和。它包括基础投资、前期费用、贷款利息、管理费及其他各种费用等。

（二）项目成本管理的概念

项目成本管理是指为保证项目实际发生的成本不超过项目预算成本所进行的项目资源计划编制、项目成本估算、项目成本预算和项目成本控制等方面的管理过程和活动。它是为了保证完成项目目标，并在批准的预算范围内对项目实施所进行的按时、保质、高效的管理过程和活动，其最终目的是为了有效地节约成本。

（三）项目成本管理的原则

1. 生命周期成本最低原则

项目成本管理是管理整个项目的生命周期的全过程，因此，在管理过程中不能片面地追求项目各阶段成本之和最低，而是要使项目全生命周期成本最低，包括项目从启动到结束，再到项目产品的寿命期结束的整个过程。

2. 全面成本管理原则

全面成本管理原则要求对项目形成的全过程以及影响项目成本的全部要素开展成本管理，并由项目全体团队成员参加成本管理。可以说全面成本管理就是全员、全过程和全要素的成本管理。

3. 成本责任制原则

要实施全面成本管理，就必须将项目成本进行分解，使成本目标落实到项目的各项活动和各个成员，同时，各个参与人员都承担不同的成本责任，按成本责任对项目人员的业绩进行评价。

4. 成本管理有效化原则

成本管理有效化原则也可是说是效率原则。具体讲就是以最较小的投入获得最大的产出，以最少的人力、物力和财力，完成较多的管理工作。

5. 成本管理科学化原则

成本管理的科学化原则是指把有关自然科学和社会科学中的理论、技术和方法运用于成本管理，包括定性分析和定量分析方法、不确定分析方法、预测与决策方法等。

二、项目成本管理的理论框架

项目成本管理主要包括资源计划、成本估算、成本预算和成本控制四个过程，如图 6-1。

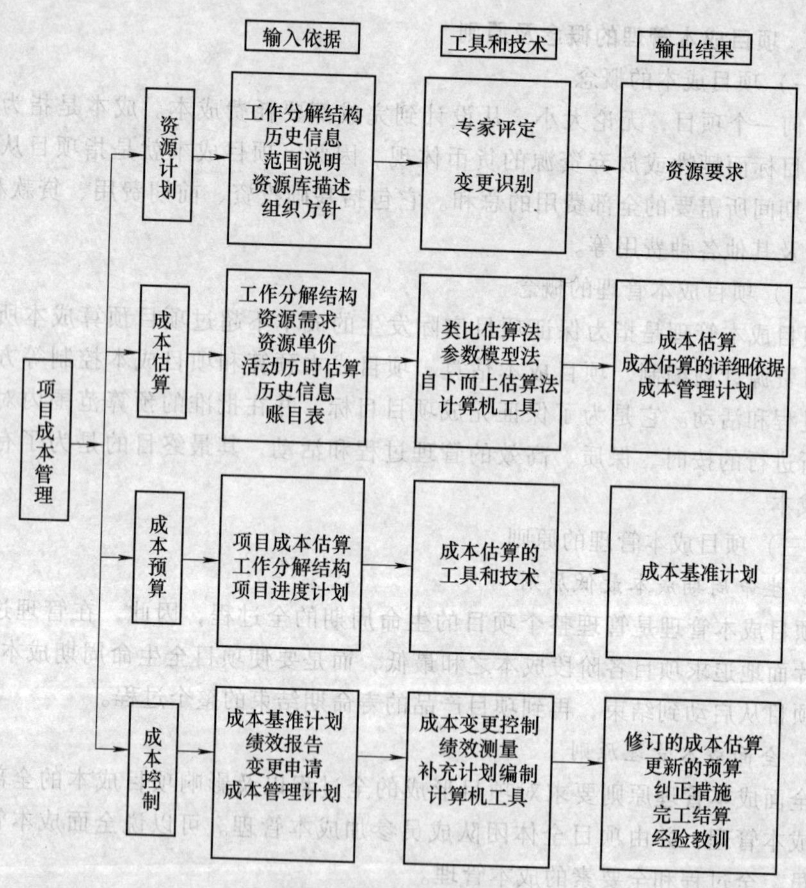

图 6-1 项目成本管理过程图

需要说明的是在图中这四个过程间有明确的界限，但是在项目的具体实践中却是相互影响、相互作用的，并且可能出现交叉重叠的情况。对于一些中、小型的项目，这四个过程之间的联系尤为密切。根据项目具体需要，每一个过程可以由一个人或多个人协同工作完成，并且在项目的每个阶段，每个过程至少出现一次。

第二节 项目资源计划

一、项目资源计划的概念

项目资源计划就是要确定完成项目活动所需物质资源（人力、设备、材料等）的种类，以及每种资源的需要量。

资源计划的编制必须同成本估算密切地结合进行。例如，建筑项目队伍需要熟悉当地的建筑法规。这类知识通常可以通过使用当地人而基本不付任何代价来换取。然而，如果当地缺乏特殊的或具有专门施工技术和经验的人力资源，则通过支付报酬聘请一位咨询人员可能是了解当地建筑法规最有效的方式。又如，汽车设计组应当熟悉最新的自动装配技术。这些知识可以通过下列方式取得：聘请一位咨询人员；派一位技术人员参加机器人研讨会；把一位从事制造的人员收入项目队伍。

二、资源计划过程的输入依据

（一）工作分解结构

工作分解结构（WBS）确定了需要资源的项目组成部分，因此是资源计划编制的基本依据。为了确保合适的控制，其他计划编制过程的所有相关结果都要通过工作分解结构来提供。

我们利用工作分解结构的目的是：

（1）准确地说明项目的范围。工作分解结构将一个项目分解成易于管理的几个细目或部分，这样有助于准确找出完成工作范围所需的所有工作要素，而所有这些细目的完成或产出构成了整个工作的工作范围。

（2）将每个细目分配到个人并明确责任。自上而下地将项目目标落实到具体工作上，将这些工作交给项目机构内或外的个人或组织去完成，并明确划分责任。

（3）确定工作的内容和顺序。将一个项目分解成多个细目有助于管理者明确工作的具体内容及每项工作所应完成的任务，同时安排某项工作中完成每个细目的先后顺序。

（4）为项目计划、项目预算、进度安排和费用控制奠定基础，确定项目进度测量和控制的标准。

（5）对各细目进行较准确的时间、费用和资源需要量的估算，进而对项目整体和全过程的成本进行估算。

由于项目既可以按内在结构分解，又可按实施顺序分解，加上项目本身复杂程度、规模大小各不相同，可以形成不同的工作分解结构图。

通过汇总工作分解结构各层次资源需求，可得到项目总体资源需求。工作分解结构是进行项目成本估算、预算和控制的基础。

（二）历史信息

历史信息记录了以前类似工作使用资源的情况，所以在可能的情况下，应尽可能使用这些资料。

（三）范围说明

范围说明所确定的是在项目管理过程中主要的可交付的成果，包括项目合理性和项目目标，两者都应在资源计划中明确地予以考虑。通过对范围说明，我们可以进一步明确资源的需求数量和范围。

（四）资源库描述

在资源计划的编制过程中必须了解拥有可供使用资源（人、设备、材料）的种类，因此通过对资源库的描述，可确定资源的供给方式。它是资源计划编制的重要依据。

在资源库描述中，详细资料的数量和具体水平是不同的。例如，在工程设计项目的早期阶段，资源库中拥有大量的“工程师和高级工程师”。然而，在同一个项目的后期阶段，资源库可能仅限于那些因为参加了早期阶段而对本项目熟悉了的个人。为避免因临时出现问题而不能及时应付，可提高资源库说明中后备资源说明的详细程度和明确程度，以便使资源计划更加灵活和有效。

（五）组织方针

组织方针是在资源计划编制期间必须考虑到的执行组织的关于招聘人员、租用或采购物资和设备的方针，对确定如何使用资源起着重要作用。因此，在编制资源计划时，在保证资源计划科学合理的基础上，应尽量满足组织方针的要求。

三、资源计划编制的工具和技术

（一）专家评定

在进行资源计划的编制过程中经常需要专家评定方法评价这一过程的输入信息。专家评定法是指由项目成本管理专家根据经验进行判断，最终确定和编制项目资源计划的方法。这些专家可由具有专门知识或经过培训的团体或个人提供，可能的来源包括：执行组织中的其他单位、咨询人员、专业和技术协会、工业团体。

专家判断法不仅可以用于资源计划的编制，在遇到项目方案选择或其他一系列需要进行决策、提出解决方案的问题时，都可以采取这种方法。专家意见的生成方法有多种，如头脑风暴法、书写意见法和研讨会等。

头脑风暴法是一种开会的技巧，通过与会者自发地提供意见、想法和建议来寻求解决问题的办法。只要参加会议的人理解这种方法的作用并切实遵守有关规则，其成员在集体工作时每个人的效率比各自单独工作会有成倍的增长。

书写意见法是指让与会者以匿名的方法写下自己的意见，这样就可以避免头脑风暴法容易造成意见趋同的缺点，使与会者自由地发表意见。

研讨会的方法是指通过进行正式的磋商、讨论或交换意见、观点的会议来进行群策的方法。研讨会有多种作用，因其作用的不同，开会的方式和会议的程序也不同。一般来说它具有发布信息、收集信息、引导与会者进行磋商和讨论等功能。我们所指的研讨会是指以解决问题为目的，即集中与会者的意见、经验和知识来解决有关问题的会议，是与会者之间在不发生感情冲突的情况下进行的客观、不带偏见的讨论，同时鼓励与会者进行有效的思考并如实地表达各自的意见。但是研讨会费钱费事，这是它的一个缺点。

（二）变更识别

资源计划编制的输出为资源需求，即资源计划编制过程的结果是一份说明书，说明工作分解结构中各组成部分需要资源的类型和数量。这些资源将通过职员分派或采购得到。

四、资源计划过程的输出结果

资源计划过程的输出结果是资源计划说明书，说明工作分解结构中各组成部分需要资源的类型和所需的数量，这些资源将通过职员分派或采购得到，在以后的章节中我们将对这个问题进行详细表述。资源计划说明书主要由项目资源计划和项目资源计划的补充说明两部分组成，项目资源计划包括资源需求计划和对各种需求的描述，主要采取资源计划矩阵（见表 6-1）、项目资源数据表（见表 6-2）、资源需求甘特图（见图 6-4）、资源负荷图（见图 6-5）、资源累计需求曲线（见图 6-6）等形式。对于项目资源计划无法详细说明的方面，可以借助补充说明进行补充。

（一）资源计划矩阵

资源计划矩阵主要反映的是整个项目所需资源的统计汇总情况，其缺点是无法显示信息类的资源，如表 6-1 所示。

表 6-1　资源计划矩阵

工作	资源需求量					相关说明
	资源 1	资源 2	…	资源 $n-1$	资源 n	
工作 1 工作 2 ⋮ 工作 $m-1$ 工作 m						

（二）资源数据表

资源数据表表示的是项目进行的各阶段的资源使用及安排情况，这也是与资源计划矩阵的主要区别，如表 6-2 所示。

表 6-2 项目资源数据表

资源需求种类	资源需求总量	时间安排（不同时间资源需求量）					相关说明
		1	2	…	$P-1$	P	
资源 1 资源 2 ⋮ 资源 $n-1$ 资源 n							

（三）资源需求甘特图

资源需求甘特图主要显示了资源在各个阶段的耗费情况，它比资源数据表更为直观、简洁，其缺陷是无法显示资源配置效率方面的信息，如图 6-2 所示。

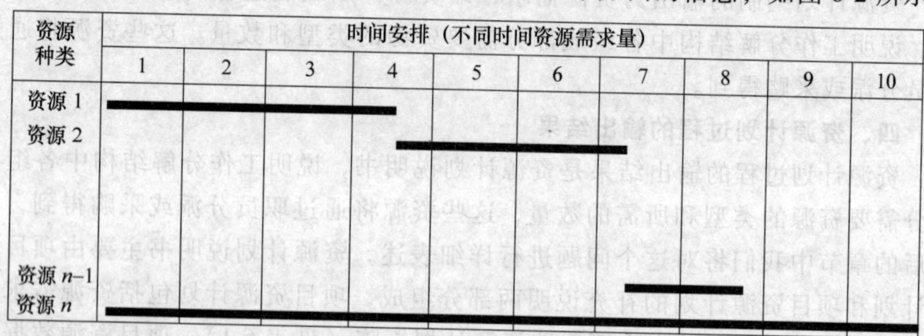

图 6-2 资源需求甘特图

（四）资源负荷图

资源负荷图是指在特定时间段，现有进度计划所需的个体资源的数量。它直观地表示出了一种资源需求量的变化情况，通过调整非关键工序的开工时间，就能缓和需求矛盾，平缓需求高峰和低谷，满足资源限制的条件，如图 6-3 所示。

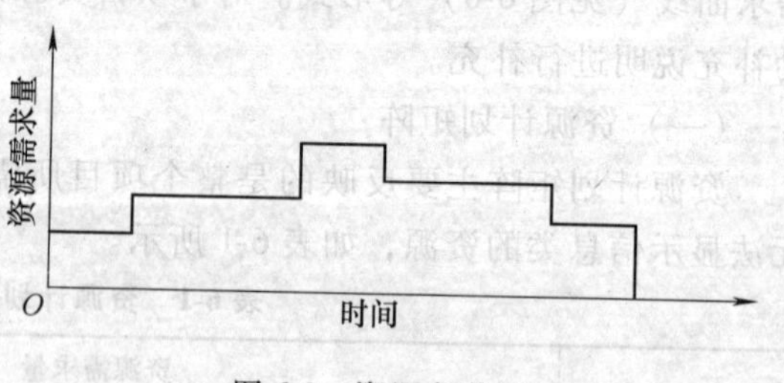

图 6-3 资源负荷图

（五）资源累计需求曲线

资源累计需求曲线主要反映在一个工期内项目对资源需求的总量，如图 6-4 所示。

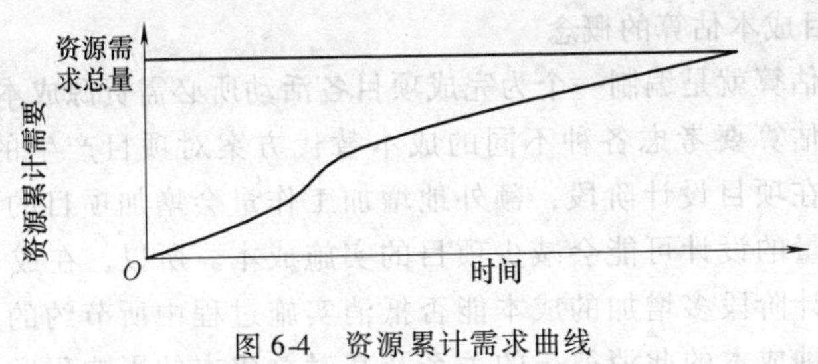

图 6-4　资源累计需求曲线

第三节　项目成本估算

一、项目成本的构成及影响因素

（一）项目成本的构成

项目成本是指为实现项目目标所耗用资源的成本费用的总和。项目成本主要由以下几个部分构成：

（1）项目决策和定义成本。项目决策和定义成本是指在项目启动过程中，用于信息收集、可行性研究、方案选择以及目标确定等决策活动所耗用的成本费用。

（2）项目设计成本。项目设计成本是指用于项目设计所耗用的成本费用，如新产品的设计费用等。

（3）项目获取成本。项目获取成本是指为了获得资源所消耗的成本费用，如所需物资的询价、供应商的选择等费用，但不包括所获资源的价格成本。

（4）项目实施成本。项目实施成本是指为完成项目的目标而消耗的各种资源的费用，是项目总成本的主要构成部分，包括人力资源成本、物料成本、设备费用、顾问费用等，还包括其他不可预见费用。

（二）影响项目成本的因素

（1）项目工期。项目成本与项目工期直接相关，当工期缩短时，项目成本就会增加；当工期延长时，项目成本也会增加。

（2）项目质量。项目质量是指项目能够满足顾客需求的性质。项目成本与项目质量成正比例关系，项目质量要求越高，项目成本就越多。

（3）项目范围。项目范围是影响项目成本的根本因素，项目范围决定了项目需要完成的任务及完成的程度。二者成正比例关系。

（4）耗用资源的数量与单价。项目成本与项目所消耗的资源的数量的单价成正比例关系。其中所耗资源的数量是内部因素，是相对可控的，而单价是外部因素，是相对不可控的，所以前者对项目成本的影响相对较大。

二、项目成本估算的概念及步骤

（一）项目成本估算的概念

项目成本估算就是编制一个为完成项目各活动所必需资源成本的近似估算。

项目成本估算要考虑各种不同的成本替代方案对项目产生的影响。例如，一般人会认为在项目设计阶段，额外地增加工作量会增加项目的设计成本，但实际上，高质量的设计可能会减少项目的实施成本。所以，在成本估算过程中必须考虑在设计阶段多增加的成本能否抵消实施过程中所节约的成本。我们要比较分析这两种成本的此消彼长的关系及其对总成本的影响程度，在不影响项目质量和进度的情况下，尽量使总成本最小。

（二）项目成本估算的步骤

项目成本估算为项目成本预算和项目成本控制提供了依据，一般编制项目成本估算要经过以下三个步骤：

（1）识别和分析项目成本的构成要素，即项目成本由哪些资源组成。

（2）对每个项目成本构成要素的单价和数量进行估算。

（3）分析成本估算的结果，识别各种可以替代的成本，协调各种成本的比例关系。

三、项目成本估算的输入依据

（一）工作分解结构

工作分解结构是用来组织成本估算并确保所有识别的工作已被估算。

（二）资源需求

资源需求确定了项目所需资源的种类、数量和质量，是项目成本估算的主要依据。具体情况已在上节讨论，本处不再赘述。

（三）资源单价

准备估算的个人或团体，为了计算项目成本，必须知道每种资源的单价，如每小时人工费、每立方米大宗材料成本等。如果不知道每种资源的单价，可能必须对单价本身进行估算。资源单价包括人工单价、材料单价和机械台班单价等。

人工单价是指一个劳动力在一个工作日的全部人工费用。它主要反映劳动力的工资水平及一个劳动力在一个工作日应得到的报酬，包括工资及福利费。

材料单价包括材料原价、供销部门手续费、运杂费、包装费和采购保管费等。

机械台班单价包括折旧费、大修费、机上人工费、经常修理费、燃料动力费等。机械台班单价需要考虑机械的成本价格或租赁价格，并根据专业定额的特点组合并取定。

（四）活动历时估算

项目成本与项目的持续时间是直接相关的，因为项目的全部成本可以看作是项目实现过程中占用的货币资金，而货币资金本身也有时间价值，其表现形式就是资金占用应付的利息。它是影响项目成本变动的主要原因之一，对任何预算中包含了资金的附加成本（即利息）的项目，活动历时估算将影响其成本估算。

（五）历史信息

许多有关历史资料的信息可以通过以下一个或多个来源获取：

(1) 项目文档。项目文档是指参与项目的一个或多个组织可能保存了对以前项目结果的详细记录，这些记录详细到足以帮助进行成本估算。在这一些应用领域，项目队伍成员个人可能保留了这样的记录。

(2) 成本估算数据库。历史信息通常可以通过商业渠道获取。

(3) 项目队伍的知识。项目队伍中成员应该对以前项目的实际或估算历时保留有记忆。此类记忆的信息可能非常有用，但其可靠程度通常比文档记录要低。

（六）账目表

账目表说明了执行组织用于报告一般日记账中财务资料的编码结构。项目成本估算必须记入正确的账目中，不同的成本要对应不同的科目。

四、项目成本估算的工具和技术

（一）类比估算法

类比估算法也叫自上而下估算法，是指利用以前类似项目的实际成本作为估算当前项目成本的基本依据。当项目信息的详细程度有限时（如在早期阶段），常采用这种方法估算项目的总成本。类比估算法也是一种专家评定法，该方法的主要步骤为：

(1) 由项目的中上层管理人员负责收集项目成本的有关历史数据。

(2) 由项目的中上层管理人员对项目总成本进行估算。

(3) 按照工作分解结构图把项目总成本的估算结果传递给下一层管理人员，同时，下层管理人员对本部门的项目再进行成本估算。

(4) 继续向下层传递估算，直到工作分解结构的最底层为止。

类比估算法的优点主要有：①花费较少。类比估计法通常比其他技术和其他方法花费少一些。②在总成本的估算上准确性较高。上中层管理人员的丰富经验可以使他能够比较准确地把握项目整体的资源需要，从而使项目费用能够控制在有效的水平上。③突出了项目活动的重点。这种方法在项目实施过程中总是将一定的费用在一系列任务之间分配，这就避免了有些任务被过分重视而获得过多费用，同时由于涉及到任务的比较，所以也不会出现重要任务被忽视的情况。

其缺点主要表现在：当估算的总成本按照工作分解结构逐级向下分配时，

会出现下层人员认为成本不足，而出现拖延甚至难以完成相应任务的情况。这时，下层人员往往不向上层人员反映问题，只能等待上层人员自行发现其中的问题而进行纠正，这会使项目的进行出现困难，甚至失败。

因此，类比估算法在下述两个条件下是非常可靠的：①以前的项目在事实上而不仅是在外表上相似；②进行估算的个人或团体具有所需要的专门知识。

（二）参数模型法

参数模型法是指将项目特征（参数）用于数学模型来预测项目成本的方法，是一种比较科学和传统的方法。模型可以是简单的，如居住房屋施工每平方米居住面积花费多少金额；也可以是复杂的，如一个人进行成本估算的软件模型，该模型使用13个单独的调整因子，其中每个因子又有5~7个要素。

参数模型法在估算成本时，只考虑对成本影响较大的因素，而忽略了对成本影响较小的因素，因此其精确度不高，不过在满足下述条件下，这种方法相当可靠：①开发模型的历史信息是精确的；②模型中所用的参数已被量化；③模型可按比例调整，既可用于大型项目，也可以用于小型项目。

无论是费用模型还是模型参数，其形式都是多种多样的，如果其模型是依赖于历史信息的，模型参数就容易数量化，而且模型应用仅是项目范围的划分，则模型通常是可靠的。

参数模型法可分为指数估算法和系数估算法。

（1）指数估算法。这种方法可以应用于估算工厂及成套设备的价格。其优点是可以利用已知条件快速对投资作出估算，所以其应用范围较广，其计算公式为：

$$X = Y(C_2/C_1)^n$$

式中，X为新项目所需投资；Y为已知项目的投资；C_1为已知项目的生产能力；C_2为新项目的生产能力；n为指数（一般情况下n小于1）。

指数n在不同的建设水平、不同行业和不同工艺流程的项目中都有所不同，在国外，各行业都曾根据大量实际资料测算出各种工艺流程指数，供估算投资时参考。

（2）系数估算法。系数估算法又称因子估算法，主要分为设备系数法和设备及厂房系数法两种，其计算公式为：

$$X = EK$$

式中，X为新项目所需投资；E为因子或系数；K为已知设备或项目的投资。

当项目的工艺设备已经选定，其他专业还未设计时，采用设备系数法比较合适。这种方法比较简单，但是精确度不高。当工艺设备及设备厂房的高度和面积可以得到确定的情况下，应使用设备及厂房系数法。

（三）自下而上估算法

自下而上估算法是先估算出各个活动的独立成本，然后将各个工作的估算自下而上汇总，从而估算出项目总成本的方法。在采用这种方法估算项目成本时，由于参加估算的部门较多，而且须将不同度量单位的资源转化为可以理解单位形式，如经费形式，因此用于成本估算的成本就会增加。在估算过程中，意见上的差异可以通过上、下层管理人员之间的协商解决，如果必要，项目经理可以参与到成本估算的讨论中来，以保证估算的精确度。最后，各个单位的估算被综合起来形成项目整体成本的直接估计；项目经理在此基础上加上适当的间接成本，如一般的管理费用、应急准备以及最终项目预算中需要考虑的其他问题，由此形成项目的最终成本估算。

自下而上估算法的优点在于它是一种参与管理型的估算方法，能够让那些对资源的使用情况更加了解的下层管理人员参与到估算工作中，提高了估算的准备性和估算的效率。

同时，这种估算方法也有其不可避免的缺陷，主要表现在其实施过程中会出现一种估算博弈过程。因为上层管理人员习惯于认为相对下层的员工出于本能过高地进行成本估算，以在未来获得更高的费用支持，因此，上层人员会在一定程度上削减下层制定的成本估算，而下层也会考虑到被上层削减的这种想法，因此，他们在进行成本估算时，会更高地估算成本以获得其所需要的资源，从而使所有参与者陷入一个博弈怪圈。

另外，自下而上估算法的成本估算结果及其精度受单位工作的大小的制约。一般较小的单位工作项在提高精度的同时将增加成本，因此，项目管理班子必须权衡为提高精度而增加的估算工作的成本。

(四）计算机工具

这种方法主要是指利用项目管理软件和电子表格的计算工具进行项目成本估算。这种方法能够考虑许多备选方案，可以简化上述方法的使用，提高了考虑多种成本估算的替代方案的速度，从而提高了成本估算的效率和精确性。

五、学习曲线

学习曲线又称作经验曲线或生产时间预测曲线，是由美国人赖特于 1936 年发表的。其原理是，当一个人重复多次做一件事情后，会提高劳动的熟练程度，在下一次做这件事的时候，他就会将它做得更好，完成任务的速度也会加快。

学习曲线反映累计生产量和累计平均单件生产时间之间的关系，用公式表示为：

$$T_n = T_1 n^r$$

式中，T_n 为第 n 单位产出所需的时间；T_1 为第 1 单位产出所需的时间；n 为累计生产量；r 为累计产量翻番指数，$r = \lg(\text{学习率})/\lg 2$。

因此，生产数量为 N 的产品所需要的总时间 T 为：

$$T = T_1 \sum_{n=1}^{N} n^r$$

其中，学习率是指对于某一产量加倍时的单位产出所需时间和某一产量的单位产出所需时间之间的比例，用 P 来表示，即：

$$P = \frac{(2n)^r T_1}{T_1 n^r} = 2^r$$

实际研究发现，学习率大多数在 80% 左右。也就是说，一个人在进行一项工作时第一次需要 10min，产量增加一倍时，进行同样的工作只需 8min。

若学习率为 80%，则 $80\% = 2^r$，因此：

$$r = \lg(0.8)/\lg 2 = -0.322$$

产品单位产出所需时间与累计生产量之间的关系（即学习曲线）如图 6-5 所示。

当产量翻倍时，时间减少量将是连续的，随着更多产品生产出来，变化的比率是一个常数，但是变化的量在减小，缩短到一定程度后，就会稳定下来，不再继续变化。

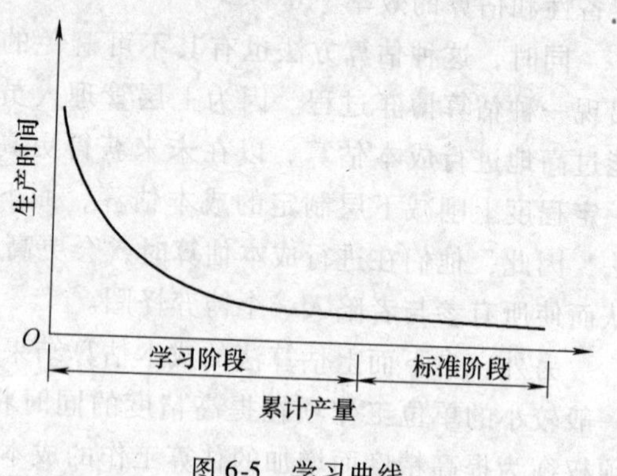

图 6-5 学习曲线

学习曲线已经得到广泛的应用，在预测产品下降趋势、研制新产品、预测产品成本和价格时都可以用到这种方法。但是学习曲线也有自身的一些缺陷：

（1）学习曲线最适用于一定人力劳动比例的长期项目，对于短期曲线可能产生不了作用。它最适用于劳动密集型环境，因为较长的生产周期及任务的一再重复为持续型的学习提供了机会。

（2）学习比率被假定不变，而在实际应用中，人工工时的减少可能并非一成不变，生产时间或成本的下降将随着时间的推移而消失。

（3）对学习曲线进行认真预测几乎是不现实的。这是因为可观察的生产率变化数据实际上不仅受学习的影响，而且与其他因素有关。这时，学习模型就有可能脱离现实，并将导致对工时及成本估计的不准确。

六、项目成本估算的输出结果

（一）成本估算

成本估算是对完成项目诸活动所需资源可能成本的定量估算，它们的表达可简可详。

成本估算必须考虑所有在本账目上支出的资源，这些资源包括人工、材料、设备以及其他诸如价差预备费等专门类别。

成本估算一般以货币单位（美元、法郎、日元等）表示，以便进行项目内和项目间的比较。成本估算也可采用其他一些计量单位，如人时或人日等，除非这样做会引起项目成本估算的错误，如由于不能区分不同资源间巨大的成本差别而错误估算项目成本的情况。在某些情况下，估算必须采用多种计量单位表示以利于适当的管理控制。

成本估算可能受益于在项目进展期间的进一步细化，以便反映可靠详细的补充资料。在某些应用领域有专门的指南，规定了何时进行这种细化并期望达到何种精度水平。例如，美国国际造价师协会（ACCE）已经定义了设计中工程造价估算的五种级别，顺序表示为：量级估算、概念估算、初步估算、最终估算和控制估算。

（二）成本管理计划

成本管理计划说明了如何管理成本偏差（差异程度不同则管理力度不同）。这种偏差通常是指实际成本与计划成本之间的差异。成本管理计划根据项目干系人的需要，可以是正式的或非正式的，可以是非常详细的或只有大体框架的。成本管理计划是整个项目计划的一个附属部分。

项目计划和项目绩效测量基准是有明显区别的。项目计划虽一个文件或文件的汇集，但当得到有关项目的进一步信息后，它会被改动。项目绩效测量基准代表了一种管理控制，这个管理控制通常只会周期性的变化，而且通常只要对通过的范围变化作出相应的反应。

制定成本管理计划需要经历多个过程，包括资源规划、制定组织计划、人员招募、制定询价计划和制定采购计划等。这些过程的输出结合起来就构成了成本管理计划。

（1）制定组织计划。组织计划的制定程序主要关系到项目计划制定中的人力资源方面。其目的是说明个人和团体对于各个项目元素的任务和责任，然后再说明它们在项目中的报告关系。

（2）人员招募。人员招募是指项目中所需的人力资源及这些人力资源的分配。项目的工作人员可以来自公司内部也可以来自公司外部，可以采取聘请专职人员，也可采用签约对项目提供帮助的形式。作为项目经理来说，无论采取哪种形式，都要保证人尽其才，把这些人员分配到相应的岗位上，让其充分发挥自己的才能。

（3）制定询价计划。采购文档和评估条件是制定询价计划过程的两个重要输出。其中采购文档是用来请求厂商对人的采购竞标，它应该清楚地表明请求的工作，并且应该解释厂商如何作出响应，任何特殊的条件提供者或合同需要都应该在此列出。评估条件是指组织从接收到的大量提案中选择一家厂商的办法，可采取评分法，也可以使用评估模型。

（4）制定采购计划。采购计划详细地列出了采购过程如何进行管理。它规定了要使用的合同类型、项目团队拥有怎样的权威，是否要使用多个合同商以及采购过程如何与其他过程集成起来。

成本管理计划形成后，就成为控制成本偏差的依据，从而保证项目的成本在预算之内。

七、项目成本估算的内容

项目成本估算就是对完成项目的各项活动所需资源的成本的近似估算，进行估算的前提是要明确需要估算的各项成本。

（一）投资建设成本

投资建设成本是指建设单位在项目建设期与筹建期间所花费的各项费用，包括固定资产投资、无形资产投资、开办费、预备费等。

1. 固定资产投资

固定资产投资是指为形成固定资产所花费的全部费用，包括建筑工程投资、安装工程投资和工程建设的其他费用。常用的固定资产投资估算的方法主要有两种：一种是扩大指标估算法，另一种是详细估算法。前者是套用原有的同类项目的固定资产投资额来对拟建项目的固定资产投资额进行估算的一种方法。该种方法的优点是计算简单，但是其准确性较差，而且需要累积大量有关的基础数据。后者是指先将构成固定资产投资的各个组成部分分别加以估算，然后汇总得出固定资产投资总额的一种估算方法。这种方法避免了扩大指标估算法的误差较大的缺点。

2. 无形资产投资

无形资产是指可供企业在生产经营中长期使用，但没有具体实物形态的特殊性资产，如专利权、商标权、商兴誉等。无形资产投资可直接形成项目投产后无形资产的阶段，并在项目投产后的前几年内逐年摊销。我国对无形资产投资进行估算时，通常按照取得无形资产时的实际成本计价，根据取得方式的不同，具体计价方式为：

（1）投资者作为资本金或合作条件投入无形资产，按照评估确认或合同、协议约定的金额计价。

（2）从企业外部购入的无形资产，按照实际支付的金额计价。

（3）自行开发的无形资产，按照实际支出金额计价。

（4）接受捐赠的，按照所附单据或参照同无形资产的市价计价；商誉只有在企业合并、接受投资和从外购入时，能够作价入账，其他情况不能作为无形资产入账。

3. 开办费

开办费是指企业在筹建期间所发生的各种费用，主要包括职工的培训费、在注册登记和筹建期间起草文件、谈判、考察等发生的各项支出，销售网的建立和广告费用以及筹建期间人员工资、办公费、培训费、差旅费、印刷费、注册登记费，以及不计入固定资产和无形资产成本的汇兑损益和利息等项支出。开办费形成项目投资后的递延资产，并在项目投产后的前几年内逐年摊销。

开办费一般参照所评估项目筹建期间的支出、项目特点及同类项目的经验进行估算。

4. 预备费

预备费是指在投资估算时，由于实际与计划不符而追加的那部分费用，包括基本预备费和涨价预备费两部分。基本预备费主要用于进行初步设计、技术设计、施工图设计和施工过程中。它主要包括：在批准的建设投资范围内所增加的建设费用；一般自然灾害带来的损失及预防自然灾害采取措施所支付的费用；验收小组为鉴定工程质量而必须修建工程所支付的费用。涨价预备费主要是指因项目建设期内物价上涨而需要增加的费用。

预备费的计算一般采用两种方法：一是分别计算基本预备费和涨价预备费，前者可以根据投资估算的粗略程度，不可预见因素的多少来确定计算比率；后者应根据当时的物价上涨指数来计算。二是将两项预备费合在一起，并取一个比率计算，这个比率一般为固定资产投资、无形资产投资与开办费总和的10%~20%。

（二）资金占用成本

流动资金是指企业在生产过程中处于生产和流通领域，供周转使用的资金。流动资金包括储备资金、生产资金、成品资金、应收应付账款和现金等。储备资金是指保证正常生产需要而用于储备原材料、燃料、备品、备件等资金。生产资金是指在正常生产条件下处于生产过程中的生产品占用的资金。成本资金是指产成品入库后至销售前这段时间中产成品占用的资金。

不同类型的项目其流动资金的需要差异很大，一般按照项目的具体情况可采用扩大指标估算法或分项详细估算法。

1. 扩大指标估算法

扩大指标估算法是指参照同类生产企业流动资金占销售收入、经营成本、固定资产投资的比率及单位产量占用流动资金的比率来确定流动资金。包括：

（1）销售收入资金率法

$$流动资金需要量=项目年销售收入\times销售收入资金率$$

一般加工工业项目多采用该法进行流动资金估算。

（2）总成本资金率法

流动资金需要量 = 项目年总成本 × 总成本资金率

一般采掘项目多采用此法进行流动资金估算。

(3) 固定资产价格资金率法

流动资金需要量 = 固定资产价值 × 固定资产价值资金率

某些特定的项目，如火力发电厂、港口项目等采用该法进行流动资金估算。

(4) 单位产量资金率法

流动资金需要量 = 年产量 × 单位产量资金率

2. 分项详细估算法

分项详细估算法是指依据项目占用的储备资金、生产资金、成本资金，分别按照年需求和使用量及周转天数估算定额流动资金，按项目占用的应收应付账款、现金等估算非定额流动资金，并最终形成流动资金估算表。

(三) 生产制造成本

生产制造成本由生产成本和期间费用组成。生产成本是指企业生产经营过程中实际消耗的直接材料和工资、福利、设备折旧等制造费用。

1. 直接材料

直接材料包括生产过程中实际消耗的原材料、辅助材料、设备配件、燃料、外购半成品、低值易耗品等。

2. 制造费用

制造费用是指企业为组织和管理生产所发生的各项费用，包括产生单位管理人员工资、职工福利费，折旧费，修理费，水电费，差旅费，运输费，保险费，低值易耗品摊销，设计制图费，环境保护费等。

对于固定资产的折旧方法，一般采用平均年限法、工作量法和加速折旧法。

(1) 平均年限法。平均年限法也称直线法，是根据固定资产的原值、估计的净残值率和折旧年限计算折旧的方法。计算公式为：

年折旧额 = 固定资产原值 ×(1 - 预计净残值率) ÷ 折旧年限

(2) 工作量法

1) 对于交通运输企业和其他企业专用车队的客货运汽车，按照行驶里程计算折旧费，计算公式如下：

单位里程折旧额 = 原值 ×(1 - 预计净残值率) ÷ 总行驶里程

年折旧额 = 单位里程折旧额 × 年行驶里程

2) 对于大型专用设备，根据工作小时数计算折旧费。计算公式为：

每工作小时折旧额 = 原值 ×(1 - 预计净残值率) ÷ 总工作小时

年折旧额 = 每工作小时折旧额 × 年工作小时

(3) 加速折旧法。加速折旧法又称递减折旧费用法，是指在固定资产使用前期提取折旧较多，在后期提取较少，使固定资产价值在使用年限内尽早得到补偿的折旧方法。它包括双倍余额递减法和年数总和法等。

1）双倍余额递减法。这是指在不考虑固定资产净残值的情况下，以平均年限法确定的折旧率的双倍乘以固定资产在每个会计期间的期初账面净值，从而确定本期应提折旧的方法。其计算公式为：

$$年折旧率 = 2 \div 折旧年限 \times 100\%$$

$$年折旧率 = 年初固定资产账面净值 \times 年折旧率$$

实行双倍余额递减法计提折旧的固定资产，应当在其固定资产折旧年限到期前的两年内，将固定资产净值扣除预计净残值后的净额平均摊销，即最后两年改为直线法计提折旧。

2）年数总和法。这是以固定资产原值扣除预计净残值后的余额作为计提折旧的基础，按照逐年递减的折旧率计提折旧的方法。采用年数总和法的关键是每年都要确定一个不同的折旧率。其计算公式为：

$$年折旧率 = (折旧年限 - 已使用年数) \div 折旧年限 \times (折旧年限 + 1) \div 2 \times 100\%$$

$$年折旧额 = (固定资产原值 - 预计净残值) \times 年折旧率$$

3. 期间费用

期间费用是指在一定期间发生的与生产经营没有直接关系或关系不密切的管理费用、财务费用和销售费用。

（1）管理费用。管理费用是指企业行政管理部门为管理和组织经营活动发生的各项费用。包括：公司经费、职工教育经费、工会经费、董事会费、咨询费、劳动保险费、税金、土地使用费、无形资产摊销费等。

（2）财务费用。财务费用是指企业为筹集资金而发生的各项费用，包括：生产经营期间的汇兑净损失、利息净支出、金融机构手续费、调剂外汇手续费等。

（3）销售费用。销售费用是指企业在销售产品、自制半成品和提供劳务等过程中发生的各项费用以及专设销售机构的各项经费。包括运输费、装卸费、包装费、委托代销费、广告费、租赁费（不包括融资租赁费）和销售服务费，此外，还包括销售部门的人员的工资、职工福利费、差旅费、办公费、折旧费、修理费、低值易耗品摊销等。

（四）人力成本

1. 工资估算

（1）按项目定员数和人均月工资额计算的月工资总额。计算公式为：

$$月工资成本 = 项目定员数 \times 人均月工资额$$

（2）按照不同的工资级别对职工进行划分，分别估算同一级别职工工资，再加以汇总。一般将职工划分为以下级别：高级管理人员、中级管理人员、一般管理人员、技术工人和一般工人。

2. 福利费估算

福利费主要包括职工的医务经费、生活困难补助及其他按国家规定的福利支出，不包括职工福利设施的支出。

八、国内建设项目成本估算的类型

我国建设项目成本估算分为投资估算、设计概算和施工预算。

投资估算是指在投资决策阶段，对项目从前期准备工作开始到项目全部建成投产为止所发生的费用所作的估计。

设计概算是指在初步设计阶段，由设计单位根据初步设计图样预先计算和确定项目从筹建到竣工验收、交付使用的全部建设费用。

施工图预算是指在施工图设计阶段依据施工图设计确定的建筑安装工程费用，也称作为设计预算。

第四节 项目成本预算

一、项目成本预算概述

（一）项目成本预算的概念

项目成本预算是指为了项目实际绩效的基准计划而把整个成本估算分配到各个工作项上去。它是进行项目成本控制的基础，是项目成功的关键因素。具体来说，项目成本预算是将项目成本估算的结果在各具体的活动上进行分配的过程，其目的是确定项目各活动的成本定额，并确定项目意外开支准备金的标准和使用规则以及为测量项目实际绩效提供标准和依据。

（二）项目成本预算的特性及编制原则

1. 项目成本预算的特性

（1）项目成本预算是一种分配资源的计划。项目成本预算具有投入资源的事先确定性，即为完成需要的项目而事先进行确定，在预期时间需要投入多少资源。它是通过一系列的研究及决策活动，判定项目各种活动的资源分配，确定项目中各个部分的关系和重要程度。它可以优先保证项目的最重要的核心部分的实施，另外，通过预算的投资可以让管理人员理解该部分的重要性。

（2）项目成本预算是一种项目成本控制机制。预算可以作为一种比较标准而使用，是一种衡量资源实际使用量和计划使用量之间差异的标准，利用预算可以清楚地度量资源实际使用量和计划用量之间的差异。管理者的任务是使项目的完成具有较高的效率，也就是尽可能在规定的时间内，在完成目标的前提下节省资源，这样才能获得最大的经济效益。由于进行项目预算时产生一定的偏离是不可避免的，如果出现了这种情况，就要对相应偏离的模式进行考察，以制定应对这种偏离的措施，使管理者更为清楚地掌握项目进展以及资源的使用情况，将项目实施与预算的偏差控制在尽可能小的范围内。

项目成本预算对于整个项目的预算和实施过程有着重要的作用，因为它反映了项目实施中资源的使用情况。如果没有项目成本预算管理，那么管理者可能会忽视项目实施中的一些危险情况。例如，一些重大问题的发生，往往是由于表面上看上去并不重要的事情，最终导致项目出现严重的问题，以致最后被迫停工。所以在实施过程中，要不断收集和报告有关进度和费用的数据，以及对未来问题和相应费用的预计，使管理者可以对预算进行控制，必要时对预算进行修正，以防项目在实施过程中某一阶段或某一部分的资源投入超出了预算。

2. 项目成本预算的编制原则

（1）项目成本预算要和项目目标相联系。项目的目标包括质量目标和进度目标，成本与质量、进度之间关系密切，项目质量目标要求越高，成本预算也越高；项目进度越快，项目成本越高。因此，编制项目成本预算时，要与项目的质量计划、进度计划密切结合，防止失衡。

（2）项目成本预算要以项目需求为基础。项目需求是项目成本预算的推动力，项目预算要以项目需求为基础进行，否则容易造成成本的超支。

（3）项目成本预算要切实可行。编制项目成本预算要根据有关的财经法律、方针政策，从企业的实际情况出发，制定切实可行的成本指标。作为项目管理部门，要选择正确的设计方案，提高劳动生产率，合理组织生产，降低材料消耗，提高机器利用率，节约管理成本等。

（4）项目成本预算应当有一定的弹性。项目成本在执行过程中，会遇到不可预测的情况，如经济的、政治的形势变化以及不可抗力等因素，这些都有可能对项目成本预算的执行造成一定的影响，因此，在编制成本预算时要使预算具有一定的适应变化的能力，以适应外部不断的变化。例如，在项目预算中留出10%～15%的不可预见费，以应付可能出现的意外情况。

二、项目成本预算的工具和技术

项目成本估算的工具和技术也同样可以用来编制工作项的预算。为了建立项目预算，管理人员必须预测项目需要耗费何种资源、各种资源需要的数量、何时需要以及相应形成的成本，其中还要考虑到未来的通货膨胀的影响。任何预测都带有不确定性，这种不确定性随着所涉及的内容的不同而不同，如一个建筑师可以准确地估计建筑一堵墙所需砖的数量。而对于估计某种特别的软件所需的人/时数时，就算是有经验的工作人员，其估算结果也有可能产生较大的误差。但是在一些领域内，如较大型的公司的采购人员往往备有关于所需要的元件的详细目录，如何时、何地、何种价格，在此基础上，按照一定的日常工作程序，成本中相当大的一部分就可以确定。

值得注意的是，项目预算的估算要比组织日常经费的估算困难得多。日常经费可以采用上年数额乘以一定的因子而形成估算，而项目预算的估算则难以利用已有经验数据作为估算的起点，虽然可以通过长期从事同一行业获得项目建设的经验得到新项目预算估算的基础，但是项目之间总是存在差异。不过一些经验对于项目成本预算还是有重要作用的。例如，在同一项目中，花费在研究与开发上的比重往往是比较稳定的。

三、项目成本预算的步骤

（一）将项目的总预算成本分摊到各项活动

根据项目成本估算确定出项目的总成本预算后，将总预算成本按照项目工作分解结构和每一项活动的工作范围，以一定的比例是分摊到各项活动中，并为每一项活动建立总预算成本。

（二）将活动总预算成本分摊到工作包

将每一项活动的总预算成本按照这一活动的工作包和所消耗的资源数量进行成本预算分摊，以便确定出每项活动中各个工作包的具体的预算，如图 6-6 所示。

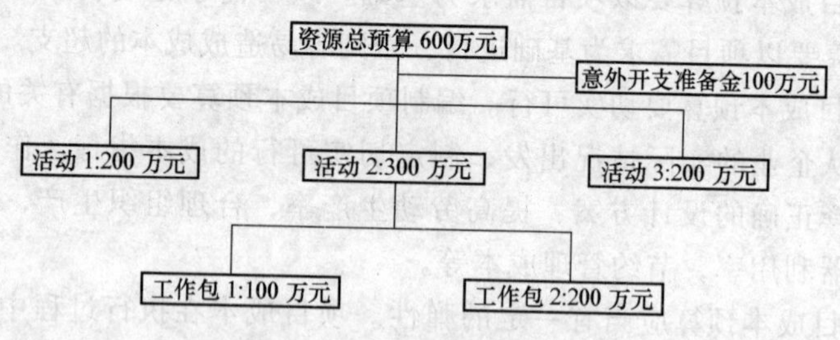

图 6-6 成本总预算分配示意图

（三）对每个工作包的预算进行分配

通过对每个工作包的预算进行分配，确定各项成本预算支出的时间以及每一个时点所发生的累计成本支出额，从而制定出项目成本预算计划，如图 6-7 所示。

四、项目成本预算的输出结果

成本基准计划是一种按时间分段的预算，可以用来测量和监控项目的成本绩效。按时段把估算的成本叠加起来即可求得成本基准计划，一般以 S 曲线形式表示，如图 6-8 所示。

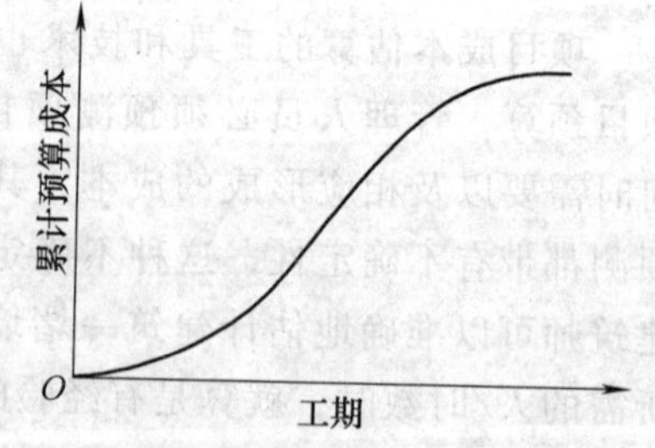

图 6-7 累计成本 S 曲线图

成本基准线的横轴表示时间，纵轴表示成本，由于项目成本会在刚开始的时候缓慢增长，在项目周期中逐渐增加直到达到一个顶峰，然后随着项目的结束而逐渐停止，所以呈 S 形。当进度计划按所有活动的最早开始或最晚开始或两者之间的某个时点开始来安排时，就形成了各种不同形状的S曲线，它反映了项目进度允许调整的范围。如图6-8，预计现金流量和费用执行基准便是项目变化的安全区间，实际发生的费用与预算差异如果不超出这两条线的范围，就属于正常情况，可以通过调整开始和结束的时间使成本控制在计划的范围之内。如果实际发生的费用超出了这一范围，就有必要采取一定的纠正措施。

许多项目，特别是大型项目，可以有许多成本基准计划来测量成本绩效的不同方面。例如，开支计划或现金流预测是测量支付的成本基准计划。

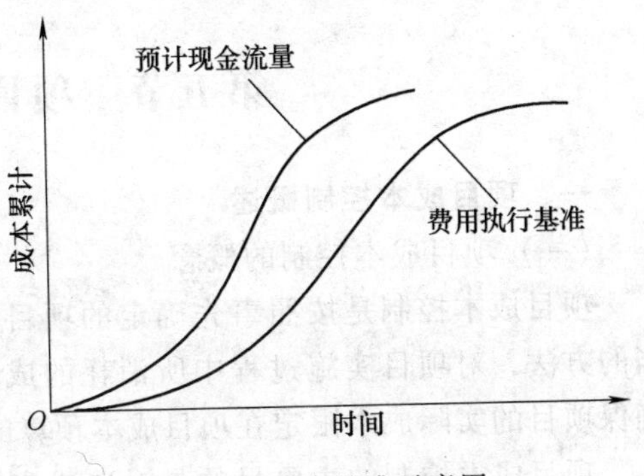

图6-8　成本基准示意图

五、项目成本预算和项目成本估算的区别和联系

项目成本预算和项目成本估算都属于项目预算过程的两个重要部分。项目成本估算的目的是估计项目的总成本和误差范围，而项目成本预算则是将项目总成本分配到各工作项上去。二者的区别和联系我们可以通过下面的表6-3进行比较。

表6-3　项目成本预算与项目成本估算的区别与联系

对比项 \ 区别与联系 \ 项目预算过程	项目成本估算	项目成本预算
含义	编制一个为完成项目各活动所必需资源成本的近似估算	为了项目实际绩效的基准计划而把整个成本估算分配到各个工作项上去的费用基准
输入依据	工作分解结构、资源需求、资源单价、活动历时估算、历史信息、账目表	项目成本估算、工作分解结构、项目进度计划
工具与技术	类比估算法、参数模型法、自下而上估算法、计算机工具	类比估算法、参数模型法、自下而上估算法、计算机工具
输出结果	成本估算、详细依据、成本管理计划	成本基准计划

从表6-3可以看出，成本估算的输出结果是成本预算的基础，虽然两者的目标与任务不尽相同，但都以工作分解结构为依据，所运用的工具和技术也几乎相同。同时，二者也都是项目成本管理中不可缺少的部分。

项目成本预算是建立在成本估算基础之上的，成本估算是对各项花费的预测，因此要考虑风险费用，成本预算是按照项目 WBS 对项目成本估算进行分摊的结果，并且是批准了的成本估算。成本预算不仅给出了各项开支的数额，而且还指出了发生各项开支的时间。

综上所述，估算和预算是项目成本预算的两个必不可少的步骤，是项目成本控制的前提和基础。

第五节 项目成本控制

一、项目成本控制概述

（一）项目成本控制的概念

项目成本控制是按照事先确定的项目成本预算基准计划，通过运用多种恰当的方法，对项目实施过程中所消耗的成本费用的使用情况进行管理控制，以确保项目的实际成本限定在项目成本预算的范围内的过程。

项目成本控制的主要目的是对造成实际成本与基准计划发生偏差的因素施加影响，并对产生和正在产生的偏差进行纠正和控制，使其能够根据项目的需要，向着有利的方向发展。

（二）项目成本控制的内容和作用

1. 项目成本控制的内容

项目成本控制是项目成本管理中非常重要的一个环节，其主要内容主要包括：

（1）对造成成本基准计划变化的因素施加影响，以保证这种变化朝着有利的方向发展。

（2）确定成本基准计划是否已发生变化。

（3）在实际变化发生和正在发生时，对这种变化实施管理。

具体地讲，项目成本控制的主要功能有：

（1）监视成本执行以寻找出与计划的偏差。

（2）确保所有有关变更都准确地记录在成本基准计划中。

（3）防止不正确、不适宜或未核准的变更纳入成本基准计划中。

（4）将核准的变更通知有关项目干系人。

项目成本控制必须查找出现正负偏差的原因。该过程必须同其他控制过程（如范围变更控制、进行计划控制、质量控制等）密切结合起来。例如，对成本偏差不适当的应对措施可能会引起质量和进度方面的问题，或引起项目在后期出现无法接受的风险。

2. 项目成本控制的作用

项目成本控制的作用主要表现在以下几个方面：

(1) 有利于提高项目的成本管理水平。

(2) 有利于项目团队发现更为有效的项目建设方法，从而可以降低项目的成本。

(3) 有利于加强经济核算，提高经济效益。

(三) 项目成本控制的原则和步骤

1. 项目成本控制的原则

在项目成本控制中，项目团队通常应该保持项目成本和收益的联动关系，维持一定比例的成本和收益。

项目成本控制应遵循以下原则：

(1) 成本最低化原则。项目管理中应注重降低成本的可能性并使合理的成本最低化。

(2) 动态控制原则。项目成本控制就强调项目的中间控制，即动态控制，以便根据内外环境的变化合理地调整项目成本的运作。

(3) 全面成本控制原则。项目成本控制要求全面性，各部门、各单位要协调运作，各阶段要连续进行，防止出现疏漏，始终将项目成本置于有效的控制之下。

(4) 责、权、利相结合原则。在项目实施过程中，各部门责任人在承担一定成本控制责任的同时，也应该享有成本控制的权力，同时项目经理对各部门在成本控制中的业绩进行考评，实行奖惩制。

2. 项目成本控制的步骤

项目成本控制的过程分为准备阶段和实施阶段，在不同的阶段的所进行工作的程序不同，具体的步骤包括以下几点：

(1) 成本控制的准备工作

1) 熟悉合同条款。

2) 分析研究进度计划。

3) 分析研究材料的供应计划。

4) 编制工程的施工预算。

5) 分析研究资金计划。

6) 对成本费用项目进行分析。

7) 熟悉工程内容和施工方法。

8) 整理涉及成本预算的其他资料。

(2) 项目成本控制的实施

1) 监督成本执行情况，并时刻注意实际成本与计划的偏离。

2) 项目成本预算计划（基准成本）中要包含一些合理的改变，同时要防止一些不正确、不合理以及未经许可的改变包含在其中。

3）把合理的改变通知项目的涉及方。

（四）项目成本控制的分类

按照成本控制过程和成本性质可以将项目成本控制分为两大类。

1. 按照成本控制过程分类

按照成本控制过程，可将项目成本控制分为事前控制、事中控制和事后控制三种。

（1）事前控制。事前控制是根据受控量的期望值来实施的前馈控制。成本的事前控制主要是指通过成本预测和决策，编制成本计划，提出降低成本的措施以及形成降低成本的目标。

（2）事中控制。事中控制是指在成本形成过程中建立成本约束机制，并从制度上加强管理，预防偏差的发生来保证项目顺利进行而实施的防护性控制。

（3）事后控制。事后控制是指通过对受控量的实际值与期望值进行比较，分析造成偏差的原因，并确定采取何种改进措施而进行的反馈控制。

这三个阶段虽然有先后次序，但并不是相互分离的，而是前后呼应，相互提供成本控制的反馈信息，形成交互递进的成本控制态势，使成本控制更加有效。

2. 按照成本性质分类

按照成本性质，可将项目成本控制分为直接成本控制和间接成本控制。

（1）直接成本控制。直接成本是指可以直接确认归属于哪种产品的成本，是成本控制的主要方面。对于直接成本的控制，主要是建立产品的各项生产消耗定额，如单位产品的材料消耗、工时消耗等，按标准定额进行控制。

（2）间接成本控制。间接成本是指不能直接确认归属于哪种产品，一般采取分配的方法计入产品成本。对于间接成本应从制定开支限额或费率，并采用合理的分配标准进行控制。

二、项目成本控制的工具和技术

（一）成本变更控制

成本变更控制定义了改变成本基准计划遵循的程序，包括书面文字工作、追踪系统以及核准变更必需的批准层次。

无论是旧的系统还是新的系统都要包括措施、信息和反馈三大要素，并形成循环关系，以保证对项目变更的有效控制，如图6-9所示。

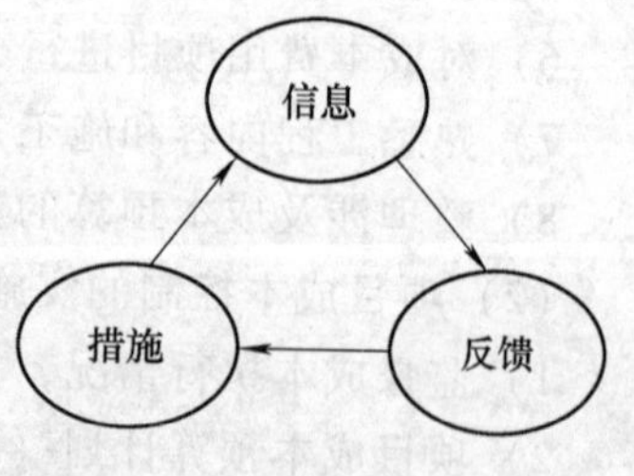

图6-9　变更控制系统三要素

系统由措施开始，并产生了由措施的实施效果而形成的信息，这些信息经过处理，又以反馈信息的形式呈送给决策者。如果反馈信息表明一切正常，那么项目团队就可以按照原定的项目计划进行；如果反馈信息反映了发生问题的征兆，那么项目经理就要采取补救措施，如调整计划等，使项目得以顺利进行。

要实施有效的变更控制，项目团队必须建立一套完善的变更控制系统。除了要成立一个变更控制委员会为变更指导和评价外，还要建立一种能够处理自动变更的机制。

（二）绩效测量

绩效测量技术主要用于评估费用变化的大小、程度及原因等。其中最常用的是挣值分析法（*EV*），又叫做偏差分析法，是评价项目成本实际发生额与进度情况的一种方法。它通过测量和计算计划工作量的预算成本 *BCWS*、已完成工作量的预算成本 *BCWP*、已完成工作量的实际成本 *ACWP*，得到有关计划实施的进度和费用偏差，从而是可以衡量项目成本的执行情况。

挣值 *EV*（Earned Value）分析是20世纪80年代美国开发成功的。它首先在国际工业中应用并获得成功，随后推广到其他领域的项目管理，发展为一整套挣值管理 *EVM*（Earned Value Management）方法。

挣值分析通过测量已完成的工程预算费用、完成工作的实际费用和计划工作的预算费用得到有关计划实施的进度和费用的偏差，而达到判断项目预算和进度计划执行情况的目的。其独特之处在于以预算和费用来衡量项目的进度。

所谓挣值，一般表述为：挣值是一个表示已完成作业量的计划价值大小的中间变量，它是一个使用计划价值量来表示在给定时间内，已完成实际作业量的一个中间变量。简单来说，项目完成一定工作量后，就“挣得”了一个价值，这个价值是按预算价格计算出来的。把实际花费与“挣得”的价值进行比较分析，就是挣值分析。

要使用该方法，首先要明确这三个基本值的含义。

（1）计划工作量的预算成本 *BCWS*（Budgeted Cost for Work Scheduled），是指根据批准认可的进度计划和预算计算的截至某一时点应当完成的工作所需投入的资金累计值。一般来说，*BCWS* 在工作实施过程中应保持不变，除非合同有变。如果合同变更影响了工作的进度和成本，经过批准认可，*BCWS* 基线也应作相应的调整。按我国的习惯可以称其为“计划投资额”。

（2）已完成工作量的预算成本 *BCWP*（Budgeted Cost for Work Performed），是指项目实施过程中某阶段实际完成工作量按预算定额计算出来的成本。由于业主是根据这个值对承包商完成的工作量进行支付，也就是承包商获得的金额，故称作“挣得值”。它反映了满足质量标准的项目实际进度。按我国的习惯，可以把它理解为“已实现的投资额”。

（3）已完成工作量的实际成本 *ACWP*（Actual Cost for Work Performed），是指到某一时点已完成的工作所实际花费的总金额。我国通常称之为“实际消耗投资额”。

通过对这三个基本值的比较，可以对项目的实际进展情况作出明确的测定和衡量，有利于对项目进行监控，也可以反映出项目管理和项目技术水平。

这三个基本值是关于时间的函数，即：

(1) $BCWS(t)$，$(0 \leqslant t \leqslant T)$。

(2) $BCWP(t)$，$(0 \leqslant t \leqslant T)$。

(3) $ACWP(t)$，$(0 \leqslant t \leqslant T)$。

其中，T 表示项目完成时点；t 表示项目进行中的监控时点。在理想状态下，上述三条函数曲线应该重合于 $BCWS(t)$，$(0 \leqslant t \leqslant T)$。如果管理不善，$ACWP(t)$ 会在 $BCWP(t)$ 之上，说明费用已经超支；如果 $BCWP(t)$ 在 $BCWS(t)$ 曲线之下，说明进度已经滞后。

由上述三个基本值还可以导出以下几个重要指标：

(1) 费用偏差 CV（Cost Variance）。它是指在某个检查点上 $BCWP$ 与 $ACWP$ 之间的差异，即：

$$CV = BCWP - ACWP$$

CV 为正值时，表明项目成本处于节支状态，说明项目执行的效果较好；当 CV 为负值时，表明项目成本处于超支状态，如果在多个检查点上都出现了类似的情况，说明项目执行的效果不好，如图 6-10 所示。

(2) 进度偏差 SV（Schedule Variance）。它是指在某个检查点上 $BCWP$ 与 $BCWS$ 之间的差异，即：

$$SV = BCWP - BCWS$$

SV 为正值时表明项目进度超前，为负值时表明项目的实施落后于进度，如图 6-11 所示。

(3) 成本绩效指数 CPI（Cost Performance Index）。它是指预算成本与实际成本的比值，即：

$$CPI = BCWP/ACWP$$

当 $CPI > 1$ 时，表示节支，实际成本低于预算成本。

当 $CPI < 1$ 时，表示超支，实际成本高于预算成本。

(4) 进度绩效指数 SCI（Schedule Performed Index）。它是指项目的挣得值与计划值的比值，即：

$$SPI = BCWP/BCWS$$

当 $SPI > 1$ 时，表示进度提前，即实际进度比计划进度快。

当 $SPI < 1$ 时，表示进度延误，即实际进度比计划进度延迟。

这种偏差分析技术不仅可以用来衡量项目的成本执行情况，也可以用来衡量项目的进度情况。在项目实施过程中，可以将 $BCWS$、$BCWP$ 和 $ACWP$ 三条曲

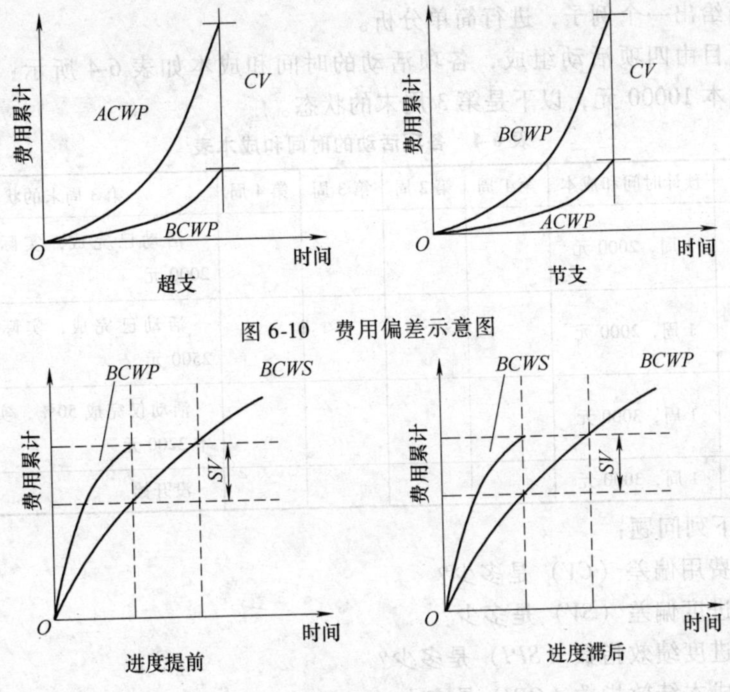

图 6-10　费用偏差示意图

图 6-11　进度偏差示意图

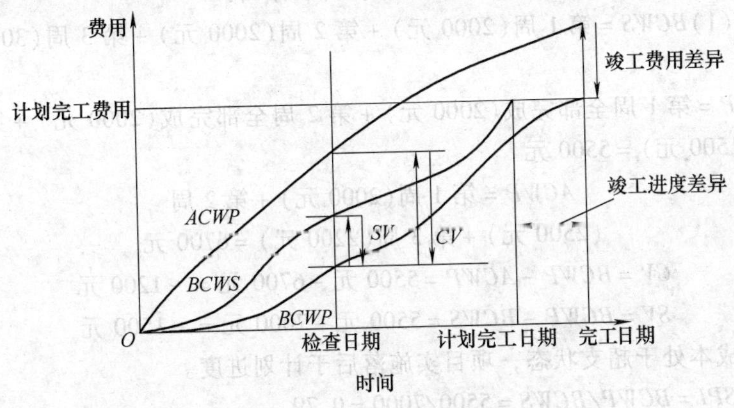

图 6-12　挣得值评价曲线图

线在每个检查点上进行对比，并作出评价，进而求出评价指标，如图 6-12 所示。

在项目实施过程中，最理想的状态是 *BCWP*、*BCWS* 和 *ACWP* 三条曲线靠得很近，并平稳上升，表示项目按预定计划目标前进。如果三条曲线的离散度比较大，则项目实施过程中存在隐患，甚至已经发生了一些重大问题，应该对项目进行重新评估和安排。在图 6-12 中 $CV<0$、$SV<0$，表示项目的运行效果不好，费用超支，进度延迟，应该采用相应的补救措施。

下面给出一个例子，进行简单分析。

某项目由四项活动组成，各项活动的时间和成本如表 6-4 所示：总工时 4 周，总成本 10000 元，以下是第 3 周末的状态。

表 6-4 各项活动的时间和成本表

活动	预计时间和成本	第 1 周	第 2 周	第 3 周	第 4 周	第 3 周末的状态
计划	1 周，2000 元					活动已完成，实际支付成本 2000 元
设计	1 周，2000 元					活动已完成，实际支付成本 2500 元
编程	1 周，3000 元					活动仅完成 50%，实际支付成本 2200 元
测试与实施	1 周，3000 元					没开始

回答下列问题：

（1）费用偏差（*CV*）是多少？

（2）进度偏差（*SV*）是多少？

（3）进度绩效指数（*SPI*）是多少？

（4）成本绩效指数（*CPI*）是多少？

（5）成本绩效指数和成本绩效指数说明了什么？

解：(1) *BCWS* = 第 1 周(2000 元) + 第 2 周(2000 元) + 第 3 周(3000 元) = 7000 元

BCWP = 第 1 周全部完成(2000 元) + 第 2 周全部完成(2000 元) + 第 3 周完成 50%(1500 元) = 5500 元

ACWP = 第 1 周(2000 元) + 第 2 周(2500 元) + 第 3 周(2200 元) = 6700 元

CV = *BCWP* − *ACWP* = 5500 元 − 6700 元 = −1200 元

SV = *BCWP* − *BCWS* = 5500 元 − 7000 元 = −1500 元

项目成本处于超支状态，项目实施落后于计划进度。

（2）*SPI* = *BCWP*/*BCWS* = 5500/7000 = 0.79

（3）*CPI* = *BCWP*/*ACWP* = 5500/6700 = 0.82

（4）这两个比例都小于 1，说明该项目目前处于不利状态。完成该项目的成本效率和进度效率分别是为 82% 和 79%，即该项目投入了 1 元钱仅能获得 0.82 元的收益，如果说现在应完成项目的全部工程量，但目前只完成了 79%。所以说，该项目在实施过程中存在问题，应采取相应的补救措施。

经过对比分析，发现某一方面出现费用超支，或预计最终会出现费用超支，则应及时提出并作进一步的原因分析，费用超支的原因是多方面的：

(1) 宏观因素。如总工期拖延，物价上涨，工作量大幅度增加等。

(2) 微观因素。如分项工作效率低，协调失误，局部返工等。

(3) 外部原因。如天气等不可抗力的影响，设计的修改，上级或业主的干扰及其他风险等。

(4) 内部原因。如管理的失误，采购材料的质量有问题，工人培训不充分，材料消耗增加，事故、返工等。

(5) 其他原因。如技术的、经济的、管理的、合同的方面的原因等。

根据上述原因，对于费用超支必须采取一定的措施进行解决或弥补。通常要压缩已超支的费用，而不损害其他目标是十分困难的，一般只有当给出的措施比原计划已选定的措施更为有利时，或使工程范围减少，或使生产效率提高，成本才有可能降低，具体有以下措施：

(1) 寻找新的、更节省的、效率更高的技术方案。

(2) 购买部分产品，而不是采用完全由自己生产的产品。

(3) 重新选择供应商，但这样会产生供应风险，因为重新选择供应商需要时间。

(4) 改变实施过程。

(5) 变更工程范围。

(6) 删去工作包，但这样会提高风险，降低质量。

(7) 索赔。例如向业主、承（分）包商索赔以弥补费用超支等。

当发现费用超支时，人们通常会通过其他手段在其他工作包上节约开支，这常常是十分困难的。这会损害工程，包括工程质量和工期的目标，甚至有时候贸然采取措施，最终不但没有降低成本，反而会导致更大的费用超支。

(三) 补充计划编制

任何一个项目不可能按照原先制定的计划一成不变地进行，未来的变化可能需要新的或修订的成本估算或替代方法的分析。

(四) 计算机工具

在项目管理中，经常会用到项目管理软件（如 Microsoft Project 等）、电子表格等计算机工具对项目的费用情况进行追踪，计算机工具的应用对于现代化的项目管理来说是非常重要的，尤其是对于大型项目来说，需要管理者处理大量的资料、信息，并对项目进行过程中出现的情况作出及时的反应，如果某一环节出现问题，有可能会影响整个项目的进度，因此，计算机工具的应用，不但为项目管理者节省了大量的时间，也提高了项目管理的效率。

三、项目成本控制的输出结果

(一) 修订的成本估算

修正后的成本估算就是对于管理项目的成本信息所作的修正。必要时，应通知有关的项目干系人，修正后的成本估算可能要求（也可能不要求）对整体项目计划的其他方面进行调整。修订成本估算，其目的是为了管理项目的需要而修改有关费用的信息，其最主要的原因是由于成本控制反馈出一些有关促进费用重新估算的更为有效的信息，需要项目管理人员在不改变项目计划方向的前提下重新对成本估算进行完善。

（二）预算更新

预算更新是一种特殊的修改估算，就是对已经批准的成本基准计划的修改。这些数字一般只为反映项目范围的变化时才作相应的修改。特别在某些情况下，成本偏差可能非常严重，需要重新确定基准计划，才能提供测量成本执行所需要的真实数据。

预算更新是一项目比较激进的项目控制反馈活动，因为它的前提是项目前期的工作出现了重大失误，从而要对既定的费用基线进行更改，但不包括项目干系人对项目的影响。在进行预算更新时，要在不影响项目进展的前提下，按照正规的报告、审批和执行程序进行，并给出正式的书面报告，并通知有关单位。

（三）纠正措施

纠正措施是为了将项目未来预期的成本执行控制在项目计划范围内而采取的所有行动。由于在项目的实施过程中不可避免地遇到各种问题，包括产品市场的变化、价格变化、相关政策变化、内部管理变化等，都会影响到项目控制计划的正常实施。对于这些情况的发生，管理者要采取措施予以纠正，在必要的时候要重新制定成本计划。因此，如何采取纠正措施在项目成本控制的过程中就显得十分重要。

（四）完工估算

完工估算就是根据项目执行情况对项目总成本的预测（*EAC*）。最常用的预测技术主要有以下几种：

（1）*EAC* 等于截至目前的实际成本加上经实际执行因子修改的剩余项目的预算，实际执行因子一般为成本执行效果指数。这种方法通常把目前的偏差视为将来偏差的典型形式来使用。

$$EAC = 实际费用 + (总预算成本 - BCWP) \times (ACWP/BCWP)$$

或

$$EAC = 总预算成本 \times (ACWP/BCWP)$$

（2）*EAC* 等于截至目前的实际成本加上所有剩余工作的新估算。这种方法通常用于以下两种情况：过去的实施情况表明原来所作的估算假定彻底过时了，或由于条件的变化使原来的估算已不再适用。

（3）*EAC* 等于截至目前的实际成本加上剩余的预算。在目前的偏差被视为一种特例，并且项目队伍认为将来不会发生类似的偏差的情况下，经常使用这种计算方法。

需要指出的是，对于任何给定的工作项，上述方法中的某一个都可能是正确的。

（五）经验教训

偏差的原因、所选纠正措施的理由以及从成本控制吸取的其他类型的教训都应编成文档，以作为本项目以及执行组织的其他项目可资利用的历史数据库的组成部分。

在项目实施过程中，进行成本控制的最终目的是为了降低项目成本。项目成本控制的方法很多，对于许多工程，特别是大型的工程项目，不可能对所有项目作业的成本及成本控制的情况进行研究，但是可以选择对工程中影响较大的细分项目进行研究，进而可以达到对项目整个目标成本控制的目的。比如说，在选择细分项目时，选择数量多的工种、重复作业的工种、费用高的工种及危险大的工种时，获得整体成本控制的效果往往较好。另外，在进行成本控制时，加强对有可能节约的环节的管理，可以实现费用的节省，如在材料费、人工费、转包费、机械费、临时设施费等环节的管理上，往往可以能过优化管理使项目在正常进行的同时，达到减少成本的目的。

从以上的实现成本控制的方法中可以看出，实际成本控制的程度如何，往往带有一定的弹性，其中起重要作用的是规范的管理制度和较高素质的管理人员。因此，对于每个项目而言，及时总结并采取措施在相关项目中推行好的经验和教训是非常有必要的。这样既可以使项目的内在管理更加规范，也可以使管理人员的管理水平得到有效的提高，更为重要的是它可以从成本控制上降低项目的风险，并保证项目的成功实施。

专业术语

项目成本　资源计划　成本估算　成本预算　成本控制　资源库描述　变更识别　资源需求　资源单价　活动历时估算　历史信息　类比估算法　参数模型法　自上而下估计法　平均年限法　工作量法　加速折旧法　间接成本　直接成本　管理成本　管理费用　人力成本　绩效测量　挣值分析法　补充计划编制　学习曲线　学习率　系统预算法　完工结算　预算更新

思考题

1. 项目成本管理的原则有哪些？
2. 项目成本管理的各个过程及相互关系如何？
3. 影响项目成本的因素有哪些？

4. 简述项目成本估算的各种方法的适用情况。

5. 简述项目成本估算和项目成本预算的区别和联系。

6. 编制项目成本预算应遵循哪些原则？

7. 项目成本估算的内容有哪些？

8. 简述项目成本控制的步骤及作用。

9. 自上而下和自下而上的预算各自的优缺点是什么？有没有可能综合两者之长？

10. 学习曲线基本思路是什么？如果以资源代替时间其结果如何？设计一个相应的示例。

案例

氢气制造公司的成本估计

氢气制造公司坐落于美国中西部一个高度工业化的州内，是一家飞机零部件的主要制造厂家，专营飞机着陆的传动部件和装置。近年来，氢气公司的业务面临着下滑的趋势。在过去的三年中，他们失去了很多着陆传动部件的订单，因为他们总是被国内其他地区的厂家以更有竞争力的报价击败。该公司的高级管理层研究了这个问题，但没能就采取何种行动达成一致。于是，他们就从附近的一所大学聘请了一支咨询团队来进行分析研究，并提出解决方案。

该所大学的咨询团队首先对氢气公司的着陆传动装置生产工作进行了四个方面的研究：制造过程、成本结构、着陆传动装置合同的报价行为和利润结构。他们认为，首先，氢气公司的制造过程比较合理，而且与其竞争对手没有什么显著的差别。其次，他们发现所有的竞争者在制定价格的时候使用的几乎都是同一水平的加价幅度。然而，在考察成本结构的时候，他们注意到，在过去的三年中，该公司的各项原材料科目一直保持着负的成本差额。也就是说，该公司在着陆传动装置的制造过程中实际使用的原材料金额比计划金额低了大约10%。该团队不太敢肯定这一发现，因为在过去的三年中，该公司关于着陆传动装置的制造合同只有很少一部分。

他们对这个部门的原材料的估算和采购工作进行了调查，结果发现了下列事实：三年前，氢气公司曾经延迟交付了一笔着陆传动装置业务，公司为此付出了大笔罚金，并且极为担心将来会失去这个主要客户的业务。该次延迟交付行为是由于氢气公司为制造着陆传动支架而订购的特种钢合金数量不足，同时又无法及时在市场上买到这种合金。钢铁公司生产这种产品需要有90天以上的提前期，所以氢气公司只好望洋兴叹了。

后来，负责该合同的采购部经理被降职了。新上任的采购部经理解决这个问题的方法非常直截了当，一刀切地将原材料的估计值增加了10%。原材料的成本大约占着陆传动装置总成本的1/2，结果造成公司的报价比正常的竞争对手高了大约5%。

问题：

你认为目前该公司在进行成本管理的过程中存在的主要问题是什么？应该怎样解决？

第七章 项目进度管理

在项目管理中，项目进度管理和项目成本管理、项目质量管理并称项目管理的“三大约束管理”。实现对时间、成本和质量的平衡与控制是项目管理成功的关键，而进度管理则是保证整个项目在预期时间内完成的重要一步。一个项目能否在预定的时间内完成，这是项目管理最为重要的问题之一，也是进行项目管理所追求的目标之一。所以，进度控制是项目控制工作的首要内容。

第一节 项目进度管理概述

一、项目进度管理

项目进度管理，又称为项目时间管理或项目工期管理，是指在项目的进展过程中，为了确保项目能够在规定的时间内实现项目目标，对项目活动进度及日程安排所进行的管理过程。项目进度管理与项目成本管理、项目质量管理协调作用，相辅相成，确保能够准时、合理地安排资源，节约成本，提高项目完工质量。

二、项目进度管理的内容

（一）项目管理的主要过程

项目进度管理由 6 项任务组成：活动定义、活动排序、活动资源估计、活动历时估算、进度计划编制和进度控制。

需要注意的是，项目进度管理的这些工作虽然在理论上界限划分明确，但在项目管理的实践中，它们通常是相互影响和相互制约的，它们会出现相互交叉和重叠的关系，很难截然分开。特别是一些小型项目，项目进度管理的一些过程甚至可以合并在一起被视为一个阶段。尽管这样，但由于每个过程所使用的工具和技术不尽相同，因此在理论上还是应将其明确分开进行学习。

（二）项目进度管理周期

项目进度管理即在限定的工期内，拟订出合理且经济的进度计划，在执行该计划的过程中，经常检查实际进度是否按计划要求进行。若出现偏差，就要及时找出原因，采取必要的补救措施或调整、修改原计划，直至工程竣工。因此，项目进度管理是一种循环的例行活动。在每个周期的活动中大致可以分为四个阶段，先后顺序是：编制计划、实施计划、检查与调整计划、分析与总结。在前一循环和后一循环相衔接处，靠信息反馈的作用，使后一循环的计划阶段与前一循环的分析总结阶段保持持续，从而解决前一阶段遗留的问题并应用其经验，使工作向前推进。每一循环构成一个封闭回路，使项目进度管理水平不断提高。

三、项目进度管理的干扰因素及因素分析

（一）干扰因素

在项目进行过程中，很多因素影响项目工期目标的实现，这些因素可称之为干扰因素。要有效进行项目进度管理，必须对影响项目进度的因素进行分析，事先采取措施，尽量缩小计划进度与实际进度的偏差，实现对项目的主动控制。影响项目工期目标实现的干扰因素主要有以下几个方面：①人的因素；②材料、设备的因素；③方法、工艺的因素；④资金因素；⑤环境因素等。

（二）因素分析

对这些因素作进一步分析，可知干扰项目进度管理的状况有以下几种：

（1）错误估计了项目实现的特点及实现的条件。这其中主要包括低估了项目的实现在技术上存在的困难；未考虑到某些项目设计和实施问题的解决，必须进行科研和实验，而它既需要资金又需要时间；低估了项目实施过程中各项目参与者之间协调的困难；对环境因素、物资供应条件、市场价格的变化趋势等了解不够等。

（2）盲目确定工期目标。不考虑项目的独特性，不采用科学的方法，不进行充分的调研、沟通，仅凭以往的经验就盲目确定工期目标，使得工期要么太短，无法实现；要么太长，效率低下。

（3）工期计划方面的不足。例如，项目设计、材料、设备等资源条件不落实，进度计划缺乏资源的保证，以致进度计划难以实现；进度计划编制质量粗糙，指导性差；进度计划未认真交底，操作者不能切实掌握计划的目的和要求，以致贯彻不力；不考虑计划的可变性，认为一次计划就可以一劳永逸；计划的编制缺乏科学性，致使计划缺乏贯彻的基础而流于形式；项目实施者不按计划执行，凭经验办事，使编制的计划徒劳无益，不起作用。

（4）项目参加者的工作失误。设计者草率设计而实施单位也没有及时作相应的决策；设计进度拖延；突发事件处理不当；项目参加各方关系不协调；总承包施工单位将任务承包给不合格的分包施工单位等。

（5）不可预见事件的发生。如恶劣气候条件；复杂的地质条件；政变、天灾人祸事件的发生等。

以上仅列举了几类问题，而实际出现的问题更多。这其中有些是主观的干扰因素，有些是客观的干扰因素，而这些干扰因素的存在，充分说明了加强项目进度管理的必要性。在项目的实施进程中，加强对这些干扰因素的分析、研究，并运用数学概率统计的方法，逐步掌握其出现的规律和可能性，将有助于我们提高项目进度管理的绩效。

第二节 项目活动定义

一、项目活动定义的概念

要完成一个项目，并实现项目的目标，事先确定实施项目所需要开展的活动，并拟出一份包括所有活动的活动清单是十分重要的。项目活动定义就是完成这项活动所要进行的项目进度管理的一个过程。

项目活动定义是确定为完成项目目标所需要进行的所有具体活动的一项任务。该任务的目标是确保项目团队对项目范围规定的所有活动有一个完整、具体的理解。

项目活动定义的主要工作如表 7-1 所示。

表 7-1 项目活动定义的主要工作

输入依据	工具和方法	输出结果
项目工作分解结构 范围说明 历史信息 约束条件 假定	分解技术 模板法	辅助性说明 活动清单 更新工作分解结构

二、项目活动定义的输入依据

活动定义的输入依据包括项目工作分解结构（WBS）、范围说明、历史信息、约束条件、假定 5 个方面的内容。

（一）工作分解结构（WBS）

WBS 是活动定义最基本的依据，它描述了完成项目所要进行的活动。其主要思想是将一个项目整体分解成易于管理、控制的若干个子项目或工作任务。

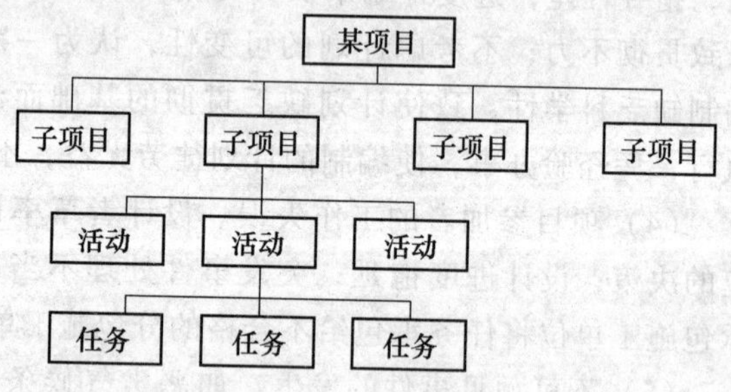

图 7-1 简单的工作分解结构示意图

图 7-1 是一个简单的工作分解结构模型示意图，从图中可以看出，整个项目的工作被分解为三个层次。通过对这一工作分解结构的进一步细化，就可以得到该项目的活动清单。

（二）范围说明

范围说明是项目活动定义的又一个基本依据。范围说明是指在活动定义期间，必须明确考虑其中所列入的项目合理性和项目目标说明。在项目范围定义中把主要的可交付物分解成更小、更容易管理的单元，可以达到以下目的：①提高对成本、时间及资源估算的准确性；②为执行情况的测量与控制制定一个基准计划；③有利于进行更为明确的职责分配。

正确的范围定义是项目成功的关键。当范围定义不明确时，变更就不可避免地出现，并破坏项目的节奏，造成返工、延长项目工期、降低工作人员的生产效率和士气，从而造成项目最后的成本大大超出预算。由此可见，范围定义的信息资料的完整性，就决定了项目团队可以正确地确定项目所要开展的活动，从而不会遗漏也不会增加超过项目范围以外的活动。所以，必须是已经获得确认的项目范围说明才能作为项目活动定义输入的主要依据之一。并且随着项目的进行，这个范围说明可能需要进一步修改以使其更为精确，从而更好地反映项目范围的变化。

（三）历史信息

历史信息包括项目前期工作的实际执行情况，也包括项目组织过去开展的类似项目的例子。在定义项目活动的过程时，应当参考这些信息，特别是以前的、类似的项目中实际必需的那些活动尤其值得借鉴。查找这些历史信息，主要来源包括：①项目档案；②行业渠道；③团队成员。

虽然历史信息很重要，但绝对不能盲目照搬，因为每个项目都具有其独特性，此外还要考虑到项目环境的差异性，所以应有选择地利用这些历史信息。

（四）约束条件

任何一个项目都会面临各种各样的约束条件，这些约束条件是限制项目管理班子进行选择的因素。在进行项目活动，尤其是资源均衡时我们必须要考虑到这一点。这些约束条件是正确定义项目活动所需的参考因素。

（五）假设条件

上面所讨论的项目约束条件是一种已经确定的、在项目进程中需要考虑的限制条件。然而在项目管理中，由于信息的不完全，还有很多因素或前提条件是尚不确定的，但根据项目的需要还必须对这些条件加以考虑。因此，就对它先进行假设，这就是通常所说的假设条件。假设条件是为了编制计划而被认为是事实、现实或确定性的因素。项目的假设条件无疑会给项目带来一定的风险。通常情况下，可以通过事先调查收集资料，制定应急计划来分散这些风险。

三、项目活动定义的工具和技术

（一）分解技术

分解是指将主要的项目可交付物细分为更小的、更易于管理的单元，直到可交付物细分到足以用来支持未来的项目活动，如计划编制、执行、控制及收尾等，以便更好地进行管理和控制。

分解涉及到的主要步骤包括：确定项目的主要元素；确定在每个详细元素的层次上能否编制出恰当的费用和历时估算；确定可交付物的组成元素；核实分解的正确性。

1. 确定项目的主要元素

通常情况下，项目的主要元素就是项目的可交付物和项目管理的主要内容。然而主要元素通常应该依据项目的实际管理方式进行定义。例如，在某项目具体活动中，项目生命周期的各个阶段可能作为分解的第一层次，而项目可交付物可能作为分解的第二层次。下面以某学校举办庆祝“五四”的活动为例进行说明，如图 7-2 所示。

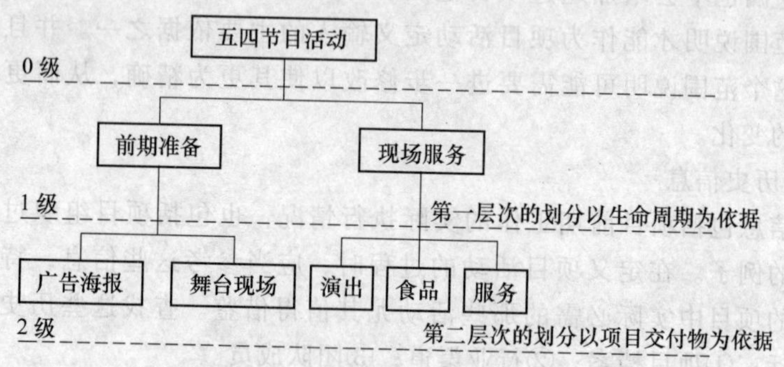

图 7-2　项目生命周期的阶段层次划分图

2. 确定在每个详细元素的层次上能否编制出恰当的费用和历时估算

“恰当”的含义意味着：一是每项活动耗用多长时间和费用与其他活动是独立的，可以单独进行估算；二是可能随项目的进程而变化——一劳永逸地完成分解工作是不可能的，对在遥远的将来才产生的可交付物的项目进行的分解是不可能实现的。每个元素如果已经足够详细，则进入步骤 4；否则，进入步骤 3——这意味着不同的元素可能有不同的分解层次。

3. 确定可交付物的组成元素

组成元素的描述应该是切实的、可进行验证的，以便于执行情况时进行测量。与主要元素不同，组成元素应该依据项目工作实际上是如何完成的来精确定义，而不是概念定义。切实、可验证的结果既可以包括产品，也可以包括服务（例如，状态报告能够被描述成状态周报；对生产制造的项目，组成元素可能包括几个单独的成分加上最后的装配）。如果需要的话，在每个组成元素上重复步骤 2。

4. 核实分解的正确性

（1）最低层次的活动对项目分解来说是否是必需而且充分的呢？如果不是的话，组成元素应当被修改、添加、减少或重新定义。

(2) 每项活动的定义是否清晰完整？如果不是的话，则需要修改或扩展描述。

(3) 每项活动是否都能恰当地编制进度和预算？是否能够分配到接受职责并能够圆满完成这项工作的具体组织单元（如部、项目组或项目成员）？如果不能，需要作必要的修改，来提供合适的管理控制，以利于今后的管理。

按照这样的方法进行工作分解，最终将能顺利完成项目的各层工作中所包含的所有具体活动。在一些应用领域，工作分解结构和活动清单是同步开发的。

(二) 模板法

模板法是使用已经完成的类似项目的活动清单或部分活动清单，作为一个新项目活动定义的模板，根据新项目的实际情况，在模板上调整项目活动，从而定义出新项目的所有活动。在定义项目活动时，它是一种简洁、高效的技术。

四、项目活动定义的输出结果

(一) 辅助性说明

项目活动定义也会产生一些辅助性的详细资料，它将与具体活动相关的假设和约束条件形成相应的文件。在转移到项目进度管理的下一个过程以前，项目团队应该与项目干系人一起审查修订依据资料。

(二) 活动清单（BOA）

活动清单（Bill of Activities，BOA）作为工作分解结构的补充，确保了包括项目所要进行的所有活动，并且排除超过项目范围的活动。同时，活动清单对每个活动进行了简要说明，从而保证项目团队能够全面、正确地理解项目要进行的所有活动。

(三) 更新工作分解结构

在利用工作分解结构识别需要进行哪些活动时，项目队伍成员可以发现漏掉的可交付物或者可以确定哪些交付物的说明需要澄清或更正。所以要对原有的工作分解结构进行更新。同时，也必须对其他的相关项目管理文档进行更新。

第三节　项目活动排序

一、项目活动排序的概念

在项目活动定义完成后，项目进度管理的下一个步骤就是活动排序（Activity Sequencing）。活动排序涉及审查 WBS 中的活动、产品说明书、假设和约束条件。活动排序是确定各活动之间的依赖关系，并形成文档。为了进一步编制切实可行的进度计划，必须首先对前面所定义出的活动进行准确的排序。活动排序过程可以利用现有的计算机管理软件进行（如使用项目管理软件），也可以用手工来做。在较小的项目中，或在大型项目的早期阶段，即其具体细节不清晰时，手工技术更为有效。在实际的运用中，手工和自动技术也可以结合起来使用。

项目活动排序的主要工作如表7-2所示。

表7-2 项目活动排序的主要工作

输入依据	工具和方法	输出结果
活动清单 产品描述 各活动之间的关系 其他约束条件与假定 里程碑	前导图法 箭线图法 条件图法 网络模板	项目网络图 更新后的项目活动清单

二、项目活动排序的输入依据

活动排序的输入依据包括活动清单、产品描述、各活动之间的关系、其他约束条件与假定及里程碑等几个方面。

（一）活动清单

活动清单是活动定义的主要输出，同时也是活动排序的主要输入，是进行活动排序过程的基础。活动清单必须包括项目中所要执行的所有活动，每一项活动都要有准确的文字定义和说明。

（二）产品描述

项目产品也叫项目产出物，是开展项目活动的结果。项目产品描述是有关项目将要创造的产品或服务的特性的文档。产品的特性通常影响到活动排序，在活动排序的过程中更应该明确产品的特征。一般还应该对产品描述进行核对、审查，以确保活动排序的正确性。

（三）各活动之间的关系

各活动之间的关系包括强制性依赖关系、可自由处理的依赖关系、外部依赖关系等。

（1）强制性依赖关系是指所做工作中固有的依赖关系。它们通常包括实际约束条件（例如在建设项目中，不可能在基础完成之前进行上部结构施工；在电子项目中，必须先建一个样机，然后才能对其进行试验）。强制性依赖关系也称为“硬逻辑关系”。

（2）可自由处理的依赖关系是指由项目队伍确定的那些依赖关系。由于这些依赖关系可能限制进度计划编制中的方案选择，所以必须慎重使用，并要形成相关的完整文档。

（四）其他约束条件与假定

同活动定义过程相同，我们在进行活动排序时，也要考虑到对此的约束条件以及我们所作出的相关合理假定。这是项目管理过程所必需的。例如，在没有资源条件限制的情况下，可能同时可以开展两个活动，而在有资源条件限制的情况下，这两个活动可能就需要依次进行。假定是对于开展项目活动所涉及的一些不确定的条件的假设。它会直接影响项目活动的排序。因此，为了制定良好的项目计划，需要考虑各种约束条件与假定。

三、项目活动排序的工具和技术

确定了活动之间存在某种依赖关系之后，就需要运用一定的工具和方法来描述项目活动的排序。一般来说，进行活动排序时最为常用的工具和技术是前导图法（PDM）和箭线图法（ADM），它们是网络图的两大类绘制方式，同时还有利用条件图法和网络模板的技术进行排序的方法，下面我们将对它们的使用分别予以介绍。

（一）前导图法（PDM）

前导图法（Precedence Diagramming Method，PDM），又称节点法，是一种利用节点代表活动，并利用表示依赖关系的箭线将节点联系起来的编制项目网络图的方法。图 7-3 表示用 PDM 编制的一个简单的项目网络图，其中活动用方框表示，如同逻辑依存关系一样，显示出一个活动紧随另一个活动的节点式关系。图中有四个活动 A、B、C、D，活动 B 和 C 紧随活动 A 之后，D 在 B 和 C 之后。因此，这种方法也称为单代号网络图法（AON），是大多数项目管理软件包所采用的方法。它可以用手工或计算机完成。

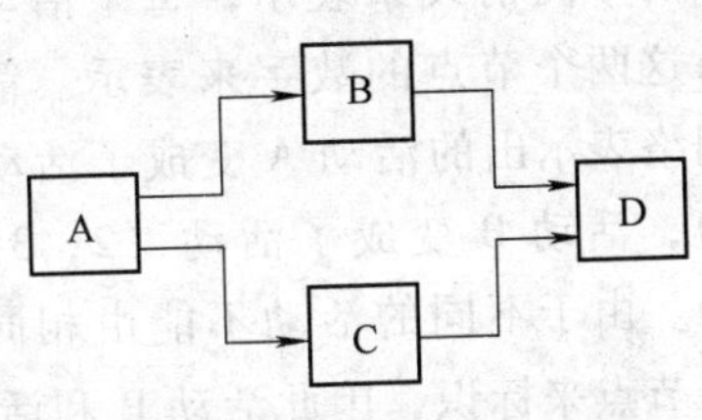

图 7-3　简单的 PDM 表示

PDM 包括四种依赖关系或先后关系：

（1）完成—开始（End-to-Start）型——后续工作的开始依赖于前置工作的完成。

（2）完成—完成（End-to-End）型——后续工作的完成依赖于前置工作的完成。

（3）开始—开始（Start-to-Start）型——后续工作的开始依赖于前置工作的开始。

（4）开始—完成（Start-to-End）型——后续工作的完成依赖于前置工作的开始。

在 PDM 中，“完成—开始”型是最为常用的逻辑关系类型。“完成—完成”型和“开始—开始”型节点式关系是最自然的。它允许某项工作与紧随其后工作在某种程度上可以同时进行。使用“完成—完成”型和“开始—开始”型节点式关系，可以使项目跟踪和项目设施的建立更加快捷。至于“开始—完成”型节点式关系的建立却只是完全数学意义上的，现实生活中比较少见，仅被编制进度计划的职业工程师象征性地采用。由于"开始—开始"型、"完成—完成"型、"开始—完成"型的逻辑关系还没被一致采用和执行，所以在项目管理软件中使用它们可能会产生意想不到的结果。

（二）箭线图法（ADM）

箭线图法（Arrow Diagramming Method，ADM），又称为双代号网络图法，是一种利用箭线来代表活动，而在节点处将活动联系起来表示依赖关系的编制项目网络图的方法。图7-4表示用ADM绘制的一个简单项目网络图。这种方法虽然不如前导图法用得广泛，但在某些应用领域仍然是可供选择的方法。箭线图可以手工或用计算机编制。

在箭线图中，活动由连接两个节点的中间箭线来表示，每个活动可以由这两个节点的数字来表示。箭线式网络表示出的活动A变成了活动（1，2），活动B变成了活动（2，3），等等。由于不同的活动不能由相同的两个节点来标识，因此活动B和活动C分别完成在节点3和节点4上，然后用一个虚活动（Dummy Activity）连接起来。由于活动是通过节点联系起来的，因此箭线图法中逻辑关系只能是"完成—开始"型的。为了正确地确定所有逻辑关系，可能需要引入虚线活动来表示其他三种节点式关系。

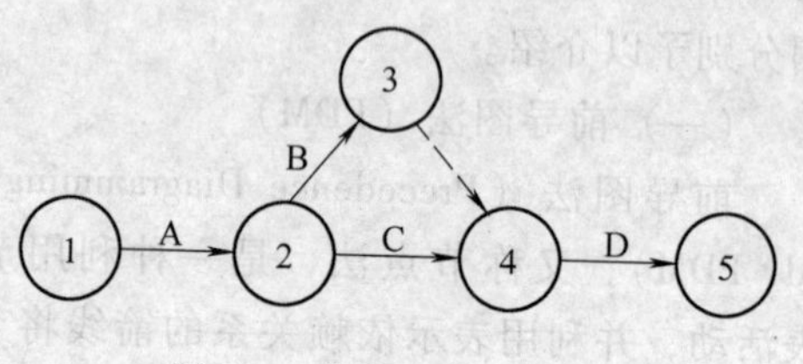

图7-4 简单的ADM表示

（三）条件图法

有些绘图技术，例如GERT（图形评审技术）和系统动态模型，允许有诸如回路（如必须重复多次的试验）的非顺序活动或条件分支（如只有检查发现错误时才需要修改设计）的存在。PDM和ADM都不允许存在回路或条件分支。

（四）网络模板

可以利用标准化的网络加快项目网络图的编制。这些标准网络可以包括整个项目或其中一部分。网络的一部分通常被称作子网络或片网络。当项目包括几个一样的或几乎一样的成分时，子网络特别有用。例如，高层办公楼的楼层；药品研究项目的临床试用；软件项目的程序块；一个开发项目的启动阶段等。

四、项目活动排序的输出结果

（一）项目网络图

项目网络图就是项目活动及其逻辑关系（依赖关系）的图解表示。在上面我们讲述了绘制项目网络图的两种不同的方法（PDM、ADM）。项目网络图可以手工编制，也可以在计算机上完成。该图可以包括整个项目的全部细节，也可以包含一个或多个概括性活动。图中还应该附有简要的说明以及描述活动排序的基本方法。对于任何特别的排序都应作详细说明。

网络计划技术的一个显著特征就是借助网络图对项目的进行过程及其内在逻辑关系进行综合描述。这是进行计划和计算的基础。因此，研究相应用网络计划技术首先要从网络图入手。

需要特别注意的是，项目网络图常常被用来指 PERT 图（计划评审技术）。PERT 图是项目网络图的一种特殊类型，现在已经很少使用。

（二）更新后的项目活动清单

活动定义过程可以产生对工作分解结构的更新。同样，在编制项目网络图的过程中，可能会发现需要对某些活动进行再分解或重新定义。这就要求及时对项目活动清单进行更新，以编制出正确可行的逻辑关系图。

第四节 项目活动资源需求估计

一、项目活动资源的概念

项目活动资源是指为了开展项目中的活动所需的资本或者某种人力、设备或材料。从分类上讲包括自然资源和人造资源，内部资源和外部资源，有形资源和无形资源等。例如，人力、材料、机械、资金、信息、技术方法、市场等。从广义上讲，时间也是项目活动资源中的资源之一。

项目活动资源需求的主要工作如表 7-3 所示。

表 7-3 项目活动资源的主要工作

输入依据	工具和方法	输出结果
企业环境因素 组织的过程资产 历史项目信息 各类资源的定额标准和计算规则 项目活动清单 活动特性 资源的可获得性 项目工期及工期管理计划 项目活动资源需求估计的假设前提条件	专家调查法 资料统计法 统一定额法 三点技术 项目管理软件法	活动资源需求 更新的活动特性 资源分解结构 资源日历 必要的变更

怎样才能较为准确、全面地估计项目活动的资源需求呢？首先我们需要充分地输入信息，充分地考虑和项目活动资源需求相关的诸多因素，在此基础上选择适当的确定方法，最后给出需要的答案。

对于一个给定的项目活动，需要考虑很多的因素来估计其资源需求。通常这些影响项目活动资源需求的因素包括以下几个方面：

（一）资源的适用性

在选择资源时，要尽可能地使其具有最大的适用性。这样，我们不但要考虑资源本身的质量和供给状况，还要考虑项目活动的需求、可以付出的成本，以及使用这种资源最想达到的目的，进行综合权衡。

（二）资源的可获得性

在确定项目活动资源的需求时，有关什么资源、在什么时候、以何种方式可供项目利用是必须要加以考虑的，否则，资源需求计划作得再好也是没有实际意义的，而通常项目活动所需的资源并不是可以随时随地获得的。尤其是一些稀缺资源，比如具有特殊技能的专家、昂贵的设备等。所以在确定活动资源需求的时候，应当在满足项目活动顺利实施的前提下，尽量选择通用的资源类型，以确保项目活动资源在需要的时候可以得到。

（三）项目日历和资源日历

项目日历和资源日历确定了可用于工作的资源的时间。资源有资源的可供应的时间，项目有项目的运作时间，这两个时间表并不必然一致（例如一些项目仅在法定的工作时间内可以进行，而资源随时都可以供应）。所以，必须提前作出工作安排。

（四）资源质量

不同的活动对资源的质量水平要求是不同的，在确定资源需求的时候必须保证资源的质量水平满足项目活动实施的要求。

（五）资源使用的规模经济和规模不经济

一种情况是资源投入得越多，单位时间区段的成本反而会逐渐减小，而且使得项目进度加快。这主要是由于规模经济的原因，分摊了一些成本和加快了学习曲线效应。但是，如果我们不断增加分配给某个活动的资源数量，当该资源的数量达到某一程度时，再增加该类资源，常常不会使该项活动的工期缩短。也就是说，超过这一数值时，再增加资源对于该项活动来说不仅是无效的，而且会逐渐减少收益，这是规模不经济现象。

（六）关键活动的资源需求

在确定资源需求的时候，应当分析活动在整个项目中的重要性。如果是关键环节上的活动，那么对该活动的资源需求应当仔细规划。

（七）活动的关键资源需求

在活动所需的资源中，肯定有些资源是十分关键的、稀少的和不可替代的。因此，应当着重考虑关键资源的需求问题，通过增加该项资源的储备、加大采购提前期、准备多个供方等措施来确保活动工期不因关键资源的问题而受到影响。

（八）项目活动的时间约束和资源成本约束的集成

确定项目活动资源需求是除了要考虑资源的使用性质以外，还应从集成管理的角度来考虑所使用资源的成本和时间。当人们以各不相同的形式来实施项目的活动时，各个活动的资源组合形式影响着项目成本和进度。比如，要完成某项活动，如果采用机械设备需要2天完成，成本是1万元；而采用人工完成需要4天，成本2000元。

（九）资源蕴含的风险

在确定资源需求时，还应当分析资源蕴含的风险。项目是一次性的和独特性的努力，存在着许多风险。这些风险因素都会对项目活动的资源需求产生重大影响。

（十）活动资源储备

在进行活动资源需求估计的时候，应当考虑活动资源的储备，特别是对关键活动和活动的关键资源。通过增加活动资源储备可以增强项目的风险承受能力和应对能力。

二、项目活动资源需求估计的输入依据

（一）企业环境因素

在项目活动资源估计过程中，我们需要使用企业环境因素中关于基础资源可得性的信息。这些信息包括但不限于以下内容：

（1）组织或者公司的文化和结构。

（2）政府和行业标准、质量标准和工艺标准。

（3）现有设备和资本资产。

（4）现有人力资源。

（5）人事管理（如雇用和解雇指南、员工绩效评审、培训记录）。

（6）公司授权系统。

（7）干系人风险容忍程度。

（8）商业数据库（如标准化的成本估算数据、行业风险研究信息和风险数据库）。

（9）项目管理信息系统（如自动化的成套工具、进度软件工具、配置管理系统以及信息收集和分发系统）。

（二）组织的过程资产

组织的过程资产包括正式的和非正式的政策、程序、计划和指南，还包括完整的进度计划、风险数据等。组织的过程资产可以根据行业类型、组织和应用领域的不同而用不同的方法来组织。例如，组织的过程资产可以分为两类：

1. 组织的过程和程序

（1）组织的标准程序，比如标准、政策（如安全健康政策、项目管理政策）、标准产品和项目生命周期，以及质量政策和程序（如过程监督、目标改进、核减清单、标准化的过程定义）。

（2）标准化的指南、工作说明、建议评估标准、绩效评估标准。

(3) 组织沟通需求（如沟通技术、沟通媒介、保密要求）。

(4) 项目终结指南或需求（如财务审计、项目评估、产品确认和接受标准）。

(5) 财务的控制程序（如时间报告、必需的花费和支出评审、会计法规、标准的合同条款）。

(6) 问题和缺陷管理程序，该程序确定了问题和缺陷控制、问题和缺陷识别与解决以及缺陷管理的追踪。

(7) 变更控制程序，包括正式的公司标准、政策、计划和程序，任何项目文档确定的步骤，每项变更如何批准和确认。

(8) 风险控制程序，包括风险分类、可能性定义和影响、可能性和影响矩阵。

2. 获取和保存信息以及共享知识库

(1) 项目文档（如范围、成本、进度和质量基准、绩效测度基准、项目日历、项目进度网络图、风险等级、计划的反映行动和定义的风险影响）。

(2) 历史的信息和经验教训知识库。

(3) 问题和缺陷管理数据库。

(4) 配置管理知识数据库。

(5) 财务数据库。

（三）历史项目信息

这是指已完成的同类项目在项目所需资源、项目资源计划和项目实际消耗资源记录等方面的历史信息。此类信息可以作为新项目编制资源计划的参考资料，它可以使人们为新项目建立的资源需求和计划更加科学。通常一个项目结束后就应该做出项目有关文件的备份和档案，以便将来作为历史信息使用。

（四）各类资源的定额、标准和计算规则

这是指项目资源计划编制中需要参考的国家、地方、民间组织和企业有关各种资源消耗的定额、标准和计算规则等方法的规定。

（五）项目活动清单

项目活动清单是在项目工作分解结构的基础上进一步分解得到的。项目活动清单应当内容完整，又不包括任何不必成为项目范围一部分的活动。

（六）活动特性

活动特性包括职责（由谁执行这项工作）、地理位置或地点（在何处进行这项工作）和活动类型（总结或详述）。活动特性是活动定义过程的交付物，它会随着项目计划过程的开展而不断得到更新和完善。

（七）资源的可获得性

一般来说，可以使用潜在的资源可获得性的信息来估计资源需求。这种知识包括资源从哪些地方可以得到，什么时候可以获得等。例如，在项目的早期设计阶段，资源库可能只是限于初级和高级工程师。但是，到了项目的收尾期，资源库可能缩小为那些参加过早期的工作并对项目非常了解的人。

（八）项目工期及工期管理计划

工期管理计划是项目管理计划组成部分，虽然最初的项目工期及其管理计划还没有完全制定出来，但是初步的一些工期要求信息完全可以用在活动资源需求估计中，而且日渐成熟的工期计划和日渐成熟的资源需求估计还是相互影响和制约的。

（九）项目活动资源需求估计的假设前提条件

项目活动资源需求估计的假设前提条件是对项目活动所涉及的一些不确定性条件的人为假设认定，这是为了开展需求估计工作所必须要作出的假设认定。项目活动的假设前提条件同样会直接影响项目活动资源需求的估计，而且不同的假设前提条件会要求有不同的项目活动需求估计。

三、项目活动资源需求估计的工具和技术

对项目活动资源需求进行精确估计是不容易的。对于比较熟悉的、常规的项目活动可以获得相对比较准确的估计。而在缺乏经验的时候，估计结果的精度会大大下降（如对一些创新项目中的活动资源需求估计）根据项目特点的不同，可以选择以下方法来进行项目的活动资源需求估计。

（一）专家调查法

所谓专家调查法是指运用一定的方法，将专家们个人分散的经验和知识集成群体的经验和知识，进而对事物的未来作出主观预测的过程。这里的"专家"是指对预测问题的有关领域或学科有一定专长或有丰富实践经验的人。常用的有关专家个人判断、专家会议和德尔菲法。

1. 专家个人判断

专家个人判断是指由项目管理专家根据自己的经验进行判断，最终确定项目活动资源需求的方法。

2. 专家会议

专家会议是指召开专家会议时，可以互相启发，通过讨论或辩论，互相取长补短，求同存异，同时由于会议参加人多，占有信息多，考虑的因素也会比较全面，有利于得出较为正确的结论。但其缺点是容易受一些心理因素的影响（例如，专家面对面讨论时，容易屈服于权威和大多数人的意见），这些都不利于得出活动资源需求的合理的预测结论。

3. 德尔菲法

德尔菲法是在专家个人判断和专家会议的基础上发展起来的。它最早出现于20世纪50年代末期，美国兰德公司首次将德尔菲法应用于预测中。德尔菲法是采用匿名函询的方法，通过一系列简明的调查征询表向专家们进行调查并通过有控制的反馈，取得尽可能一致的意见，对事物未来作出预测。德尔菲法预测过程实际上是一个由被调查专家们集体交流信息的过程。其主要特点是匿名性、反馈性和收敛性。德尔菲法简单易行，用途广泛，费用较低，在大多数情况下可以得到比较准确的预测结果。

（二）资料统计法

资料统计法是进行活动资源估计的一项重要方法。它是指使用历史项目的统计数据资料，计算和确定项目活动资源需求的方法。在这种方法中使用的历史统计资料要求有足够的样本量，总量指标可以分为实物量指标、劳动量指标和价值量指标。其中，实物量指标是指项目所需资源的数量；劳动量指标是指项目所需人力的数量；价值量指标是指项目所需资源的货币价值。利用这种方法计算和确定项目资源计划，能够得出比较准确合理和切实可行的结果。但是这种方法要求有详细的历史数据，所以这种方法的推广存在一定的难度。

（三）统一定额法

统一定额法是指使用国家或民间统一的标准定额和工程量计算规则去制定项目资源计划的方法。所谓统一的标准定额是由权威部门制定的为完成一定量项目工作所需消耗和占用的资源质量和数量限额标准。

（四）三点技术（Three Duration Technique）

三点技术经常使用在活动历时估算上，也可以应用在活动资源需求估计中。活动资源需求总是受到多种因素的影响，即使重复进行同一项活动，其实际资源消耗量也不一定总保持一致。因此，我们可以选用三点技术来进行活动资源的需求估计。

这种方法要求对活动作三类估计：乐观的、悲观的和最可能的。乐观估计假设活动所涉及的所有事件均对完成该活动有利，这时的需求估计是完成活动的最少资源需求；悲观估计假设所有活动涉及的事件均对完成活动不利，此时的资源需求是完成活动的最多资源需求；最可能的估计是指通常情况下完成活动的资源需求。

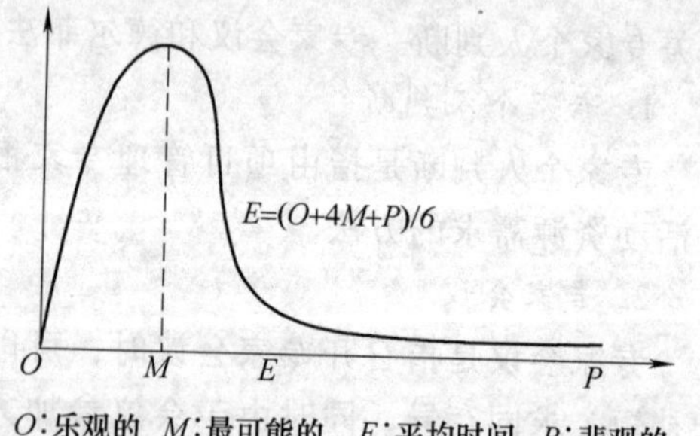

图 7-5 三点技术确定活动项目资源需求

在得到这三类估计以后，通过以下公式可得到作业的平均时间 E，即 $E=(O+4M+P)/6$，如图 7-5 所示。

（五）项目管理软件法

项目管理软件可以有助于计划、组织和管理资源库，并可以编制项目活动资源需求估计。现在市场上已经有许多项目资源计划编制方面的通用软件系统(如美国微软公司开发的PROJECT系列软件、美国Primavera公司开发的P3软件等)。使用这类软件系统一般必须首先对项目活动所需要的每项资源进行编码，每一类型的资源需要一个资源代码。由于不同的软件系统有不同的功能和特性，所以对这些软件则需要根据项目活动的具体情况进行选用。

四、项目活动资源需求估计的输出结果

通过采用各种项目活动资源估计方法，最终可以确定每项活动需要的资料目录和资源水平，同时还可以获得其他一些与资源需求相关的文档资料。

(一) 活动资源需求

活动资源估计过程的输出应当包括各个工作包中每项活动所需要的资源类型和数量的描述和说明。这些需求累计之后就能够确定各个工作包中的资源需求。资源需求描述的数量和详细水平可以根据应用的不同而有所不同。每项活动的资源需求文档包括每项资源的基本估算，决定使用哪种资源类型的假设，以及它们的可获得性，此外还有数量。活动资源需求估计还要明确什么时候需要什么资源。必要时，可以画出资源的需求曲线和示意图，可供将来活动历时估算时使用并且可以配合项目的进度计划。

(二) 更新的活动特性

与输入的活动特性相比较，输出的活动特性中包括了每个活动需要的资源类型和数量，而且还反映了来自活动资源估计过程中的变更。同时它也是活动历时估计的输入条件之一。

(三) 资源分解结构

资源分解结构是通过资源分类和资源类型来识别资源的层次结构，它是项目分解结构的一种，通过它可以在资源需求上制定出进度计划，并可以通过汇总的方式向更高一层汇总资源需求和资源可用性。

当一个项目的组织分解结构将项目的工作分别分配给了项目团队和项目组织的其他成员以后，项目管理还需要使用这种项目资源分解结构去说明在实施这些工作中有权得到资源的情况，以及项目资源的整体分配情况。

(四) 资源日历

资源日历确定了项目中所有资源在该项目中共同要遵守的工作日和工作时间。项目资源日历确定了每个可能的工作时期中每项资源可获得的数量。

(五) 必要的变更

活动资源估计过程可能导致作一些变更，增加或者减少活动清单中计划的内容。必要的变更可以通过集成变更控制来予以评审和变动。

第五节 项目活动历时估算

一、项目活动历时估算的概念

活动历时估算是指根据项目范围和资源的相关信息为进度表设定历时输入的过程。历时估算的输入通常来自项目组中对特定活动最熟悉的个人或群体。估算通常是逐步拟定的，同时此过程需考虑输入数据的质量和可获取性。因此，可以假定此估算将逐步精确，并且其质量水平是已知的。项目队伍中最熟悉具体活动性质的个人或团队应当完成（至少是批准）历时估算。

项目的活动历时估算在项目管理中起到很重要的作用，在此基础上可以进行工作计划的制定与项目进度控制，并给各种活动分配相应资源，而项目成本是和完成项目所需要的时间紧密相关的。只有比较准确地估算出项目的时间之后，才能够对项目各方面的工作有比较全面的了解，实现有效的项目管理。

对项目的时间进行估算，需要分别估算项目各个活动所需要的时间，然后根据项目活动的排序来确定整个项目所需要的时间。若项目的活动时间估算过短，则会使项目组织处于被动紧张的状态；若项目活动的时间估算过长，则会延迟项目的完成，可能使项目失去大好的获利机会。

项目活动历时估算需要考虑活动所消耗的实际工作时间，其中可以利用前述的 WBS 工作方法。在估算出为完成一个活动所需要的工作时段数后，通常也要考虑间歇时间。例如，如果混凝土养护需要四天时间，则根据下列情况它可能需要 2 ~ 4 个工作时段数：①每周从哪一天开始；②周末是否作为工作日。大多数编制进度计划的计算机软件会自动解决这一问题。

项目总历时也可以用这里介绍的工具和方法来估算，但是，通过进度计划编制结果来计算更为适当。项目组可将项目历时作为概率性随机分布或作为单点估计。

项目活动历时估算的主要工作如表 7-4 所示。

表 7-4 项目活动历时估算的主要工作

输入依据	工具和方法	输出结果
活动清单 约束条件 假定 资源需求及资源能力 历史信息 已确定风险	专家评定法 类比估算法 基于数量的历时法 三点法 预留时间	活动历时估算 估算的基础 更新的活动清单

二、项目活动历时估算的输入依据

项目历时估算输入依据包括活动清单、约束条件、假定，资源要求及资源能力，历史信息和已确定风险四个方面。其中项目活动清单、约束条件、假定在前面已经叙述，在此不再重复。

（一）资源要求及资源能力

项目活动的时间取决于资源的数量和质量。大多数项目活动的时间将受到分配给该工作的资源数量的影响。如当人力资源减少一半时，工作的延续时间一般来说将会增加一倍；另外，大多数项目活动的时间也受到项目所能够得到的资源质量的影响。这种资源要求及资源能力因素包括参与人员的熟练程度、突发事件、工作效率、误解和错误等方面。

1. 参与人员的熟练程度

对项目活动的时间进行估算一般以典型的工人或者工作人员的熟练程度为基础而进行的。但在实际工作中，事情很难正好如此，相关活动人员的熟练程度可能高于平均水平，也可能低于平均水平。这就使得活动进行的实际时间会与计划时间不一致。

2. 突发事件

在项目的实际进行中，总是会遇到一些意料不到的突发事件，在比较长期的项目中尤其如此。这些突发事件均会对活动的实际需要时间产生影响。在计划和估算阶段考虑所有的可能突发事件是不可能的，也是不必要的，但是在项目实际进行时，需要有所准备，并随时进行相应调整。

3. 工作效率

参与项目的工作人员不可能永远保持同样的工作效率。例如，一个人的工作被打断，继续进行时就需要一定时间才能达到原来的工作速度，而干扰无时无处不在，且无法预知，也无法完全消除，因此，它的影响也是事前无法确定的。

4. 误解和错误

虽然在计划时尽可能详尽，但总是无法避免实施过程中的误解和失误。这就需要随时加以控制，以便一旦出现错误及时予以纠正。而这又会使得实际工作所需要的时间与预计时间不相同，造成一定程度的延误。

（二）历史信息

许多种类活动的历史信息可以从下列一个或多个来源获取，即项目文档、商业历时估算数据库、项目队伍的知识。

1. 项目文档

参与项目的一个或多个组织可能保存了对以前项目结果的详细记录，而这样的记录细节可能有助于进行历时估算。在一些应用领域，项目队伍成员个人可能保留了这样的记录。

2. 商业历时估算数据库

历史信息通常可通过商业渠道获取。当活动历时不是由实际工作内容（如工程项目中混凝土养护需要多长时间、政府组织对某项请求作出回应需要多长时间等）决定时，这些数据库将特别有用。

3. 项目队伍的知识

项目队伍中成员应该保存对以前项目的实际或估算历时的记忆。这类记忆信息可能非常有用，但其可靠程度通常比文档记录要低。

（三）已识别的风险

项目组在估算活动历时的时候需要考虑有关已识别的风险的相关信息，因为风险对于历时有着重要的影响。项目队伍需考虑在每一活动的基线历史估算中应以何种程度计入风险的影响，包括可能性较高或影响较大的风险。

三、项目活动历时估算的工具和技术

对活动所需要的时间进行精确估算是不容易的，因此比较熟悉的业务可获得相对比较准确的估计，而在缺乏经验的时候估算就带有相当的不确定性。在项目进展中，可以获得更多的经验和认知，从而得出比事前更准确的估算，这就需要进行重新计划、重新安排剩余的工作。进行时间估算的方法主要有专家评定法、类比估算法、基于数量的历时法、三点法、预留时间（应急）等几种，在具体的实际应用过程中可根据需要来决定采用其中的哪一种。

（一）专家评定法

当项目涉及新技术领域或不熟悉的领域时，项目管理人员由于不具备专业技能，通常很难作出正确、合理的时间估算，这就要借助项目管理专家的知识和经验，对项目活动的时间作出权威的估算。如果找不到合适的专家，估算结果往往不可靠且具有较大风险。

（二）类比估算法

类比估算法是指以从前类似活动的实际历时为基本依据估算未来活动的历时。类比估算法经常在项目详细信息有限的情况下使用（比如在项目的早期阶段）。类比估算法也是一种专家评定法。

通常情况下，类比估算法在以下两个条件同时成立时将是非常可靠的：①和以前活动在本质上而不是表面上的相似；②进行估算的个人掌握必要的专门技术。

（三）基于数量的历时法

由工程所确定的每一特定类型工作所需完成的工作量（如电缆米数等），乘以生产率（如每小时电缆米数等），所得结果可用于估算活动历时。

（四）三点法

三点法是最常用的一种模拟法。其步骤是首先确定项目各个活动所需要的时间分布，进而利用各个活动时间分布的结果来确定各个活动可能的时间分布。三点法首先估计出项目各个活动的三种可能时间：最乐观时间、最悲观的时间和最可能的时间，然后应用概率的方法计算出各项活动作业时间的平均值和方差。具体见图6-7。

（五）预留时间（应急）

项目队伍可以选择编制一个附加的时间表，称为预留时间，或应急时间，并将之作为认可的进度风险添加至活动历时或进度计划的其他地方。预留时间可以是估算时间的一个百分比，或者若干工作时间段。在日后可获取更准确的项目信息时，预留时间可减少或去除。这种预留时间应当与其他数据和假定一起归档。

四、项目活动历时估算的输出结果

（一）活动历时估算

活动历时估算是对完成某一活动可能需要的工作时段数量的定量估算。这种估算的结果要求在任何时候都以某种指标表明可能结果的变动范围。例如：

（1）3周+/－2天，表明该活动至少需要13天（15－2），最多不超过17天（15+2）。

（2）超过3周的概率为15%，表明该活动只需要3周或少于3周的概率高达85%。

这种定量指标需要利用合适的形式表达出来，以作为项目风险管理对不确定性的关注。

（二）估算的基础

在进行估算时，我们所作的各种合理假定都必须以基础文档的形式保留下来，以作为备查资料。这也是我们进行风险管理和控制的关键依据之一。

（三）更新的活动清单

同活动定义阶段一样，我们每一步的工作之后，都要进行活动清单的更新工作。这也是本阶段的重要输出物之一。

第六节　项目进度计划编制

一、项目进度计划编制的概念

（一）编制项目进度计划

项目进度计划就是确定项目活动的起始和完成日期。它是在工作分解结构的基础上，对项目活动进行一系列的时间安排。它要对项目活动进行排序，明确项目活动必须何时开始以及完成项目活动所需要的时间。编制项目进度计划的主要目的是控制节约项目的时间，保证项目在规定的时间内能够完成。

项目进度计划的编制应依据前面所涉及的项目进度管理过程的结果，主要是用来决定项目活动的开始和结束日期。如果起始和完成日期不现实，则项目就不大可能按期完成。在进度计划定稿之前，进度计划的编制过程必须反复进行（连同提供输入的过程，尤其是历时估算和成本估算过程）。编制进度计划的最终目标，是建立一个现实的项目进度计划，并为监控项目进展情况提供一个基础。

总之，通过编制项目进度计划，有利于项目实施的井然有序，并使项目的各个子项目及任务都能以进度计划为依据形成一个有机的整体。

项目进度计划的主要工作如表 7-5 所示。

表 7-5 项目进度计划的主要工作

输入依据	工具和方法	输出结果
项目网络图 活动历时估算 资源需求 项目作业制度安排 资源库描述 日历 约束条件 项目活动提前和滞后的时间	数学分析 历时压缩 模拟法 资源平衡导向器 项目管理软件	项目进度计划 详细依据 进度管理计划 资源需求更新

（二）制约因素

项目进度计划的编制受到多种制约因素的影响。应该采用哪一种进度计划方法，主要应考虑项目的规模大小、项目的复杂程度、项目的紧急性、对项目细节掌握的程度、总进度是否由一两项关键事项所决定、有无相应的技术力量和设备六种因素：

1. 项目的规模大小

很显然，小项目应采用简单的进度计划方法；大项目为了保证按期按质达到项目目标，就需考虑较复杂的进度计划方法。

2. 项目的复杂程度

这里应该注意到，项目的规模并不一定总是与项目的复杂程度成正比。

3. 项目的紧急性

在项目急需进行阶段，特别是在开始阶段，需要对各项工作发布指示，以便尽早开始工作，此时，如果用很长时间去编制进度计划，就会延误时间。

4. 对项目细节掌握的程度

如果在开始阶段的细节无法掌握，CPM 和 PERT 法就无法应用。

5. 总进度是否由一两项关键事项所决定

如果项目进行过程中有一两项活动需要花费很长时间，而这期间可把其他准备工作都安排好，那么对其他工作就不必编制详细复杂的进度计划。

6. 有无相应的技术力量和设备

例如，没有计算机，CPM 和 PERT 进度计划方法有时就难以应用。而如果没有受过良好训练的合格技术人员，也无法胜任用复杂的方法编制进度计划。

此外，根据情况不同，还需要考虑客户的要求，能够用在进度计划上的预算等因素。到底采用哪一种方法来编制进度计划，要全面考虑以上各个因素。

二、项目进度计划编制的输入依据

（一）项目网络图

项目网络图确定了项目活动的顺序以及这些活动相互之间的逻辑关系和依赖关系，项目进度计划的编制主要就是按照项目网络图来确定项目活动之间的关系。

（二）活动历时估算

项目活动历时的估算是通过上一节介绍的估算方法和估算程序得到的。

（三）资源需求

资源需求是指项目活动对资源数量和质量方面的需求。它对项目进度产生影响。具体来说，资源需求就是项目的各项活动在何时需要何种资源，以及当项目的几项活动共用一种资源时，如何进行合理的资源平衡，从而确定如何安排项目各项活动的进度。

（四）项目作业制度安排

项目作业制度的安排直接关系着项目进度计划的编制，如项目进度计划编制必须考虑项目团队一周的工作日是 5 天还是 7 天。

（五）资源库描述

在编制进度计划时，知道在何时以何种形式取得何种资源是必要的。例如，如果某种共享或关键资源的可用性很不可靠，那么就很难对共享资源编制进度计划。在资源库描述中，详细资料的数量和程度是不同的。例如，某咨询项目的初步进度计划的编制可能只需要知道在某一具体时间范围内有两个咨询工程师可供调用，然而，同一项目的最后进度计划却必须说明具体哪两个咨询工程师可供调用。

（六）日历

项目和资源日历表明了可以工作的时段。项目日历影响所有的资源，如一些项目只能在正常营业时间进行，而另一些项目则可全部在三班进行。

资源日历影响某一具体资源或一类资源。例如，某一项目团队可能在休假或参加培训；一个劳务合同可能限定某些工人在一周内的某几天工作。

（七）约束条件

约束条件在前面的章节里我们也有描述。在制定项目进度计划过程中，必须考虑以下两类约束条件：

1. 强制日期

项目发起人、项目顾客或其他外部因素（如技术项目的市场窗口、环境恢复项目的法院裁决完成日）可能要求在某规定的日期之前完成某些可交付物。

2. 关键事件或主要里程碑

项目发起人、项目顾客或其他项目干系人可能要求在某一规定日期前完成某些可交付物，一旦确定下来，这些日期就成了预期时间，一般只有在非常困难时才可能改动。

（八）项目活动提前和滞后的时间

项目进度计划定义项目活动的关系时，需要了解项目活动提前和滞后的时间，如项目某些活动需要提前的准备时间，也有些活动需要一些滞后的时间，才能开始后续的活动。

三、项目进度计划编制的工具和技术

在编制项目进度计划时，先用数学分析方法计算出每一个活动最早开始和结束时间与最迟开始和结束时间，得出时间进度网络图，再根据资源因素、活动时间等来调整活动的进度，最终形成最佳活动进度计划。

（一）数学分析

数学分析就是在不考虑资源库约束条件的情况下，计算所有项目活动的最早和最迟开始和完成日期。计算出来的日期还不是进度计划，而仅表明在给定的资源限制和其他约束条件下该活动可能安排的时段。最常用的数学分析技术有：

1. 关键路径法（CPM）

关键路径法（Critical Path Method，CPM）是根据指定的网络顺序逻辑关系和单一的历时估算，计算每一个活动的单一的、确定的最早和最迟开始和完成日期。CPM 的核心是计算浮动时间，确定哪些活动的进度安排灵活性最小。基本的 CPM 算法经常应用在其他类型的数学分析中。

2. 图形评审技术（GERT）

图形评审技术（Graphical Evaluation and Review Technique，GERT）以对网络逻辑关系和历时估算进行概率处理（即某些活动可能根本就不实施，某些活动可能只有部分实施，而另一些活动则可能实施多次）。

3. 计划评审技术（PERT）

计划评审技术（Program Evaluation and Review Technique，PERT）是利用网络顺序逻辑关系和加权历时估算来计算项目历时。虽然有些表面的差别，但是，PERT 同 CPM 的主要差别在于前者使用分布平均（期望值），而不是像 CPM 那样使用最大可能估算，现在PERT本身已很少使用，PERT活动历时计算如图7-6所示。

(二) 历时压缩

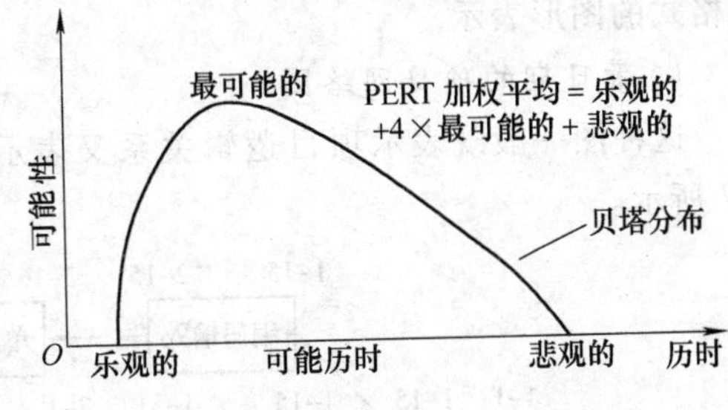

图7-6 PERT活动历时计算

历时压缩是数学分析的一种特殊情况，用来寻找在不改变项目范围的条件下缩短项目进度的途径。例如，在满足强制日期或其他的进度目标的条件下，通过历时压缩尽量有效地缩短项目运行周期。历时压缩的技术主要有赶工和快速跟进。

1. 赶工

赶工是指对成本和进度进行权衡，确定如何以最小的成本增加取得最大的历时压缩。赶工并不一定能提出切实可行的替代方案，相反有时会导致成本的增加。

2. 快速跟进

快速跟进是指将一般情况下顺序实施的串行多项活动改为并行进行的一种历时压缩方法。这种例子很多。例如，对软件项目在设计完成之前就开始编写程序；又如，对石油加工项目在设计完成25%之前就开始基础施工。这种快速跟进的方法同样也会有风险存在，即它经常导致返工，而且一般要增加成本。

(三) 模拟法

这种方法在前一节中已经有所描述，在此就不再重复说明。

(四) 资源平衡导向器

数学分析得到的初步进度计划通常会在某些时段中，由于需求的资源超过实际可利用的资源或者需求的资源水平发生变化无法进行管理。利用资源平衡导向器可以用来编制一个反映这一类约束条件的进度计划。这种导向器可以把比较紧缺的资源优先分配到关键路线活动上去。资源平衡的结果通常会使得整体项目进度计划历时比初步进度计划长。这种技术有时称作“资源基本法”，特别是在用计算机进行优化的时候。资源限制下的进度编制是资源平衡的一种特殊情况，它的导向器是可用资源的数量限制。

四、项目进度计划编制的输出结果

(一) 项目进度计划

项目进度计划至少包括每一详细活动的计划开始日期和预期完成日期。需要注意的是，项目进度计划在资源分派被确认之前只是初步方案。一般情况下，资源分派应该在项目计划制定完成前进行。

项目进度计划可以以摘要或详细的形式表示，称为“控制性进度计划”。它可以用表格（如带日期的工作任务分配表）表示，但更经常的是利用一种或多种格式的图形表示。

1. 带日期的项目网络图

这种图一般既表示项目逻辑关系又表示处在项目关键路径上的活动，如图7-7所示。

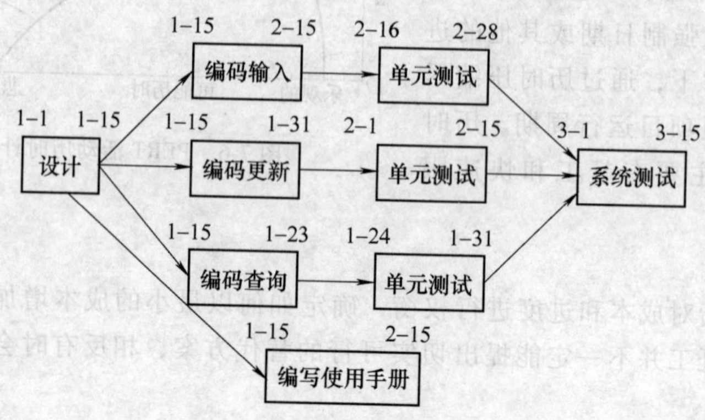

图 7-7　带进度日期的项目网络图

2. 甘特图

甘特图又叫横道图，表示活动的开始、完成日期及预期的活动历时，但一般不表示依赖关系。这种图主要用于项目计划和项目进度安排。甘特图是一个二维平面图，横维表示进度或活动时间，纵维表示工作包内容。它简便易懂，常用于管理计划的介绍，如图7-8所示。

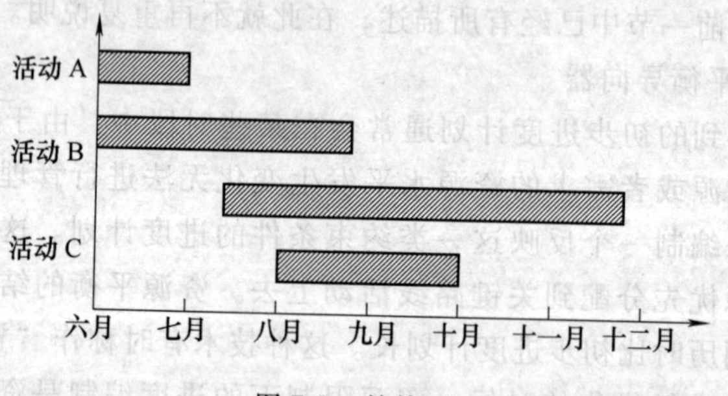

图 7-8　甘特图

图中横道线显示了每项工作的开始时间和结束时间，横道线的长度表示了该项工作的持续时间。甘特图的时间维决定着项目计划粗略的程度，根据项目计划的需要，可以以小时、天、周、月等作为度量项目进度的时间单位。如果一个项目需要一年以上的时间才能完成，则可选择周甘特图或月甘特图；若一个项目需要一个月左右的时间就能完成，则选择日甘特图将更有助于实际的项目管理。

除了传统的甘特图以外，还有带有时差的甘特图和具有逻辑关系的甘特图。

(1) 带有时差的甘特图。网络计划中，在不影响工期的前提下，某些工作的开始和完成时间并不是唯一的，往往有一定的机动使用时间，即时差。这种时差在传统的甘特图中并未表达，而在改进后的甘特图中可以表达出来，即我们所说的带有时差的甘特图，如图 7-9 所示。

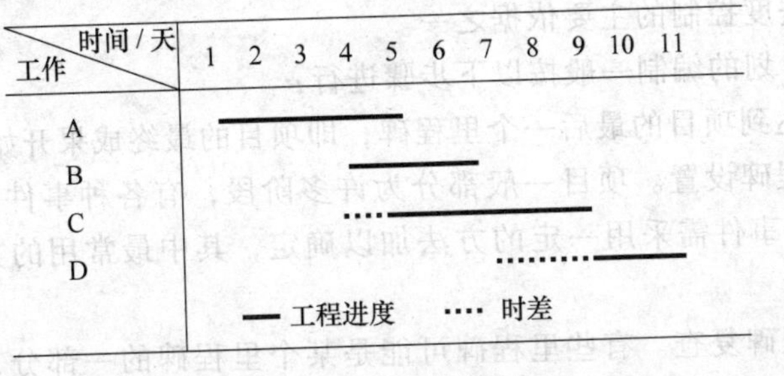

时间 / 天
工作
1 2 3 4 5 6 7 8 9 10 11
A
B
C
D
工程进度
时差

图 7-9 带有时差的甘特图

(2) 具有逻辑关系的甘特图。甘特图把项目计划和项目进度安排两种职能组合在一起。所以，在绘制甘特图时，必须能表示各项工作之间的关系。但是传统的甘特图并不能做到这一点。例如，如果某一项工作不能如期完成，将有哪些工作会受到影响，这些在传统的甘特图中不能显示。而在改进后的具有逻辑关系的计特图中，就可以清楚的将工作之间的这些关系表示出来。这就是我们所说的具有逻辑关系的甘特图。如图 7-10 所示。

时间 / 天
工作
1 2 3 4 5 6 7 8 9 10 11
A
B
C
D
E
工程进度
时差

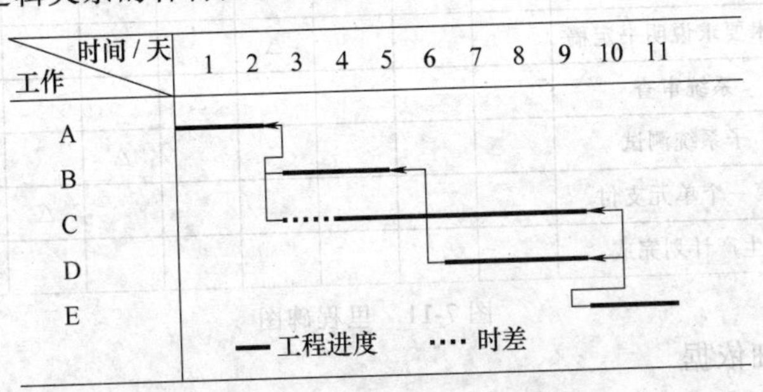

图 7-10 具有逻辑关系的甘特图

上述两种类型的甘特图，实际上是将网络计划原理与甘特图两种表达形式进行有机结合的产物，其同时具备了甘特图的直观性，又兼备了网络图各工作的关联性。

3. 里程碑图

里程碑计划是以项目中某些重要事件的完成或开始时间点作为基准所形成的计划，是一个战略计划或项目框架，以中间产品或可实现的结果为依据。它显示了项目为达到最终目标而必须经过的条件或状态序列，描述了项目在每一阶段应达到的状态，而不是如何达到。里程碑计划是项日进度计划的表达形式之一。

里程碑计划的编制方式主要有两种：

（1）编制进度计划以前，根据项目特点编制里程碑计划，并以该里程碑计划作为编制项目进度计划的依据。

（2）编制进度计划以后，根据项目特点及进度计划编制里程碑计划，并以此作为项目进度控制的主要依据之一。

里程碑计划的编制一般按以下步骤进行：

（1）从达到项目的最后一个里程碑，即项目的最终成果开始反向进行。

（2）里程碑设置。项目一般都分为许多阶段，有各种事件，到底哪些事件可作为里程碑事件需采用一定的方法加以确定，其中最常用的方法是“头脑风暴法”。

（3）里程碑复查。有些里程碑可能是某个里程碑的一部分，有些里程碑则可能应该设置而尚未设置，这些问题均需通过复查的方式加以处理。

（4）分析每条因果路径。找出逻辑依存关系，并加以修改、完善。

（5）编制里程碑计划。里程碑计划通常可用里程碑图或表的形式表达。

里程碑图与甘特图相似，但仅表示主要可交付成果的计划开始和完成时间以及关键的外部界面，如图 7-11 所示。

里程碑事件	一月	二月	三月	四月	五月	六月	七月	八月
签署分包合同			△					
技术要求说明书定稿				△				
系统审查					△			
子系统测试						△		
第一个单元支付							△	
生产计划完成								△

图 7-11 里程碑图

（二）详细依据

项目进度计划的详细依据至少包括所有设定的假设和约束条件文档以及各种应用方面的详细说明。详细依据的数量因应用领域而异。

（1）在建筑项目中，它可能包括资源柱状图、现金流预测，以及订货和交货时间表。

（2）在电子项目中，它可能只包括资源柱状图。

（三）进度管理计划

项目进度管理计划说明了进度中何种程度的变化需要进行管理。根据项目的需要，它可以是正式的或是非正式的；十分详细的或基本框架的。它是整体项目计划的一个附属部分。

（四）资源需求更新

资源平衡和活动清单更新对资源需求的初步估算可能产生很大的影响。所以在项目进度计划的编制中，会出现对初步估算的资源需求的改动，因此在进度计划的编制过程中应对这些改动进行整理，重新编制项目资源需求文件。

第七节　项目进度控制

一、项目进度控制的概念

项目的进度计划为项目的实施提供了科学、合理的依据，从而确保了项目可以如期完成。但是在进度计划的实施过程中，由于外部环境的变化，项目的实际进度经常会与进度计划发生偏离，如果不能及时纠正这些偏差，就可能会导致项目延期完成，甚至影响到项目目标的实现。

项目进度控制就是根据项目进度计划对项目的实际进展情况进行对比、分析和调整，从而确保项目进度目标的实现。项目进度计划控制的主要内容包括：

（1）确定项目的进度是否发生了变化，如果发生了变化，找出变化的原因，如有必要就要采取措施加以纠正。

（2）对影响项目进度变化的因素进行控制，从而确保这种变化朝着有利于项目目标实现的方向发展。

项目进度控制的主要工作如表7-6所示。

表7-6　项目进度控制的主要工作

输入依据	工具和方法	输入结果
项目进度计划 绩效报告 变更请求 进度管理计划	偏差分析 进度变更控制系统 绩效测量 补充计划编制 项目管理软件	进度计划变更 纠正措施 从中吸取的教训

二、项目进度控制的输入依据

（一）项目进度计划

批准后的项目进度计划也称为进度基准计划，它是整体项目计划的一个组成部分，是项目进度控制的主要依据。它为衡量进度的执行情况提供了基准尺度，是测量和报告进度绩效的基础。

（二）绩效报告

绩效报告提供了有关项目进度计划执行的实际情况，以及进度绩效的相关信息。例如，哪些活动已经如期完成；哪些活动尚未按期完成。绩效报告还可以提醒项目团队关注哪些是可能会影响进度的活动。

（三）变更请求

变更请求就是项目团队对项目进度任务提出改动的要求，可以要求推迟进度或者加快进度。变更请求可能以多种形式表达（口头或书面的、直接或间接的、从外部提出的或从内部提出的、法律强制的或可以选择的）。

（四）进度管理计划

进度管理计划是指调整原定计划的计划。它是进行项目进度调整的主要原则依据。

三、项目进度控制的工具和技术

（一）偏差分析

在进度监控过程中进行偏差分析，这是时间控制的一个关键部分。将目标日期与实际的预测的开始和结束日期相比较，可以为检测偏差、在进度延迟的情况下执行纠正措施等提供有用的信息。浮动偏差也是评估项目时间—绩效的一个核心的计划编制部分。应特别注意关键活动和次关键活动（即按递增浮动的顺序，分析十个次关键路径）。

（二）进度变更控制系统

进度变更控制系统定义了改变项目进度计划应该遵循的程序。它包括书面文字工作、追踪系统以及核准变更所必需的批准层次。进度变更控制应当作为项目的整体控制的一部分，同整体变更控制系统有机地结合起来进行。

（三）绩效测量

绩效测量技术有助于估算确实发生的任何变化的大小。进度计划控制的一个重要部分就是决定进度的偏差是否需要采取纠正措施。例如，非关键路径活动的大延误，对整体项目进度可能影响不大；而处于关键路径或接近关键路径的活动即使有非常小的延误，也可能要求立即采取纠正措施。

（四）补充计划编制

很少有项目能完全精确地按照预定计划进行。为了实现项目进度或者进度要求，在项目实施的过程中，需要不断地对原有计划进行调整或者增加新的内容。因此，未来的变化可能需要新的或修订的活动历时估算、更新活动顺序或替代进度计划分析。

（五）项目管理软件

项目管理软件能够跟踪和比较计划日期和实际日期，预测（实际的或潜在的）进度变更的后果，因此是进度计划控制的有力工具。

四、项目进度控制的输出结果

项目进度控制的输出结果包括进度计划更新、纠正措施、从中吸取的教训三个方面。

（一）进度计划更新

进度计划更新就是对用于管理项目的进度信息所进行的修正。必要时，要将变更通知有关的项目干系人。进度更新可能要求，也可能不要求对整体项目计划进行调整。

修订是一种特殊的进度计划更新。修订是指对已经批准的项目进度计划的开始和完成日期进行修改。这些日期通常只为反映项目范围的变化时才做相应修订。在某些情况下，进度延误可能非常严重，所以需要“重新确定基准计划”才能提供测量进度执行所需的真实数据。

(二) 纠正措施

为了将项目未来预期的执行情况控制在项目计划范围内所做的任何事情都称纠正措施。在时间管理方面的纠正措施通常是加快进度，即为确保某一活动按时完成或尽可能少延误而采取的特殊措施。

(三) 从中吸取的教训

有关偏差的原因，所选纠正措施的理由以及从时间控制吸取的其他形式的教训都应记录归档，使之成为本项目以及日后执行组织其他项目时可加以利用的历史数据库的组成部分。

专业术语

项目时间管理　活动定义　活动排序　活动资源需求估计　活动历时估算　进度计划编制　项目进度控制　资源平衡　资源说明　活动清单　约束条件　假设条件　里程碑图　网络图　前导图(PDM)　箭线图(ADM)　网络模板法　三点法　贝塔分布　专家调查法　图示评审技术(GERT)

思考题

1. 什么是项目进度管理？它的主要过程是什么？
2. 项目进度管理的干扰因素有哪些？
3. 进度计划在执行中的调整有哪几种情况？
4. 你是如何理解项目活动定义的？为什么要对项目活动进行定义？简述活动定义的主要过程。
5. 进行项目活动资源需求估计的时候应考虑哪些主要因素？
6. 比较各项目进度计划编制方法的区别。
7. 计划评审方式有哪些优势与不足？
8. 关键路径是什么？项目经理为什么应当关心它？
9. 关键路径时间的何种特性使其具有关键性？关键路径是如何确定的？
10. 假设一个项目有这样的活动排序：B、C 只有在 A 完成后才能进行，D 在 B、C 完成后可以立即开始，E 在 D 完成后才能开始（见表 7-7）。试用前导图和箭线图来表示该项目的网络图。

表 7-7 思考题 10 表

活动	正常时间/周	赶工时间/周	正常费用/元	赶工费用/元
A	7	6	7000	8000
B	2	1	5000	7000
C	4	3	9000	10200
D	5	4	3000	4500
E	2	1	2000	3000
F	4	2	4000	7000
G	5	4	5000	8000

11. 下面的网络图（见图 7-12）已经估计了正常时间，并标示在活动的节点下方：

（1）确定关键路径。

（2）完成项目的工期是多少？

（3）表格中是正常、赶工时间和费用。为使原计划减少 2 周，应缩短哪些活动的时间？增加的费用是多少？关键路径有没有变化？

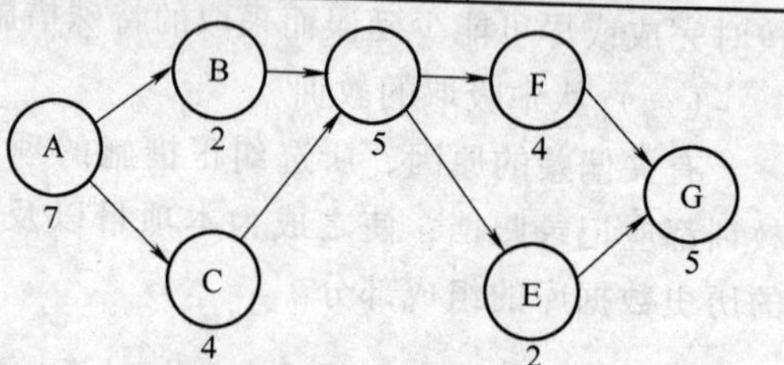

图 7-12 思考题 11 图

案例

如何制定新型打印机产品项目的进度计划？

A 公司是 B 集团公司持股的子公司，专门制造打印机。现在 A 公司打算开发一种新型的打印机产品，已经在公司内部选定了一个项目经理，并从其内部职能部门抽调人员组建了项目团队。该项目团队十分重视制定进度计划，打算为项目选择一种适当的进度安排方法。项目经理已根据公司领导层对该项目的期望为选择过程订立了如下的原则：简单；能够显示事件的工期、工作流程和事件间的相对顺序；能够指明计划流程和实际流程、哪些活动可以同时进行，以及距离完工还有多长时间。生产部门代表偏好使用甘特图，财务方面的代表建议使用 PERT，而助理项目经理倾向使用 CPM。

问题：

1. 你认为大家提出的各个进度安排方法对本项目来说各有什么优缺点？
2. 如果你是项目经理，你会采用哪种方法，为什么？

第八章　项目风险管理

通过本章学习，了解项目风险的概念和类型、项目风险管理的内容、项目风险管理的过程。重点掌握项目风险管理的过程、项目风险识别的方法和项目风险评价的方法。

第一节　项目风险管理概述

海尔集团总裁张瑞敏曾经这样阐述自己的项目决策原则："如果有50%的把握就上马，有暴利可图；如果有80%的把握才上马，最多只有平均利润；如果有100%的把握才上马，一上马就亏损。"毫无疑问，商业上的风险与机会是并存的。所有的项目都含有风险，没有风险的项目是不存在的。相对于为冒险所投入的资源而言，接受某些风险可能会产生更加令人满意的、合适的收益水平，这不仅是单纯的直觉上的认识，也是人们普遍认同的观点。风险既涉及到威胁，也涉及到机会。能够较好地理解风险的性质，并对它们进行有效地组织管理，不仅可以避免不可预见的灾难，而且可以获得更加可靠的利润率，减少应急费用，将释放的资源用于其他任务，并抓住别人认为可能"风险太高"而放弃的有利机会。

一、风险的概念

风险一词包括了两方面的内涵：一是指风险意味着出现了损失，或者是未实现预期的目标；二是指这种损失出现与否是一种不确定性的随机现象，可以用概率表示出现的可能程度，但不能对出现与否作出确定性判断。因此，对于风险这一复杂性概念，单纯从范畴的角度去界定是不够的，有学者尝试从风险要素的交互角度去理解风险的本质，以下是其中具有代表性的两种：

（1）美国人Chicken和Posner在1998年提出，风险应是损害和损害暴露度两种因素的综合，并给出了表达式：

$$风险 = 损害 \times 暴露度$$

式中，暴露度是指风险承受者对风险的暴露程度，它暴露了风险发生的频率和可能性。

（2）我国杜端甫教授认为，风险是指损失发生的不确定性，是因对未来的决策及客观条件的不确定性，可能引起的后果与预定目标发生多种负偏离的综合。并给出了如下公式：

$$R = F(P,C)$$

式中，R 表示风险；P 表示不利的事件发生的概率；C 表示不利事件发生的后果。

项目的一次性使其不确定性要比其他一些社会经济活动大许多，因而项目风险的识别和管理也就困难和迫切的多。

项目不同阶段有不同的风险，项目风险大多会随着项目的进展而变化，项目不同阶段的风险性质和风险后果也不一样。项目大量风险存在于项目的早期，而早期决策对项目后续阶段和项目目标的实现影响也非常大。

一些项目管理专家对项目风险的定义是：项目风险是所有影响项目目标实现的不确定因素的集合。一般来讲，项目风险具备下列要素：

（1）事件（不希望发生的变化）。

（2）事件发生的概率（事件发生具有不确定性）。

（3）事件的影响（后果）。

（4）风险原因。

项目风险是项目执行期间的风险。由于项目都是一次性的，因此其不确定性比其他经济活动大得多，因而项目风险的可预测性也相对较差。在进行重复性的生产和经营活动时，可以根据历史资料和同行业的经验数据来进行预测，而每个项目都有自身不同的具体问题，风险的预测也困难得多。

二、项目风险的类型

项目风险的类型有很多。不同类型的项目有不同的风险，相同类型的项目根据其所处的环境、项目客户与项目团队以及所采用的技术与工具的不同，其项目风险也是不尽相同的。根据不同的分类标准，可以对项目风险进行不同的分类。

一般按照项目风险的来源，可分为以下五类：

（一）技术、性能和质量风险

项目采用的技术与工具是项目风险的重要来源之一。一般说来，采用新技术或技术创新是提高项目绩效的重要手段，但这样也会带来一些问题。许多新的技术未经证实或并未被充分掌握，可能会影响项目的成功。另外，当人们出于竞争的需要，会提高项目产品性能和质量方面的要求，如果要求过高，也会形成项目风险。

（二）项目管理风险

项目管理风险包括项目过程管理的方方面面。例如，项目计划的时间、资源分配（包括人员、设备、材料）、项目质量管理、项目管理技术（流程、规范、工具等）的采用以及外包商的管理等。这些管理活动和过程中可能产生的矛盾和错误，都有可能造成项目的损失。

（三）组织风险

组织风险是指项目组织过程中所产生的风险。组织风险中的一个重要风险来源就是项目决策时所确定的项目范围、时间与费用之间的矛盾。项目范围、时间与费用是项目的三个要素，它们之间相互制约，不合理的匹配必然导致项目执行的困难，从而产生风险。项目资源不足或资源冲突方面的风险同样不容忽视，如人员到岗时间、人员知识与技能不足等。组织中的文化氛围同样会导致一些风险的产生，如团队合作和人员激励不当导致人员离职等。

（四）信用风险

信用风险贯穿项目的整个阶段。组成信用保证结构的各个项目参与者是否有能力履行其职责，是否愿意并能够按法律文件的规定在需要时履行其所承担的对项目融资的信用保证责任，就构成项目融资所面临的信用风险。提供项目信用保证的项目参与者（包括项目投资者、工程公司、产品购买者和原材料供应者）等的资信状况、技术和资金能力，以往的表现和管理水平等都是评价项目信用风险程度的重要指标。

（五）项目外部风险

项目外部风险主要是指项目的政治、经济、市场和金融环境的变化，包括与项目相关的规章或标准的变化，组织中雇佣关系的变化，如公司并购、自然灾害等。政治风险是指工程项目所在地的政治背景变化可能带来的风险。稳定的政治环境，会对项目管理产生有利的影响；反之将会给各市场主体带来顾虑和阻力，加大项目的风险。经济风险是指国家或社会一些大的经济因素的变化带来的风险，如通货膨胀引起材料价格和工资的大幅度上涨、外汇比率变化带来的损失、国家或地区有关政策法规如税收保险等变化而引起的额外费用等。自然风险是指自然因素带来的风险，如工程项目实施过程中出现超标准洪水、暴雨、地震等。市场环境和金融环境的变化，如价格的波动、利率和汇率的变动等，均会对项目产生一定的影响。这类风险对项目的影响和项目性质的关系较大，往往对项目的成功与否有实质性的影响。

此外，还可以把项目风险分为可接受的风险与不可接受的风险、短期风险与长期风险、积极的风险与消极的风险、可控制的风险与不可控制的风险、内部风险与外部风险等。

三、项目风险管理的含义和目标

风险是客观存在的，不以人的意志为转移，因此，风险管理必不可少。

所谓风险管理，就是人们对潜在的意外损失进行辨识、评估，并根据具体情况采取相应的措施进行处理，即在主观上尽可能做到有备无患，或在客观上无法避免时寻求切实可行的补救措施，从而减少意外损失或化解风险为我所用。

项目风险管理是对项目风险进行规划、识别、分析和应对的系统的过程，以科学的管理方法实现项目的最大安全保障。

风险管理是用系统的、动态的方法进行风险控制，以减少项目实行过程中的不确定性。它不仅使各层次的项目管理者建立风险意识，重视风险问题，防患于未然，而且在各个阶段、各个方面实施有效的风险控制，形成一个前后连贯的管理过程。

风险管理有四个方面的含义：一是项目全过程的风险管理，从项目的立项到项目的结束，都必须进行风险的研究与预测、过程控制以及风险评价，实行全过程的有效控制以及积累经验和教训；二是对全部各种类型风险的管理；三是全方位的管理；四是全面的组织措施。

为了更有效率地完成项目目标，使项目的成效更大，风险管理者必须设立最适当的项目管理过程，以达到下面的风险管理目标：

（1）使项目获得成功。

（2）为项目实施创造安全的环境。

（3）降低成本，提高利润。

（4）保证项目质量。

（5）保证项目按计划、有节奏地进行，使项目实施始终处于良好的受控状态。

（6）使竣工的项目效益稳定。

（7）树立信誉，扩大影响。

（8）应付特殊变故。

项目风险管理普遍适用于军事、工业、高新技术、建筑等不同领域中。对于研发项目、现代大型工程项目、国际承包工程项目等风险较大的项目，特别要注意对项目进行风险管理，以提高项目成功的概率。

四、项目风险管理的基本原则

项目风险管理的首要目标是避免或减少项目损失的发生。进行项目风险管理主要遵循以下原则：

（一）经济性原则

风险管理人员在制定风险管理计划时应以总成本最低为总目标，以最经济合理的处置方式把控制损失的费用降到最低，通过尽可能低的成本，达到项目的安全保障目标。这就要求风险管理人员对各种效益和费用进行科学的分析和严格核算。

（二）“二战”原则

“二战”原则即战略上藐视而战术上重视的原则。对于一些风险较大的项目，在风险发生之前，对风险的恐惧往往会造成人们心理和精神上的紧张不安。这种忧虑心理会严重影响人们工作效率。这时应通过有效的风险管理，让大家确信项目虽然具有一定风险，但风险管理部门已经识别了全部不确定因素，并且已妥善的作出了安排和处理。这是战略上藐视。而作为项目风险管理部门则要坚持战术上重视的原则，即认真的对待每一个风险因素，杜绝松懈麻痹思想。

（三）满意原则

不管采用什么方法，投入多少资源，项目的不确定性是绝对的，而确定性是相对的。因此，在风险管理过程中要允许一定的不确定性，只要能达到要求、满意就可以了。

（四）社会性原则

项目风险管理计划和措施必须考虑周围地区及一切与项目相关并受其影响的单位、个人对该项目风险影响的要求。同时风险管理还应充分注意有关方面的各种法律、法规，使项目风险管理的每一步骤都具有合法性。

五、项目风险管理的意义与作用

随着经济的全球化和社会活动的大型化，世界市场趋向一体化，各行各业正面对着高不确定性的环境条件，面临着不同层面的危险，从而使风险管理日趋重要，成为项目管理不可或缺的一环，并对保证项目实施的成功具有重要作用。

（1）项目风险管理能促使项目实施决策的科学化、合理化，降低决策的风险水平。项目风险管理利用科学的、系统的方法管理和处置各种项目风险，有利于该项目组织减少或消除各种经济风险、技术风险、决策风险等。这对项目科学决策以及正常经营具有重大意义。

（2）项目风险管理能为项目组织提供安全的经济环境。项目风险管理为处置项目风险提供了各种措施，从而消除了项目组织的后顾之忧，使其全身心地投入到各种项目活动中去，保证了项目的稳定发展。

（3）项目风险管理能够保证项目组织管理目标顺利实现，项目风险管理的实施可以使项目组织面临的风险损失减少到最低限度，并能在损失发生后及时合理地提供补偿，促使项目组织增加收入和减少支出，并获得稳定的、不断增长的利润，保证组织目标的实现。

（4）项目风险管理能促进项目组织经营效益的提高。项目风险管理是一种以最小成本达到最大安全保障的管理方法。它将有关处置风险管理的各种费用合理地分摊到产品、过程之中，减少了费用支出；同时，项目风险管理的各种监督措施也要求各职能部门提高管理效率，减少风险损失，这也促进了项目组织经营效益的提高。

第二节 项目风险管理方法

项目风险管理是针对有预警信息的风险，收集这类信息去识别和预测项目风险，并通过跟踪其发生和变化来采取各种措施进行控制。项目风险管理可分为风险规划、风险识别、风险分析、风险应对和风险监控等五个过程并相应地具有五种处理方法，如图 8-1 所示。

一、风险规划

风险规划是指制定项目风险管理的一整套计划。它主要包括在项目整个生命周期中，如何构架和执行风险管理的识别、分析、应对、监控等各个过程，如选择合适的风险管理方法、确定风险判断的依据等。在进行风险规划时，要根据过去的经验以及该项目的项目规划、参加者的情况、外界环境状况等进行综合考虑。

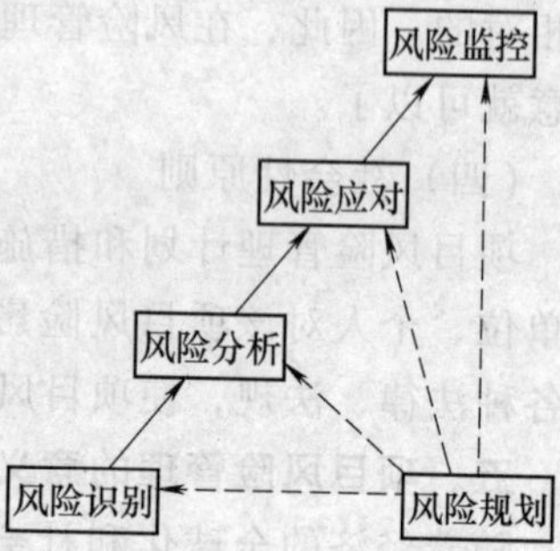

风险监控
风险应对
风险分析
风险识别
风险规划

图 8-1 项目风险管理过程

二、风险识别

项目风险识别是指运用一定的方法判断在项目周期中已面临的和潜在的风险。识别风险可以通过感性认识和经验，更重要的是通过运用会计、统计、项目执行情况和风险记录进行分析、归纳和整理项目风险的识别过程。首先对项目人员和物资的构成与分布进行全面的分析和归类，然后对人和物资面临的和潜在的风险进行识别和判断。项目风险的识别不是一次性行为，而应贯穿整个项目的始终。

风险识别包括识别内在风险及外在风险。内在风险是指项目工作组能加以控制和影响的风险，如人事任免和成本估计等。外在风险是指超出项目工作组的控制和影响力之外的风险，如市场转向或政府行为等。

风险识别是管理风险的重要步骤，根据项目的性质，从潜在的事件及其产生的后果和潜在的后果以及后果产生的原因来检查风险。在收集、整理项目可能的风险并充分征求各方意见后形成项目的风险列表。

项目风险识别的依据：①风险管理计划。项目风险管理计划是规划和设计如何进行项目风险管理的过程。它定义了项目组织及成员风险管理的行动方案及方式，指导项目组织选择风险管理方法。项目风险管理计划针对整个项目生命期制定如何组织和进行风险识别、风险评估、风险量化、风险应对及风险监控的规划。②项目规划。项目规划中的项目目标、任务、范围、进度计划、费用计划、资源计划、采购计划及项目承包商、业主方和其他利益相关方对项目的期望值等都是项目风险识别的依据。③历史资料。项目风险识别重要依据之一就是历史资料，即从本项目或其他相关项目的档案文件中或从公共信息渠道中获取对本项目有借鉴作用的风险信息。④风险种类。风险种类是指那些可能对项目产生正面或负面影响的风险源。项目的风险种类应能反映出项目所在行业及应用领域的特征，掌握了个风险种类的特征规律，也就掌握了风险识别的钥匙。

对项目风险进行识别的方法很多，主要有以下四种方法：

（一）系统分解法

项目风险识别最常用的一种方法就是将一个复杂的项目分解成比较简单的和容易认识的子系统或元素，从而识别出各个子系统或元素的风险的方法。比如，投资建造一个饮料罐装厂项目时，可将项目风险分解为市场风险、投资风险、技术风险、环境污染风险等，然后对这些项目风险再进一步地分解，如市场风险可包括原材料价格的上涨、竞争对手的行动等。

（二）德尔菲（Delphi）法

此方法已在第七章第四节作过介绍，此处不在赘述。

（三）头脑风暴法

此方法已在第六章第二节进行阐述，此处不再赘述。

（四）情景分析法

情景分析法是根据未来发展趋势的多样性，通过对系统内外相关问题的系统分析，设计出多种未来可能面临的情景，然后对各种情景进行详细的描绘和分析。这种描绘可以用图表、曲线或文字给出。当项目时间持续较长时，往往要考虑各种经济、技术和社会因素的影响，这时可以考虑用情景分析法来预测和识别其关键风险因素及其影响程度。如果设计因素较多，分析计算比较复杂时，还可以借助计算机进行模拟。这种方法一般先给出项目状态或情况的描述；然后假定某种关键因素发生了变化，分析变化后项目整个情况将会如何，会有什么样的风险发生，风险发生的后果怎样等。

三、风险分析

确定了项目的风险列表之后，接下来就可以进行风险分析了。风险分析的目的是确定每个风险对项目影响的大小。风险分析可分为两个方面：定量分析与定性分析。风险分析方法常用的有主观评分法、决策树法、层次分析法、模糊风险综合评价、故障树分析法和蒙特卡罗模拟法。定量分析技术在很大程度上取决于统计方法，如蒙特卡罗模拟法。定性分析技术更依赖于主观判断，如启发式的研究。

（一）项目风险的定性分析方法

项目风险的定性识别最简单的办法就是把识别出的风险列在一个表中，最严重的放在最上面，其余按照其后果的严重程度由大到小依次排列。通常我们会事先考虑一个风险评价基准。例如，从经济风险的角度，设立20万人民币为风险评价基准。超过该评价基准的风险予以保留，小于的则从表中删除。要注意的是表中的风险及其排序只是暂时的，它们会随着时间的变化而变化，因此需要不断地加以更新。定性分析的方法有很多，如主观评分法、层次分析法等。这里介绍主观评分法。

主观评分法是在识别出每一个风险之后，为每一个风险赋予一个权值，例如从0～10的一个数。0说明没有风险，10说明风险最大，然后将各个风险的权值相加，再与风险评价基准进行比较。下面是一个主观评分法的例子。

设某项目要经过5个工序。表8-1的横向是项目识别出的前5个重要风险；表的纵向是项目的5个工序。假设项目整体风险评价基准为0.6。每个工序的5个风险权值从左至右加起来，和数放在表的最右边一列；再把这5个和数相加，得到该项目的实际全部风险权值。接着计算最大风险权值的和，它等于表的行数乘以列数再乘以表中的最大风险权值。项目的整体风险水平就等于实际全部风险权值和除以最大风险权值和。

将项目的整体风险水平与项目整体风险评价基准进行比较，如果前者小，则项目可以进行；如果前者大，则要考虑是否终止项目。

表8-1 主观评分法算例

风险类型 / 工序 / 风险权值	费用风险	工期风险	质量风险	组织风险	技术风险	各工序风险权值和
可行性研究	5	6	3	7	8	29
设计	5	4	7	2	8	26
试验	6	2	3	3	8	22
施工	9	7	2	5	2	25
试运行	2	2	1	4	3	12
						114

表中的最大风险权值是9，最大风险权值和 $=5\times5\times9=225$

实际全部风险权值和是114，项目整体风险水平 $=114/225=0.501$

项目整体风险水平要低于整体风险评价基准0.6，因此该项目的整体风险水平可以接受，项目可以继续进行下去。

（二）项目风险的定量分析方法

对已经识别出来的项目风险进行量化估计，要注意三个概念。

（1）风险影响。它是指一旦风险发生可能对项目造成的影响大小。如果损失的大小不容易直接估计，可以将损失分解为更小部分再评估它们。风险影响可用相对数值表示，建议将损失大小折算成对计划影响的时间表示。

（2）风险概率。它用风险发生可能性的百分比表示，是一种主观判断。

（3）风险值。它是评估风险的重要参数。“风险值”＝“风险概率”×“风险影响”。如：某一风险概率是25%，一旦发生会导致项目计划延长4周，因而，风险值＝25%×4周＝1周。

对于一个具体的风险，我们可以评估其对项目主要目标的影响，如对成本、进度、范围、质量的影响。通过计算各主要目标的具体的风险值进行比较，从而找出哪些风险需要重点监控。

对于项目整体风险的分析通常使用蒙特卡罗模拟法（Monte Carlo Simulation）来进行分析。蒙特卡罗模拟法是随机地从每个不确定风险因素中抽取样本，之后进行一次整个项目计算，重复进行成百上千次，模拟各种各样的不确定性组合，获得各种风险组合下的结果，并使用统计方法处理这些结果数据，找出其中的规律。例如，把这些结果值从大到小进行排列，统计出各个值可能出现的次数，用这些次数的值形成频率分布曲线，就能够知道每种结果出现的概率是多大。根据统计学原理，还可以进一步确定最大值、最小值、标准差、方差、偏度等，更深入地对项目风险进行定量分析，为决策提供依据。图8-2是一个项目的进度日程的蒙特卡罗模拟图。

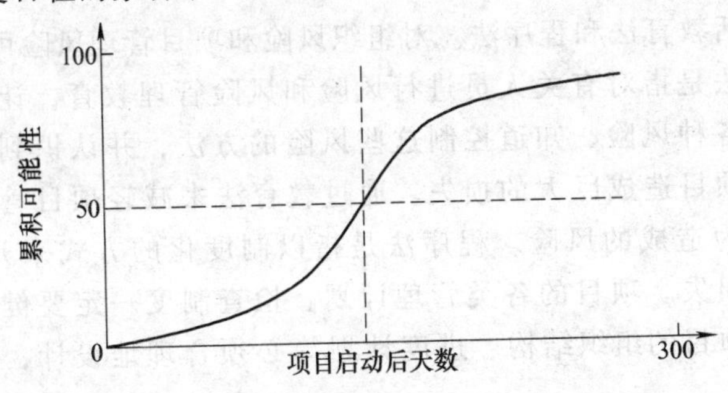

图8-2　一个项目的进度日程的蒙特卡罗模拟

四、风险应对

风险应对是指对项目风险提出处理的意见和办法。前面通过对项目风险的识别和分析，已经得到了项目风险发生的概率和损失严重程度的排列，再综合考虑项目的目标、内外部环境等因素，与公认的安全指标相比较，就可以得出项目的危险等级。如果项目的危险等级过高，超过了可以接受的限度，那么可以叫停项目。如果项目的危险等级在可接受的范围内，就需要针对项目存在的风险因素，决定采取什么措施来消除风险因素或减少风险因素的危险性，即制定风险应对计划。根据风险规划、风险排序，项目中利益相关者共同参与制定风险应对的计划。

一般来说，处理风险的措施有避免风险、预防风险、转移风险、自留风险和制定应急措施等。

（一）避免风险

避免风险是指当项目风险潜在威胁发生可能性太大，采取主动放弃或改变项目活动的方式，以避免与该项目活动相联系的风险的一种策略。这是一种最彻底的风险控制技术，可把风险消除在发生之前。如果通过风险评价发现项目面临着巨大的威胁，而又没有其他办法控制风险时，应当考虑放弃项目的实施，避免造成巨大损失。如果只是与某项活动相联系，可以改变该项目活动的性质。例如，对于存在不成熟性的技术坚决不在项目中使用，通过改变工艺流程的途径来避免风险。

（二）预防风险

预防风险是指事先采取一定的措施来防止风险因素出现或减少已存在的风险因素。预防风险包括有形和无形的方法。

有形法（如工程法），以工程技术为手段，消除物质性风险。可以在项目活动开始前，采取措施减少风险因素，也可以将风险因素分离分割，如把可能发生风险的单位分配到更多的工作环节中去，即“不要把所有的鸡蛋放在一个篮子里”。

无形法包括教育法和程序法。对组织风险和项目管理风险可以采用无形法来减轻。教育法是指对有关人员进行风险和风险管理教育，让他们充分了解项目所面临的各种风险、知道控制这些风险的方法，并认识到个人的错误和过失都可能给项目造成巨大的损失。通过教育法来减轻项目管理人员和相关人员的不当行为造成的风险。程序法是指以制度化的方式来开展项目活动，减少不必要的损失。项目的各类管理计划、检查制度一定要健全并得到认真执行。同时，项目的组织结构、进度计划等必须合理地设计，以保证项目的顺利进行。

（三）转移风险

转移风险措施多数是用在概率小，但是损失大，或者项目组织者很难控制的风险。这类风险可以通过合同或购买保险等方式来将其转移给分包商或保险商。

例如，可以用购买的方式直接从项目之外获取产品或服务，使用某种特定技术开发的风险可以通过与一个已掌握该项技术的组织签订技术合同来降低。项目组织者也可以通过分包合同，将风险较大的子项目转移给其他组织。例如，对于一般的建筑施工队来说，高空作业风险较大，可以转包给专业高空作业的工程队。在IT项目中常常使用合作伙伴和外包来分散风险。虽然这样做会带来利润的一部分流失，但减轻了项目本身的风险。

采用保险的方式来转移风险时，要注意承保的风险必须是纯粹风险，风险所致损失是能够预测的。表8-2是纯粹风险和投机风险的区别。

表 8-2　纯粹风险和投机风险

栏目	纯粹风险	投机风险
后果	只有损失而没有获利的可能	可能损失、可能获利
风险的起因	各种自然灾害，人们的行为不慎	政治、经济、科学技术等因素
预见值	符合大数法则，有规律可循	复杂，不易预见
影响	不会导致他人受益，对社会整体而言，是净损	一人受损，必导致他人受益，对社会整体而言，损失为零
对保险公司	可保	不可保

（四）自留风险

自留风险是将风险事件的不利后果自己承担下来。风险自留可以是主动的，也可以是被动的。主动承担是指在风险规划时对一些风险已有了准备，当事件发生时马上执行应急计划；被动承担是指事先并没有认识到某些风险的存在，当风险发生造成的损失不大、不影响项目大局时，通过内部融资，以弥补所遭受的损失。自留风险是最简单的风险应对方法，当采取其他方法的费用超过风险事件造成的损失时，就可以采取自留风险的方法。

（五）制定应急措施

制定应急措施就是对已识别的风险事件确定发生时的行动步骤，包括施救方案和应该采取的措施、实施步骤、相关人员的职责等。通常项目会预留应急费用于补偿未料到的风险损失。

在进行风险应对时，应当针对项目中不同风险的特点分别采用不同的应对措施，尽量减少风险造成的损失。

五、风险监控

风险监控包括两个层面的工作：一是跟踪已识别风险的发展变化情况，包括在整个项目周期内，风险产生的条件和导致的后果变化，衡量风险减缓计划需求；二是根据风险的变化情况及时调整风险应对计划，并对已发生的风险及其产生的遗留风险和新增风险及时识别、分析，并采取适当的应对措施。对于已发生过和已解决的风险也应及时从风险监控列表中调整出去。

最有效的风险监控工具之一就是“前 10 个风险列表”。它是一种简便易行的风险监控活动，是按“风险值”大小将项目的前 10 个风险作为控制对象，密切监控项目的前 10 个风险。每次风险检查后，形成新的“前 10 个风险列表”。

风险监控需要根据情况变化不断地进行，将情况的变化及时反馈，并根据对项目的影响程度，重新进行风险规划、识别、评价和应对，才能保证风险管理达到预期的目标。

专业术语

风险　风险管理　风险值　纯粹风险　投机风险　风险识别　风险分析　风险应对　风险监控　风险规划　风险评估　风险处理　风险规避　风险控制　风险说明　转移风险　应变计划　系统分解法　情景分析法

思考题

1. 风险有哪些要素？什么是项目风险？
2. 项目风险有哪些类型？
3. 项目风险管理要达到什么样的管理目标？
4. 项目风险管理有哪些步骤？
5. 编制风险规划时要考虑哪些影响因素？
6. 项目风险识别方法有哪些？
7. 什么是风险影响、风险概率、风险值？
8. 项目风险控制的方法有哪些？
9. 风险处理有哪些方法？
10. 对项目进行详细计划能否消除项目风险？
11. 工作分解结构和变更控制如何联系在一起？
12. 如果不使用变更控制过程很可能会导致何种后果？为什么？

案例

尼泊尔水电 BOT 项目实例

一、工程概况

工程区域内主要的岩石为花岗岩、千枚岩、石英岩和片麻岩。水电站装机容量为30MW，年均发电量 1.75 亿 kW·h，年利用小时数 5830h，安装 3 台单机容量为 10MW 的水轮发电机组，为跨流域引水式电站。工程主要由三部分组成：首部引水工程、长 4.43km 的隧洞引水工程和水电站厂区工程等。

我国葛洲坝水利工程集团公司与尼泊尔联合开发该项目。开发的资本债务比为 3:7，资本金占有比例分别为 80% 和 20%；占总投资 70% 的债务部分由葛洲坝集团公司负责筹集；项目所发电力由尼泊尔负责全部收购，收购电价按照 2000 年 6 美分/（kW·h）为基础电价，以后每年上涨 3%，连续上涨 15 年。

估计工程总成本为 5579.4 万美元，投资回收期为 7.12 年，财务净现值为 4370 万美元，财务内部回收率为 20.79%，财务指标优越。敏感性分析表明，本工程抗风险能力很强，即使在最不利的组合情况下，即投资增加20%、电价降低20%时，投资回收年限也只有9.03年，内部收益率为16.22%，贷款偿还年限为7年。可见，本工程的经济效益显著。

二、风险模型

根据附图构建该项目的风险模型，建立其风险的判断矩阵，并计算出各层权重及总权重排序。

按层次分析法，对影响项目的风险由专业人员组成的评估小组进行打分，得出风险判断矩阵，见表8-3（各种风险矩阵分别见表8-4~10），并求得归一化相对重要性排序权值W。

表8-3 BOT项目风险A的判断矩阵

A	B_1	B_2	B_3	B_4	B_5	B_6	W
完工风险B_1	1	7	5	1/3	7	8	0.33
政治风险B_2	1/7	1	1/2	1/7	1	2	0.06
经济风险B_3	1/5	2	1	1/5	2	5	0.12
生产风险B_4	3	7	5	1	7	9	0.37
法律风险B_5	1/7	1	1/2	1/7	1	5	0.09
环境/移民风险B_6	1/8	1/2	1/5	1/9	1/5	1	0.03

$\Lambda_{max}=6.58 \quad CR=0.09$

表8-4 完工风险B_1的判断矩阵

B_1	C_1	C_2	C_3	W
成本超支C_1	1	2	4	0.57
工期延误C_2	1/2	1	2	0.29
审批延误C_3	1/4	1/2	1	0.14

$\Lambda_{max}=3.0003$，$CR=0.0003$

表8-5 政治风险B_2的判断矩阵

B_2	C_4	C_5	C_6	W
政局稳定情况C_4	1	2	2	0.50
政策变动情况C_5	1/2	1	1	0.25
贸易情况C_6	1/2	1	1	0.25

$\Lambda_{max}=3 \quad CR=0$

表8-6 经济风险B_3的判断矩阵

B_3	C_7	C_8	C_9	C_{10}	W
金融发展情况C_7	1	4	3	5	0.50
市场情况C_8	1/4	1	3	3	0.28
电力输送情况C_9	1/3	1/3	1	2	0.14
项目建设水平C_{10}	1/5	1/3	1/2	1	0.08

$\Lambda_{max}=4.24 \quad CR=0.09$

表 8-7 生产风险 B_4 的判断矩阵

B_4	C_{11}	C_{12}	W
经营管理风险 C_{11}	1	5	0.83
技术风险 C_{12}	1/5	1	0.17

$\Lambda_{max}=2 \quad CR=0$

表 8-8 法律风险 B_5 的判断矩阵

B_5	C_{13}	C_{14}	C_{15}	W
法律完善程度 C_{13}	1	2	2	0.48
项目获准法律条款 C_{14}	1/2	1	2	0.33
项目违约法律条款 C_{15}	1/2	1/2	1	0.19

$\Lambda_{max}=3.07 \quad CR=0.06$

表 8-9 环境/移民风险 B_6 的判断矩阵

B_6	C_{16}	C_{17}	C_{18}	W
资源与环境保护 C_{16}	1	2	3	0.53
地区移民情况 C_{17}	1/2	1	2	0.31
自然灾害情况 C_{18}	1/3	1/2	1	0.16

$\Lambda_{max}=3 \quad CR=0$

表 8-10 子准则层中的判断矩阵

目标	权重	λ_{max}	CR
金融情况 C_7	(0.5 0.1 0.3 0.1)	4.06	0.02
市场情况 C_8	(0.1 0.29 0.61)	3.06	0.05
电力输送情况 C_9	(0.61 0.26 0.13)	3.01	0.02
水电项目建设水平 C_{10}	(0.12 0.53 0.34)	3.01	0.02
经营管理情况 C_{11}	(0.53 0.16 0.31)	3.01	0.02
技术情况 C_{12}	(0.57 0.27 0.15)	3.07	0.07

以上 λ_{max} 都经验证，矩阵符合一致性条件，为了进一步获得项目的可行性程度，根据尼泊尔的国情和我国葛洲坝水利工程集团公司的实际情况，以十分制为标准，给出各指标的正分值如表 8-11 所示。

表 8-11 各指标的正分值

C_1	C_2	C_3	C_4	C_5	C_6	C_{13}	C_{14}	C_{15}	C_{16}	C_{17}
5	5	6	9	9	6	9	9	9	5	5
C_{18}	D_1	D_2	D_3	D_4	D_5	D_6	D_7	D_8	D_9	D_{10}
6	8	7	6	8	6	7	6	5	6	7
D_{11}	D_{12}	D_{13}	D_{14}	D_{15}	D_{16}	D_{17}	D_{18}	D_{19}		
7	6	5	6	4	5	8	5	7		

根据结果假定各段分值所代表的风险程度，如表8-12所示。

表8-12　各分段值所代表的风险程度

8～10	满意	项目风险低，回报稳定
5～8	可行	项目风险较高，回报有一定的稳定性
5以下	放弃	项目风险过高，回报不稳定

经计算项目的整体风险为6.04，为第二段，有投资回报的可能性。同时我们需要经过认真研究、调查以确定是否投资。

三、项目风险分析

21世纪初，随着尼泊尔国内军事冲突结束、国家走向和平，政局基本稳定。尼泊尔与中国是友好邻邦，自古有商贸友好往来，经济也呈上升趋势。这对外国投资者来说具有一定的吸引力。尼泊尔是最早实施国际BOT项目的国家之一，因而相应的法律法规制度较为完备，吸引了国际上许多公司在该国开展BOT项目，包括水电站项目。在那里从事水电开发项目还是有发展前途的，因为那是一个水力资源丰富的国家，非常缺电，政府又缺少资金，因而政府出台了很多相关法律和法规，鼓励国际投资商开展BOT水电项目。由于人口并不多，民风纯朴，所涉及的移民人数并不是很大，问题也不很多。尼泊尔是一个发展中国家，在环境保护等方面的要求没有发达国家的要求高，因而有利于我国企业进入。葛洲坝集团公司能承担国内外各种大、中、小型水电项目的设计、施工，但从未经营运行过电站，因此在这方面存在一定的风险。但葛洲坝集团公司已在国内投资了两座电站，其中一座已开始发挥效益，另一座正在兴建，已积累了相当的经验。因此，从这方面来看，风险并不是特别大。

问题：

1. 试析运用层次分析法对BOT项目进行风险分析的优势。
2. 如果该项目存在风险，应采取怎样的应对及控制措施？

第九章　项目采购管理

采购是项目管理中的重要环节。本章主要介绍了项目采购的内容、类型、基本原则、程序、方式以及合同管理，重点掌握项目采购的计划编制、询价和合同管理等基本技巧。

第一节　项目采购管理概述

项目采购管理模式直接影响项目管理的模式和项目合同类型，对项目整体管理起着举足轻重的作用。项目采购管理是“为达到项目范围而从执行组织外部获取货物或服务所需的过程。”为简单起见，通常又把货物或服务（无论是一项还是多项）称为“产品”。所谓“执行组织”，一般称为业主或业主的代表，是业主方管理项目的组织。

一、采购

（一）采购的定义和分类

采购即设法搞到或采办，其含义不同于一般概念上的商品购买，它包含着以不同的方式通过努力从系统外部获得货物、土建工程和服务的整个采办过程。因此，世界银行（以下有时简称世行）贷款中的采购不仅包括采购货物，而且还包括雇佣承包商来实施土建工程和聘用咨询专家来从事咨询服务。

采购按照内容和方式可作如下分类：

1. 按采购的内容划分

按内容采购可分为以下三种类型，它们又分别属于有形采购和无形采购。

(1) 货物采购。货物采购属于有形采购，是指购买项目建设所需的投入物，如机械、设备、仪器、仪表、办公设备、建筑材料（钢材、水泥、木材等）、农用生产资料，并包括与之相关的服务，如运输、保险、安装、调试、培训、初期维修等。

此外，还有大宗货物，如药品、种子、农药、化肥、教科书、计算机等专项合同采购，它们采用不同的标准合同文本，可归入上述采购种类之中。

(2) 土建工程采购。土建工程采购也是有形采购，是指通过招标或其他商定的方式选择工程承包单位，即选定合格的承包商承担项目工程施工任务，如修建高速公路、大型水电站的土建工程、灌溉工程、污水处理工程等，并包括与之相关的服务，如人员培训、维修等。

（3）咨询服务采购。咨询服务采购不同于一般的货物采购或工程采购，它属于无形采购。咨询服务的范围很广，大致可分为以下四类：

1）项目投资前期准备工作的咨询服务，如项目的可行性研究、工程项目现场勘察、设计等业务。

2）工程设计和招标文件编制服务。

3）项目管理、施工监理等执行性服务。

4）技术援助和培训等业务。

咨询业务的采购通常按照1997年1月新出版的《世界银行借款人使用咨询专家的指南》中规定的程序办理。

2. 按采购方式划分

按方式采购可分为招标采购和非招标采购。

（1）招标采购主要包括国际竞争性招标、有限国际招标和国内竞争性招标。

（2）非招标采购主要包括国际、国内询价采购（或称“货比三家”）、直接采购、自营工程等。

一般采购的业务范围包括：

1）确定所要采购的货物或土建工程，或咨询服务的规模、种类、规格、性能、数量和合同或标段的划分等。

2）市场供求现状的调查分析。

3）确定招标采购的方式——国际/国内竞争性招标或其他采购方式。

4）组织进行招标、评标、合同谈判和签订合同。

5）合同的实施和监督。

6）合同执行中对存在的问题采取的必要行动或措施。

7）合同支付。

8）合同纠纷的处理等。

（二）采购和项目执行的关系

任何项目的执行都离不开采购活动。例如，农业项目需要采购农用机械、种子、农药、化肥；水利项目需要得到钢材、水泥、水泵和其他排灌设备；土建工程项目需要选定承包商来提供施工服务；技术援助项目需要聘请咨询专家。这些项目的投入物都是通过采购获得的。可以说采购工作是项目实施中的重要环节，甚至是一个项目建设成败的关键。如果采购工作方式不当或管理不得力，所采购的货物、土建工程和咨询服务就达不到项目要求，这不仅会影响项目的顺利实施，而且还会影响项目的效益，严重者还会导致项目的失败。

二、项目采购的基本原则

世界银行在《国际复兴开发银行贷款和国际开发协会信贷采购指南》（以下有时简称为《采购指南》或《指南》）中对项目采购提出下述四方面的基本要

求。

（一）经济性和效率性

项目的实施，包括所需货物和土建工程的采购，需要讲求经济性和效率性。

采购是项目实施或执行阶段的关键环节和主要内容，所以这里对采购的经济性和效率性特别予以强调。而货物（包括设备）和土建工程这两项采购额，按世行的统计，大约占其总支付额的90%（其中货物约占70%，土建工程约占20%），此外，服务约占10%。采购要在经济上有效，也就是说，所采购的工程、货物、服务应具有优良的质量，以及在合理的、较短的时间内完成采购，以满足项目工期的要求。

（二）均等的竞争机会

要在采购中给予合格竞争者均等的机会，就是要使所有来自世界银行合格货源国，即世界银行成员国和瑞士的公司都可以参加世界银行贷款项目的资格预审、投标、报价；所提供的货物、服务和与之相关的配套服务（如运输、保险等）也必须来源于合格货源国；所有来自合格货源国的厂商的资格预审申请、投标文件和报价都必须受到公正对待。

（三）促进借款国承包业和制造业的发展

世界银行作为一个国际开发机构，鼓励借款国厂商单独与外国合格厂商联合、合作。借款国可以通过世行规定的评标中的优惠政策，赢得更多的中标机会，以促进本国经济的发展。规定符合以下条件的借款国厂商可以享受到评标中的国内优惠。

1. 设备评标的国内优惠

1995年开始实行的这种评标优惠，将原《指南》的条件作了一定程度的提高，即在国际竞争性招标的前提下，对于提供在借款国内生产的货物的投标，只要其生产成本至少有相当于30%出厂价的金额是在借款国内构成的（原为20%），就可以在评标过程中享受15%的国内优惠。

2. 土建工程评标的国内优惠

国民人均（年）收入在635美元（这一标准是随世界经济的变化而调整的）以下的世界银行成员国承包商可以在工程项目评标中享受7.5%的国内优惠。享受该优惠的国内承包商和国内与国外承包商组成的联合体必须符合世界银行规定的条件。

（四）透明度

强调采购过程中的透明度的重要性，这是在以前的《指南》中指出的经济有效、机会平等和发展国内产业的三项原则基础上，新近加上的一条重要的要求。一些新增条款，如“利益冲突”，“公共部门参与招标，必须是财务、法律自主的”以及反欺诈及腐败条款，都是增加透明度的具体措施。

三、项目采购的主要过程

各种类型的项目采购，如工程项目采购、货物采购、咨询服务项目采购或IT项目采购都有其共性。在这里以PMI的PMBOK2000版中的项目采购管理过程为主线，重点介绍项目采购管理一般性的主要过程。

PMBOK项目采购管理的主要过程包括：

(1) 采购计划编制：决定何时采购何物。

(2) 询价计划编制：形成产品需求文档，并确定可能的供方。

(3) 询价：获得报价单、投标、出价，或在适当的时候取得建议书。

(4) 供方选择：从可能的卖主中进行选择。

(5) 合同管理：管理与卖方的关系。

(6) 合同收尾：合同的完成和解决，包括任何未解决事项的决议。

第二节 采购计划的编制

一、货物采购计划的编制

货物采购是一项复杂的工作，要把采购工作做好，购货方首先应清楚地了解所需采购货物的各种类目、性能规格、质量、数量要求及投入使用的时间，要了解国内外市场价格、供求情况、货物来源、外汇市场、支付方式以及国际贸易惯例等。因此，有必要建立一个完善的市场信息机制，并制定一个完整的货物采购清单和计划。

一般来说，货物采购计划应考虑以下几方面的因素：

(1) 采购货物的种类、数量、具体的技术规格、性能要求。要尽量根据项目的需要选用国际通用的标准和规格。

(2) 所采购货物预计投入使用时间，要考虑贷款成本、集中采购及分批采购的利弊等因素。

(3) 要根据市场结构、供货能力以及竞争性，确定采购的批量安排及如何分标，分几个标，每个标中包含哪些内容。

(4) 采购工作的协调。协调管理多批、多项、不同性质、不同品目的采购是一项复杂的系统工程，要建立强有力的管理机构。分标的基本原则是吸引更多的投标者参加投标，以发挥各供货商的专长，降低货物价格，保证供货时间和质量。

货物采购方式大致分为国际竞争性招标、国内竞争性招标、有限国际招标、询价采购、直接采购、自营工程等，但主要是以国际竞争性招标方式进行。选择合适的采购方式可以节省投资、节省外汇，加快采购速度。当然，选择哪种方式进行货物采购主要取决于项目评估报告和贷款协议或信贷协定的规定。

货物采购招标文件编制的主要准备工作如下：

（1）项目设计一般要求达到初步设计深度或相当于技术设计深度，才能确定货物采购要求。

（2）分标和分包，按照设计要求确定是单纯货物采购、按项目进行综合采购，还是按交钥匙方式要求进行采购，从而决定如何分标和分包。

（3）确定要求进行技术服务的项目以便列入招标要求。这些技术服务的项目包括培训，赴生产厂审查设计及质量检查，安装监督，调试等。

（4）确定资金来源。

（5）确定交货进度要求、交货地点，以及考虑有关运输。

（6）确定对供货商进行资格预审，还是资格后审。

二、货物采购的招标文件

招标文件在经过规定的审批程序之后就成为了招标采购的法律文件和唯一依据，其中明确规定了买卖双方的权利、义务、合同价格等。招标文件是投标和评标的依据，是构成合同的重要组成部分，构成了合同的基本框架。所以，招标文件的编制就显得尤为重要。

根据世界银行2001年1月新修订的世界银行贷款项目货物采购国际竞争性招标文件规定，货物采购的招标程序一般为：编制招标文件；发布招标公告；出售招标文件；接受投标；公开开标；评标；定标；发中标函；合同谈判及签订合同；提交履约保证；合同生效。货物采购招标文件一般包含7个方面的内容：投标邀请书、投标者须知、招标资料表、通用合同条件、专用合同条件、货物需求一览表、技术规格和格式样本等。

第三节 询价

一、概述

询价是从预期的卖主那里获取有关项目需求如何被满足的意见反馈（建议书或投标书）。本过程绝大部分使实际工作由可能的卖主承担，一般说来，这时候项目没有成本。

（一）询价的依据

（1）采购文档。

（2）合格的卖主清单。一些组织保存有可能的卖主清单或资料文件，这些清单中通常包括可能的卖主的相关经验和其他特点的信息。

如果这种清单不容易得到，项目队伍得自行搜集。一般性信息可以广泛地通过互联网、图书馆目录、相关地方协会、商业目录及类似来源获得。关于特定供方的详细资料可能需要更深入的工作，例如现场考察或与以往顾客联系。

采购文档可以发给部分或全部可能的卖主。

（二）询价的工具和技术

（1）投标者会议。投标者会议（也称标前会议）是在准备建议书之前与可能的卖主召开的会议，用于保证所有可能的卖主对采购（技术要求、合同要求等）有清楚和共同的理解。问题的答复可以作为补充并入采购文档。在这一过程中，所有可能的卖主应处于完全平等的地位。

（2）广告。通常可以通过在报纸等大众发行出版物或专业杂志等专业印刷品上刊登广告来扩充已有的卖主清单。一些政府管辖组织要求对某些类型的采购项目刊登公开广告；绝大多数政府组织要求在对政府合同进行分包时，必须刊登广告。

（三）询价的结果

建议书（或投标书）是卖方准备的说明，是提供所要求物品的能力和意愿的文档。它是按照有关采购文档的要求准备的。建议书（或投标书）能辅助口头的介绍。

（四）基本概念解释

1. 询价中的联络方式

在询价中，将“采购人员”与“技术人员”的姓名及联络电话告诉供应商，并不是要主动暗示供应商有什么暗盘的需要，那时因为如果采购的项目复杂且具技术性，则最好附上技术人员的姓名及公司联络电话以供其咨询，以澄清规格要求上的问题。

联络电话号码以公司的电话为宜，尽量避免给予采购人员或技术人员家里或私人的电话号码，以防止供应商可能在私底下互相授受，有瓜田李下的嫌疑。但是由于科技的进步，移动电话、E-mail 的使用变得越来越普遍，采购人员在很难避免与供应商单独联络的情况下，采购人员的品德操守就变得尤为重要。

2. 报价到期日

在询价中，为了方便采购比价作业的时程，报价的到期日应该让供应商有所了解，对于较复杂的产品，应该给予供应商足够的时间来进行估价。

在一些新产品开发的询价上，由于牵涉到业务机密的缘故，在对外询价时为了不让竞争对手知道而错失商机，会进一步让供应商签署一份“保密协定(Non Disclosure Agreement, NDA)”的文件，要求供应商在规范的年限内不能将新产品计划的名称、采购数量预测、询价的技术要求、规格、图面等资讯向外界透露。

3. 询价注意服务与保证期限

在采购一些机器设备，如冲床、塑胶射出机、测试仪器、半导体封装设备等时，供应商一般都会提供基本的售后服务与保证期限。如果此时有特殊的要求，例如要求延长保证期限，或改变售后服务的内容等等，因其牵涉到采购"总持有成本（Total Cost of Ownership，TCO）"，在询价时要注意此内容。

4. 询价中的付款条件

有关付款条件，虽然买卖双方都有各自的公司政策，买方希望付款时间越晚越好。相反，卖方当然是认为越早越好。买方有义务让卖方了解其公司内部的标准付款条件（在采购模具时，通常有"阶段性付款"的方式，如订金30%、第一次试模30%、验收40%），卖方也可在报价时提出其不同的要求，最后的付款条件则需买卖双方经协议后确定。

在处于买方市场时，在竞争性市场中供给超过需求，货品和/或劳务可容易地被取得，商业的经济力量倾向于导致价格接近于采购的预估价值，买方通常能以较优的付款条件来要求卖方配合，如选择"记账方式（O/A）"。但处于卖方市场，因为需求超过供给甚多，情况则恰好相反。卖方一般会选择较短的付款期来要求买方，如选择"货到付现"或"预付货款"。

另外，对于付款条件尚需要明确注明其时间计算的"付款起算日"，在国际贸易中通常国内供应商一般是以出货日（Shipping Date）、发票日（Invoice Date）或装船日（On Board Date）来起算付款到期的时间。这时如果国外买主的认定为抵达日（Arrival Date）或到厂日（Receiving Date）为起算日，中间就有可能相差一个月的时间，买卖双方均不可不慎。

5. 询价项目的"规格书"

规格书是一个描述采购产品品质的工具，应包括最"新版本"的工程图面、测试规格、材料规格、样品、色板等有助于供应商报价的一切资讯。工程图面必须是最新版本，如果图面只能用于估价也应一并在询价时注明。

如为国际采购，如果原始工程图面为英文之外的语言，如德文、法文、日文等，也应附上国际通用语言英文的译名，以双语（Bilingual）形式呈现以利沟通。若工程图面可以利用电子档案方式提供，则必须向供应商询问其接受的程度，在提供时应注意以国际共通的档案格式如DWG、IGES、DXF、PRO/E等，以方便供应商转换图档。不过，在利用电子邮件传递档案的同时，最好也同时提供一份清楚绘在图样上的工程图面，以避免在档案传递时发生资料误失。

二、询价采购的五个"注意事项"

（1）最大程度地公开询价信息。参照公开招标做法，金额较大或技术复杂的询价项目，其采购信息也应在省级、中央级媒体上发布，最起码应当在地级市的党报、采购网、电视台发布，扩大询价信息的知晓率，信息发布要保证时效性，让供应商有足够的响应时间，询价结果也应及时公布。通过公开信息从源头上减少"消息迟滞型"、"不速之客"现象的出现。

（2）更多地邀请符合条件的供应商参加询价。被询价对象确定要由询价小组集体确定。询价小组应根据采购需求，从符合相应资格条件的供应商名单确定不少于三家的供应商，被询价对象的数量不能仅满足三家的要求，力求让更多的符合条件的供应商参加到询价活动中来，以增加询价竞争的激烈程度。推行网上询价、传真报价、电话询价等多种询价方式，让路途较远不便亲来现场的供应商也能参加询价。

(3) 实质响应的供应商并非要拘泥于"三家以上"。政府采购法规定，只要发出询价邀请的供应商达三家以上即可，前来参加并对询价文件作实质响应的供应商并非要人为硬性地达到三家，但是起码要达到两家以上，询价采购由于项目一般较小往往让大牌供应商提不起兴趣，如果非得要达三家，询价极可能陷入"僵局"，重要的是要形成竞争，而非在供应商数量上斤斤计较。

(4) 不得定牌采购。指定品牌询价是询价采购中的最大弊病，并由此带来操控市场价格和货源等一系列连锁反应。在询价采购中定项目定配置定质量定服务而不定品牌，真正引入品牌竞争，将沉重打击陪询串标行为，让"木偶型"、"不速之客"绝迹于询价采购活动，让采购人真正享用到政府采购带来的质优价廉的好东西。

(5) 不单纯以价格取舍供应商。法律规定"采购人根据符合采购需求、质量和服务相等且报价最低的原则确定成交供应商"，这是询价采购成交供应商确定的基本原则。但是不少人片面地认为既然是询价嘛，那么谁价格低谁"中标"，结果导致供应商在恶性的"价格战"中获利无几，忽视产品的质量和售后服务。过低的价格是以牺牲可靠的产品质量和良好的售后服务为条件的，无论是采购人还是供应商都应理性地对待价格问题。不可否认，价格是询价中的关键因素，但绝非唯一因素，在成交供应商确定上要综合评审比较价格、技术性指标和售后服务等，在此基础上依法确定。

第四节 供方选择

一、供应商评估与选择

在供过于求的市场环境下，企业面临着诸多可供选择的供应商，并且许多企业推行国际化战略，在全球范围进行采购。这使企业对供应商的选择与评估变得更加复杂。因此供应商的评估与选择在实践中需要科学的方法与规范的程序来指导。

(一) 供应商评选的目标

现代企业处于一种动态的环境之中，必须随时根据内外环境的变化调整其行动策略。供应商惯例便是其中一个方面。企业从选择供应商开始就必须将此惯例纳入整个企业管理系统之中，以适应这一管理的需要。供应商评选的目标是：

1. 获得符合企业总体质量和数量要求的产品和服务

每一个采购企业都会有一套战略规划和方针。在选择供应商时，必须充分考虑该供应商与本企业的发展方向是否一致，以及其所提供的产品和服务能否满足本企业的质量与数量的要求。

2. 确保供应商能够提供最优质的服务、产品及最及时的供应

企业在选择供应商时及双方的供需关系确立以后，都必须将以上几点作为评选供应商的根本原则。

3. 力争以最低的成本获得最优的产品和服务

企业总是以追求利润为根本目标。因此，在供需关系发生后，采购方也会采取多种措施力争以最低的成本获得最优的产品和服务。能够提供最大供应价值的供应商是所有采购企业都希望与之合作的。

4. 淘汰不合格的供应商，开发有潜质的供应商，不断推陈出新

采购企业与供应商之间并非是从一而终的既定关系。双方都会不断地审视和衡量自身利益是否会在和对方的合作中得以实现，不符合自身利益的合作伙伴最终会被摒弃。

5. 维护和发展良好的、长期稳定的供应商合作关系

越来越多的企业意识到，同供应商发展战略伙伴关系更加有利于自身的长远发展，这是经过市场检验过了的基本规律。采购企业谋求的应该是同供应商的长期的伙伴关系。

（二）供应商评选的操作步骤

供应商的评估和选择程序可以归纳为图 9－1 中所示的七个步骤。在实际操作时，企业必须确定各个步骤的开始时间。每一个步骤对企业来说都是动态的（企业可以自行决定先后和开始时间），是一次改善业务的过程。

1. 分析市场竞争环境

分析市场竞争环境的目的在于找到针对哪些产品开发供应合

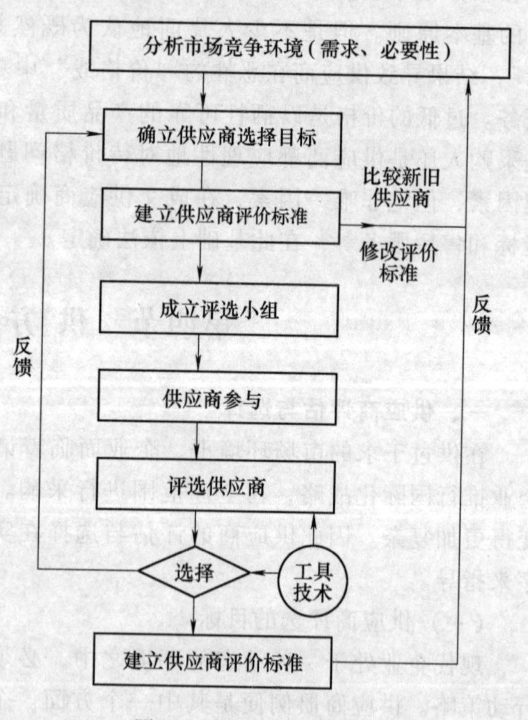

图 9-1 供应商评选程序

作关系才有效，企业必须知道现在的产品需求是什么、产品的类型和特征是什么，以此来确认客户的需求，确认是否有建立供应关系的必要。如果已建立供应合作关系，则根据需求的变化确认供应合作关系变化的必要性，同时分析现有供应商的现状，总结企业存在的问题。

2. 确立供应商选择的目标

企业必须确定供应商评价程序如何实施，而且必须建立实质性的目标。供应商评价和选择不仅仅是一个简单的过程，它本身也是企业自身的一次业务流程重构过程。如果实施得好，就可以带来一系列的利益。

3. 建立供应商评选标准

供应商评价指标体系是企业对供应商进行综合评价的依据和标准，是反映企业本身和环境所构成的复杂系统的不同属性的指标，是按隶属关系、层次结构有序组成的集合。不同行业、企业，不同的产品需求和环境下的供应商评价指标体系可能各有不同的指标构成，但不外乎都涉及以下几个可能影响供应链合作关系的方面：供应商业绩、设备管理、人力资源开发、质量控制、成本控制、技术开发、客户满意度、交货协议。

4. 建立供应商评选小组

企业必须建立一个专门的小组来控制和实施供应商评价，小组的成员以来自采购、质量、生产、工程等与供应链合作关系密切的部门为主。这些成员必须有团队合作精神，而且还应具有一定的专业技能。另外，这个评选小组必须同时得到采购企业和供应商企业最高领导层的支持。

5. 供应商参与

一旦企业决定实施供应商评选，评选小组必须与初步选定的供应商取得联系，来确认他们是否愿意与企业建立供应关系，是否有获得更高业绩水平的愿望。所以，企业应尽可能早地让供应商参与到评选的实际过程中。然而，企业的力量和资源毕竟是有限的，只能与少数关键的供应商保持紧密的合作关系，所以参与供应商应该是尽量少的。

6. 评选供应商

评选供应商的一个主要工作是调查、收集有关供应商生产运作等全方面的信息。在收集供应商信息的基础上，就可以利用一定的分析工具和技术方法进行供应商的评选了。

7. 实施供应合作关系

在实施供应合作关系的过程中，市场需求将不断变化。企业可以根据实际情况的需要及时修改供应商评选标准，或重现开始供应商评估选择。在重新选择供应商的时候，应给予新旧供应商以足够的时间来适应变化。

（三）供应商选择的方法

选择供应商的方法有许多种，要根据供应商的数量、对供应商的了解程度、采购物品的特点、采购的规模以及采购的时间性要求等具体确定。下面列举几种常见的选择方法。

1. 直观判断法

直观判断法是指通过调查、征询意见、综合分析和判断来选择供应商的一种方法。这是一种主观性较强的判断方法，主要是倾听和采纳有经验的采购人员的意见，或者直接由采购人员凭经验作出判断。这种方法的质量取决于对供应商资料掌握的是否正确、齐全和决策者的分析判断能力与经验。这种方法的运作方式简单、快速、方便，但是缺乏科学性，受掌握信息的详尽程度限制。直观判断法常用于选择企业非主要原材料的供应商。

2. 评分法

评分法是指依据供应商评价的各项指标，按供应商的优劣档次，分别对各供应商进行评分，选得分高者为最佳供应商。供应商的评估与选择是一个多对象多因素（指标）的综合评价问题，有关此类问题的决策已经建立了几种数学模型。它们的基本思路是相似的，先对各个评估指标确定权重，权重可用数字1~10之间的某个数值表示，可以是小数（也可取0~1的一个数值，并且规定全部的权重之和为1）；然后对每个评估指标打分，也可用1~10之间的一个数表示；再对所得分数乘以该指标的权重，进行综合处理后得到一个总分；最后根据每个供应商的总得分进行排序、比较和选择。

3. 采购成本比较法

对于采购商品质量与交付时间均满足的供应商，通常是进行采购成本比较，即分析不同采购价格和采购中其他费用的支出，以选择采购成本较低的供应商。采购成本一般包括售价、采购费用、交易费用、运输费用等各项支出。采购成本比较法是通过计算分析，针对各个不同供应商的采购成本，选择采购成本较低的供应商的一种方法。

4. 招标法

当采购物资数量大、供应市场竞争激烈的时候，可以采用招标方法来选择供应商。它是由采购单位提出招标条件，各投标单位进行竞标，然后采购单位决标，与提出最有利条件的供应商签订协议。招标方法竞争性强，采购单位能在更广泛的范围选择供应商，以获得供应条件有利的、便宜而使用的物资。但招标方法手续繁杂，时间长，不能适应紧急订购的需要；订购机动性差，有时订购者了解不够，双方未能充分协商，造成货不对路或不能按时到货。

5. 协商选择方法

在可供单位多、采购单位难以抉择时，也可以采用协商选择的方法，即由采购单位选出供应条件较为有利的几个供应商，同他们分别进行协商，再确定合适的供应商。和招标方法比较，协商选择方法因双方能充分协商，在商品质量、交货日前和售后服务等方面较有保证；但由于选择范围有限，不一定能得到最便宜、供应条件最有利的供应商。当采购时间紧迫、投标单位少、供应商竞争不激烈、订购物资规格和技术条件比较复杂时，协商选择方法比招标方法更为合适。

二、供应商绩效管理与激励

人们从事任何一项工作，都要通过对该活动所产生的效果进行度量和评价，以此判断这项工作的绩效及其存在的价值。同样的，在采购管理中，为了能够使供应关系健康发展，科学、全面地分析和评价供应商的运营绩效，就成为一个非常重要的问题。

（一）供应商绩效管理的目的和原则

供应商绩效管理的主要目的是确保供应商供应的质量，同时在供应商之间比较，以继续同优秀的供应商进行合作，而淘汰绩效差的供应商。供应商的绩效管理同时也是为了解供应存在的不足之处，将不足之处反馈给供应商，促进供应商改善其业绩，为日后更好地完成供应活动打下良好的基础。

供应商绩效管理的基本原则有：

（1）供应商绩效管理必须持续进行，要定期检查目标达到的程度。当供应商知道会定期地被评估时，自然就会致力于改善自身的绩效，从而提高供应商质量。

（2）要从供应商和企业自身各自的整体运作方面来进行评估，确立整体的目标。

（3）供应商绩效总会受到各种外来因素的影响，因此对供应商的绩效进行评估时，要考虑到外在因素带来的影响，不能仅仅衡量绩效。

（二）供应商绩效评价指标体系

为了科学、客观地反映供应商供应活动的运作情况，应该建立与之相适应的供应商绩效评价指标体系。在制定评价指标体系时，应该突出重点，对关键指标进行重点分析，尽可能地采用实时分析与评价的方法，要把绩效度量范围扩大到能反映供应活动实时信息上去，因为这要比事后分析有价值得多。

供应商考评指标很多，不同的公司因做法不同所用的考评指标也各异。但概括起来有四大类：供应商质量指标；供应指标；经济指标；支持、配合与服务指标。

1. 质量指标

供应商质量指标是供应商考评的最基本指标，包括来料批次合格率、来料抽检缺陷率、来料在线报废率、来料免检率等。其中，来料批次合格率是最为常用的质量评价指标之一。

此外，有的公司还将供应商是否通过了ISO9000认证或供应商的质量体系审核是否达到一定的水平也纳入了考核的内容。还有的公司要求供应商在提供产品的同时提供相应的质量文件，如过程质量检验报告和出货质量检验报告、产品成分性能测试报告等。

2. 供应指标

供应指标又称企业指标，是同供应商的交货表现以及供应商企业管理水平相关的考核因素，其中最主要的是准时交货率、交货周期、订单变化接受率等。

值得一提的是，供应商能够接受的订单增加接受率与订单减少接受率往往不同。前者取决于供应商生产能力的弹性、生产计划的安排以及库存大小与状态（原材料、半成品或成品）；后者主要取决于供应的反应、库存（包括原材料与在制品）大小以及因减少订单带来可能损失的承受能力。

此外，有些公司还将公司必须保持的供应商供应的原材料或零部件的最低库存量、供应商的后勤水平、供应商所采用的后勤体系（MRP、ERP）、供应商是否实施“JIT供应”（准时供应）等纳入考核。

3. 经济指标

供应商考核的经济指标总是与采购价格和成本相联系。与质量及供应指标不同的是，质量与供应指标客户通常每月进行一次考核，而经济指标则相对稳定，多数企业是每季度考核一次，此外经济指标往往都是定性的，难以量化。具体考核点有：价格水平；报价是否及时，报价单是否客观、具体、透明；降低成本的态度及行动；分享降价成果；付款等。有的公司还将供应商的财务管理水平与手段、财务状况等也纳入考核。

4. 支持、配合与服务指标

同经济指标一样，考核供应商在支持、配合与服务方面的表现通常也是定性的考核，每季度一次。相关的指标有反应与沟通、合作态度、参与本公司的改进与开发项目、售后服务等。

（三）供应商的激励机制

要保持长期的供需双赢的合作伙伴关系，对供应商的激励是非常重要的。没有有效的激励机制，就不可能保持良好的供应关系。在激励机制的设计上，要体现水平、一致的原则。要给予供应商价格折扣和柔性合同，以及采用赠送股权等，使供应商和本企业共同分享成功，同时也使供应商从合作中体会到供需双方双赢机制的好处。一般而言，供应商的激励模式有以下几种：

1. 价格激励

供应商管理的思想虽然要求供需企业在战略上是相互合作关系，但是各企业的利益是不能被忽视的。供应链的各个企业间的利益分配主要体现在交易价格上。价格对企业的激励是显然的。高的价格能增强企业的积极性，不合理的低价会挫伤企业的积极性。

但是，价格激励本身也隐含着一定风险，即采购企业在挑选供应商时，由于过分强调低价格的谈判，其结果影响了产品的质量、交货期等。看重眼前的利益是导致这一现象的一个不可忽视的因素。但出现这种差供应商排挤好供应商的最根本的原因是：在签约前对供应商不了解，没意识到报价越低意味着违约的风险越高。因此，使用价格激励机制时要谨慎从事，不可一味地强调低价策略。

2. 订单激励

供应商获得更多订单是一种极大的激励，在供应链内的企业也需要更多的订单激励。一般地说，一个制造商拥有多个供应商。多个供应商竞争来自于制造商的订单，多的订单对供应商来说是一种激励。

3. 商誉激励

商誉是一个企业的无形资产，对于企业十分重要。商誉来自于供应链内其他企业的评价和在公众中的声誉，反映企业的社会地位（包括经济地位、政治地位和文化地位）。委托—代理理论认为：在激烈的竞争市场上，代理人的代理量（决定其收入）取决于其过去的代理质量与合作水平。从长期来看，代理人必须对自己的行为负完全的责任。因此，即使没有显性激励合同，代理人也会努力工作，因为这样做可以改进自己在代理人市场上的声誉，从而提高未来收入。

4. 信息激励

在信息时代里，信息对企业意味着生存和发展。企业获得更多的信息意味着企业拥有更多的机会、更多的资源，从而获得激励。信息对供应链的激励实质上属于一种间接的激励模式，但是它的激励作用不可低估。如果能够快捷地获得合作企业的需求信息，本企业能够主动采取措施提供优质服务，必然使合作方的满意度大为提高。这对在合作方之间建立起信任有着非常重要的作用。因此，企业在新的信息不断产生的条件下，始终保持这对了解信息的欲望，也更加关注合作双方的运行状况，不断探求解决新问题的方法，这样就达到了对供应链企业激励的目的。

信息激励机制的提出，也在某种程度上克服了由于信息不对称而使供需双方相互猜忌的弊端，消除了由此带来的风险。

5. 淘汰激励

淘汰激励是一种负激励。优胜劣汰是世间事物生存的自然法则，供应商管理也不例外。为了使供应链的整体竞争力保持在一个较高的水平，供应链必须建立队成员企业的淘汰机制，同时供应链自身也面临淘汰。淘汰激励是在供应链系统内形成一种危机激励机制，让所有合作企业都有一种危机感。这样一来，企业为了能在供应链管理体系获得群体优势的同时自己也获得发展，就必须承担一定的责任和义务，对自己承担的供货任务，从成本、质量、交货期等负有全方位的责任。这一点对降低短期行为和"一锤子买卖"给供应链全体带来的风险也起到一定的作用。

6. 新产品/新技术的共同开发

新产品/新技术的共同开发和共同投资也是一种激励机制，让供应商全面掌握企业新产品的开发信息，有利于新技术在供应链企业中的推广和开拓供应商的市场。供应链管理实施好的企业，都将供应商、经销商甚至用户结合到产品的研究开发工作中来，按照团队的工作方式展开全面合作。在这种环境下，合作企业也成为整个产品开发中的一分子，其成败不仅影响制造商，而且也影响供应商及经销商。因此，每个人都会关注新产品的开发工作。这就形成了一种激励机制，构成对供应链上企业的激励作用。

7. 组织激励

在一个较好的供应链环境下，企业之间合作得愉快，供应链的运作也通畅，少有争执。也就是说，一个组织良好的供应链对供应链及供应链内的企业都是一种激励。减少供应商的数量，并与主要的供应商保持长期稳定的合作关系是制造商采取的组织激励的主要措施。

第五节　合同管理

项目实施过程中的合同管理是项目采购管理的一个重要环节。无论是什么类型的项目，无论通过招标、投标和评标，业主和承包商之间签订了一个多么合理的合同，如果没有良好的项目实施过程中的合同管理，项目仍将不能达到预期的目标。

一、合同管理的概念

合同管理是项目采购管理的实现阶段，也是项目采购管理乃至项目管理的核心。合同各方，包括业主、承包商和咨询工程师都会十分重视合同的管理工作。合同管理直接关系到项目实施是否顺利，各方的利益是否能够得到保护。

合同管理是指参与项目各方均应在合同实施过程中自觉、认真、严格地遵守所签订合同的各项规定和要求，按照各自的职责行使各自的权利、履行各自的义务，发扬协作精神，处理好"伙伴关系"，做好各项管理工作，实现项目目标。

业主方的一个重要准备工作是选择好工程师。工程师可以由进行工程前期各项工作的咨询设计公司选派，也可以由另一家咨询公司选派，最好能提前选定工程师，以使他们能够参与合同的制定过程，依据他们的经验，提出合理化建议，使合同的各项规定更为完善。

承包商一方在合同签订前的准备工作主要是：投标策略，作好市场调研，在买到招标文件之后，要认真仔细地分析、研究招标文件，能够比较好地理解业主方的招标要求。在此基础上，一方面可以对招标文件中不完善甚至错误之处向业主方提出建议；另一方面也必须做好风险分析，对招标文件中不合理的规定提出自己的意见，并力争在合同谈判中对这些规定进行适当的修改。

二、全面合同管理

合同管理是圆满完成项目目的的重要过程，也只有通过合同管理，以第三方监理的方式，实行质量、进度、费用及合同商务、法律方面的全面管理，才能达到提高质量、保证工期、控制投资的目的，从而实现项目评估中预期的经济效益和社会效益。

全面的、广义的合同管理，就是对合同执行的全方位、全过程的管理。全面的合同管理中所涉及的质量、进度、费用控制的三个方面，既是互相关联，又是相对独立的，属于工程管理业务范围内的不同分工。

质量控制主要以技术规范为依据。而技术规范本身，除了总则外，都是工艺、技术和材料规格方面的要求和规定，具有很强的专业属性，在此不详细讨论。

进度控制与 FIDIC 条款中的第 40 条到 49 条的内容有密切关系，但是也涉及到许多专业上的知识，如关键路线法、网络计划、统筹方法等。

费用控制中的计量、支付，按国际惯例是由计量师、测量师和基建财务管理人员负责，也可视为一种专门的业务。

对于合同的商务法律事务方面的条款和管理，则是我们所不熟悉的，是以往的计划经济体制下未采用过的，是市场经济体制的产物，也是西方国家实行了几十年的国际惯例。这些商务法律事务的管理，其主要的方面有：投标与合同的担保机制、风险管理与保险安排、合同的分包管理、工程变更、不可抗力、误期偿金、违约与争端以及仲裁机制等。这些问题在每一个项目的管理和施工监理中，都会程度不同地发生，因此在项目业主和监理机构中，一般要设立一个合同部，具体地处理合同中的商务法律事务，大型和复杂的项目还要聘请合同专家或法律顾问、律师来协助工作。所以，习惯上我们就把这些商务法律方面的合同问题的管理包含在合同管理之中。

三、合同管理方法

做好合同管理工作，其要素是：在熟悉合同条款的基础上，有明确的责任划分和严密的合同管理手段，从而对一切可能发生的“扯皮”、责任漏洞、责任的交叉与重叠等现象，事先加以防范。FIDIC 合同条件具有逻辑严密、责任与义务划分明确的特点，是实行合同管理的基本依据，合同管理人员对此一定要熟悉，知道哪个问题在哪一条款有规定，最好更进一步知道该条款是如何规定的，这一点对搞好合同管理工作是十分重要的。下面从三个方面讨论合同管理的方法。

（一）明确责任划分

这里讲的责任划分指的是项目业主（以下简称业主）、承包人和监理工程师三者之间的责任划分。这是合同责任的最重要的划分机制。

土建施工（工程）合同的主要当事人是业主和承包人（或称承包商）。这是合同的主要两方。监理工程师不属于合同的任何一方，但他在项目的执行中，起着很重要的作用。FIDIC 合同中具体规定了监理工程师的职责。

以下分别对业主、承包人、监理工程师在项目执行过程中各自的责任和义务作一概括的说明，而他们的具体责任与义务，将在合同的各个条款中详细规定。

1. 业主的责任与义务

自发出中标通知书之日起，业主除了要选择和任命监理工程师并将其任命和授权书面通知承包人外，作为合同的一方，业主应有以下的责任与义务：

（1）准备合同协议书，在中标通知书的基础上，经过合同谈判（如有必要），与承包人签订合同协议书。

（2）同意或拒绝承包人关于转让本工程的任何部分的要求；同意或拒绝承包人关于分包本工程的任何部分的要求，在批准分保问题上，业主有时也将一定限额内的分包的批准权授予监理工程师。

（3）审查承包人提供的履约银行保函及其出具银行是否合格，并予以批准或拒绝；审查与批准承包人提交的保险单条款、承保人、保险额和免赔额（如果不是业主自己安排投保）。

（4）在监理工程师认证的基础上，支付规定的材料和工程设备的到场预付款。此后，根据监理工程师的中期支付证书、最终支付证书，在合同规定的期限内，向承包人付款。

（5）负责工程用地的征用和移民安置及拆迁等行政手续，并按照工程进度计划，向承包人提供施工用地，同时给予承包人用地权，包括租用计划内的临时用地及协助办理增加的临时用地的租用手段。

（6）如果合同有规定，业主可以接受已实质上竣工的某一区段或某些区段，并在监理工程师发出了交接证书之后，组织竣工验收。如果发生了承包人应负担的误期赔偿费，业主可根据合同规定，直接在对投标人的支付中，扣除一笔按规定计算出的金额。

（7）合同价的变更，当工程变更的数额超过合同价的 10%（也有的定为 5% 或 10% 以上，视业主对监理工程师的授权程度而定），或因不利的工程地质条件引起的补偿金额超过了监理工程师的权限范围时，要由业主负责办理。

（8）在发生承包人违约的情况下，负责处理中止、终止或撤销合同等事务。

（9）在批准延期方面，在超过了监理工程师的批准权限情况下，负责批准承包人申请的合理延期。

（10）对于按合同要求监理工程师应在发出指示、指令或作出有关金额和时间补偿的决定之前，要和业主协商一致的事情，业主应及时地作出反应，不宜拖延。

此外，业主应负责编制并向上级和贷款单位报送规定的各种财务、统计报表或报告。业主还应负责组成工程验收委员会或小组，进行已完工程的初步验收和最终验收，以及缺陷责任期终了时的检验，颁发有关的证书。

2. 承包人的责任与义务

承包人的责任和义务，总的来说，就是在合同规定的时间内，按照图样和技术规范的要求，为其中的工程进行施工并完成工程；同时，有义务负责维修在缺陷责任期内出现的任何缺陷。其具体的合同义务，在合同文件中规定得非常详尽。

3. 监理工程师的职责

监理工程师不属于业主和承包人之间的合同中的任一方，但在业主和监理工程师之间的协议书中，规定了聘用监理工程师的条件和基本职责。当聘用外国咨询专家担任监理工程师时，这种协议书经常参照世界银行的聘用咨询专家指南和采用标准的咨询服务合同文本。

（二）坚持工地会议制度

在合同管理中，现场会议（也称工地会议）是业主和监理工程师做好项目管理的一种有效措施。按照不同的人物和目的，现场会议可分为第一次现场会议、例行现场会议和每日现场协调三种会议形式。

1. 第一次现场会议

第一次现场会议是承包人进入工地后的首次会议，它可以为监理工程师和承包人之间在开始阶段建立相互合作的良好关系，从而为今后的合同管理的顺利进行打下基础。第一次现场会议的议程，通常由监理工程师拟定，并将该议程送交承包人和业主及有关方面征求意见，这样可以使与会各方有针对性地准备详细的资料。第一次向场会议由监理工程师主持，参加的人员有承包人的代表、项目经理、监理工程师及其代表、业主的代表。

2. 例行现场会议

召开例行现场会议的目的是：对在施工中发现的工程质量问题、施工进度延误以及承包人提出的工期延长或费用索赔的申请或有关的其他问题进行讨论，作出决定。例行现场会议一般为每月 1 ~ 2 次，紧急需要时可随时召开。例行现场会议也要有一个常备的议程，以便事先做好准备工作，避免遗漏事项。例行现场会议的记录，一经监理工程师和承包人认可，就成为正式的记录，对双方均有约束力。

3. 每日现场协调

每日现场协调，或称为日常现场协调，是指每天（或每隔几天，按具体情况而定）在指定的时间和地点，由指定的人员参加的，目的在于协调承包人和监理工程师之间日常工作的一种碰头会。它只是协调工作，讨论、论证有关问题，一般对出现的问题不作出决定。它可以及早地发现问题、及时作出改进和纠正，讨论的内容视工程进展的各阶段的具体情况而定。

（三）严密的管理手段

合同管理工作既要有明确的责任分工，又要有一些列严密的、行之有效的管理手段，包括严格的审批程序、良好的通信和函电往来系统，以及健全的文档与记录管理制度。

1. 审批程序

按照 FIDIC 条款进行合同管理，就必须按照各个条款中所规定的报批程序和审查批复的时限办事，否则就会构成不同程度的违约；任何无理拖延都是不允许的，都有损于履行合同的严肃性。

2. 通信和函电往来系统

土建工程，尤其是大型的公路、铁路、水电工程，往往是绵延几十公里或上百公里，或方圆几十平方公里，分成若干个合同段同时施工，没有便利的通信和交通条件，就不能有效地进行管理。按照国际惯例，业主已经把合同管理的任务委托给监理工程师，所以监理工程师的通信和交通设备是否齐全和便利，就是一个十分重要的事情。

3. 文档与记录管理制度

在整个项目的全过程中，文档与记录的管理，对于合同的管理起着重要作用。项目业主、监理工程师和承包商都应重视和做好文档与记录的管理工作。

四、合同转让与分包

（一）转让

没有业主的事先同意，承包人不得将合同或其任何部分，或合同中或合同名下的任何收益和利益转让给他人，但下列情况除外：

（1）按合同规定支付给承包人指定银行的、到期或即将到期的属于承包人的任何款项。

（2）向承包人的保险公司（如果保险公司已清偿了承包人的损失和债务）转让承包人对任何地方得以免除责任的权利。

如果某一分包人已对承包人承担了工程施工或提供货物、材料、设备和服务，还承担了超过合同规定的缺陷责任期后的延续的责任义务，则在该缺陷责任期终止后，承包人应随时应业主要求，由业主支付手续费，向业主转让未完期内上述责任义务带来的利益。

（二）分包

承包人不得将整个工程分包出去，分包应经监理工程师事先同意。监理工程师在获得承包人推荐的分包人和分包的内容及有关的资料后，应对分包人进行审查，主要是审查分包人的技术力量、管理水平、施工机械的适应程度及以前的业绩。监理工程师还应审查承包人和分包人之间的分包合同（分包合同以及分包合同对整个工程进度和合同的影响等），最后由监理工程师批准（有时业主在合同中规定，必须由业主批准分包）分包并认可分包人。业主和监理工程师均不与分包人直接联系，也不直接向分包人付款。承包人在取得分包同意后并不解除合同规定的承包人的任何责任和义务。对任何分包人、分包人的代理人、职工或工人的行为、违约和疏忽均应视为承包人自己及代理人、职工或工人的行为、违约和疏忽并为之承担完全的责任。

五、工程延期

延期是指按合同规定的竣工期限的延长。引起延期的原因除了业主的主观因素和客观条件外，还包括承包人的违约或者未能履行他应尽的义务和责任等引起的延期。如果工期的延长是属于业主原因或客观条件引起的，则应由业主承担责任，给予承包人延期。

六、索赔

所谓索赔，是指承包人根据 FIDIC 合同条件规定，正式向业主要求的一种额外支付。实际上，几乎所有国际工程合同，均出现了程度不同的索赔，因此业主委托给监理工程师或自己亲自处理的一个重要职责，就是如何防止不必要的索赔，以及一旦索赔发生后，如何处理索赔。

为了保护业主和承包人双方利益不受到损害，在 FIDIC 合同条件中对索赔做了很多规定。在合同实施期间，监理工程师必须根据业主和承包人签署的合同文件，站在公正的立场处理索赔问题。

专业术语

项目采购　采购管理　采购计划编制　采购规划　有形采购和无形采购　货物采购与服务采购　询价　直观判断法　评分法　采购成本比较法　招投标　激励　合同管理　转让　索赔　合同变更

思考题

1. 什么是项目采购？项日采购与一般采购的区别是什么？

2. 项目采购的基本原则有哪些?
3. 项目采购的基本类型有哪些?
4. 项目采购的环境因素有哪些?它们对项目采购会产生哪些影响?
5. 制定采购计划的依据有哪些?
6. 试对各种采购方式的特点、适用条件进行分析比较。
7. 如何进行项目采购询价?
8. 如何选择采购的供应方?
9. 如何做好项目合同管理?
10. 如何进行项目合同纠纷的处置?

11. 某项目每年需要某种产品6480件,日平均需要量18件。该种产品若由项目组织自己安排生产,每天产量48件,每次生产准备成本300元,每件年储存成本0.5元,每件生产成本50元;若外购单价60元,一次订货成本50元。请问选择该产品是自制还是外购?

12. 一家项目组织年需求某产品1800个,经济订货量为50件,单位缺货成本为100元,单位存货储蓄一年的平均成本为50元。在订货间隔期内的需求量和概率如表9-1所示。

表9-1 订货间隔期内的需求量和概率

需求量	需求量的概率	需求量	需求量的概率
47	0.05	51	0.24
48	0.13	52	0.12
49	0.19	53	0.06
50	0.21		

试计算安全储备量的再订货点。

案例

中小企业网建设的招标

某中小企业信息网是由该省中小企业局主办的全省范围内中小企业信息服务网,于2004年6月经省政府批准筹建,在有关部门完成项目设计后,经过中小企业局办公会研究和有关专家咨询,决定采取公开招标的方式完成网络建设项目,项目预算为50万元,建设期为30天。在项目的完成过程中,该中小企业局采取竞争性竞标与招标采购综合评比百分制计分相结合的方法,取得了明显的节支效果。该项目中标额为45万元,比预算节约了5万元,建设时间28天,并于当年8月1日开通运行。该企业招标的过程如下：

1. 成立项目领导小组

为确保项目的顺利实施，成立了由该省政府主管领导为组长，该中小企业局主管领导为副组长的领导小组。并成立了由相关领导、政府采购中心人员、设计单位人员和有关专家组成的项目竞标办公室。

2. 项目发布

该中小企业局通过当地知名报纸进行了项目竞争招标信息的发布，共接到省内外申请竞标企业8家。

3. 资格预审

对申请竞标的8家企业进行了严格的资金、信誉、业绩审核，初步筛选了5家资质较好的企业参与该项目的竞争。

4. 确定竞标办法

由于该项目既包含设备采购、安装部分，又包含基础施工及网络软件开发等内容，需求复杂，不适合采用简单的价格竞标。因此，采取了综合评比打分法的成交原则，即对不同品牌的设备性能、数量、软件开发、施工组织设计及企业综合实力进行量化评价后，再将最终价格竞标的价格得分计入总分，得分最高者为成交竞标企业。

5. 发出竞争性竞标文件

中小企业局按照确定的竞标办法起草竞争性竞标文件，该文件除包含通常的内容外，还发布了评价的内容及标准。在向5家初选企业发放了竞争性竞标文件后，还收取了相应的竞标保证金。

6. 召开竞标预备会

竞标预备会于2004年6月在指定地点召开，在会上中小企业局向5家竞标公司详细介绍了该省中小企业信息网建设的项目设计规划、建设要求等信息。

7. 竞标企业竞标资料的递交

为保证整个竞标过程的严密性，在竞标办公室正式开会讨论评价计分方法前，要求竞标企业于2004年6月27日9时前密封递交该项目的竞标资料。在竞标资料递交截止时间前，其中3家竞标公司按要求递交了竞标资料，其他2家先后申请退出竞标。

8. 竞标前讨论评价计分方法

为保证选出最优方案和最有实力的竞标企业，并最大限度地节约开支，2004年6月29～30日，中小企业局组织该项目竞标办公室成员进行了项目设计方案的讨论和现场勘察。之后，竞标办公室成员在封闭状态下召开了有关该项目评价计分方法的讨论会。最终，竞标办公室成员共同讨论并确定了评分细则，并由竞标办公室成员在该评分方法上签名，以示负责。

9. 竞争性竞标

竞争性竞标会于2004年7月1日在会议室召开，3家竞标企业及竞标办公室成员参加了会议，并请当地公证处对竞争性竞标的全过程进行了现场公证。竞争性竞标会分两步进行：

（1）第一轮是技术竞标，首先，由竞标企业按照抽签确定的顺序对设备及网络软件的质量、性能及施工组织设计等进行讲解，竞标办公室依据项目设计方案、竞争性竞标文件、预备会纪要、打分方法等对竞标企业所提供的竞标资料、设备及方案进行符合性评价。在技术竞标过程中，有1家竞标企业被竞标办公室确认为竞标无效（即废标）。

（2）第二轮是商务竞标，在技术竞标入围的2家竞标企业进行了价格竞标。在最后一轮价格竞标并书面报价后，竞标办公室依据竞标文件、预备会纪要、竞标原则、评分方法等对竞标企业提供的竞标资料进行详细的评价打分，最后选定得分最高的A公司为成交单位，并且该公司的报价也是最低的。

10. 合同履行及验收

2004年7月28日项目完工后，竞标办公室请项目领导小组成员对项目进行了验收，验收结果完全符合项目设计方案要求，8月1日该项目正式开通运行，运行状况良好。

问题：该项目招标成功的关键因素有哪些？

第十章　项目冲突与沟通管理

通过本章学习，了解项目冲突的实质、来源、种类以及解决的方式；掌握项目沟通的模式、沟通的渠道，认识项目有效沟通的障碍，正确处理项目干系人之间的关系，建立良好的沟通管理，为项目的成功铺平道路。

第一节　项目冲突及其管理

一、项目冲突管理的定义

(一) 项目冲突

冲突是双方感知到矛盾与对立，是一方感觉到另一方对自己关心的事情产生或将要产生消极影响，因而与另一方产生互动的过程。项目冲突是组织冲突的一种特定表现形态，是项目内部或外部某些关系难以协调而导致的矛盾激化和行为对抗。它是组织结构的必然产物，通常作为一种冲突的结果在组织的任何层次都会发生，尤其是在组织结构更新之后或者项目需要新资源的初期。

(二) 项目冲突的类型

冲突具有客观性、普遍性的特点，它在项目管理的各个环节、各种要素中都可能发生。在项目的实施过程中，在以下几个方面容易产生冲突：人力资源、资金支出、技术意见与性能权衡、优先权、管理程序、进度计划以及个性。

1. 人力资源的冲突

人力资源冲突主要来源于项目组和职能部门对于人力资源的争夺。对有来自其他职能部门人员的项目团队而言，围绕着用人冲突尤为突出。当人员支配权在职能部门或上级部门的领导手中时，项目组仍要求使用这些人员也会带来冲突。

2. 资金支出的冲突

资金支出冲突一般是指在费用分配问题上产生的冲突。这种情况多出现于对资金再分配和成本估算的不同看法。

3. 技术意见与性能权衡的冲突

技术与性能冲突是指在实现手段和相关技术问题上所产生的冲突。项目组成员来自多个专业领域，对实施项目方案需要的技术会有不同的理解。这些不同技术或对于技术的不同理解，将导致项目集成的困难。此外，在技术权衡和实现性能的手段上都会发生不一致。

4. 优先权的冲突

项目优先权冲突是指项目参加者由于对实现项目目标完成的工作活动的先后次序的看法不同所产生的冲突。项目优先权冲突可能发出在项目团队内部，也可能发生在项目团队与相关的职能部门之间。

5. 管理程序的冲突

管理程序冲突是围绕项目管理问题所产生的冲突，比如在项目经理的报告中，关于项目定义、责任的定义、项目范围、运行范围、运行要求、实施计划或其他组织协商的工作协议，以及管理支持程序等都可能产生不一致的看法。

6. 进度计划冲突

进度计划冲突是指项目工作活动的完成次序、所需时间与项目进度计划不一致所产生的冲突。进度计划是项目团队冲突的最主要来源。时间选择和进度安排上的约束和限制在很大程度上源自项目本身的环境要求。

7. 个性冲突

个性冲突是指由于项目团队成员的价值观不同、个性差异等方面所产生的冲突。人们在个性上的差异会导致处世方式等方面的冲突。虽然个性冲突没有其他冲突激烈，但处理这些冲突却比较困难。这种冲突常常是“以自我为中心”造成的。

在这些冲突中，项目进度计划冲突强度最大，项目优先权的冲突占据第二位，人力资源是第三位的冲突源，强度排在第四位的是技术冲突，管理程序冲突在七种冲突源中位列第五，团队成员的个性冲突通常被认为是较低强度的冲突。像进度计划一样，资金支出经常是项目管理目标是否完成的度量标准，作为一种冲突源，它排在最后。

（三）项目冲突管理

冲突是项目中不可避免的现象，过多的冲突会破坏项目组织的功能，过少的冲突会使项目组织僵化，对冲突实施科学、有效的管理是项目综合管理的一项重要内容。项目冲突管理就是指分析冲突并解决冲突的过程。项目冲突管理的作用是引导项目冲突的结果向积极的、合作的而非破坏性的方向发展。在这个过程中，项目经理是解决冲突的关键，他的职责是在项目冲突发生时，分析冲突的来源和程度，并运用正确的方法来解决冲突。

二、项目冲突管理的内容

（一）项目冲突的起因及过程

如何进行冲突管理在很大程度上取决于对冲突产生原因的判断。项目冲突产生的原因主要有以下几种：

1. 成员个性因素

（1）直觉差异。人们看待事物存在“知觉差异”，即根据主观的心智体验来解释事物，而不是根据客观存在的事实来看待它，并由此激发冲突。

（2）价值观不同。有不同价值理念及成长经历的项目成员有着各自不同的奋斗目标，而且往往与项目目标不一致。

（3）角色冲突。项目中的每一个成员都被赋予特定的角色，并给予一定的期望和职责。但由于所处部门及管理层面的局限，成员在看待问题及如何实现项目目标上，也有很大差异，常存在“在其位不谋其政，不在其位却越俎代庖”等角色混淆、定位错误的情况，并由此产生冲突。

2. 团队因素

（1）沟通。通过沟通，才能达成对团队目标的共识，才能实现彼此间进一步认识和加深友谊。过少的沟通，使团队成员间彼此认识得不够，容易产生误解和不信任。这对项目任务的开展和工作的协作是不利的，它将更易激发团队冲突的产生。

（2）结构型根源。许多冲突源于组织结构之中。权力、地位和等级的不平等是许多冲突形式的根本动力。项目中某些成员由于掌控了某些资源、优势、利益而想维持现状；另一些人则希望通过变革来获取这些资源、优势和利益，并由此产生对抗和冲突。

（3）团队行为。在项目团队中经常出现这么一种情况：当项目任务的进展过程中出现一个难以解决的关键问题时，使任务进度停滞不前或无法按时完成任务，或由于某项决策的失败导致项目的失败时，成员就会把原因归罪于他人。这种冲突，团队必须特别注意，因为它所导致的后果是把以前建立起来的相互信任的气氛破坏了，而且使团队内部的凝聚力降低。对于此类情况的发生，团队成员应该冷静地分析导致情况发生的原委，想办法找出解决问题的思路，而不是把问题归罪于某个人身上。这样可以避免因团队行为所导致的团队内部冲突，另一方面可以通过充分调动团队智慧来为团队寻找解决困难的途径，以实现团队项目的有效完成和提高团队的整体有效性。

（4）项目任务要素。从项目任务考虑，团队冲突的来源主要存在工作内容、资源分配、进度计划和成本等几个方面。①工作内容。团队成员对于如何完成工作、要做多少工作或工作以怎样的标准完成会有不同的意见，从而导致了冲突。在实际的项目工作中，也确实会发生因工作方法、工作量以及工作质量标准而引起的团队内部和团队外部的冲突。②资源分配。团队冲突可能会由于某个成员从事某项具体任务而分配的资源数量的多少而产生。资源分配更主要的是团队内部的冲突，当然团队间的资源分配则会导致团队间的冲突。③进度计划。冲突可能来自于对完成工作的次序和完成工作所需时间长短的不同意见。因进度计划引起的冲突主要是团队内部冲突。④成本。项目进展过程中，经常会由于工作所需成本的多少产生冲突。这种类型的冲突主要发生在团队与组织、团队与客户之间的团队外部冲突。

通过以上分析，由于沟通方面的障碍、组织结构引起的分工不同以及个性差异的原因，人们之间存在着冲突，包括认识到的冲突和潜在感觉到的冲突。团队领导对冲突进行处理时，可以采用几种基本的模式，将冲突公开。冲突解决的结果可能有利于项目团队，也可能不利于团队。图 10-1 表明了一个冲突的基本过程。

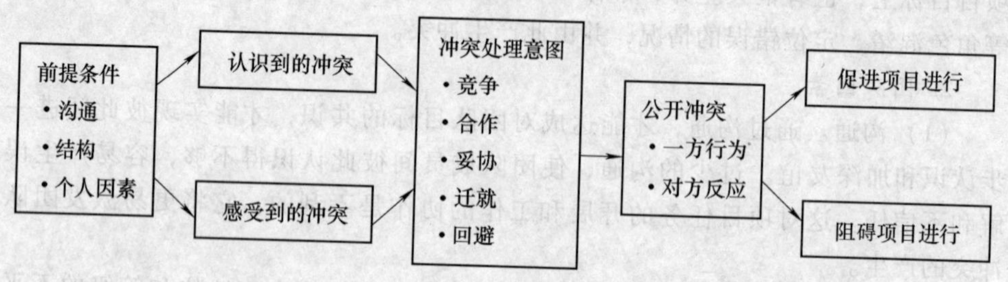

图 10-1 冲突的过程

（二）冲突在项目一般生命周期中的表现强度

从项目的一般生命周期角度来考察冲突，把握每个阶段中可能出现的冲突源、冲突的性质、冲突的强度，有利于寻找更好的模式来解决冲突。项目一般生命周期的三个阶段分别称为项目启动、项目中间和项目收尾三个阶段（见图 10-2）。

1. *项目启动阶段*

在项目启动阶段，存在下列冲突类型（按排序列出）：

项目优先权→管理程序→进度计划→人力→费用→技术→个性。

在这一阶段，项目组织还未真正形成，在工作活动的优先权问题上，项目经理和其他职能部门之间常常孕育和产生冲突。管理程序的冲突主要涉及项目经理的权力、如何设计项目组织等。为了避免这些问题而导致项目工作的延误，应尽早地建立清晰的程序。进度计划冲突表现在，已建立起来的项目团队不得不通过调整他们自己的运行以适应新项目组织的进度调整。即使在理想的条件下，这种调整也极可能引发冲突。因为这意味着支持部门现有的运作方式和内部权利的重新定位，这可能成为项目启动阶段重要的冲突源。因此，在项目开始时针对这些问题的有效计划与磋商就显得很重要。

2. *项目中间阶段*

在这个阶段，根据冲突的强度划分为两个阶段。

（1）项目增长阶段。这个阶段七种可能的冲突类型排序如下：

项目优先权→进度计划→管理程序→技术→人力→个性→费用。

项目优先权、进度计划和管理程序上的冲突仍然是重要的冲突因素，其中一些表现为前一阶段的延伸。在项目启动阶段强度排在第三位的进度计划冲突，到了增长阶段成了第二主要的冲突决定因素。

在这一阶段，管理程序冲突的强度变低，这表明在项目增长阶段，管理问题的数量和次数都减少了。但是，在项目的早期阶段仍然要解决类似管理纷争的冲突，以避免同样问题在随后的项目阶段再发生。

在项目增长阶段技术争端也变得显著起来，从上阶段的第六位上升到这阶段的第四位。这种冲突往往是由于某个项目支持组不能满足技术要求或要求增加它所负责的技术的投入而导致的。这种行动会消极地影响项目经理的费用支配和进度计划。

项目经理们强调个性冲突尤其难于解决。个性冲突看起来很小，但是却能给整个项目带来比那些强烈的非人员问题冲突（这种冲突可以在理性的基础上解决）更大的麻烦。费用冲突在项目增长阶段趋低，主要有两个原因：第一，由于费用计划导致的冲突并没有给大多数项目经理造成强烈的冲突；第二，一些项目在增长阶段还未全面展开，不至于引发项目经理与项目支持人员之间关于费用的冲突。

（2）项目实施阶段。这个阶段展现了一种不同的冲突形式。七种可能的冲突类型排序如下：

进度计划→技术→人力→优先权→管理程序→费用→个性。

这个阶段，其他团队参加的进度计划对有效的项目实施变得非常关键。在复杂任务的管理中，处理复杂技术的项目团队互相依赖经常造成进度的错位。当组织中有几个项目组同时介入时，就会在整个项目上引起连锁反应。换句话说，如果都是处在项目的关键线路上，那么一个组进度的错位就会影响其他组。

进度冲突往往是在项目的早期发展起来的，它们常与进度计划的建立有关。在项目实施阶段，冲突常常发生在进度计划的管理上。项目经理需要根据项目的实际需要对进度计划进行调整，这可能会导致更加强烈的冲突。

技术的冲突也是实施阶段一种最重要的冲突源。这有两个原因：第一，实施阶段以项目各个系统的第一次集成为特征。比如，产品的结构管理，由于集成过程的复杂性，因而常在子系统集成欠缺和一个子系统技术落后上产生冲突，这将轮流影响其他的部件和子系统；第二，部件可以按原型设计，但并不能确保所有的技术异常都被消除。在极端的情况下，还可能与可靠性、质量控制标准、各种设计问题和测试程序发生冲突。所有这些问题都会严重影响项目并给项目经理带来强烈冲突。

人力排在冲突决因素的第三位。对人力的需要在实施阶段达到了最高水平。如果项目成员还在其他项目工作，人力供应的约束和项目对人力需求的一再扩大必定产生矛盾。

优先权冲突作为主要冲突源的重要性继续下降。项目优先权是一种最容易在项目早期出现的冲突形式。最后，管理程序、费用和个性冲突并列排在各冲突源的最后。

3. 项目收尾阶段

这是项目最后的阶段，这一阶段冲突源的排序为：

进度计划→个性→人力→优先权→费用→技术→管理程序。

进度计划又成为项目收尾阶段最主要的冲突类型。在实施阶段发生的进度计划错位很容易传递到项目最后的阶段，这些错位往往积累起来在项目最后的阶段严重地影响项目。

个性冲突排在第二位并不奇怪。其主要原因是：第一，项目参加者对未来的工作安排的关注与紧张是不容忽视的；第二，由于项目参加者在满足紧迫的进度计划、预算、性能要求与目标上承受的压力，人际关系可能在这个阶段受到相当大的损伤。

排在冲突源第三位的是人力冲突。人力冲突的发生是由于新项目进入与原项目退出之际的团队争夺人员。相反，职能部门应该吸收剩余人员，但这些人员的变化却影响预算和组织的可变性。

收尾阶段的优先权冲突经常直接或间接地与组织内其他项目的上马有关。新组成的项目可能需要得到急切的关注和承诺，但关注和承诺不得不被压在很紧迫的进度计划内。与此同时，人员可能因为当前的项目进度变动与事前承诺之间的冲突，或者因为突然而来的新工作安排而过早离开项目。在任何一种情况下，在进度计划、人力和个性上组合起来的压力下，使得优先权冲突退到较靠后。

必须说明的是，即使一个冲突因素在特定的生命周期阶段排位相对较低，它仍然能引发严重的问题。例如，一个项目经理可能在整个项目中都面临着严重的进度计划问题，但一个个别的技术问题也会与进度冲突同样程度地危害项目的实施。

从以上的论述中看来，在整个项目周期中，经常给项目经理带来问题的三个方面是进度计划、项目优先权和人力资源。这些方面容易产生更高强度冲突的一个原因是：项目经理对影响这些方面的其他领域、特别是有关职能部门只能进行有限的协调。这二个方面在整个项目周期内都需要仔细地监督管理。为了减少有害的冲突，应当在项目实际开始之前做好深入的计划。计划能够帮助项目经理在冲突发生前预计到可能的冲突源。进度计划的编制、优先权的建立和资源的分配都需要有效的计划以避免或减少项目实施过程中出现冲突。

项目寿命周期阶段上的冲突强度趋势见图 10-2。

（三）冲突对项目团队的影响

冲突对项目团队的影响，可以从团队绩效、个体满意度、工作任务和团队等四个方面进行分析。

1. 冲突对团队绩效的影响

冲突由任务冲突和关系冲突组成，其中任务冲突对团队绩效是有利的，而关系冲突对团队绩效是有害的。关系冲突，会使团队成员忙于把精力应付各种关系，导致放在完成任务上的精力明显不足；而且，关系冲突的产生，会引发团队成员间的情感冲突，其直接的影响结果是团队决策的低质量。大量的研究也表明，关系冲突与团队绩效存在负相关的关系。任务冲突，与团队绩效之间则存在积极的正相关关系。在进一步研究任务冲突与团队绩效之间的关系时发现，当主动对任务冲突进行管理时，任务冲突与团队绩效存在正相关关系；当被动地管理团队任务冲突时，任务冲突与团队绩效存在负相关关系。另一方面，任务冲突虽会对项目团队绩效存在负面影响，但随着任务进程的有效管理，这种负面影响将会减弱。

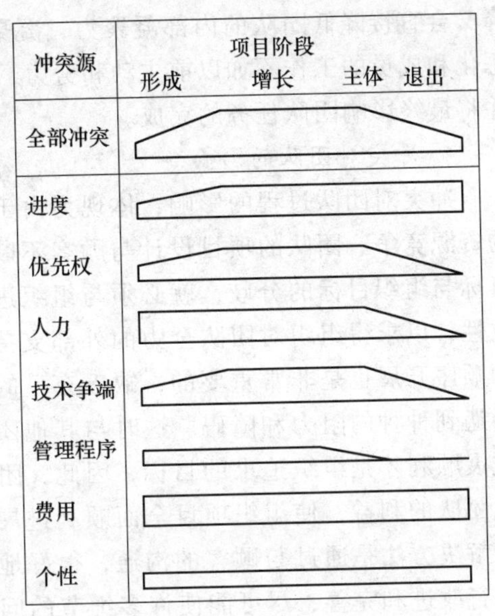

图 10-2　项目寿命周期阶段上的冲突强度趋势

任务冲突，又可分为日常性任务冲突和非日常性任务冲突，它们对个人绩效和团队绩效的影响呈曲线关系。对于日常性任务来说，低水平的冲突对应于中等水平的个人绩效和团队绩效，中等水平的冲突对应于高水平的个人绩效和团队绩效，高水平的冲突对应于低水平的个人绩效和团队绩效；对于非日常性任务来说，低水平的冲突对应于低水平的个人绩效和团队绩效，高水平的冲突对应于高水平的个人绩效和团队绩效，非常高水平的冲突对应于中等水平的个人绩效和团队绩效。

2. 冲突对个体满意度的影响

冲突对个体满意度的影响是明显的。任何冲突，如果没有得到很好的管理，它只会使团队成员的情绪受到负面的影响，从而降低了他们在团队中的满意度，而不会产生积极的作用。使用认可的行为可以使任务冲突有助于提高个体满意度；相反地，使用中立或不为接受的行为时会导致个体满意度的下降。冲突必须很好地管理才能增强项目团队成员的满意度，而且高密度的冲突会降低项目团队成员的满意度。

3. 冲突对工作任务的影响

冲突的产生容易导致成员间信任度和满意度的下降，信任度和满意度的下降又会直接降低团队的内部凝聚力，凝聚力的下降结果是导致团队内部环境的恶化和成员的工作不如以前主动和努力，从而导致成员对工作任务的投入下降，并将最终影响团队任务的完成。

4. 冲突对团队的影响

冲突对团队过程的影响，体现为由于团队目标与组织目标的分歧、团队间的资源竞争、团队的项目设计与顾客不断产生的新需求的冲突等。要解决团队目标与组织目标的分歧，就必须与组织进行很好地沟通，尽可能实现目标的一致性，以求得组织对团队全力的外部支持；团队之间资源的竞争，对团队项目的顺序开展也是非常重要的，缺乏充足的组织资源的支持，团队项目的进展将会遇到种种的阻力和障碍。这时与其他团队的协调将是必要的。组织内项目都进展顺利才是组织追求的目标，因此，团队在顾及自己利益的同时也要顾及其他团队的利益，使组织项目全面顺利进展。团队项目与客户需求的冲突，最好的解决方法是通过与顾客的沟通，很好地了解客户的需求，并对项目设计及时进行改进和完善，尽可能使许多细节的问题在不断的互动中及时有效地得到解决，而不是等这些小问题累积成大问题时才来解决，那时只会增加彼此间合作的不愉快。

三、项目冲突的处理

（一）项目冲突的解决模式

项目存在于一个冲突的环境中，在不断地面对冲突和处理冲突中成长。尽管引发冲突的因素各式各样（例如，冲突源在项目生命周期中呈现的强度也不一样，项目经理处理冲突问题的风格也不一样），但是面对基本的常见的冲突，有五中基本的冲突解决模式，如图 10-3 所示。“面对”是最常使用的解决问题方法，近 70% 的项目经理喜欢这种方法。以权衡和互让为特征的妥协方式排在第二位，然后是缓和。强制与撤除排在第四位和第五位。

在项目经理对冲突解决方式的态度方面，除了面对和妥协两种方法，项目经理们基本是不分先后地把其他几种方法用在与下属、与上级、与职能支持部门之间。“面对”是他在解决与上级冲突时最青睐的方法，“妥协”则更多用来解决与职能支持部门的冲突。图 10-3 是对项目经理解决冲突的各种方法的总结。

1. 面对

直接面对冲突是克服分歧、解决冲突的有效途径。双方以解决问题的姿态进行谈判，正视分歧并进行思想和信息的交流，寻求整合性的方法。

适用场合：当双方意愿无法达成妥协时，寻找一种整合性的解决方法；当双方的目标明确之时，听取不同意见者的高见；将关心变成意见一致以达到齐心协力；因感到有损于彼此关系而精诚合作。

2. 妥协

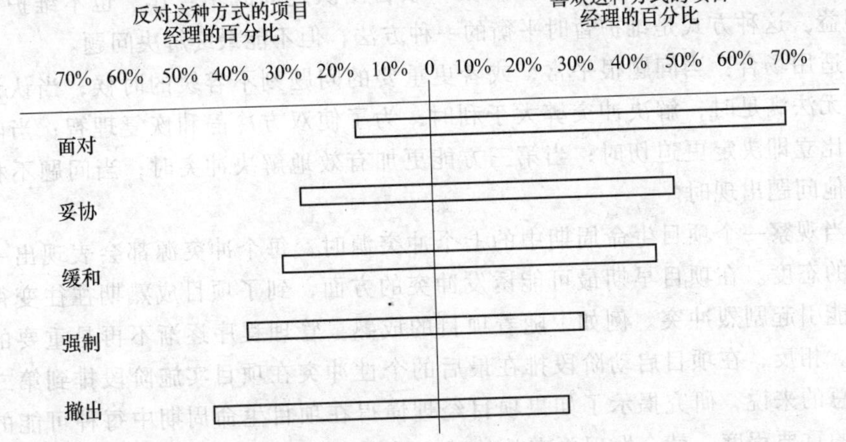

图 10-3　冲突解决方式

妥协是中等程度的合作和维护权益，双方进行谈判，在一定程度上作了让步，它对非原则问题较为适用，但它往往会损害另一方的利益。

适用场合：目标重要，但不值得努力去做，或者继续坚持己见会弊大于利；彼此旗鼓相当，从而导致互相排他的目标；暂时化解冲突防止问题复杂化；因时间紧迫而采取的权宜之计；合作或竞争未成功时采取的预备策略。

3. 缓和

项目团体之间的和谐关系胜于利益的争夺，因而在冲突中忽略双方的差异，找出一致的一面。这种解决方式具有自我牺牲精神，为达到合作而牺牲自己利益。这种方式的弱点是只能暂时解决问题，它常常得到好评，但也被认为是软弱的解决方式。

适用场合：发现是自己一方的错，决定更改为更好的立场，以显示出胸襟和气度；问题对对方比对自己一方更加重要，就应满足对方从而维持合作；为今后的合作建立信誉；当要被战胜和失败之时使损失最小化；当和谐与稳定特别重要之时；为了使下属吃一堑，长一智。

4. 强制

这种解决方式强调维护自己的利益而不愿合作，以牺牲别人利益换取自己的利益。“强制”以权力为中心，动用包括职位、说服力等一切权力，来实现自己的主张。这种方式不能触及冲突的根本原因，不能从根本上使对方说服，具有暂时性，而且往往得不到好评。

适用场合：处于紧急状态，需要迅速、果断行动；需实施新行动的重大问题，如费用削减，推行新的规则、法律。

5. 撤出

忽略冲突并且希望冲突尽快解决，项目团队之间既不合作，也不维护自己的利益。这种方式是维护暂时平衡的一种方法，但不能最终解决问题。

适用场合：当问题很平常，或者更重要的问题刻不容缓的时候；当认识到愿望无法满足时；解决冲突弊大于利时；为了使双方冷静和恢复理智；当收集信息比立即决定更迫切时；当第三方能更加有效地解决冲突时；当问题不相干或其他问题出现时。

当观察一个项目生命周期中的七个冲突源时，每个冲突源都会表现出一种动态的态度。在项目早期最可能诱发冲突的方面，到了项目成熟期往往变得不大可能引起剧烈冲突。例如，随着项目的成熟，管理程序逐渐不再是重要的冲突源。相反，在项目启动阶段排在最后的个性冲突在项目实施阶段排到第二位的。总的来说，研究揭示了如果项目经理懂得在项目生命周期中每种可能的冲突源的重要程度，就会发现更有效的减少冲突的策略。表 10-1 是美国项目管理专家 H. J. Thamhain 和 D. L. Wilemon 在其《项目生命周期的冲突管理》一书中给出的一些具体建议，帮助项目经理认识在项目各段最易出现的一些最重要的冲突源以及减少其有害影响的策略。

表 10-1 主要冲突源及减少有害结果的建议

<table>
<tr><th colspan="2">项目周期阶段</th><th>冲突来源</th><th>建　议</th></tr>
<tr><td colspan="2" rowspan="3">项目启动</td><td>优先权</td><td>清楚定义的计划；联合决策或与有关部门协商</td></tr>
<tr><td>程序</td><td>建立在项目行动中要遵守的详细的管理作业程序
关键管理人员的可靠批准；建立理解说明或证明</td></tr>
<tr><td>进度</td><td>在项目开始之前建立进度保证</td></tr>
<tr><td rowspan="6">项目中间</td><td rowspan="3">项目增长</td><td>优先权</td><td>通过碰头会向支持领域提供对既定的项目计划和需要的有效反馈</td></tr>
<tr><td>进度</td><td>在与职能组的合作中完成工作分解任务包的进度</td></tr>
<tr><td>程序</td><td>制定关键管理问题的应急计划</td></tr>
<tr><td rowspan="3">项目实施</td><td>进度</td><td>在过程中连续地监督与有关部门沟通结果
预见问题并考虑替代方案
确认需要密切监督的可能出现问题的重点</td></tr>
<tr><td>技术</td><td>尽早解决技术问题
向技术人员通报进度计划和预算的约束条件
重视早期的技术测试
尽早对最终设计达成共识</td></tr>
<tr><td>人力</td><td>尽早预测和沟通人力需求
向职能部门和顾问组提出人力需求和优先权</td></tr>
</table>

（续）

项目周期阶段	冲突来源	建　议
项目收尾	进度	在项目寿命期中密切监督进度 考虑向可能出现进度错动的关键项目领域重新分配人力 及时解决可能影响进度的技术问题
	个性和人力	在项目接近完成时作好人员重新分配计划 与项目团队和支持组保持和谐的工作关系 努力缓和高压力的环境

（二）解决冲突最常用的方法

虽然每个项目可能有内在的不同，人们还是习惯用同样的方式去解决冲突。下面是四种最普遍的方法：

1. 沟通

在实际的团队运作中，沟通和对话是有用的手段，它们为进行团队冲突处理搭建了很好的平台。通过沟通和对话，有助于冲突双方对冲突的认识，以及加强彼此之间的了解。事实上，许多冲突的发生是由于缺乏充分的沟通所导致的。因此，事先的沟通有助于减少和避免不必要的冲突，增加对同一事物的共识。而冲突发生后的沟通和对话，则有利于控制冲突的进一步发展，有助于问题的解决，有助于改善团队成员间的工作关系和增强相互间的信任。

2. 建立冲突解决程序

这是解决冲突非常有效的方法，可以通过使用线性责任图来计划。

3. 利用上级

解决冲突时找上级在理论上看来是最好的办法，因为项目经理和职能经理都将不再处在支配地位。项目经理和职能经理都认为出于一种适当平衡存在的需要，他们共同的上级必定去解决冲突以维护公司的最大利益。然而，这是一种不现实的行为规则，似乎职能经理和项目经理解决不了他们自己的问题。同时不能指望共同上级一直解决下级冲突。

4. 直接接触

最好的一个办法是直接接触，“树怕扒皮，人怕见面”，面对面可以充分展开各自的胸怀，畅所欲言，把问题和意见摆在桌面上，双方进行思想的直接碰撞和回应，求得矛盾的立刻解决。

四、项目经理在冲突管理中的作用

项目经理在冲突管理中发挥着重要的作用，优秀的项目经理应该认识到冲突是不可避免的，而且必须为解决它们寻找最好的方法。

（一）确定目标

确定目标对于冲突的解决非常重要。冲突是否为良性，处理不好会产生哪些后果，需要把冲突控制在什么范围之内，这是确定目标时必须回答的。

确定解决冲突的目标是决定最终解决方案的根本出发点。在面对冲突时，项目经理可能在双方的利益前难以取舍，如果在解决冲突前确定了目标，那么以这个目标为标准去衡量得失、权衡利弊之后，就会果断地予以解决。

另外，当团队成员因意见不同而发生冲突时，如果向员工明确解释项目的工作目标，成员们常常会发现他们各自努力的方向原来是同一目标，只是方式不同而已。这样有利于消除他们之间的冲突。

（二）收集信息

项目经理应该建立适当的氛围和气候。调查冲突产生的原因并收集所有可能得到的信息。带着理解而不是评价去听，理解他人的感受，阐明冲突的性质，为解决差异提出一些可行的建议。

（三）确定群体行为规范

群体规范是团队的行为标准。群体规范对约束项目团队成员的行为有潜移默化的作用。它划定了成员活动的范围，制定了成员活动的基本原则，使团队在行为、感情和认知等方面保持一致性，最重要的是整合了群体目标和个体目标，在一定程度上可以避免冲突的产生。

（四）处理与不同职能人员的冲突

项目经理为了有效地工作，有必要知道怎样与那些必定与项目之间有界面联系的雇员一起工作。这些各式各样的雇员包括高层管理人员和下级项目团队成员共同创造出一种不同的工作环境来展示出一种连续的适应能力。冲突的类型和强度也会随项目经理必须接触的雇员种类而变化，如图 10-3 所示。任何项目经理与职能经理之间也都可能出现在他与职能部门的雇员之间，反过来也是

冲突原因	来源：冲突大多数与之发生				
	职能经理	职能人员	项目人员之间	上级	下级
进度	√	√			
优先权	√	√	√		
人力	√	√			
技术	√	√	√		
程序	√	√		√	√
个性	√	√	√	√	√
费用	√	√	√		

高 ↑ ↓ 低

高 ← 相对冲突强度 → 低

图 10-4 冲突原因的关系

如此。图 10-4 中的数据是在 75% 的置信水平上得到的。

前面我们已经讨论了解决冲突的五种基本方式。项目经理将使用的特定类型的解决方式依赖于冲突发生的对象，如表 10-2 所示。表 10-2 不是表明项目经理更喜欢哪种方式，而是要找出哪种方式会增加或减少可能的冲突强度。比如，虽然项目经理一般认为“撤出”是他们最不喜欢的方式，但用在与职能经理之间却很有效。在应付上级上，项目经理更愿意立即“妥协”而不是面对面地对峙，那样很容易造成解决方法被迫服从上层管理者的后果。

表 10-2　冲突强度与解决方式的结合

项目经理的冲突强度	实际冲突解决方式				
	强制	面对	妥协	缓和	撤出
项目经理与下级的冲突	■	▲	▲	▲	■
项目经理与上级的冲突		■	▲		
项目经理与职能部门的冲突	■	■			▲

注：■表示很喜欢的降低冲突办法。

▲表示很不喜欢的降低冲突的办法。

表 10-3　项目经理的影响方法和冲突强度

项目经理感到的冲突强度	项目经理认定的影响方法						
	专门技术	职权	工作挑战	友谊	晋升	薪水	惩罚
项目经理与下属之间的冲突	■	■	▲		▲		■
项目经理与上级的冲突			▲				■
项目经理与职能部门之间的冲突		■					■

注：▲表示很喜欢的降低冲突的办法。

■表示很不喜欢的降低冲突的办法。

表 10-3 指出了项目经理可以有效帮助减少可能冲突的各种影响方式。对于减少冲突，处罚权、职能和专利技术被认为是最差的，工作挑战和晋升（如果项目经理有这种权力）对他的员工是最好的。

第二节　项目沟通及其管理

大多数项目是一个涉及多个专业领域的临时的团队组合，为了一个共同的目标，按照一定的管理流程进行协同工作。在这过程中难免会产生各式各样的冲突，甚至影响项目本身的发展。那么，如何保证在多变的内外部环境中项目最终仍能够满足或者超过项目有关各方的期望，就成为项目管理必须解决的问题。在关于冲突及其管理的讨论中，沟通被普遍认为是最好的避免或减少冲突的手段。

一、项目沟通的类型

（一）项目沟通的概念

什么是沟通？“沟”就是将自己的看法、想法和做法告诉别人，以便“异中求同，同中求异”，“通”就是达成共识。沟通就是信息的交流过程。在项目的实施中，信息交流主要是人与人之间和组织之间的交流。人与人之间的沟通是将信息由一个人传递到另一个人，如下级人员与项目经理之间。这主要是人们带着一定的动机、目的、态度通过各种途径传递信息、情感、态度、思想、观点等。项目需要有效的沟通以保证在适当的时间以低代价的方式使正确的信息被合适的人所获得。有效沟通包括：信息的交换、传达信息的行为或实例、口头或书面消息、有效表达想法的技术、在个人之间通过一般的符号系统交换意见的过程等内容。

（二）项目沟通的基本类型

合适的沟通对于项目的成功是极其重要的。沟通是信息被交换的过程。沟通可以是：正式沟通、非正式沟通；书面沟通的和口头沟通。口头沟通带来高度的弹性。口头沟通以个人间的接触、小组会议或电话为媒介。书面沟通则是准确的，它们以通信，电子邮件和项目管理信息系统为媒介被传送。一些人把非口头（比如视觉、手势和身体语言的沟通）也作为可接受的形式。此外，还包括组织结构方面的上行沟通、下行沟通和平行沟通，以及沟通参与者的单向沟通与双向沟通。

1. 正式沟通与非正式沟通

（1）正式沟通是组织内部明确的规章制度所规定的沟通方式。它和组织的结构息息相关，主要包括按正式组织系统发布的命令、指示、文件、组织召开的正式会议，组织正式颁布的法令规章、手册、简报、通知、公告，组织内部上下级之间和同事之间因工作需要而进行的正式接触。正式沟通的优点是沟通效果好，比较严肃而且约束力强，易于保密，可以使信息沟通保持权威性。其缺点是沟通速度慢。

（2）非正式沟通是指在正式沟通之外进行的信息传递和交流，如员工之间的私下交谈、小道消息等，是一类以社会关系为基础，与组织内部明确的规章制度无关的沟通方式。它的沟通对象时间及内容等方面都是未经计划和难辨别的。因为非正式组织是由于组织成员的感情和动机上的需要而形成的，所以其沟通渠道是通过组织内的各种社会关系，这种关系超过了部门、单位及层次。其优点是沟通方便，沟通速度快，而且能提供一些正式沟通中难以获得的信息。其缺点是容易失真。

2. 书面沟通和口头沟通

（1）书面沟通是指用如通知、文件、报刊、备忘录等书面形式所进行的信息传递和交流。其优点是可以作为资料长期保存，反复查阅，沟通显得正式和严肃。

(2) 口头沟通就是运用口头表达，如谈话、游说、演讲等进行信息交流活动。其优点是传递消息较为准确，沟通比较灵活、速度快，双方可以自由交换意见。

3. 言语沟通和体语沟通

言语沟通是利用语言、文字、图画、表格等形式进行的。体语沟通是利用动作、表情姿态等非语言方式（形式）进行的。一个动作、一个表情、一个姿势都可以向对方传递某种信息；不同形式的丰富复杂的“身体语言”也在一定程度上起着沟通作用。

4. 上行沟通、下行沟通和平行沟通

(1) 上行沟通。上行沟通是指下级的意见向上级反映，即自下而上的沟通。

(2) 下行沟通。下行沟通是指领导者对员工进行的自上而下的信息沟通。

(3) 平行沟通。平行沟通是指组织中各平行部门之间的信息交流。在项目实施过程中，经常可以看到各部门之间发生矛盾和冲突，除其他因素外，部门之间互不通气是重要原因之一。保证平行部门之间沟通渠道畅通，是减少部门之间冲突的一项重要措施。

5. 单向沟通与双向沟通

(1) 单向沟通。单向沟通是指发送者和接受者两者之间的地位不变（单向传递），一方只发送信息，另一方只接受信息方式。这种方式信息传递速度快，但准确性较差，有时还容易使接受者产生抗拒心理。

(2) 双向沟通。双向沟通中，发送者和接受者两者之间的位置不断交换，且发送者是以协商和讨论的姿态面对接受者，信息发出以后还需及时听取反馈意见，必要时双方可进行多次重复商谈，直到双方共同明确和满意为止，如交谈、协商等。其优点是沟通信息准确性较高，接受者有反馈意见的机会，产生平等感和参与感，增加自信心和责任心，有助于建立双方的感情。

（三）项目沟通管理

项目沟通管理包括确保及时、正确地产生、收集、发布、储存和最终处理项目信息所需的过程。它提供了项目成功所必需的人、思想和信息之间的重要联系。参与项目的每一个人都必须作好传送和接收信息的准备，理解他们以个人身份涉及的信息将如何影响整个项目。沟通在人员思想和信息之间建立了联系，好的信息沟通对项目的发展和人际关系的改善都有促进作用，主要表现在：

(1) 为项目计划和决策提供依据。来自项目内外部的准确、完整、及时的信息有利于项目经理作出正确的决策。

(2) 为组织和控制管理过程提供依据和手段。项目经理只有在掌握了项目的各方面信息之后才能有效地提高项目团队的整体效能。

(3) 有利于建立和改善人际关系。通过信息沟通和意见交流将许多独立的个体贯穿起来，成为一个整体。信息沟通同时还是人的一种重要的心理需要，是人们用以表达思想感情与态度、寻求同情与友谊的重要手段。

(4) 促进整个项目的成功。如果没有畅通的信息交流，下级人员就不能正确、及时地理解和执行上级指示，项目就不能得到有效执行，最终会导致项目混乱甚至项目失败。

二、项目沟通的模型

(一) 项目沟通的基本形式

在项目管理过程中，项目经理承担着向上、下、左、右沟通的任务，由于沟通对象、沟通内容、沟通渠道、沟通方式的不同，要求沟通的技巧也不同。图 10-5 和图 10-6 展示了主要的沟通形式。

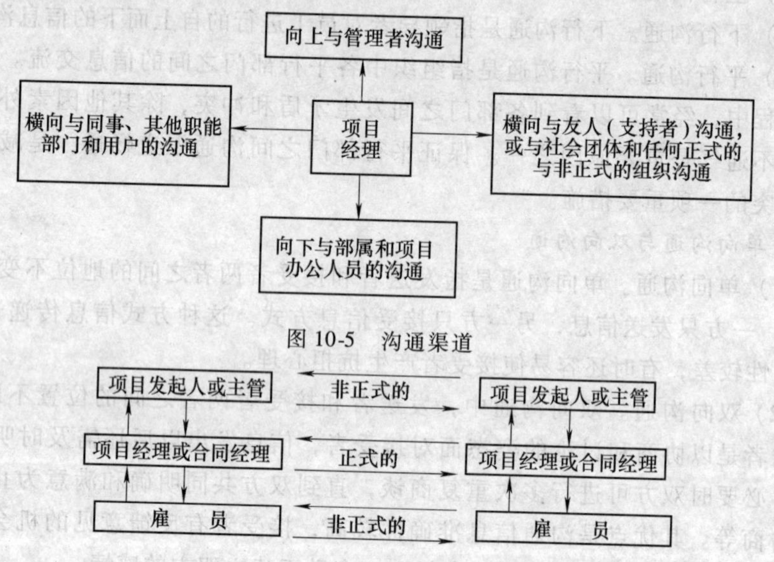

图 10-5 沟通渠道

图 10-6 用户沟通

在项目管理实践中，人们会经常抱怨难以实现正常的沟通或沟通不理想乃至失败，而这些现象大多数情况下并非出自沟通双方的主观意愿。不管是否意识到，由于个体的种种差异性和环境的复杂性，沟通双方必然存在着各种各样的障碍（滤网），正是这些障碍经常影响沟通的质量和健康性。

信息是沟通双方交换的媒介，滤网或障碍来自个人的洞察理解力、个性、情感及偏好。图 10-7 展示了完整的沟通机理模型。这个模型揭示了人们沟通过程中各种可能的影响因素。

(1) 理解力障碍。这是由于每个人都可能以不同的方式观察相同的信息。

影响理解力的因素包括个人的教育水平和地区经验。理解力问题可以通过使用具有准确意思的词语减至最少。

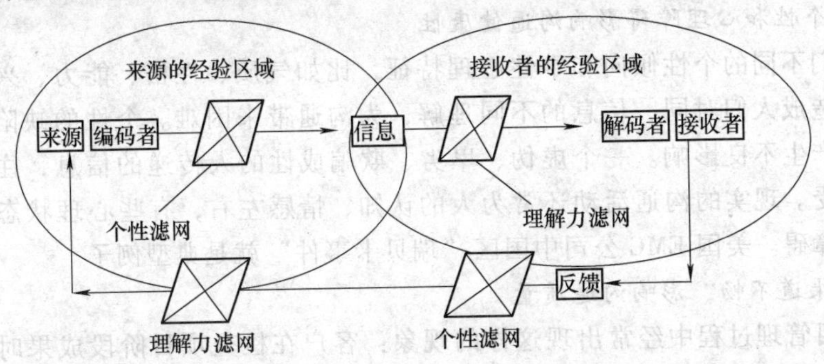

图 10-7 全部沟通过程

(2) 个性和兴趣。个人的爱好与不爱好一样会影响沟通。人们趋向愿意听感兴趣的话题，但却不愿意听不熟悉的或令人讨厌的话题。

(3) 态度、情感和偏好。它限制解释的深度和宽度，强烈的情感会影响个人理解问题的能力。

影响编码过程的典型障碍包括：沟通目标、沟通技巧、参照坐标、发出信息者可信度、需要、个性与兴趣、人际关系敏感性、态度、情感以及个人利益、位置和地位、对听者的假设、与接受者的现存关系。

影响解码过程的典型障碍包括：评价的倾向、经验、沟通技巧、参照坐标、需要、个性与兴趣、态度、情感和个人利益、位置与地位、对发出者的假设、与发出者的现存关系、缺乏相应的反馈、选择性的倾听。

信息的接收可能受信息接收方式的影响，最常见的方式包括：听觉活动、阅读技巧、视觉活动、触觉敏感度、嗅觉敏感度、洞察力。

(二) 项目沟通中的常见问题

1. 项目经理沟通不善，影响团队信息交换

有一些项目经理没有很好地同团队成员进行交流，使成员不了解经理对自己工作的期望值。项目经理不清楚何时给团队成员布置工作任务，也没有及时告知对成员的期望值，直到发现他们的工作结果与自己期望的大相径庭。由于项目经理没有说明工作要求，小组成员花费时间做了很多不必要的工作。无论是对于项目经理来说还是对于小组成员来说，这种交流不善的情况都让他们做了很多额外的工作，也难免让他们的心情感到沮丧。

项目经理要努力让与项目有关的每一个人建立起同样的期望值，包括项目应该何时完成、带来什么样的结果、成本如何等。这些期望值最初在对项目进行计划时就应该在计划书中明确下来。但是，很多项目经理没有能够让项目干系人及时了解期望值的变化。人们在作出决策时通常要依据当时所掌握的最佳

信息，如果项目经理不能让所有人都对项目的期望值有同样的了解，就会在同步性上出现问题。

2. 个性和心理障碍影响沟通健康性

人们不同的个性倾向和个性心理特征，比如气质、性格、能力、兴趣等不同，会造成人们对同一信息的不同理解，为沟通带来困难。个性的缺陷，也会对沟通产生不良影响。一个虚伪、卑劣、欺骗成性的人传递的信息，往往难以被人接受。现实的沟通活动还常为人的认知、情感左右，有些心理状态常对沟通造成障碍。美国EMC公司中国区“瑞贝卡事件”就是典型例子。

3. 渠道不畅，影响沟通质量

项目管理过程中经常出现这样的现象：客户在检查项目阶段成果时，指出曾经要求的某个产品特性并没有包含在其中，客户认为已经以口头的方式反映给了项目组的成员，而项目经理却一无所知：又如程序员在设计评审时描述了其所负责的模块构架，然而软件开发出来后，却发现与客户所理解的结构大相径庭。以上这些问题都是由于沟通引起的，有效沟通不足导致信息没有起到应有的作用。

4. 顾忌成本过大，不愿投入沟通

沟通可以通过交换信息来拓宽思路和统一认识。但与此同时，沟通要付出两方面的成本：一是沟通所花费的时间和精力，二是沟通过程中信息的失真和损失。当信息被两个人相互传递的时候，所花费时间和精力的成本以及信息的失真和损失成本，取决于两个人的表达能力、理解能力、观点和思维的一致性，以及达成一致的意愿强烈程度等多种因素。值得注意的是，在很多情况下，即使是两个同样具有很强的表达和理解能力的人，他们进行沟通要达成一致所需要花费的沟通成本也是很大的，而且很可能是沉没成本。

三、项目沟通的内容

项目管理是一个理性选择和控制的过程，因此项目沟通贯穿于整个项目管理过程中。编制沟通计划、沟通信息发送和沟通报告是项目沟通管理的重要内容。

（一）沟通计划编制

沟通计划编制过程包括确定项目干系人的信息和沟通需求，何人、何时需要何种信息，以及如何将信息提供给他们。虽然所有项目都需要项目信息沟通，但所需要的信息和发布的方法差别甚远。识别项目干系人的信息需求，并选择一套适用的方法满足这些需求是项目成功的一个重要因素。在大多数项目中，沟通计划编制大部分工作是在项目启动阶段完成的。但是，该过程的结果在项目的全过程中应定期审查，并根据需要修正，以保证持续适用性。因为项目的组织结构对项目的沟通需求有较大的影响，所以沟通计划编制通常与组织计划编制密切相关。沟通计划编制需要考虑以下输入依据：

1. 沟通需求

沟通需求是项目干系人的信息需求的总和。应针对不同项目干系人的信息需求进行分析，在他们信息需求及来源方面形成系统的和合乎逻辑的观点，以满足这些需求。分析考虑适合于项目的工具和技术来提供所需的信息，应避免在不必要的信息和技术上浪费资源。借助于所需信息类型、格式与该信息价值分析的结合，可以定义沟通需求。项目资源只应该消耗在那些对成功有所贡献的或者缺乏沟通会导致项目失败的信息沟通活动上。确定项目沟通需求所需的典型信息包括：项目组织和项目干系人的责任关系；项目中涉及的规定、部门和专长；项目在何地涉及多少人的后勤工作；外部信息需求（如与媒体进行沟通）。

2. 沟通技术

项目干系人之间来回传送信息的技术或方法差别很大。它包括从简单谈话到扩大会议，简单的书面文档到随时可得的在线进度计划和数据库。可能影响项目的沟通技术因素包括：

(1) 信息需求的及时性。即项目的成功是否取决于从临时通知可得到的经过频繁更新的信息，或者是定期发布的书面报告。

(2) 技术可用性。即现有项目沟通体系是否适当，项目是否需要授权或者变更。

(3) 预期的项目人员配置。即所建议的沟通系统是否与项目参与人员的经验和专长相匹配，是否需要更深入的培训和学习。

(4) 项目的长度。即项目结束之前，可利用的技术有没有改变的可能性。

3. 约束条件

约束条件是限制项目团队选择的因素。例如，如果需要采购大量的项目资源，则应对合同信息的处理给予更多的考虑；如果项目在合同条件下实施，那么通常会有特定的合同条款影响沟通计划编制。

4. 沟通计划编制的输出

沟通计划编制的输出是沟通管理计划，主要提供以下内容的文档：

(1) 利害干系人的沟通需求。

(2) 发布结构。用于详细说明信息（状态报告、数据、进度计划、技术文档等）流向何人、将采用什么方法（书面报告、会议等）发布不同类别的信息。该结构必须与项目组织图中描述的责任和报告关系一致。

(3) 准备发布的信息的描述，包括格式、内容、详细程度以及应采用的准则/定义。

(4) 根据项目的绩效，对沟通管理计划更新与细化的方法。

(5) 评估预定沟通信息的方法。

(6) 随着项目的推进和发展，更新和细化沟通管理计划的方法。

根据项目的需要，沟通管理计划可以是正式的，也可以是非正式的，可以使极为详细的，也可以是简要的框架。它是项目整体计划的子要素。

(二) 信息发送

信息发送涉及向项目干系人及时提供所需的信息。它包括实施沟通管理计划以及对始料不及的信息需求的应对。

1. 信息发送的内容

信息发送内容主要是沟通管理计划，包括工作结果和项目计划等。

2. 信息发送的工具和技术

(1) 沟通方式。沟通技能用于交换信息。发送人负责使信息清楚、无歧义、完整，以便接收人可以正确接收并确认能正确理解。接收人负责确认完整地接收到信息并正确地理解信息。进行沟通有多个方面：

1) 书面和口头、听和说。

2) 内部的（项目内）和外部的（与顾客、媒体、公众等）。

3) 正式的（报告、摘要等）和非正式的（备忘录、专题谈话等）。

4) 纵向的（组织上下）和横向的（与同级）。

(2) 信息查询体系。信息可以通过不同方式由团体成员共享，包括人工存档体系、电子数据库、项目管理软件以及允许查阅的诸如工程图样、设计规范、测试计划等技术文档系统。

(3) 信息发送方法。项目信息可以通过不同方式发布，包括项目会议，书面文档复印件的发布、共享的网络电子数据库、传真、电子邮件、语音邮件、电视会议和项目内部网。

(4) 经验教训总结。它强调识别项目工程成果的经验和失败的教训，包括就如何改进项目的未来绩效提供建议。在项目生命周期中，项目团队和关键项目干系人识别项目技术、管理和过程方面的经验教训。在整个项目期间都需对经验教训进行汇编、格式化和正式归档。

3. 信息发送的成果

(1) 项目记录。项目记录可能包括描述项日的信函、备忘录和文档。应该按照现有组织的形式，正确地，尽量完整地保存此类信息。项目团队成员通常会在项目记事本中留下个人的记录。

(2) 项目报告。关于项目状态或问题的正式项目报告，包括经验教训、问题登记簿、项目收尾报告和其他知识领域的成果。

(3) 项目介绍。项目团队为所有项目干系人提供正式的或非正式的信息。信息与听众的需求有关。介绍的方法应该适当。

(4) 项目干系人的反馈。可以从项目干系人处收集有关项目运营的信息，并根据该信息改进或修改项目的未来绩效。同时，可就解决的问题、审定的变更和一般项目状态问题向利害关系者通报。

(三) 绩效报告

绩效报告涉及绩效信息的收集和发布，以便向项目干系人提供有关资源在如何利用来完成项目目标的信息。该过程包括：

(1) 状态报告——描述项目目前所处位置。例如，与进度计划和预算矩阵相关的状态。

(2) 进度报告——描述项目团队的成绩。例如，进度计划完成百分比，或者完成的任务有哪些，没有完成的任务有哪些。

(3) 预测——预计项目未来的状况和进度。

绩效报告一般应提供关于范围、进度计划、成本和质量的信息。许多项目还要求关于风险和采购的信息。报告可以是综合的，也可以是单项的。

1. 绩效报告的依据

(1) 项目计划。项目计划中包含各种基准计划，用于评价项目绩效。在前面第四章已经详细介绍过。

(2) 工作结果。已全部或部分完成哪些可交付成果，已发生或使用了什么成本（或资源）等是项目计划实施的输出。应该在沟通管理计划提供的框架之内报告工作结果。准确、统一的工作结果信息是有价值的绩效报告的基本依据。

(3) 其他项目记录。除了项目计划和项目的工作结果，其他项目文档通常含有在评价项目绩效时应予以考虑的与项目概念有关的信息，包括质量控制量变结果、可交付成果等。

2. 绩效报告的输出

(1) 绩效报告。绩效报告组织和总结收集的信息，介绍各种分析的结果。报告的提供应符合沟通管理计划所记载的不同项目干系人要求的信息种类和详细程度。绩效报告常用格式包括横道图（也称甘特图）、S—曲线图、直方图和表格图。

(2) 变更要求。项目绩效的分析通常产生对项目的某些方面变更的要求。这些变更要求按照各种变更控制过程（如范围变更管理、进度进度控制等）描述的方法处理。

四、项目经理在沟通管理中的作用

项目经理在项目沟通中扮演一个核心的角色，良好的沟通能力是一个优秀项目经理必须具备的素质。沟通过程绝不仅是传递一条信息，项目经理有责任进行沟通管理，项目完成得好坏与项目经理管理沟通过程的能力有直接的关系。有的专家曾经认为：在有些项目管理中，项目经理 90% 的时间用在沟通管理上。

项目经理在沟通管理中的作用主要表现在以下几方面：

（一）召开项目启动会

项目启动后，当项目目标、项目团队、项目资金等已经到位的情况下，就要组织一次项目启动会，启动会参加的人员是客户代表、公司代表、项目经理、项目团队。会议的主要目的是宣布项目的启动，宣读项目的章程以及明确双方进行沟通的方式和方法。

项目启动会由项目经理主持，最主要的内容是宣读《项目章程》。《项目章程》包括项目的背景、项目的目标、项目的交付物、项目团队名单等。除了宣读《项目章程》外，项目经理还要介绍《项目团队公约》，《项目团队公约》对每个项目成员均有约束作用，是经过公司领导所批准的。项目启动会是一种标志，标志着项目团队的正式建立，并且进入项目的开发实施阶段。

（二）建立合适的沟通模型

一般有三种沟通的模型：功能性沟通模型、非结构化沟通模型和产品型沟通模型。功能性沟通模型是指项目的各个功能都由一个独立的部门来完成。一个部门完成任务后，再把项目交给下一部门，部门间的沟通主要是文档和相关资料的移交。这种沟通模式的优点在于每个部门内的成员都是专家，组内的沟通非常顺畅和流利，提高了工作效率。但是这种沟通模式过于结构化和正规化，容易形成“专业化中的功能紊乱”。按照这种模式，每个专业部门都处于孤立的工作状态，只关心做好自己的事情，当系统进行集成时，将会出现“爆炸式集成”，即单独的部分运行的完好，整合在一起就不能运行和使用。

非结构化沟通模型是项目成员只是简单在一起工作，当项目人员很少的时候（最多5人），项目团队的沟通是很充分而有效的；当项目人数增多的时候，这种交流的效率就会变得非常低，出现过多交流的情况，团队成员花在沟通的时间比编码的时间要多得多。而且这种沟通比较混乱，信息在沟通的过程中会出现偏差，容易导致信息的失真。

产品型沟通模型是项目团队由一些重叠的小组组成，每个小组负责开发过程中的一项主要任务与功能。与功能型沟通模型有两个最基本的不同：各小组的成员仍然属于项目团队，项目团队的人员基本稳定；小组成员属于多个小组，各小组之间有重叠的成员，从而加强了沟通。这种模型采用了功能性沟通模型的专业性，却打破了功能性模型的壁垒。

（三）充分利用沟通渠道

通过增加沟通的渠道、方法等增强团队成员之间的有效沟通。

（1）建立多种沟通渠道。提供项目成员的邮箱地址、联系电话、建立办公系统等。

（2）重视双向沟通。双向沟通的目的是促使沟通的双方对沟通的信息达成共识。双向沟通方式有会议沟通、电话沟通、面对面沟通等。

(3) 正确地使用文字语言。项目的文档流转于项目的整个过程，项目文档如果能被项目成员理解，也将提高团队的有效沟通。

(四) 沟通策略

有些项目经理在刚开始的时候并不是良好的交流者，可以通过培训来更好地学习和掌握交流技巧。但是，在大多数情况下，交流出现问题并不是因为缺乏交流技巧，而是因为没有对交流给予足够的重视：很多项目经理把建设性的交流看作最不重要的一件事，当他们与他人进行交流时，通常既简单又仓促，给人一种他们不愿意花费时间与别人进行交流的感觉。表 10-4 是一些常用的沟通策略。

表 10-4　沟通策略

项目经理	职能经理	关　系
项目经理应最大限度地利用原有成熟的沟通渠道而不是创造新的渠道		在多项目的组织中与上下的沟通是项目成功及支持职能组织士气和激励的基本要素
批准项目计划，分解工作，准确描述范围定义，合理工作授权，确定进度计划	确保他的组织服从所有这些收到的项目指示	项目定义必须向项目计划和工作分解结构中表达的那样在合同的范围内
向职能组织签发提供项目指示的信件	确保他的组织服从所有这些收到的项目指示。职能经理向项目经理提供由他的组织发出的可能影响项目性能的所有项目信件的副本	在项目经理不在时，除非已指派了代理经理，否则签字权要交给接受他报告的上级
向客户和总经理报告项目结果和成就，使他们知道重大的问题和事件	参加项目审查，了解和准备与其职能有关的事务。使他的直线或参谋管理，以及有权的项目团队成员知道他的人员介入项目的有关重大问题和事件	状况报告是职能专家的责任。项目经理利用专家组织。专家有自己的与总经理沟通的渠道，但必须让经理知道

专业术语

冲突　项目冲突　冲突源　冲突管理　沟通　沟通管理计划　沟通能力　沟通策略

思考题

1. 什么是冲突？最普遍的冲突类型是什么？
2. 冲突的过程包括哪些步骤？解决冲突的普遍方法有哪些？

3. 在解决冲突问题的过程中项目经理应当怎样行动？

4. 什么是沟通？沟通的基本类型有哪些？

5. 项目沟通的障碍有哪些？怎样克服沟通中的障碍？

6. 项目经理在沟通中扮演什么样的角色？

7. 如何打造一个沟通顺畅的项目管理团队？

8. 为了冲突的解决可不可能建立正式的组织程序（在项目层或公司范围）？如果程序被建立，又会误入什么样的歧途？

9. 在什么情况下，组员之间会由于对各自角色的误解而产生冲突？

10. 如果冲突发展到猜疑盛行的地步，你希望增加还是减少使用文件？为什么？

11. 如果出现了能够发展成为有意义的冲突的局面，项目经理是在它产生有益的贡献时让冲突继续，还是争取尽可能解决冲突？

12. X 先生是一个 6500 万美元项目的项目经理，该项目中有 100 万美元分给了 Y 先生任项目经理的另一个公司。遗憾的是，X 先生认为 Y 先生与他不对等而一直与 Y 先生的工程主管沟通。这是何种类型的冲突，应该怎样解决它？

13. 下面的每个问题都有两种说法：一种代表传统的观点，另一种代表项目组织的观点，识别每一个问题中的观点。

（1）冲突应该避免；冲突是变化的一部分，因此是不可避免的。

（2）冲突是麻烦制造者和利己主义者造成的结果；冲突由系统结构和各部分之间的关系所决定。

（3）冲突可以是有益的；冲突是不好的。

14. 利用本章中冲突的解决方法，对于解决下面两者之间的冲突最喜欢和最不喜欢的方式各是什么？

（1）项目经理与他的项目办公室人员？

（2）项目经理与职能支持部门？

（3）项目经理与其上级？

（4）项目经理与其他项目经理？

案例

维拉扎诺大桥项目沟通实例

位于纽约港的维拉扎诺大桥被誉为“世界上最大的桥梁”，其总设计师兼项目经理奥斯马·阿曼的名字，因维拉扎诺大桥结构简单、造型别致而流芳百世。可是一个叫莫里斯的年轻成员在这个项目中的作用却鲜为人知。莫里斯当时是一位年仅25的小伙子，2年前从MIT毕业来到了奥斯马的建筑设计公司。

维拉扎诺大桥项目对奥斯马未说是一个新的挑战。这是市政府该年度的重点项目，不仅要求把纽约港的布鲁克林和斯塔顿两个小岛连接起来，以解决交通上的难题，而且还要求该桥具有一定的艺术风格，使其成为纽约港的一道风景。

经过近3个月的勘探和设计，项目团队设计出了吊桥方案，奥斯马对项目的设计和计划都颇为满意。在一个落日的黄昏，规划完项目计划的奥斯马来到了布鲁克林岛，望看对面的斯塔顿岛自言自语道："这将是一道美丽的风景"，他显然已沉浸在自己的伟大计划中。"可是，能否找到一种更好的设计方法使这道风景流芳百世呢?"这时身边突然出现一位小伙子。奥斯马从落日美景中突然惊醒，马上想起了眼前这位小伙子正是2年前来到自己公司的莫里斯。"难道我的设计有什么不正确的地方吗?"奥斯马试探着向莫里斯问道。"如果要把桥梁设计成弧形，压力将会更小一些"，莫里斯短短的一句话无异于对整个项目设计的否定。

在项目会议上这个问题再次被提了出来。"谁能保证技术上的成功性?"老设计师詹姆斯首先提出了质疑。"一座弧形的桥梁架在两岛之间确实是纽约港的一道美丽彩虹，而且建筑史上也早有先例，比如中国的赵州桥"，另一位设计师布朗对莫里斯的设想显示出了强烈的兴趣。"可是那桥只有50余米，而我们的大桥将是它的几十倍!"詹姆斯对布朗的冒犯表示出了强烈的不满。"但是弧形桥梁的压力确实会减少很多"，奥斯马一边聆听成员们的争论，一边陷入了苦苦的思索中。

面对相持不下的局面，最后奥斯马亲自担任设计组组长，对弧形桥梁方案和吊桥方案进行了认真的研究和对比，并最终作出了决策：采用弧形桥梁方案。

"世界上最大的桥梁"就这样诞生了。

问题：

1. 维拉扎诺大桥项目的进程中是否存在着冲突，它发生在项目周期中的哪一个阶段?

2. 冲突的主要焦点是什么?奥斯马是采取哪种方式来解决冲突的?

第十一章 项目人力资源管理

人力资源管理在项目管理中占有重要的地位。通过本章的学习，了解项目管理中人力资源的计划、培训、激励、绩效考核等基本理论，重点掌握人力资源的计划与绩效评估方法。

第一节 项目人力资源概述

美国管理学家彼得·杜拉克说："企业或事业唯一的真正资源是人，管理就是充分开发人力资源以做好工作。"在项目管理的发展史上，项目经理在管理他们的项目时一贯参照三条标准：成本、进度和质量。事实上，只有这三条标准是不够的，另外一条很重要的标准被忽略了，那就是人力因素。人力资源管理在项目管理中与进度、成本预算和质量管理一样重要。人力因素可以在项目管理中的其他三条标准之间架起一道桥梁。成功的项目经理能够认识到人力因素在顺利完成项目的过程中所具有的重要地位。他们知道，离开了人力因素，任何项目根本就不会存在；他们也认识到，人力因素在保证低成本、快速度和高质量地完成项目的过程中发挥着重要的整合作用。

我国古代有一个成功的项目团队，体现着最初的项目人力资源管理的思想。这就是古典文学名著《西游记》记载的由唐僧、孙悟空、猪八戒和沙和尚组成的西天取经团队。这个团队的发起人是观音菩萨，项目经理是唐僧，小组成员有孙悟空、猪八戒和沙和尚。唐僧负责带领这个队伍取回真经，孙悟空负责一路上除魔降妖，猪八戒负责牵马，沙和尚负责挑担，观音菩萨则在危难之时鼎力相助。正是由于这支队伍分工明确、各负其责，才能够使他们在一次又一次的磨难中突出重围，完成其西天取经的艰巨任务。

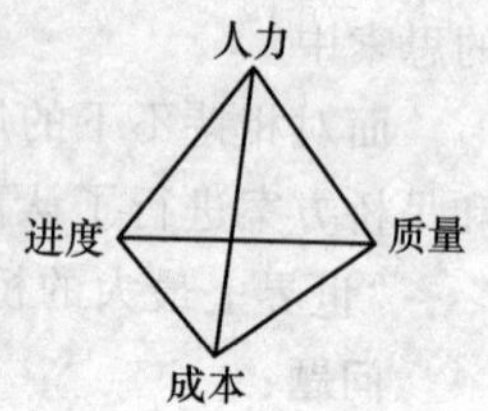

图 11-1 当前的四条项目管理标准

一、项目人力资源的含义

人力资源分为宏观和微观两个层次。宏观人力资源管理是指对全社会人力资源的管理，微观人力资源管理是指对企业、事业单位的人力资源管理。项目人力资源管理属于微观的人力资源管理，可以定义为：通过不断地获得人力资源，把得到的人力整合到项目并融为一体，保持和激励他们对项目的忠诚与积极性，控制他们的工作绩效并作相应的调整，尽量开发他们的潜能，以支持目标的实现。这样的一些活动、职能、责任和过程就是项目人力资源管理。项目人力资源管理还可理解为对人力资源的取得、培训、保持和利用等方面上所进行的计划、组织、指挥和控制活动。

二、项目人力资源的内容

(1) 人力资源规划。它是指项目为了实现其目标，对所需人力资源进行预测，并为满足这些需要而预先进行系统安排的过程。

(2) 工作分析。它是指收集、分析和整理关于某种特定工作信息的一个系统性程序。工作分析要具体说明为成功地完成该项工作，每一个人工作内容、必要的工作条件和员工的资格是什么。工作分析信息被用来规划和协调几乎所有的人力资源管理活动。

(3) 员工招聘。它是指根据项目任务的需要，为实际或潜在的职位空缺找到合适的候选人。

(4) 员工培训和开发。它是指为了使员工获得或改进与工作有关的知识、技能、动机、态度和行为，以有利于提高员工的绩效以及员工对项目目标的贡献，组织所作的有计划、系统性的各种努力。培训聚焦于目前的工作，而开发则是为员工准备可能的未来工作。

(5) 报酬管理。它是指通过建立合理公平的薪水系统和福利制度，吸引、保持和激励员工很好地完成其工作。

(6) 绩效评估。它是指对工作行为的测量过程，即用过去制定的标准来比较工作绩效的记录以及将绩效评估的结果反馈给员工的过程。

三、项目人力资源的特点

由于项目具有目的性、一次性、独特性、创新性等特征，使得项目组织也有不同于其他运营组织的特殊性。项目组织的一大特点是其成员多数是从项目组织外部临时借调的，各来自不同的职能部门或组织机构，为了一个既定的目标暂时共同工作。随着项目的实施，项目组织成员的工作内容和职务也很难保持不变，可能会发生变动调整，甚至人数也会有不少变化。一般来自不同团体的项目成员进入项目组织后，没有彼此熟悉了解的过程，立刻就要投入“战斗”，“战斗”结束以后，即刻解散。试想如果一支军队也这样组成，这样迎战，会有什么结果？然而，项目组织基于所要完成工作的特殊性就要面对这种情况。由于项目组织的种种特殊性，使得项目人力资源在某种程度上也别于一般营运组织的人力资源管理，有其自己的独特之处，具体表现在：

(1) 项目人力资源管理要针对临时性。由于项目工作是一次性的，项目组织完成项目之后就会解散，因此项目组织具有临时性的特点。因此项目人力资源管理就要针对项目组织的这一特性，研究如何管理好一个临时性的团队。这是做好项目人力资源管理的基础，是项目人力资源管理面临的首要问题。

(2) 项目人力资源管理要着重团队性。项目组织面临的任务通常都要在既定的时间、以既定的成本完成，而且还要保证一定的质量。因此要想使一个临时性的项目组织能够短时间、低成本、高质量地完成任务，实现项目目标，建设一个和睦、高效、快捷的项目团队非常重要。培养项目组织成员的团队合作精神是项目人力资源管理的重要目标之一。

(3) 项目人力资源管理要适应项目生命期。由于项目具有自身发展阶段的生命期，在各个不同的生命期阶段，项目组织成员无论是在数量上还是在人员组成上都有明显的差别，对于人力资源管理的要求也会有所不同。因此项目人力资源管理要根据项目生命期阶段的变化，运用不同的管理机制、管理模式、管理方法，充分发挥项目生命期各个不同阶段的全体项目成员的积极性、能动性、创造性，实现项目目标。

第二节　项目工作分析

一、工作分析的定义

一个项目的建立最终会导致一批工作的出现，而这些工作需要由特定的人员来承担。工作分析就是与此相关的一道程序，是确定完成各项工作所需技能、责任和知识的系统过程。通过这一程序，我们可以确定某一工作的任务和性质，以及哪些类型的人（从技能和经验的角度来说）适合被雇佣来从事这一工作。因此，工作分析的结果提供了与工作本身的要求有关的信息，而工作要求又是编写工作说明书和工作规范的基础。工作说明是一份提供有关工作任务、职务信息的文件；工作规范是一份概述一个人为完成一项特殊工作应具备最基本资格的文件。在项目管理中，工作分析主要是项目工作的分解，项目工作分解结构（WBS）是项目范围界定的结果。它是以项目范围说明书为基础，并对项目范围说明书加以细化的工作。在项目工作分解机构中，每下降一层，对项目组成部分的说明就更详尽了一步。WBS 是为了完成项目产品的所有工作的等级表示，是一个项目产品的系谱层级图，图中所有内容均为实现项目最终目标所需做的工作。

在一个项目中，工作分析的目的是为了解决以下六个重要的问题：

(1) 员工完成什么样的体力和脑力工作？

(2) 员工将在什么时候完成？

(3) 工作将在哪里完成？

(4) 员工如何完成此项工作？

(5) 为什么要完成此项工作？

(6) 执行工作需要哪些条件？

二、工作分析所获得信息的应用

工作分析所获得的信息，实际上成为具有内在联系的几种人事管理活动的基础。

(一) 招募与甄选

工作分析提供的信息有：工作的任务有哪些，以及具备什么样条件的人才才能完成这些工作任务。这些与工作说明书和工作规范有关的信息实际上决定了需要招募和雇佣什么样的人来从事此种工作。

（二）报酬

报酬（如工资和奖金）通常都是同工作本身要求工作承担者所具备的技能、教育水平，以及工作中可能会出现的危害人身安全因素等联系在一起的，而所有这些因素都必须通过工作分析才能得到确定。许多管理者都要对组织中的工作进行分类（如三等文秘和四等文秘），而工作分析恰恰是可以提供关于每一种工作相对价值的信息，从而有利于工作分类任务的完成。

(三) 工作绩效评估

工作绩效评估过程就是将雇员的实际工作绩效同要求其达到的工作绩效标准进行对比的过程。而在许多情况下，人力资源主管都是借助工作分析手段来确定雇员应当达到何种绩效标准，以及需要完成哪些特定活动的。

(四) 培训

在培训时，需要运用工作分析所获得的信息来设计组织的培训计划和人力开发计划。这是因为，工作分析以及作为工作分析结果的工作说明书显示出了工作本身要求雇员具备哪些技能，从而也就很自然地能够了解要对雇员进行何种技能培训。

三、工作分析的步骤

(一) 确定工作分析信息的用途

首先，要明确工作分析所获得的信息将用于何种目的。其理由是，工作分析所获得信息的用途直接决定了需要搜集何种类型的信息，以及使用何种技术来搜集这些信息。有些技术对于编写工作说明书和为空缺的工作岗位甄选雇员是极为有用的。例如，同在工作岗位上的雇员进行面谈，让他们自己说出自己所从事的工作任务是什么，以及他们自己所负有的责任有哪些。而另一些工作分析技术（像职位分析问卷法），则不能提供上面所需要的那种描述性信息。但它所提供的信息却有助于对每一种工作进行量化排序，可以使得我们对各种工作进行对比。因此，在确定工作报酬时，这种工作分析技术就十分有用了。

(二) 搜集与工作有关的背景信息

接下来，可以先看看那些可得到的与工作有关的背景信息，如组织图、工作流程图和工作说明书等。组织图显示出了当前工作与组织中的其他工作是一种什么样的关系，以及它在整个组织中处于一种怎样的地位，但通过它只能获知工作流动的方向，而工作流程图则提供了与工作有关的更为详细的信息。

（三）选择有代表性的工作进行分析

当需要分析的工作有很多但它们彼此又比较相似的时候，如对流水线上的工人所做的工作进行分析，如果对他们所做的工作一个一个地进行分析，必然非常耗费时间。在这种情况下，选择典型工作进行分析显然是十分必要同时也是比较适合的。

（四）搜集工作分析的信息

在这一步，就是通过搜集有关工作活动、工作对雇员行为的要求、工作条件、工作对人员自身条件（如个人特点与执行工作的能力）的要求等方面的信息，来进行实际的工作分析。

（五）同承担工作的人共同审查所搜集到工作信息

通过工作分析所得到的信息只有与从事这些工作的人员以及他们的直接主管人员进行核对才可能不出现偏差。这一核对工作有助于确定工作分析所获得的信息是否正确、完整，同时也有助于确定这些信息能否被所有与被分析工作相关的人所理解。

四、职位说明书的编写

职位说明书是关于工作执行者实际在做什么、如何做以及在什么条件下做的一种书面文件。这种信息又可以用来编写工作规范。工作规范说明了工作执行人为了圆满完成工作所必须具备的知识、能力和技术。

职位说明书的编写并没有一个标准化的模式，但大多数的职位说明书都包括以下几项内容：

(1) 工作标识。工作标识包括工作名称、工作地位、工作代码、工资范围等。

(2) 工作综述。描述工作的总体性质，只列出其主要功能或活动即可。例如，对于数据处理主管人来说，其工作综述可以描述为："指导所有的数据处理的操作、对数据进行控制以及满足数据准备方面的要求。"应当避免在工作描述中出现如"执行需要完成的其他任务"这样笼统的描述。一些专家认为，如果一项经常可以看到的工作内容不被明确写进工作说明书，而只是用像"所分配的其他任务"一类的语言，就可能会成为逃避责任的一种托辞，因为这使得对工作的性质以及雇员需要完成的工作的叙述出现了漏洞。

(3) 工作联系、职责与任务。工作联系说明工作承担者与组织以及组织外的其他人之间的联系情况。此外，每一项工作的主要职责都应当列举出来，并用一到两句话分别对每一项任务加以描述。

(4) 工作权限。工作极限包括决策的权限、对其他人实施监督的权限以及经费预算的权限等。比如，项目财务经理有权批准购买500美元以上物品。

(5) 绩效标准。这部分用来说明雇主期望雇员在执行职位说明书中的每一项任务时所达到的标准是什么样的。设定工作绩效标准并不是一件容易的事情。大多数的管理人员都已经意识到，仅仅告诉雇员“要尽最大努力工作”并不能保证雇员发挥最大的工作绩效。确定绩效标准的一个最为直接的方法是把下面的话补充完整：“如果你……我会对你的工作完全满意。”

(6) 工作条件。它包括噪声水平、危害条件或热度等。

(7) 工作规范。它以职位说明书的内容为依据来回答这样一个问题，那就是：“要做好这项工作，职位承担者必须具备什么样的特点和经验？”它显示了什么样的人可以被雇佣来从事此项工作，对于招募来的人应当进行哪些方面的素质测试。它可以是附在职位说明书上的一个部分，也可以是单独的一份文件，在通常情况下，都把它放在职位说明书的背面。

第三节　项目人力资源规划

一、人力资源规划的含义

项目人力资源规划是项目经理班子通过对未来项目人员供需关系情况和调配关系的预测，确定书面计划和分配项目任务、职责和报告关系，以确定项目的人力资源管理目标、制定短期或中长期人力资源管理策略，作出科学的人力资源获取、利用、保持和开发策略，确保项目对人力资源数量和质量上的需求，保障项目战略目标实现的谋划过程。其最终目的是为了合理配置和开发人力资源，最有效地利用、激励人才，形成一个高绩效、强凝聚力的项目团队，最终实现项目战略和总体规划。

在制定项目人力资源具体的配备计划前要进行人力资源的需求预测。由于项目人力资源存在临时性的特点，在项目工作中人员的需求还可能不是很连续或者不是很平衡，容易造成人力资源的浪费和成本的提高。例如，某项目现有15人，设计阶段需要10人；审核阶段可能需要1周的时间，但不需要项目组成员参与；编码阶段是高峰期，需要20人，但在测试阶段只需要8人。如果专门为高峰期提供20人，可能还需要另外招聘5人，并且这些人在项目编码阶段结束之后，会出现没有工作安排的状况。为了避免这种情况的发生，通常会采用资源平衡的方法，将部分编码工作提前到和设计并行进行，在某部分的设计完成后立即进行评审，然后进行编码，而不需要等到所有设计工作完成后再执行编码工作。这样将工作的次序进行适当调整，削峰填谷，形成人员需求的平衡，会更利于降低项目的成本，同时可以降低人员的闲置时间，以防止成本的浪费。

二、人力资源需求预测

(一) 影响人力资源需求预测的因素

在进行人员需求预测时，管理者应当考虑多种因素。从现实的观点看，市场或顾客对项目最终的产品和服务的需求是最为重要的。例如，在生产型企业中的项目，首先要对销售额进行预测，然后决定要满足这些销售额需要生产多少产品。除了生产和销售外，项目经理还需要考虑其他几个方面的因素：

(1) 可能的雇员流动比率（辞职或终止合同）。

(2) 雇员的质量和性质。

(3) 与提高产品、服务质量或进入新市场有关的决定。

(4) 导致生产率提高的技术与管理方面的变化。

(5) 项目能够获得的经济资源。

(二) 人力资源需求预测的方法

1. 趋势分析法

它就是首先通过分析某个项目在过去五年左右时间中的雇佣趋势，然后以此为依据来预测类似项目未来人员需求的技术。例如，项目经理可以综合统计做过的销售项目在过去五年中每次项目终止的雇员数量；或者这些年项目终止的各类人员数量（如行政人员、财务人员等），其目的在于确定今后有哪些趋势会继续发展下去。

趋势分析法作为一种初步预测是很有价值的，但仅有它还远远不够，因为雇佣水平很少会只由过去的状况决定。其他一些因素，如项目的复杂性、资金是否充足都会影响项目未来的人员需要。

2. 比例分析

它是以以下两种因素的比率为依据的：

(1) 某些原发性因素（如项目未来的收益和成本）。

(2) 所需要的雇员数量（如财务人员的数量）。

例如，假设3名市场调查员6天就能完成一个项目所需的所有的数据。再假设计划在下一年将天数缩短为4天，并在再下一年将天数缩短为2天，那么，如果原有的调查任务和调查人员不变，在下一年只需要2个市场调查员就行了，再下一年仅需要1名市场调查员就够了。

项目经理还可以利用比率分析来帮助自己预测其他一些人员的需求。比如，可以计算技术人员和文职人员的比率，然后以此确定需要增雇多少文职人员来与技术人员的增加相匹配。

像趋势分析一样，比率分析假定生产率保持不变，比如无论对调查员如何激励，也不可能使每位调查员的效率提高多少。否则，根据历史比率所进行的人员预测就不太准确了。

3. 德尔菲法

此方法已在第七章第四节作过阐述，在此不再赘述。

(三) 人力资源编制计划

在进行项目人力资源需求预测的基础上，需要制定项目人力资源编制计划：

1. 角色和职责分配

项目角色和职责在项目管理中必须明确，否则容易造成同一项工作没人负责，最终影响项目目标的实现。为了使每项工作能够顺利进行，就必须将每项工作分配到具体的个人（或小组），明确不同的个人（或小组）在这项工作中的职责，而且每项工作只能有唯一的负责人（或小组）。同时，由于角色和职责可能随时间而变化，在结果中也需要明确这层关系。表示这部分内容最常用的方式为职责分配矩阵（RAW），如表 11-1 所示。

表 11-1　职责分配矩阵

人员 / 项目阶段	A	B	C	D	E	F	……
要　求	S	R	A	P	P		
功　能	S		A	P		P	
设　计	S		R	A	I		P
开　发		R	S	A		P	P
测　试			S	P	I	A	P

注：P——参与者；A——负责者；R——复查需求；I——输入需求；S——潜在需求。

2. 人员配备管理计划

它主要描述项目组什么时候需要什么样的人力资源。为了清晰地表明此部分内容，经常会使用资源直方图，如图 11-2 所示。

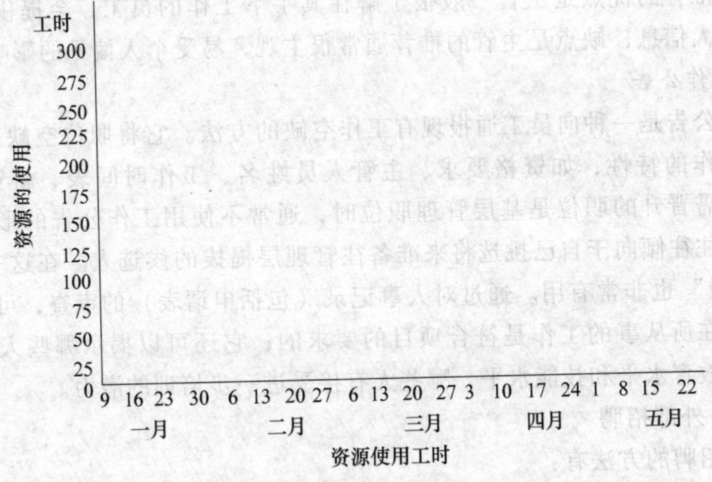

图 11-2　资源直方图

第四节 项目人力资源的招聘与选拔

招聘是能及时地、足够多地吸引具备资格的个人并鼓励他们申请在一个组织中工作的过程。当项目工作分解结构（WBS）表明有对员工的需求时，项目经理评价各种选择方案，并通过招聘过程来满足这种需求。

一、招聘规划

（一）确定项目对人员的需求

WBS图把整个项目分解到相对独立、内容单一、易于成本核算与检查的工作单元，而工作分析又具体说明了为成功完成该工作的员工须具备的资格。因此，依据这两方面的信息就可以制定出项目所需要人员的确切数量和具体的招聘条件。

（二）确定如何来满足这些需求

要制定一份招聘计划，包括招聘政策、招聘负责人确定、招聘渠道选择、招聘方法和招聘预算等。

二、招聘途径

（一）内部招聘

内部招聘的方法有：

1. 查阅档案资料

查阅档案资料即通过查询人力资源信息系统（包括书面档案和计算机系统）来搜寻候选人。

2. 主管推荐

主管推荐的优点是主管一般很了解在其手下工作的员工，会提供具体而详细的候选人信息；缺点是主管的推荐通常很主观，易受个人偏见的影响。

3. 工作公告

工作公告是一种向员工通报现有工作空缺的方法。它将职位空缺公诸于众，并列出工作的特性，如资格要求、主管人员姓名、工作时间表、薪资等级等。当然，当需晋升的职位是基层管理职位时，通常不使用工作公告的形式，因为管理人员往往倾向于自己挑选将来准备往管理层提拔的候选人。在这一过程中，“人事记录”也非常有用。通过对人事记录（包括申请表）的审查，可以发现哪些雇员现在所从事的工作是符合项目的要求的；它还可以揭示哪些人低于项目所要求的教育水平和技能水平，哪些人有接受进一步培训的潜力。

（二）外部招聘

外部招聘的方法有：

1. 发布招募广告

发布招募广告是指通过广播、报纸、电视和行业出版物等媒介向公众传达项目的就业需求信息。它需考虑两件事情：①选用何种媒体；②如何构思广告。项目的类型决定何种媒体是最好的选择。例如，招募专业技术人员，最好利用杂志，如在一种计算机杂志上刊登广告来招募计算机工程师。

2. 推荐

通过企业的员工、客户、合作伙伴等熟人推荐人选，也是项目招募的重要来源。这种方式的优点是对候选人的了解比较准确；候选人一旦被录用，顾及介绍人的关系，工作也会更加努力；招募成本也比较低。

3. 校园招聘

学校是企业招聘人员的渠道之一，跟社会招聘相比，学校招聘有许多优势：学生的可塑性强；选择余地大；候选人专业多样化，可满足项目的多方面需求；招募成本较低；有助于宣传组织形象等。学校招募的主要形式是召开信息发布会，另外也可采取张贴海报、委托学校的就业服务部门介绍等形式。

4. 猎头公司

猎头公司是英文 Head Hunter 直译的名称，是指那些以委托招聘为主要业务的公司。猎头服务的一大特点是推荐的人才素质高。猎头一般都会建立自己的人才库，优质高效的人才是猎头公司最重要的资源之一，对人才库的管理和更新也是他们日常的工作之一，而搜寻手段和渠道则是猎头服务专业性最直接的体现。当然，与高素质候选人才相伴的，是昂贵的服务费，猎头公司的收费通常能达到所推荐人才年薪的25% ~35%。但是，如果把项目组自己招聘人才的时间成本、人才素质差异等隐性成本计算进去，猎头服务或许不失为一种经济、高效的方式。

5. 就业代理服务机构

它无论对于蓝领工人还是白领工人都是一个主要的工作候选人来源。其面试主考官可以向求职者提供参考意见，告诉他们在本地区以及其他地区有哪些适合他们做的工作。比如专业协会，包括金融、销售、会计和人力资源等企业领域的专业协会为其会员提供招聘和安置服务。项目人力资源部经理可以与适当的代理机构/公司（如职业介绍所）接触并告知工作所需的资格来进行招聘。代理机构公司承担了寻找和筛选求职者的任务，并向雇主推荐优秀的求职者以备进一步筛选。

（三）内部招聘和外部招聘优缺点比较

内部招聘和外部招聘各有优缺点，根据不同的情况采取不同的招聘方式，如11-2 表所示。

三、项目人力资源选拔

人员选拔是从应聘者中选出最适合项目特定需要的人的过程。由于这一步将直接决定企业最后所雇佣的人，因而这是招聘过程中最关键的一步；同时，这也是技术性最强的一步。在这一过程中，需要运用多种测试方法，包括人员选拔的有关技术。

表 11-2 内部招聘和外部招聘的优缺点比较

	内部招聘	外部招聘
优点	① 了解全面，准确性高 ② 可鼓舞士气，激励员工进取 ③ 应聘者可更快地适应工作 ④ 使组织培训投资得到回报 ⑤ 选择费用低	① 人员来源广，选择余地大，有利于招到一流人才 ② 新雇员能带来新思想、新方法 ③ 当内部有多人竞争而难以作出决策时，向外部招聘可在一定程度上平息或缓和内部竞争者之间的矛盾 ④ 人才现成，节省培训投资
缺点	① 来源局限于企业内部，水平有限 ② 容易造成"近亲繁殖" ③ 可能会因操作不公或员工心理原因造成内部矛盾	① 不了解企业情况，进入角色慢 ② 对应聘者了解少，可能招错人 ③ 内部员工得不到机会，积极性可能受到影响

（一）人员选拔的信息依据

选拔人员所依据的信息可以分为两大类：知识、技能、能力；人格、兴趣、偏好。根据这些信息，项目经理可以预测哪些求职者将来会取得成功。因此，这些信息也被称为"预测因素"。人员选拔就是要了解应聘者的这些信息，并把它同项目的要求进行对比，然后作出判断。

（二）人员选拔的方法

求职者信息可以通过多种不同的方式收集，这些方式对应着各种不同的人员选拔方法。

1. 测试

测试主要有智力测试、身体能力测试、成就测试、能力倾向测试、兴趣测试、个性测试几种类型。有效的测试包括五个步骤：

(1) 分析工作。分析工作包括撰写工作描述和职位说明书，规定胜任工作所必须的个人品质和技能。例如，候选人必须具有进攻性吗？候选人必须能够将细小的、琐碎的要素组织起来吗？这些要求是测试的因子。他们被认为能够预测个体工作绩效的个体品质和技能。同时，必须定义什么是成功地执行工作，成功的标准称为效标。效标可以是生产相关效标，如数量、质量等；也可以是人事数据，如缺勤、服务期等。

(2) 选择测试。选择测试是指选择能够测量对胜任工作来说很重要的特征（预测因子）的测试。它通常根据经验、以往的研究和"最佳猜测"选择几个测试组成测验组。

（3）实施测试。有两种检验测试有效性的方法供选择：

一种是用选择好的测试方法对目前在岗的人员实施测试，然后比较其测试分数和目前的工作绩效。这称为同时验证法。

另一种可靠的方法是预测有效化法。这种方法是项目管理人员对尚未雇佣的候选人实施测试，然后仅利用现有选择技术来挑选候选人，而不是根据开发的新测试的实测结果来挑选。在这些被雇佣者工作一段时间后，测量其工作绩效并与早先的测试分数相比较。

（4）将测试分数与效标联系起来。确定测试分数（预测因子）与绩效（效标）之间是否有显著关系。通常通过相关分析来确定测试分数与工作绩效之间的统计关系。

（5）交叉验证与重新验证。这是指在正式将预测投入使用之前，通过对新的员工样本执行步骤三和步骤四这种交叉验证方法来验证。

2. 工作样本和工作模拟

工作样本技术是测量候选人实际执行工作的某些基本任务的表现。由于工作样本更明显地与工作有关，测量的是实际工作任务，候选人很难提供假答案；工作样本不探究候选人的个性或灵魂，因此几乎没有可能被视为对候选人隐私的侵犯；设计良好的工作样本同用来预测绩效的测试相比，还表现出更好的效度（通常是指证实测试与工作相关的证据）。

其基本程序包括选择几项对拟招募人员的职位十分关键的任务；然后就每一项被选任务对候选人测试，有一位观察者对候选人的表现进行监测，并在清单上记下候选人执行该任务的好坏。

3. 管理评价中心法

管理评价中心是一种以测评管理人员潜能素质为核心的一系列的有组织和计划的以情景模拟为主的评价体系。通常情况下的做法是：大约有10多位候选人执行实际管理任务（如发表演讲），评价专家进行现场观察，并对每位候选人的管理潜力进行评价。中心本身通常是一个特别的房间，候选人与观察者间有单向玻璃隔开，以方便评价者隐蔽地观察。典型的评价中心包括以下模拟练习：

（1）公文处理。在这个练习中，候选人面对大量报告、备忘录、电话记录、信函以及其他材料，将模拟工作中的材料进行处理。例如，候选人必须写信、便条或拟定会议议程，其结果由训练有素的评价者检查评价。

（2）无领导小组讨论。向无领导小组提供一个讨论议题，并要求候选人达成一个小组决定。然后，由评价者评价每一小组成员的人际技能、群体接受度、领导能力及个人影响力。

（3）管理游戏。参加者通常作为在市场上竞争的两个或更多项目的成员解决一些实际问题。参加者可能就如何作项目预算、如何进行项目评估等问题进行决策。

（4）个人演说。通过让候选人就某一指定的题目发表演讲来评价其沟通技能和说服能力。

（5）客观测试。各种类型的人格测试、智力测试、兴趣测试和成就测试也可以作为评价中心的一部分。

（6）面试。多数评价中心法要求至少有一名评价者对每一位候选人进行面试，并对候选人的兴趣、背景、过去表现和动机等进行评价。

多数研究表明评价中心法对预测管理工作绩效是有效的。研究还表明，只要评价中心法的取样来自实际的、真实的工作行为，就是有效的、无偏见的选拔工具。但是，这种方法的成本较高。

还有其他项目人员的选拔工具，如背景调查、推荐信、测谎器、诚实性测试、笔迹测试以及身体检查等，在此不一一赘述。

第五节　项目人员的绩效评估

一、绩效评估的作用

绩效是个体或群体工作表现、直接成绩、最终效益的统一体。绩效评估就是工作行为的测量过程，即用过去制定的标准来比较工作绩效的记录及将绩效评估结果反馈给职工的过程。其目的是确认员工的工作成就，改进员工的工作方式，奖优罚劣，提高工作效率和经营效益。本节的绩效评估主要是指员工个体的绩效评估。员工绩效评估模式如图 11-3 所示。

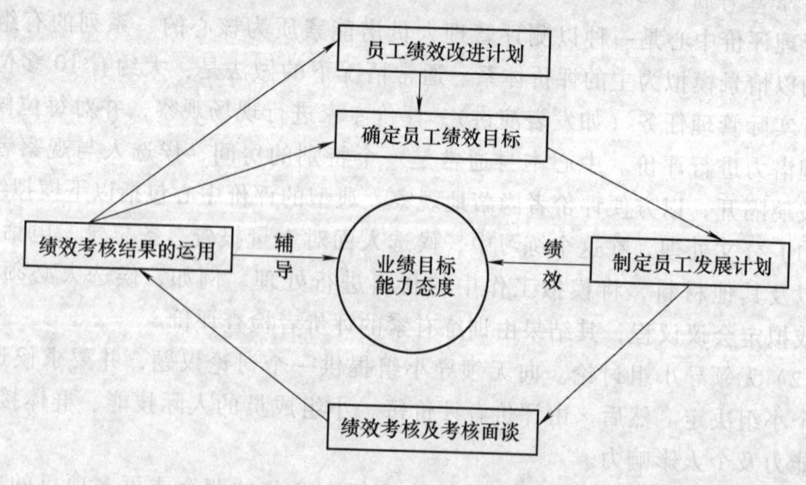

图 11-3　项目人员绩效管理模型

二、绩效评估的程序

(一) 建立业绩标准

标准的内容必须准确化、具体化、定量化。

(1) 标准的建立要以工作分析信息为依据，而不能任意制定。

(2) 标准应足够清楚和客观，以方便被理解和测量。项目经理对项目成员的期望也要明晰，以便能够与成员进行准确无误的交谈。

(二) 将业绩期望告知项目成员并进行反馈信息的收集和分析

(三) 业绩测量

业绩测量通常有四种信息来源：个人观察、统计报表、口头报告、书面报告。综合运用四种来源提高信息来源数目和可靠信息的可能性，关键是要选择好测量什么，这比如何测量更为重要，因为选错了标准很可能导致严重的功能紊乱。而且，所要测量的事物，在很大程度上决定了项目成员的努力方向。

(四) 将实际表现和评价标准作比较

这一步主要应注意标准和实际水平之间的差距。项目经理们面临的最具挑战性的任务之一便是向下属说明评定结果，并使下属以建设性姿态接受评定。由于成员从上司那里得到的评价及印象对他们的自尊和以后的工作表现有着极其重要的影响，因而对绩效评估的评论有着正或负的刺激后果。

(五) 采取矫正后果

矫正行动有两种类型：一种是迅速及时的，并且主要处理症兆问题；另一种是基础的，主要探讨原因。迅速的矫正行动通常被成为“灭火”，基础矫正行动追究偏差的原因，并试图永久性地消除病灶。优秀的项目经理清楚，他们必须抽时间去分析偏差，并在经济上合算的前提下，永久性地消灭导致偏差的原因。

三、绩效评估的方法

(一) 目标管理法（Management by Objectives，MBO）

项目管理是一种多层次的目标管理方式。由于项目往往涉及的专业领域十分宽广，而项目管理者谁也无法成为每一个专业领域的专家，他们对某些专业虽然有所了解但不可能像专门研究者那样深刻。因此，像泰勒时代，管理者们讲的具体的指导，对工人的操作的讲解甚至细化到了手指怎样动作。这对现代大多数项目而言已经没有可能。现代项目管理者只能以综合协调者的身份，向员工讲明承担工作责任的意义，协商确定目标以及时间、经费、工作标准的限定条件。

1. 目标管理法的内容

它主要包括以下两个方面的重要内容：

(1) 必须与每一个项目人员共同制定一套便于衡量的工作目标；

(2) 定期与项目人员讨论他或她的目标完成情况。不过，尽管你可以通过与项目人员一起制定目标并定期提供反馈来使用目标管理法，但还必须考虑到，要运用这种工作绩效评价法，就必须在建立工作绩效评价体系的时候，同时也要考虑到整个组织的目标。

2. 目标管理法的内容

目标管理法主要有以下6个实施步骤：

(1) 确定组织目标。制定整个组织下一年的工作计划，并确定相应的组织目标。

(2) 确定某个项目的目标。由项目经理和他的项目组成人员共同制定。

(3) 讨论项目目标。项目经理就该项目的目标与整个项目的组成人员展开讨论，并要求他们分别制定自己个人的工作计划。换言之，在这一步骤上需要明确的是：本部门的每一位员工如何才能为项目目标的实现作出贡献。

(4) 对预期成果的界定（确定个人目标）。在本步骤，项目经理与他们的下属人员共同确定短期的绩效目标。

(5) 工作绩效评价。对工作结果进行审查。项目经理对每一位员工的实际工作成绩与他们事前商定的预期目标进行比较。

(6) 提供反馈。项目经理定期召开绩效评价会议，与下属人员展开讨论，倾听他们对绩效评价结果的意见，进而不断修正绩效目标和方法。

3. 项目管理法应当避免的问题

(1) 所确定的目标不够明确、不具有可衡量性是一个主要的问题。确定下来一种像“能够更好地从事培训工作”这样的目标是没有什么实际用处的。而像“使四名下属人员在本年度得到提升”这样的目标才是可以衡量的。

(2) 目标管理法比较费时间。订立目标、对进展情况进行评价以及提供反馈都是十分耗时的。评价人每年在每一位员工身上至少要花费数小时的时间，这比一次性地对每个人的工作绩效进行评价要费时得多。

(3) 与下属员工共同确定目标的过程有时候会演变成一场“舌战”，因为项目经理想将目标定得高一些，而下属人员却千方百计地要把目标定得低一些。因此，了解项目的要求以及下属的能力是十分重要的。因为要想使目标对下属员工的工作绩效真正起到推动作用，就必须使其不仅是公平的，而且是员工能够达到的。项目经理对工作和下属人员的能力了解得越透彻，那么对制定出来的目标就越有信心。

（二）交替排序法

对项目员工工作绩效进行评估的另外一种方法是根据某些工作绩效评价要素，将项目员工按绩效好坏进行排序。一般来说，从员工中挑选出最好的和最差的要比绝对地对他们的绩效进行评价容易得多，因此，它是一种运用得非

常普遍的工作绩效评价方法。其操作方法是:

(1) 将所需进行评价的所有下属人员名单列举出来，然后将不是很熟悉因而无法对其进行评价的人的名字划去。

(2) 运用如图 11-4 所示的表格来显示：在被评价的某一特点上，哪位员工的表现是最好的，哪位员工的表现有时最差的。

(3) 再在剩下的员工中挑选出最好的和最差的。以此类推，直到所有必须被评价的员工都被排列到表格当中。

针对所要评价的每一种要素，将所有员工的姓名都列出来。将工作绩效评价最高的员工姓名列在第 1 行的位置上；将评价最低的员工姓名列在第 20 行的位置上。然后将次最好的员工姓名列在第 2 行的位置上；将次最差的员工姓名列在第 19 行的位置上。将这一交替排序继续下去，直到所有的员工都被排列出来。

交替排序法绩效评估等级

评价等级最高的员工

1、____________
2、____________
3、____________
4、____________
5、____________
6、____________
7、____________
8、____________
9、____________
10、____________

11、____________
12、____________
13、____________
14、____________
15、____________
16、____________
17、____________
18、____________
19、____________
20、____________

评价等级最低的员工

图 11-4 交替排序法表格

(三) 配对比较法

它是使排序型的工作绩效评价法变得更为有效的方法。它最基本做法是，将每一位员工按照所有的评价要素（“工作数量”、“工作质量”）与所有其他员工进行比较。假定需要对五位项目组成人员进行绩效评价，那么在运用配对比较法时，首先应当列出一张如图 11-5 所示的表格，其中要标明所有需要被评价的员工姓名以及需要评价的所有工作要素。然后，将所有员工根据某一类要素进行配对比较，并用“+”（好）和“-”（差）标明。最后，将每一位员工得到的“好”的次数相加。在图 11-5 中，员工小红的工作质量是最高的；而小明的创造性是最强的。

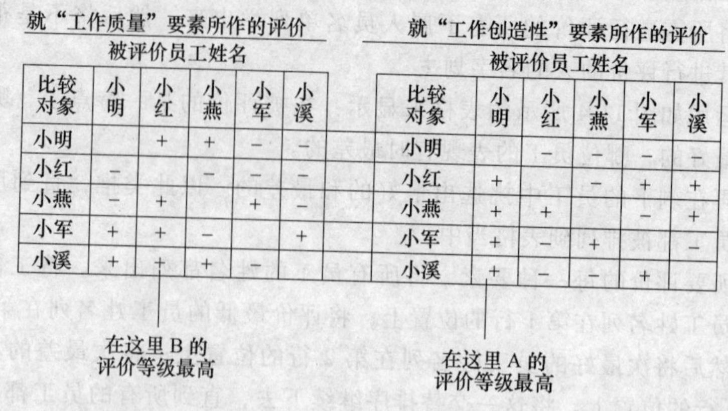

就“工作质量”要素所作的评价

被评价员工姓名

比较对象	小明	小红	小燕	小军	小溪
小明		+	+	−	−
小红	−		−	−	−
小燕	−	+		+	−
小军	+	+	−		+
小溪	+	+	+	−	

就“工作创造性”要素所作的评价

被评价员工姓名

比较对象	小明	小红	小燕	小军	小溪
小明		−	−	−	−
小红	+		−	+	+
小燕	+	+		−	+
小军	+	−	+		−
小溪	+	−	−	+	

图 11-5　配对比较法表格

四、工作绩效评估中可能出现的问题

一些组织的绩效评估工作之所以失利，主要是因为被评价的下属人员没有事先被告知如何做才能得到良好的绩效评估结果。有一些组织的绩效评估工作失利则应归咎于实际评估过程中所采用工作的工作绩效评估方式以及评估程序存在问题。例如，一个宽容的主管人员可能将其所有下属的工作绩效都评价为“很好”，尽管有些人的绩效不尽人意。最后，还有一些组织的绩效评估之所以失利，是由于在面谈—反馈过程中出现了一些问题，其中包括上下级之间争取以及缺乏沟通。这些问题可以总结如下。

在工作绩效评估的任何一个阶段都有可能出现一些问题。在工作绩效评估中应当避免的问题有：

（1）缺乏明确的工作绩效评估标准。没有绩效评估标准，就无法得到客观的工作绩效评估标准，而只能得出一种主观的印象或感觉。

（2）工作绩效评估标准不贴切或主观性太强。工作绩效评估标准应当建立在对工作进行分析的基础之上，只有这样才能确保绩效评估标准是与工作密切相关的。

（3）工作绩效评估标准不现实。工作绩效评估标准是具有一定激发潜力的工作目标。而只有那些合理的且具有挑战性的目标才是具有最大激励性的。

（4）工作绩效评估标准的可衡量性太差。工作绩效评估如果要具有客观性和可比性，就必须使实际绩效相对于标准的进展程度或者标准的完成情况是可以衡量的。可以衡量的绩效标准既包括数量上的标准，也包括质量上的标准。例如，项目营销人员必须完成10000元任务，而且只能有100元以内的退货损失或每接到100个询问就必须卖出10件产品等，就是可衡量的数量标准；而计划完成程度或未完成程度就是可衡量的质量标准。

(5) 评估者的失误。评估者的失误包括评估者个人的偏见、晕轮效应、经常性误差、居中趋势以及害怕出现敌对情绪。

(6) 反馈不良。为了使工作绩效评估真正有效，必须就绩效评估标准或绩效评估工作与雇员进行沟通。

(7) 消极地进行沟通。评估过程会因评价者持一种消极态度（如丝毫不能变通的心态、防御心理以及非建设性的方法等）与被评价者进行沟通而受到阻碍。

(8) 工作绩效评估数据的使用有误。如果工作绩效评估结果在人事决策和人力资源开发方面的使用不当，那么就偏离了工作绩效评估的主要目的。评估中，由于多重评估标准的使用、指标权重确定失误以及评价频率不当等，也会给工作绩效评估带来难题。

在项目人力资源管理中，项目经理的作用必不可少，前文已经详细叙述。同时，项目人力资源的管理要建立在完善、科学的项目组织结构上。在一定程度上，项目人力资源作用的发挥取决于组织结构的科学合理性。所以，在项目人力资源的管理中，应注意完善组织结构。此外，应考虑到人力资源的特性，随着人员使用数量的增加，如果其他条件不随之改变，人力资源边际报酬率会逐渐减少。例如，在项目实施过程中，所耗用的纯体力劳动者，就具有这样一种特性。在一定数量以内，增加对体力劳动者的使用，会有效缩短项目工期，但是当增加到一定程度以后，仅仅依靠单纯增加体力劳动者的数量，通常不会使工期缩短。这是由于体力劳动者的使用需要同项目的其他一些硬件条件（如机器、设备、原材料）相配套，这样才能既充分发挥劳动者的使用价值，又充分发挥机器设备的使用价值。但是，两种资源之间的搭配有一个“饱和度”为限，超过了这个限度，单纯增加劳动者的数量就会降低劳动力以及劳动力成本的边际报酬率。甚至可以说，超过该限度时，再增加劳动力的数量对于该项目来说不仅是无效的，而且唯一的结果是增加项目成本，减少项目收益。但是在有些情况下，为了充分发挥甚至极度发挥某些贵重资源或限制供应资源的使用效率和价值，可以通过大量使用廉价资源的办法，这是合理且可行的。

专业术语

人力资源　工作分析　工作要求　工作公告　绩效评估　职位说明书　目标管理法　交替排序法　配对比较法

思考题

1. 什么是项目人力资源？它与一般的人力资源有什么不同？
2. 项目人力资源的主要内容是什么？谈论一下项目人力资源的特点。
3. 如何定义工作分析？
4. 请简单描述一下工作分析的步骤及其应用。
5. 项目人力资源规划的重点工作是什么？它的重要性何在？
6. 项目人力资源招聘的方法有哪些？各自的优缺点有哪些？
7. 试着拟定一个对项目人员进行激励的方案。
8. 对项目人员进行绩效评估的方法有哪些？应注意的问题有哪些？
9. 绩效评估的程序是什么？

案例

项目管理中凸现出的人力资源管理问题

顺德 PLD 糖果有限公司是一家著名的跨国公司，但是，跨国公司并不代表先进的管理，跨国公司存在管理问题是十分正常的事情。案例中，顺德 PLD 的项目管理就出现了问题。下面来分析顺德 PLD 到底出了什么问题？问题的根源是什么？以及如何来解决这些问题？

现状和问题

从案例提供的信息来看，顺德 PLD 出现了许多问题，这些问题从人力资源管理来看主要有以下三点：

(1) 组织结构问题。顺德 PLD 的组织结构是矩阵制结构，即每个岗位有两位上司：一位是横向的上司，一位是纵向的上司。案例中项目经理的横向上司是顺德 PLD 的总经理，纵向上司是 PLD 中国区工程项目总监。但是，由于该项目地处顺德，顺德 PLD 总经理应该多管一点。可是，事实上，项目经理是向中国区工程项目总监汇报。另外，虽然顺德 PLD 的运营总监对此事十分关注，但是从组织结构图来看，他和项目经理是平级的。显然，顺德 PLD 的矩阵制组织结构的缺陷造成了职责不明的后果。

(2) 员工的沟通问题。案例显示，顺德 PLD 的项目组存在严重的沟通问题，主要表现在以下几个方面：项目组廖经理与运营总监的沟通问题；廖经理与生产经理的沟通问题；廖经理与财务经理的沟通问题；廖经理与下属工程师的沟通问题。这些沟通问题的存在，严重影响了项目的顺利完成。

(3) 项目运作问题。案例显示，在项目的各个阶段，都存在一些运作问题。其主要有：前期立项调查不够，致使工期一拖再拖；行动计划的制定与执行有问题，预算一加再加；公关问题没有引起足够重视，与当地供电局的关系欠佳就是一个明证。

问题的根源

顺德 PLD 的项目管理产生的问题不是一朝一夕形成的。究其原因，问题的根源主要有几点：

(1) 组织的人力资源管理政策和实施有较严重的问题。从案例来分析，顺德 PLD 的人力资源管理地位较低，远远没有达到战略性的高度。例如，其他的部门均为总监，而 HR 部门的只是经理；其他的部门次一级都是经理，而 HR 部门的只是主管。而且，由于组织的人力资源管理政策不明朗，因此，身为 HR 主管的刘先生，竟不清楚组织结构，这听起来让人难以相信。

(2) 顺德 PLD 的工作分析显然没有作或者没有作好，否则就不会产生项目组廖经理与其他各位经理之间的矛盾。此外，公司的培训也存在问题，如项目管理技能、领导科学与艺术、沟通技能、如何授权、企业文化等方面的培训严重不足。

(3) 廖经理的管理技能不能适应工作的需要。从案例分析可知项目组的廖经理缺乏以下管理技能：①计划技能：如预算一再变动；②沟通技能：如和协作的经理、下属工程师都缺乏沟通；③激励技能：如对骨干工程师的心理需求不了解，可能导致他们“跳槽”；④授权技能：如不信任下属，大权小权全部独揽，结果自己忙得不可开交，工程师们却几乎没有任何权利；⑤公关技能：如与当地供电局的关系较差。

解决途径

顺德 PLD 的项目组问题如果不解决，可能会使这个项目最终失败。解决问题可以从两个层面来思考：

1. 从郭先生的层面来解决问题

(1) 进一步了解存在的问题。

(2) 向运营总监汇报，并希望运营总监再向上反映情况。

(3) 与廖经理进一步沟通，婉转地提出问题的根源，以及解决的方法。

(4) 通过力所能及的努力，协调各方面的关系，使项目能尽可能好地完成。

2. 从顺德 PLD 的层面来解决问题

(1) 全面整合人力资源管理系统。

(2) 健全项目前期准备工作和计划程序。

（3）培训廖经理的管理技能。

（4）与廖经理就目前的问题深入地探讨解决方案。

（5）撤换廖经理，挑选能胜任该岗位的人员。

问题：

如果你是顺德 PLD 项目组的负责人，你会采用什么办法解决这个问题？

第十二章 项目评估

项目评估是项目管理中的一项十分重要的内容，任何项目都需要开展项目评估工作，以确保项目决策的可行性和项目实施的可行性与有效性。本章重点讲解了项目评估的基本过程、方法、内容和阶段。

第一节 项目评估的过程与方法

一、项目评估的概念

项目评估是指在项目可行性研究的基础上，由第三方（国家、银行或有关机构）根据国家颁布的政策、法规、方法、参数和条例等，从项目（或企业）、国民经济、社会角度出发，对拟建项目建设的必要性、建设条件、生产条件、产品市场需求、工程技术、经济效益和社会效益等进行评价、分析和论证，进而判断项目是否可行的一个评估过程。项目评估是项目投资前期进行决策管理的重要环节，其目的是审查项目可行性研究的可靠性、真实性和客观性，为银行的贷款决策或行政主管部门的审批决策提供科学依据。

项目评估的作用体现在：它是政府、金融机构或建设单位等投资主体进行项目投资决策的重要基础与依据；是保证重点基建项目及大中型企业技术改造项目投资决策成功的关键措施；是提高投资项目经济效益的重要手段；是控制经济规模，落实宏观调控的措施之一；是促进投资体制改革走向决策科学化、民主化管理的有力措施。

二、项目评估的原则

为了保证项目评估工作的质量，在对项目开展评估时，评估人员应严格遵守以下基本原则。

（一）科学性原则

项目评估方法的科学性，是指评估工作中所采用的定性和定量分析方法必须符合客观实际，使评估方法和评估结果具有一致性。各有关学科为项目评估提供了一整套的科学方法。例如，定性分析的专家调查法，定量分析的各种数学方法，市场预测的回归方法；线形和非线性方法，不确定性分析的期望值、概率方法、决策树分析方法等。随着项目评估理论研究和实际应用工作的不断深入，一些新的评价方法和指标会替代部分原有的方法和指标。另外，因为项目的性质不同，评估的侧重点会有所不同，在评估方法和指标体系方面也会有一定的差异。因此，要求在进行项目评估时，评估方法和指标体系的选择上应力求科学合理。

（二）客观性原则

尽管评估的是拟建项目，但项目能否成立却不能由人们的主观意志来决定，而必须从项目所处的实际物质环境、社会环境、地区环境、区域投资环境、地区经济发展水平、文化传统、民族习惯等条件出发，实事求是地分析项目成立的可能性。

（三）公正性原则

项目评估的公正性是指在项目评估过程中，指导思想上要尊重客观事实，不带主观随意性，基本不受外部干扰，也不屈服于外界压力。为了防止结论的偏差，项目评估人员必须采取公正的立场，尤其应避免在论证开始以前就产生倾向意见，更不能持法律禁止的立场开展项目评估工作。

坚持公正性原则，一方面要深入调查研究，掌握可靠的、准确的第一手资料，采用科学的计算方法，仔细计算每个评估指标并进行分析论证；另一方面要克服偏爱，敢于指出和纠正可行性研究报告结论中存在的缺陷和问题。

（四）目标最优化原则

目标的最优化原则，就是在多个有效益的方案中，选出效益最好的方案。从一定意义上讲，评估就是为了进行方案的优化。评估的目标是以尽可能低的投入获得尽可能高的回报。一个建设项目，由于规模和产品不同、设备选择和工艺方法不同、原材料供应和运输方式不同，客观上存在许多建设方案，在这些方案中必然会存在效益较差的、效益比较好的和效益最好的。评估的目标是挑选出效益最好的方案，因此需进行多个方案的比较选择。

要在评估中实现目标最优化原则，首先必须具有多种备选方案可供选择；其次要做大量的调查研究工作，熟悉和掌握众多复杂的比较因素，广泛听取不同意见，进行定性分析；再次是在定性分析的基础上，采用科学的比选方法（如权重法）进行定量分析，找到最好的方案。

（五）资金时间价值原则

资金会随着时间的推移产生不同的价值。能否在收回投资的同时实现自我增值，是每个项目在进行评估时评估人员都十分关注的核心问题。对资金的动态考察是明确项目投资回报和经营业绩的重要途径，因此也就要利用资金时间价值原则进行项目评估。

三、项目评估的过程与方法

项目评估涉及各行各业的技术与经济方面的工作，需要组织有关的专家学者广泛开展调研，全面收集整理资料，然后进行计算，评价分析，汇总主要评估论点，最后采用评估报告会的形式提出评估结论，以书面的方式完成项目评估报告。

（一）评估过程

评估过程可扼要归纳为五个步骤：制定评估计划、调查核实材料、审查分析项目、汇总评价论点、编写评估报告。

1. 制定评估计划

该步骤分为评估计划的编制与修订。评估机构根据国家部门下达的计划或建设单位委托的评估项目，进行工作安排，提出具体实施意见，编制评估工作实施计划。若由于情况变化，实施计划需要调整，可经过必要的审批手续，再行修订。由于项目评估是在可行性研究的基础上进行工作，因此要根据项目的大小和复杂程度组成评估小组，聘请有关专家参加，数量一般为5～8人，重大的项目还需按专题分小组进行。成立评估小组后，要明确分工，制定评估工作计划，同时确定评估重点，安排好评估的工作步骤与时间进度。具体而言，可按以下三个环节进行：

（1）审查评估目的。

（2）审查主体工作。

（3）安排工作进度。

2. 调查核实资料

资料的调查收集是评估过程中工作量较大、较重要的一个环节，直接影响到评估的质量。它主要的工作包括：

（1）查证资料。

（2）补充资料。

（3）整理资料。

3. 审查分析项目

项目的审查分析是评估的核心，也是评估中最重要、工作量最大、最复杂的工作步骤，按顺序大致分为以下三个环节：

（1）一般情况审查。

（2）基本情况审查。

（3）财务经济分析。

4. 汇总评估观点

在有关专家的参与下，通过专题论证会，将各个评估要点、各项专题评估意见进行汇总，列出主要问题，特别是对不同意见要重点讨论，从技术经济的角度评价出最佳方案。

5. 编写评估报告

项目评估人员根据审查分析结果，对可行性研究报告推荐的方案经过上述分析论证，作出进一步的结论，以评估报告的方式加以肯定。评估报告必须包括论证会的主要意见和结论。

（二）项目评估的主要方法

从经济效果角度评估项目时，常用的指标一般有净现值、费用现值、净年值、费用年值、净现值指数、内部收益率、外部收益率、静态投资收益率、静态投资回收期和动态投资回收期，其中净现值、内部收益率和投资回收期是最常用的项目评估指标。项目评估指标体系分为效率型、价值型、和兼顾经济性与风险性三个部分，效率型指标主要有外部收益率、内部收益率、净现值指数、投资收益率；价值型指标主要有净现值、净年值、费用现值、费用年值；兼顾经济性与风险性的指标是静态与动态回收期。

1. 静态评估方法

所谓静态评估，就是不考虑资金时间价值的评估方法。静态评估指标主要有如下几种。

（1）静态投资回收期。静态投资回收期就是从项目投建之日起，用项目各年的净收入将全部投资收回所需的期限。其原理公式为：

$$\sum_{t=0}^{T_p} NB_t = K \tag{12-1}$$

式中，K 为投资总额；NB_t 为第 t 年的净收入（第 t 年的收入 - 第 t 年不包括投资的支出）；T_p 为投资回收期。

若投资项目的年净收入相等，T_p 可用下式计算：

$$T_p = \frac{K}{NB} + T_K \tag{12-2}$$

式中，NB 为年净收入；T_K 为项目建设期。

若投资项目的年净收入不等，式（12-1）常用列表的方法表示，如表 12-1 所示。从表 12-1 可以看出，该项目在第 7 年项目累计未收回的投资为零，即投资全部收回。

若第 7 年累计未收回的投资项首次出现正值，如表 12-2 所示，则用下面的公式计算：

$$T_p = T - 1 + \frac{\text{第}(T-1)\text{年的累计未收回投资的绝对值}}{\text{第}\ T\ \text{年的净现金流量}} \tag{12-3}$$

式中，T 为累计未收回的投资项首次出现正值的年份。

以表 12-2 中的数据为例，计算如下：

$$T_p = \left(7 - 1 + \frac{80}{160}\right)\text{年} = 6.5\ \text{年}$$

用静态投资回收期评估项目时，需要与根据同类项目的历史数据和投资者意愿确定基准投资回收期，设为 T_b：

若 $T_p \leq T_b$，则考虑接受项目。

若 $T_p > T_b$，则考虑拒绝项目。

表 12-1　某项目投资回收期计算表（一）　（单位：万元）

项 \ 年份	0	1	2	3	4	5	6	7	8	9
1. 建设投资	200	240	100							
2. 流动资金		120	230							
3. 总投资	200	360	330							
4. 收入				200	380	400	400	400	400	400
5. 支出				130	180	180	200	200	200	200
6. 净收入				70	200	220	200	200	200	200
7. 累计未收回的投资	-200	-560	-890	-820	-620	-400	-200	0		

表 12-2　某项目静态投资回收期计算表（二）　（单位：万元）

项 \ 年份	0	1	2	3	4	5	6	7	8	9
1. 建设投资	200	240	100							
2. 流动资金		120	230							
3. 总投资	200	360	330							
4. 收入				200	380	400	400	400	420	
5. 支出				130	180	180	160	160	170	
6. 净收入				70	200	220	240	240	250	
7. 累计未收回的投资	-200	-560	-890	-820	-620	-400	-160	80		

（2）静态投资收益率 E。静态投资收益率是指项目的年利润总额或年平均利润总额与项目总投资的比率。其计算公式为：

$$E = \frac{R}{K} \tag{12-4}$$

式中，R 为项目的年利润总额或年平均利润总额；K 为项目总投资额。

静态评价方法优点在于概念清晰、简单易求，因而被广泛使用；缺点在于没有反映资金的时间价值，造成评价结果的可靠性差。因此，静态评价指标一般作为辅助指标。

（3）静态追加投资回收期与追加投资收益率。这个指标用于不同投资方案的比较。追加投资是指不同投资方案所需投资额之间的差额，静态追加投资回

收期 T_α 是指利用成本节约额来回收追加投资的时间。

$$T_\alpha = \frac{K_1 - K_2}{C_2 - C_1} \tag{12-5}$$

2. 动态评价方法

动态评价方法就是考虑了资金时间价值的评价方法，它们考察了项目整个寿命期内的收入和支出等经济数据，比静态评价指标更全面、更科学。

(1) 动态投资回收期。动态投资回收期实质就是项目某一特定折现率下，各年净现金流量现值累计和为零的年限。其原理公式为：

$$\sum_{t=0}^{T_p} (CI - CO)_t (1 + i_0)^{-t} = 0 \tag{12-6}$$

式中，i_0 为基准折现率；T_p 为需要计算的投资回收期；CI 为现金流入额；CO 为现金流出额；$(CI - CO)_t$ 为第 t 年的净收益。

如同静态投资回收期一样，动态回收期也可用以下公式计算：

$$T_p = T - 1 + \frac{\text{第}(T-1)\text{年的累计净现金流量现值的绝对值}}{\text{第}T\text{年的净现金流量}} \tag{12-7}$$

【例 12-1】 借用表 12-1 中的数据，取基准折现率为 10%，计算动态回收期，见表 12-3。

表 12-3 某项目动态投资回收期计算表 （单位：万元）

年份	1	2	3	4	5	6	7	8	9	10
净现金流量现值	-200	$-360/1.1$	$-330/1.1^2$	$70/1.1^3$	$200/1.1^4$	$220/1.1^5$	$200/1.1^6$	$200/1.1^7$	$200/1.1^8$	
累计净现金流量现值	-200									

从得出的结果可以看出，用动态投资回收期评价指标计算出的时间更长。由于其考虑资金的时间价值，因而动态投资回收期评价指标比静态投资回收期更为科学，计算结果也更加可靠。

(2) 净现值法 (NPV)。按一定的折现率将各年净现金流量折现到同一时点（通常是初期）的现值累加就是净现值（net present value）。它是对投资项目进行动态评价的最重要的指标之一，计算时要求考察项目寿命期内每年发生的现金流量。其公式为：

$$NPV = \sum_{t=0}^{n} (CI - CO)_t (1 + i_0)^{-t} \tag{12-8}$$

对于独立方案评价原则是：$NPV \geqslant 0$，则接受项目；$NPV < 0$，拒绝项目。

对于利用 NPV 法进行多方案比选时，需要分几种情况进行讨论，这一点将在后面论述。

净现值不直接反映资金使用的效率，净现值指数（NPVI）可解决这一问题，它的经济含义是单位投资现值带来的净现值，计算式为：

$$NPVI = \frac{NPV}{K_p} \tag{12-9}$$

式中，$K_p = \sum_{t=0}^{n} K_t (1 + i_0)^{-t}$，为项目总投资现值。

（3）内部收益率。内部收益率（Internal Rate of Return，IRR）就是使项目整个寿命期的净现值为零的折现率。其计算式如下：

$$\sum_{t=0}^{n} (CI - CO)_t (1 + IRR)^{-t} = 0 \tag{12-10}$$

式中，IRR 为内部收益率；CI 为现金流入量；CO 为现金流出量；$(CI - CO)_t$ 为第 t 年净现金流量；n 为计算期（寿命期）。

若 $IRR \geqslant i_0$ 则项目可以接受，否则不予接受。

式（12-10）是一个高次方程，不易直接求解，通常采用“试算内插法”求出 IRR 的近似解。

先给出一个折现率 i_1，计算相应的 $NPV(i_1)$。若 $NPV(i_1) > 0$，那么 $IRR > i_1$；否则，$IRR < i_1$。当 $NPV(i_1) > 0$ 时，适当地上调折现率，设为 i_2，使 $NPV(i_2) < 0$。经过反复试算，得到两个比较接近的折现率 i_1 和 i_2（$i_1 < i_2$），分别满足 $NPV(i_1) > 0$ 和 $NPV(i_2) < 0$，然后用线性插值法确定 IRR 的近似值。其计算公式为：

$$IRR = i_1 + \frac{NPV(i_1) \times (i_2 - i_1)}{NPV(i_1) + |NPV(i_2)|} \tag{12-11}$$

然后把计算出的 IRR 再和基准折现率为 i_0 比较，作出判断。

内部收益率被普遍认为是项目投资的盈利率，反映了投资的使用效率。它比起净现值（净年值）来，内部收益率更多地被采用。

注：由于式（12-11）是近似计算，为了控制误差，i_1 和 i_2 之差不应超过 0.05。

（4）外部收益率（ERR）。对投资方案内部收益率的计算隐含着这样一层意思：项目寿命期内所获得的净收益全部可用于再投资，再投资的收益率为项目的内部收益率。外部收益率 ERR（External Rate of Return）实际上是对内部收益率的修正，不同的是它假定项目寿命期内所获得的净收益再投资的收益率等于基准折现率。求解 ERR 的方程如下：

$$\sum_{t=0}^{n} NB_t(1+i_0)^{n-t} = \sum_{t=0}^{n} K_t(1+ERR)^{n-t} \tag{12-12}$$

式中，ERR 为外部收益率；K_t 为第 t 年的净投资；NB_t 为第 t 年的净收益；i_0 为基准收益率。

这样计算可以避免使用内部收益率出现的多解的情况，式（12-12）不会出现多个正实数解，而且易于直接求解。

求出 ERR 后，和基准收益率 i_0 比较，判断准则与内部收益率相同。

3. 多方案的比选

前面介绍了几种基本的也是最常用的评价指标，下面来讨论一下多方案的比选。

当有几个不同的投资方案可供选择，但只能选择其中之一时，这些方案就是相互排斥的，故称为互斥方案。互斥方案的评价比选包括两方面的内容：一是分别对各个方案的自身经济效果进行检验，即进行绝对检验；二是比较各个方案的经济效果，选出最优，即进行相对检验。

净现值法是进行多方案比选的既常用又可靠的方法。利用净现值法进行比选的步骤是先判别各个方案的 NPV 是否大于零，剔除 NPV 小于零的方案，然后选取净现值最大的方案。对于仅有费用现金的互斥方案，选择判别准则是：费用现值（年值）最小的方案为最优。

【例 12-2】 有互斥方案 A、B，其各年的现金流如表 12-4 所示。取基准收益率 $i_0=10\%$，试问应选择哪个方案？

分别计算出方案 A、B 的 NPV 和 IRR，填入表 12-4。

表 12-4 互斥方案 A、B 的净现金流量及经济效果指标 （单位：万元）

年　份	0	1～10	NPV
方案 A	−200	39	39.64
方案 B	−100	20	22.89
增量净现金流（A−B）	−100	19	16.75

因 $NPV(\mathrm{A}) > NPV(\mathrm{B}) > 0$，故选择方案 B。

比较方案 A、B 的现金流，可知它们是投资额不等的方案。投资额不等的互斥方案比选的实质是判断增量投资的经济合理性，即投资大的方案比投资小的方案多出的投资能否带来满意的收益，也就是计算增量投资及其带来收益的净现值（ΔNPV）是否大于零。对于例 12-1 中的数据有：

$$\Delta NPV = -100\text{ 万元} + 19\text{ 万元} \times (P/A, 10\%, 10) = 16.75\text{ 万元}$$

计算结果表明 $\Delta NPV>0$，增量投资有满意的经济效果，故选择投资额较大的 A 方案。

这里所用的比较方法是差额净现值法（ΔNPV）。设 A、B 是的互斥方案，A 的投资额大于 B 的，两个方案的差额净现值 ΔNPV 计算式如下：

$$\Delta NPV = \sum_{t=0}^{n} [(CI_A - CO_A)_t - (CI_B - CO_B)_t](1+i)^{-t} = NPV_A - NPV_B$$

式中，ΔNPV 为差额净现值；$(CI_A - CO_A)_t$ 为方案 A 第 t 年的净现金流；$(CI_B - CO_B)_t$ 为方案 B 第 t 年的净现金流。

对于仅需要计算费用现金流的互斥方案，方案选择的原则是：费用现值（年值）的绝对值最小的方案为最优方案。例如，将表 12-4 的数据更改并计算，如下表 12-5 所示。

表 12-5 互斥方案 A、B 的费用现金流及费用现值 （单位：万元）

年 份	0	1～10	NPV
方案 A	-200	-39	-439.64
方案 B	-100	-20	-222.89

从表 12-5 中可以看出方案 B 的费用现值小于方案 A 的费用现值，故 B 方案较优。

第二节 项目前评估

一、项目前评估的概念

项目前评估是全部项目评估中最重要的一个部分。广义的项目前评估是指在项目前期决策阶段，从整个项目全局出发，根据国民经济和组织发展的需要对项目及其被选方案所进行的全面评估，从而辨别项目及其被选方案的可行和优劣，决定取舍。项目前评估也可以根据评估主休的不同而分成项目业主的评估、贷款银行审查贷款项目的评价和承包商投标项目前的评估等。总之，项目前评估就是在项目的投资决策之前，对项目的必要性和项目备选方案的技术、经济、运行条件和社会与环境影响等方面所进行的全面论证与评估的工作。

二、项目前评估的内容

（一）项目运行环境评估

项目运行环境分为内部和外部运行环境的评估两个方面。其中，内部运行环境评估主要是对项目运行组织的资源、组织制度和管理方法等方面的评估；外部运行环境评估主要是对项目运行所依赖的外部环境条件所进行的评估。

项目的外部运行环境包括项目所需资源的供应环境、项目销售的市场环境、项目产品的竞争环境、项目所处宏观经济与政治环境以及项目所处自然环境等项目本身所不能控制和改变的外部环境因素。换句话说，项目运行环境评估是指对项目必须依赖而且项目本身对其无法控制和改变的环境因素所进行的评估，因为对于这类要素人们只能通过研究其对项目运行产生的影响和如何利用他们去分析项目的可行性的效益。项目的外部运行环境是项目运行的必要条件，在项目论证与评估中必须分析和确认项目所处的外部环境与条件是否能够满足项目的要求，所以项目运行环境评估也是必不可少的。

对项目运行环境与条件的评估涉及对各种项目环境条件的评估，人们不可能在有限的时间和资源情况下对项目所有环境影响因素和条件进行全面的评估，但是必须对一个项目所涉及的主要环境因素进行一定深度的论证和评估。主要的项目运行环境条件的评估内容如下。

（1）项目资源条件的评估。项目所需资源的供应情况是一个重要的项目运行环境与条件，在很多情况下这一环境条件是很难在短时期内改变的，所以必须对项目的资源条件进行必要的评估。这包括对于项目本身必须得到的各种资源（包括资金、原材料、能源、交通运输、人力资源等）的条件情况进行评估。

（2）项目市场条件的评估。项目的市场条件主要是指项目最终产出的产品或服务的销售市场情况，在项目运行环境的评估中必须对项目运行后所生产产品的市场需求情况（即市场容量）、市场的细分情况和市场环境受到的各种影响因素等进行评估。这将涉及相应的市场调查、预测和因素分析等方面的工作。

（3）项目竞争环境条件评估。项目竞争环境条件评估是指对项目未来的市场占有率情况、项目自身的竞争优势情况、项目现有的竞争者、潜在的市场禁入者、可能的替代品生产者等对项目运行造成影响的因素所作的论证与评估，它是对项目竞争力和竞争地位的分析与评估。

（4）项目宏观环境条件的评估。项目宏观环境条件的评估是指对项目运行所处的宏观经济环境、政策环境、法律环境、社会文化环境和自然环境等方面的全面评估。这些项目的宏观运行环境对于项目运行的成败同样有着非常重要的影响，所以必须对这些项目的宏观运行环境条件进行全面和科学的评估。

（5）项目运行环境的综合评估。这里所讲的项目运行环境综合评估，是指对上述各种项目运行环境条件评估结果的全面集成与综合，从而给出对项目运行环境与条件的一个整体评价。这种评估需要运用定性与定量相结合的方法，按照一定的原则和方法对上述四个方面的评估结果进行综合，从而确定项目环境评估的最终结果，并使用这一结果去指导人们作出项目决策。

（二）项目技术评估

一般意义上的技术是只有系统科学知识、成熟经验和操作技艺等综合而成的某一种从事生产或社会活动的专门学问或手段。它一般包括三个方面的内容：其一是为完成某种目的的科学知识和技能，其二是为实现一定目标所选择的工艺技术方法，其三是为落实工艺技术方法而采用的物质和装备手段等。按技术的表现形式则又可分为有形技术和无形技术两大类。另外，技术也是生产力的一种表现，它的物化形式可以是新的资源和装备，它也可以以生产者的技能水平等表现出来。技术在很大程度上可以扩展人们的社会生产和生活领域。

项目技术是指在整个项目中所使用的技术总和。项目技术评估是对项目所使用的工艺技术、技术装备和实施技术等方面的可行性所进行的评估。这一评估的作用首先是在技术方面对项目可行性进行科学的分析与评价，以减少项目的盲目决策所造成的损失。因此项目技术评估就是指对项目运行采用的工艺技术与装备和项目实施中所采用的工程技术方案所作的全面评估，以考察项目技术的可行性及其对项目经济效益和社会效益产生的影响这样一项项目评估工作。每个项目的经济效益和社会效益都是在既定的项目工艺技术与装备方案等前提下、在一定的技术组织措施条件下取得的，只有项目技术可行才会进行下一步产生项目的经济价值。因此在进行项目经济评估之前必须进行项目技术评估，以确定项目的技术可行性。因为只有技术可行的项目，才有必要进一步进行项目的财务评估和国民经济评估。

项目技术评估关系到整个项目的可行性和未来项目运行的好坏，所以项目技术评估的内容必须全面和有效。虽然根据具体项目的特点其项目技术评估的内容会有所不同，但是项目技术评估的主要内容基本是一致的，都包括以下三方面的内容。

(1) 项目工艺技术的评估。项目工艺技术是指项目运行中生产产品或服务拟采用的工艺流程和工艺技术方法。项目工艺技术应保证先进、适用和经济。对项目工艺技术进行评估时应注意以下几个方面的问题。

1) 工艺技术必须要满足项目运行的需要。随着科学技术的发展和不断创新，各种生产工艺技术也是不断地获得改进和发展的，项目运行对于工艺技术的要求也会不断提高。在选择项目工艺技术时·定要满足生产运行的要求。如果选用的工艺技术达不到项目产品的生产运行要求，整个项目就会失败；反之，如果项目技术选用过高或不易掌握，也无法满足项目生产的要求。所以，项目工艺技术的评估时，必须看其能否满足项目生产的要求。

2) 项目工艺技术要适应原材料和技术装备条件的要求。项目选用的工艺技术应该能够适应既定原材料和技术装备条件的要求，从而生产出符合要求的产品或服务。同时，项目工艺技术评估中还应该考虑项目技术与项目运行组织的其他生产和销售方面条件的适应性，包括现有基础设施、人员技术和管理水平等。

3) 项目工艺技术的先进性和技术进步特性的要求。项目选用的工艺技术首先应该具有先进性。一般情况下不应该选用落后的工艺技术，以免项目产品和整个项目在较短时间内被市场和技术进步所淘汰。同时，项目工艺技术的选用还应该兼顾未来的技术进步和升级，即项目选用的工艺技术各方面指标要具有先进性，能够进一步通过技术改造而升级换代和实现技术进步，或者比国内现有的工艺技术先进，或者趋于国际先进水平等。

（2）项目技术装备的评估。在项目技术评估中，项目技术装备的评估也是一项重要内容，它应该在项目工艺技术评估的指导下进行，但有时由于受到资金、原有技术装备等条件的限制，项目技术装备评估也会有一些自己独特的内容。要想顺利地进行项目技术装备引进和购买等工作，必须从以下几个方面对其进行评估：

1）项目技术装备的来源评估。这是指分析和评估项目拟采用的技术装备是国内采购还是必须由国外进口，以及其各自的优缺点。通常，凡是国内能够设计和制造的装备一般不从国外进口，但是当国内生产的技术装备技术不可靠或质量无保证，或者是价格不具有优势时，需要考虑进口项目技术装备。在考虑项目技术装备来源时，一般应该同时考虑能够提供的项目技术装备的功能、质量、价格、自身人员技术能力和管理水平等方面的问题。通过认真的分析和权衡利弊才能作出进口项目技术装备的决策。

2）项目技术装备的配套性评估。无论是从国外引进还是从国内购买项目技术装备都要考虑装备的配套性问题。这可以从项目自身装备的配套性和在项目运行中与其他相关项目技术装备的配套性两个方面来考虑这一问题。对于整条生产线中各种技术装备需要由几家制造商提供的情况，应按国际惯例采取总承包配套的方式，以确保项目技术装备的配套性。如果项目的关键技术装备从国外进口，其余由国内配套提供，通常的做法是由项目相关各方共同协商，由某一方负责整条生产线的技术设备配套和安装等作业，以保证项目技术装备投产后能正常运行。

3）项目技术装备与项目建筑和运营条件的配套评估。项目技术装备需要建筑安装以后才能运行，所以对于大型项目技术装备来讲还有一个能否与项目建设条件配套、顺利通过安装和调试的问题。因此在选择项目技术装备时要充分考虑它与建筑物和安装设备的配套问题。同时，任何项目的经营条件都是有一定限制的，所以项目技术装备还必须与项目经营条件相配套和协调一致。例如，如果项目技术装备对原材料的要求在实际运行环境中做不到，那么项目技术设备的选择就是不合理和不可行的了。通常是项目技术装备先进程度越高，对安装和运行条件的要求也越高。因此，在进行项目技术装备评估时，应全面考虑项目技术装备与项目建设和运行条件的评估。同时，还要对项目技术装备的备品、备件等供应条件进行必要的评估。

4）项目技术装备相关支持软件的评估。这里的“项目技术装备相关支持软件”包括使用项目技术装备过程中所需的各种人员支持、技术支持和环境支持等条件。任何项目技术装备的选用都必须考虑有关其专有技术或专利许可证以及其他技术资料方面的开放情况，以保证项目技术装备能够正确地安装、调试、操作和维修。同时，在项目运营主体无法实现项目技术装备的维护和修理时，还要考虑从组织外部是否能够获得相应的技术支持。另外，项目技术装备的运行技术资料是否齐全，以及项目运行人员是否具备项目技术装备所需的技术水平都应评估。项目应尽量寻求经济可靠的技术支持软件条件以节约和方便项目运行。

（三）项目财务评估

项目的运作过程是一定的物流、信息流和资金流的运动和转化过程。从物质形态上看，项目运行表现为各种实物要素（如原材料、机器设备及产成品等）的投入和产出。从货币形态上看，项目运行表现为一定量的资金流动（从资金的垫付到最后资金的回收和增值）。对一个项目进行经济评估，其出发点是对项目运行中货币流动的成本和收益情况的评估。因此项目财务活动必须是在国家现行财税制度和价格体系下，从企业的立场出发去研究项目运行中的财务情况，评估项目各阶段的投资、生产和回收过程中的成本和收益情况。项目财务评估通过计算项目直接发生的财务效益和费用，考察项目的盈利能力、清偿能力及外汇平衡能力等财务状况，并最终给出项目的财务可行性结论。

与一般企业的财务状况评估不同，项目财务评估主要是面向未来，利用预测得到的关于未来项目运行的财务数据进行可行性评估。这种评估一般应该对项目整个生命周期的财务总体情况进行评估，应该使用考虑资金时间价值的动态方法进行评估，而且还必须要进行不确定性的分析与敏感性评估。项目财务评估实际上是项目可行性研究的核心内容之一，其评估结论是项目决策的最重要的依据之一。

项目财务评估是一个定性分析和定量分析相结合的过程，但是以定量分析为主。其主要是通过对项目财务费用和效益的识别，结合一定的预测方法，对识别出的项目财务费用和效益进行预测和分析，进一步得出中肯的项目财务成本与收益的数据，然后结合项目财务报表的编制和项目财务评估指标的计算，以及对于这些数据的整理和分析，找出项目财务的可行性。因而项目财务评估主要是一个定量分析的过程，这一过程具体包括以下步骤。

（1）项目财务数据收集。根据项目财务评估的需要，收集相关的各种数据和参数，包括国家有关的财务和税收规定以及项目的造价和运营与维护等方面的成本数据。

(2) 项目财务数据预测。项目财务评估是对一个项目整体经济活动的评估。作为一种事前评估项目财务基本数据多数是预测性的，人们必须预测项目的市场前景和项日的收益与成本方面的数据。它包括：固定资产投资估算、流动资金投资估算；项目产品产量和销量的预测；项目产品销售价格和销售收入的预测；项目产品生产成本及税金的预测等。

（3）编制项目财务评估用报表。通过项目财务评估用报表的编制可以对收集和预测的项目财务数据进行全面的汇总和整理，使这些数据之间形成内在联系。根据其作用的不同，项目财务评估用报表可以分为基本报表和辅助报表，其中基本报表包括项目现金流量表、项目损益表、项目负债及其偿还表、项目资金来源与运用表、项目资产负债表等。

（4）全面进行项目财务可行性分析。这主要包括运用项目基本财务报表和相关数据计算各种项目财务评估指标去进行关于项目财务可行性的分析工作。项目财务评估主要是通过编制和计算动态财务评估指标去进行项目财务可行性的分析与评价。因此在进行项目财务评估时，必须要考虑资金的时间价值，对于不同时间点上发生的项目现金流量采用折现等方法将其换算为现在或未来同一时点上的现金流量值，以保证不同项目方案或不同项目的财务评估具有同等的价值基础。当然，项目财务评估也可以使用一些静态评估的方法（不考虑时间价值的评估方法），但是最终的项目财务可行性分析一定要有动态的评估。

（5）给出项目财务可行性分析结论。项目财务评估最终的工作是根据上述评估得到的结果编写和给出有关项目财务可行性的报告。这一报告实际上是整个项目可行性报告的一个组成部分，并且是最重要的一个组成部分。因为如果某个项目的财务可行性有问题的话，没有哪个企业会去开展和实施该项目。

（四）项目国民经济评估

项目国民经济评估是按照国家或地区资源合理配置的原则，从国家或地区整体经济利益的角度去考察一个项目的可行性的评价工作。此时有关项目的效益和费用都采用影子价格、影子工资、影子汇率和社会折现率等参数去计算，然后分析项目对国民经济的贡献和产生的费用，并全面评估项目的经济可行性。这是项目评估的一项重要内容，也是投资项目决策的主要依据之一。

任何投资者所拥有的资产、资金、自然资源、信息和技术资源等，相对于社会不断增长的物质文化生活而言都是有限的。项目国民经济评估的目的就是把国家或地区有限的资源用于最有利于满足人们利益需求的项目上去。对于企业来说，一个项目财务利润的高低是其决定项目取舍的依据；而对于国家或地区政府而言，决定项目取舍的主要依据则是项目的社会利润与经济持性。

企业追求的利润最大化与社会追求的经济利益最大化相一致的情况是不多的，所以项目财务评估的结论不能作为项目国民经济评估的结论使用。在现实经济生活中，企业利益与社会经济利益完全一致的情况是不可能发生的，因此任何项目都有必要从社会经济的整体角度对其进行国民经济评估。

（1）项目国民经济评估的目标。项目国民经济评估的目标是为了更有效、更合理地分配与利用国家或地区有限的资源，使项目投资与建设能够最大限度地促进国民经济的增长和满足国家经济发展的需要。因此，项目国民经济评估的主要目标有以下三个。

1）国民收入增长目标。这是指通过项目的投资建设必须实现使整个国民经济中的国民收入实现增长而不是下降的根本目的，即一个项目必须能够实现项目国民经济收益大于国民经济费用的目标。

2）资源充分利用目标。这是指通过项目的投资建设必须实现能够使整个国家和地区的资源的配置更为合理、利用更为充分和对于整个社会的可持续发展更加有力的目标。

3）风险承担与规避目标。这是指通过项目的投资建设不能使整个国家和地区的经济出现很大的风险损失，项目能够对于由其引发的风险具有足够的承担和规避能力的目标。

（2）项目国民经济评估的内容。根据项目国民经济评估的这几个基本目标，项目国民经济评估应包括如下内容：

1）项目国民经济效益费用分析。它主要分析计算投资项目在整个计算期内国民经济效益费用流量情况，以考察项目对国民经济的净贡献。其主要分析指标有经济净现值、经济净现值率和经济内部收益率。

2）项目经济利润比率分析。它主要分析计算投资项目达到设计生产能力后的正常年份经济净效益流量与投资比率，以考察项目在正常生产年份的国民经济获利情况和盈利水平。其主要计算指标是投资净收益率。

3）项目经济外汇效果分析。它主要计算分析投资项目在计算期内各年份的经济外汇流入和流出情况，以考察项目的经济创汇能力。其主要计算指标有经济外汇净现值、经济换汇成本和经济节汇成本。

（五）项日环境影响评估

在项目评估工作中环境概念出现的频率相当的高。这里的环境概念是指自然环境。自然环境是指影响人类生存和发展的各种天然的和经过人工改造的自然因素的总体，包括大气、水、海洋、土地、矿藏、森林、草原、野生动物、自然遗迹、自然保护区、风景名胜区、城市和乡村等。环境既是经济发展的物质基础，又是经济发展的制约条件。人类在进行经济建设的过程中，如果处理不好项目和环境的关系就必然会导致环境问题的产生。环境问题大致可分为两大类：一类是现代工业农业发展和人类生活消费排放的废物，超过环境的净化能力，造成了环境污染；另一类是对自然资源开发利用不当，或过度开发利用可更新资源，造成资源的枯竭和环境的破坏。

环境影响是指人类活动（经济活动、政治活动和社会活动）导致的环境变化以及由此引起的对人类社会的效应。环境影响概念包括人类活动对环境的作用和环境对人类的反作用两个层次。环境影响有多种不同的分类，最常见的有如下三种：①按影响的来源分类。这可分为直接影响和间接影响。其中，直接影响是指由于人类活动的结果而对人类社会或其他环境的直接作用，而由这种直接作用诱发的其他后续结果则为间接影响。确定直接影响和间接影响并对之进行分析和评价，可以有效地认识评估项目的影响途径、范围、状况等，对于如何缓解不良影响和采取替代方案具有重要意义。②按影响效果分类。这可分为有利影响和不利影响。这是一种从受影响的环境将产生的损失或收益的角度进行分类的方法。③按影响程度分类。这可分为可恢复影响和不可恢复影响。其中，可恢复影响是指人类活动造成环境某些特性改变或某种价值丧失后可逐步恢复到以前的面貌的影响。不可恢复影响是指造成环境的某种特性或价值丧失后不能恢复的影响。

所谓项目环境评估或项目环境影响评估，是指在项目实施之前，在充分调查研究的基础上分析项目可能给环境带来的影响，然后作出全面的科学的定量预测，最终利用各种项目环境影响分析的结果指导项目的决策与实施的工作。其中，项目环境影响分析是一项综合性很强的技术工作，它需要预测项目对大气、水质、生物、土壤等环境要素的影响，分析各种环境要素变化给人类带来的好处或对人类造成的危害，估算消除这些危害所需的代价，并就项目对环境的影响作出综合的分析。

项目环境影响评估的内容可能会十分广泛，也可能因评估对象的不同而包含相对较少的评估内容。但是就总体而言，我国项目环境影响评估的内容包括以下几个方面：

(1) 项目的地理位置和项目的规模评估。这包括对于项目会影响到的国家、地区、地质、地貌、大气、地表水、地下水、土壤、植物、动物等要素的识别和影响规模的分析。

(2) 项目的自然环境影响评估。这包括对于地质、地貌、大气、地表水、地下水、土壤、植物、动物等影响的评估。这种评估中应该特别说明，哪些项目环境影响是可以恢复的，哪些项目环境影响是不可以恢复的。

(3) 项目的自然环境影响的经济评估。这包括对于各种自然环境有利和不利影响的经济评价，着重应该作项目近期的及长远的自然环境影响的经济损益分析。

(4) 项目环境影响的全面评价。这包括采取一定的综合评估模型，对未来项目环境影响的经济、技术、可持续发展等方面进行定性的、半定量的或定量的评估。

(5) 提出项目应该采取的环境保护或补救措施。

(6) 提出项目可能采取的代替方案。

（六）项目社会影响评估

人类对自身的理想与幸福的追求是多层面的、由低级到高级逐渐发展的，首先是衣、食、住、行等物质生活，而后才是更高级的文化精神生活。由于社会与自然资源以及生产能力总是有限的，而人们的需求和欲望却是不断扩大和无限的，所以很自然地就会出现不同个人、家族、集团乃至国家或地区在物质和文化利益的追求与维护中对于人们共同生存的社会与自然环境的保护和危害问题。如何在经济和社会发展问题上实现“可持续发展”的目标成为人们日益关注和重视的问题，由此也就产生了对于项目的社会影响评估。

我国建设中的投资项目应该说是比较重视社会效益和对于社会的影响的（近几十年来由国家投资的大中型项目，大多是根据宏观需要来规划建设的），尽管对于项目社会影响评估的研究深度和广度都十分有限，但在我国的项目国民经济评估中已部分地涵盖了有关项目社会影响评估的内容。然而，我们原有的项目评估方法中仍然存在项目社会影响评估方法与内容方面的问题。既然现在要与国际接轨，就要规范我们的项目评估层次及内容，首先把握好国家和社会发展的基本目标，即效率目标（经济增长）、公平目标（分配）和可持续发展目标。对项目的社会影响评估而言，我们需要作深入的理论及方法论研究并不断总结实践经验，尽快在已有基础上明确并规范有关项目社会影响评估的一系列问题、理论和方法，以便较好地与国际接轨。

实际上，项目社会影响评估就是对由于项目的建设与运行而对社会经济和社会环境等方面的正负社会效益与影响的分析与评价。其中，项目对社会环境的影响既包括对社会福利、社会保障、社会稳定安全、文化、保健、精神文明建设、组织观念等方面的影响，也包括项目对于项目所在地区社会环境的影响。对于这些影响的全面评估都属于项目社会影响评估的范畴。

项目社会影响评估的基本步骤包括如下几个方面。

（1）确定评估的目的与范围。根据项目建设的主要目标与功能和国家（地区）的社会发展目标，由项目评估人员对项目所涉及的主要社会影响因素进行分析研究，找出项目对这些社会方面可能产生的影响，选出项目应当评估的指标。在分析项目应当评估的指标时要确定出哪些指标是主要的、哪些指标是次要的，项目各种社会影响可能波及的空间范围与边界以及可能发生的时间范围。此处的空间范围一般是指项目建设所在的社区、所在地区以及相邻的社区。例如，有的水利项目就涉及很多省、市，地域较广阔。此处的时间范围一般是项目的寿命期或预测的项目可能造成社会影响的影响年限。

（2）选择评估的指标与指标体系。根据不同项目的社会影响评估的范围，选择确定出项目社会影响评估的具体指标和指标体系，这是项目社会影响评估的第二步工作。在这一指标体系中应该包括各种项目社会效益与社会影响的定量分析与定性分析指标，并且这些指标要构成一个统一的整体。任何一个项目的社会影响评估指标体系都应该包括定量分析与定性分析的通用指标和项目独特的专用指标，只要是项目涉及的独特性指标均应纳入项目社会影响评估的范畴。

(3) 确定评估的基准或参照指标值。在确定了项目社会影响评估指标体系以后，还应该通过收集项目可能影响现有社会经济、资源利用、文化卫生、社会人文情况及其他一些社会环境的情况，以及以前项目社会影响评估的资料数据去确定一个项目社会影响评估的基准和参照指标值。在确定这些项目社会影响评估基准或参照指标值的时候，一定要坚持“满意”的原则，而不是“最高”的原则，最终才能够使用这些基准和参照指标值作为项目社会影响评估的评价标准。

(4) 审定被评估的项目备选方案。项目社会影响评估的第四步工作是审查和确定将要被评估的项目备选方案，即根据项目的目标去确定处在不同的建设地点、使用不同的资源、采用不同的工艺技术路线等特定条件下提出若干可供选择的项目可替代方案，或者是项目社会影响评估中的备选项目方案。这种项目备选方案的根本要求就是必须能够实现项目既定的目标，而且能够有不同的可行方法去实现这些项目目标（即项目备选方案）。

(5) 通过预测获得评估数据并进行评估。这一步工作的核心内容是通过调查了解去收集数据，然后确立模型并作出预测和推断，最终对每个项目备选方案进行定量与定性分析与评估。其具体步骤包括：

1) 对项目备选方案的项目社会效益与社会影响定量指标作数据预测。通过对于相关社会发展历史统计资料的分析和项目所涉及的社会发展趋势的估量以及同类项目的历史资料分析，建立模型或选用适宜的预测方法进行预测分析，从而预测项目的各种社会效益与社会影响情况以及社会未来的发展变化情况，按照对比“有”和“无”项目实施的两种不同情况，计算给出项目社会影响评估各项定量指标的预测数据。

2) 对项目备选方案不能定量的项目社会效益与社会影响进行定性分析。对于项目备选方案所涉及的各种不能定量的项目社会效益与社会影响采用专家法、打分法等方法进行全面的定性分析，分析和判断项目备选方案的各种社会影响定性分析指标，给出项目对于社会发展目标与当地社会环境的影响程度的定性分析结果。

3) 分析各定量与定性分析指标的重要程度并建立项目的社会影响评估模型。针对上面两个步骤给定的项目社会影响评估定性与定量指标，采用一定的方法对它们进行重要程度的排序，找出各个项目社会影响评估指标在整个评估中的权重，然后分析和研究各项指标之间的相互关系，并制定适合具体项目使用的项目社会影响评估模型。

4）开展专项和综合分析与评估并选出最优的项目或项目方案。在有了项目社会影响评估模型以后就可以开展项目社会影响的专项评估和综合评估了。其中，综合评估就是采用上一步骤中建立的项目社会影响评估多目标综合评估模型去求得各项目备选方案的综合社会影响与效益。综合评估中的主要工作是将各项目备选方案的综合社会影响与效益进行比较并选出最优项目或项目方案。在比较各个项目方案的综合社会影响与效益时要着重比较那些社会效益或影响大的专项指标，或者是只比较最重要的几项指标，以选出项目最优方案。然后还要对项目最优方案的一些不利影响和存在的问题提出补救措施与解决办法，并估算各项措施的补偿费用与实施费用，将它们作为社会费用计入项目的总投资中。

5）专家论证和最终批准。根据项目的具体情况，对于项目的社会影响评估结果还要召开不同规模的专家论证会，将评估选出的项目或项目最优方案提交专家论证，必要时还需要根据专家意见对项目或项目方案进行必要的修改与调整。然后将上述各个步骤中的调查结果、预测分析、方案比选、最优方案的确定等项目社会影响评估的分析论证情况，以及项目比选和方案论证中的重要问题应该采取的补救措施和涉及的费用等写成报告，提出项目社会影响评估的可行性结论。这种"项目社会影响评估说明书"实际上是项目评估报告的一个重要组成部分。最后上报包括这种项目社会影响评估说明内容的项目可行性研究报告给上级评估审批单位，然后由他们根据专家的意见去审查和批准整个项目的可行性报告（其中包括了项目社会影响评估报告）。

（七）项目不确定性分析与风险评估

为了估计项目不确定性因素的变化对项目各种成本和效益的影响程度，必须运用一定的方法对影响项目成本和效益的不确定性因素进行分析和预测。这种分析和预测被称为项目不确定性分析。在项目评估中进行不确定性分析的根本目的就是测试项目成本和效益的变动范围，从而提高项目决策的可靠性和科学性。项目不确定性分析有以下几种基本方法：

1）盈亏平衡分析法。这是分析和研究项目成本与收益之间的平衡关系的方法，主要是着眼于项目运营上的盈亏平衡点的分析，也就是说对项目的产量、成本和盈利三者之间的平衡关系进行分析，从而找出项目在产量、产品价格和产品成本等方面的盈亏平衡点，并据此判断在各种不确定因素。

这一方法主要是研究在一定的市场和项目生产能力条件下，如何分析项目产量、成本和销售收入之间的相互关系，最终找出项目盈利与亏损的盈亏平衡点，然后打破这种平衡以了解项目不确定性因素变化的情况，从而寻求项目最大盈利的可能性方案。所以，盈亏平衡分析法又被称为量—本—利分析方法。

通过这种分析人们可以了解投资项目对市场条件变化的适应能力，以及项目可能承受的经营风险。因此这是一种非常简便、实用的项目不确定性分析方法。

2）敏感性分析法。项目的敏感性分析是指通过分析、测算项目的主要制约因素在发生一定的变化时可能会引起的项目成本效益评价指标的变化情况，从而了解各种项目不确定性因素的变化对项目实现预期目标的影响程度，并依此对项目对于各种风险的承受能力作出定量的判断。在项目的整个寿命周期内会有许多不确定性因素对项目的成本与效益产生影响，但是影响的程度各不相同。有些不确定性因素的微小的变化就会引起项目成本效益评价指标的较大变化，甚至是无法接受的变化，从而影响到对项目的决策，这种不确定性因素被称之为“敏感性因素”。反之，有些不确定性因素即使有较大的变化也只会引起项目成本效益评价指标很小的变化，这些不确定性因素被称为不敏感性因素。因此，选取敏感性强的不确定性因素来开展监督和控制是人们在项目实施和运行过程中的一项重要的项目管理工作。在这一工作中寻找敏感性因素并预测项目成本效益的变动幅度被称为敏感性分析。敏感性分析的方法实质上就是在诸多的不确定因素中确定出哪些是敏感性因素、哪些是不敏感性因素；然后分析和确定敏感性因素对项目成本和效益评价指标的影响程度；最后使用这种分析的结果去开展项目的风险管理。

3）概率分析法。在项目的不确定性分析和风险评估中都需要使用的一种方法是概率分析法，这种方法主要用来分析各种项目的不确定性事件发生的概率和各种不确定性事件带来的不同后果的发生概率。当项目具有不确定因素和风险时，需要使用盈亏平衡分析和敏感性分析去分析项目的不确定性及其风险，但是任何项目风险都是指项目可能出现的威胁和机遇与它们的发生概率之间的乘积。所以要分析项目的不确定性和项目风险，首先就需要运用概率分析的方法去预测项目不确定性事件和项目风险发生的可能性的大小。

所谓概率分析，就是指使用概率分析的方法去研究项目不确定因素对项目成本和效益的影响的一种分析方法。具体而言，概率分析就是指通过分析项目各种不确定因素在一定范围内的随机变动概率分布及其对项目成本效益的影响，对项目的风险情况作出的比较准确的有关风险发生概率的判断。概率分析的内容在于根据经验设定各种项目不确定情况可能发生的概率大小，进而求得项目风险后果的期望值，以便依据它作出项目的风险决策，所以这种分析亦称为简单风险分析。

4）风险决策方法。当项目有不确定性因素时，人们在进行项目决策的时候就必须使用分析决策的方法。这种项目风险决策的方法就是以上述概率分析法得到的项目风险发生概率，乘上项目风险发生时可能出现的后果，求得的项目风险的期望值，最后根据这种期望值作出项目决策的方法。这种方法除了使用概率分析得到的风险发生概率以外，还要使用事先估计的项目风险发生后可能出现的后果的具体数值。在实际中，项目不确定性分析和项目风险决策往往同时使用，所以人们常常也把项目风险决策方法归入项目不确定性分析方法的范畴。

三、项目前评估的流程和方法

项目前评估的流程和方法包括：组织战略的制定；项目想法的提出；项目机会研究；项目提案或项目建议书的提出；项目初步可行性分析；项目批准立项；项目可替代备选方案的提出；项目详细可行性分析；项目详细可行性报告的审阅；项目可行性报告的审阅；项目可行性报告批复与项目投资决策。

第三节 项目阶段评估

一、项目阶段评估的概念

每一个项目在作出投资决定之后就必须每一个阶段开展一次项目的阶段评估，以便经常监督检查整个项目的进展情况和项目投资的使用情况，从而确保项目最终能够取得最佳的效益和效果。

项目阶段评估包括两个方面，即监督与评价。监督是指对项目的实施情况、资源使用情况以及与项目实施中的各种变化和引起的各种环境的变化等方面的信息收集；而评价是指对照项目计划与设计对项目实际实施情况以及随着项目实施而造成的各种变化的全面评估。对项目实施进行监督可以为项目业主和项目资金提供者及时地提供项目实施的反馈信息，使他们及早地了解项目实施的进展情况以及项目实施过程中出现的问题。对于项目实施进行评价是为了及早地发现问题和尽早地对项目的实施进行调整，确保项目实施能够实现预期目标。项目阶段评估的主要内容包括对于项目实施情况的评估，对于项目环境变化的评估，对于项目未来发展的预测，对于项目必要性的再评估，对于项目可行性的再评估等。项目实施过程中的阶段评估是为开展项目控制和对项目计划进行调整所作的全面评估，其中包括有关项目实施情况对项目的影响评价和对项目未来可持续性发展的评价。

二、项目阶段评估的基本特性

项目阶段评估是在项目实施之后所开展的项目评估工作，属于事中评估的范畴。这种事中评估的工作主要是为项目管理和控制服务的。其主要的特性包括如下几个方面。

(一) 监测性

因为这种项目评估是在项目实施过程中进行的针对项目实施情况和由此产生的发展与变化的评估，所以它所使用的数据资料有三类。其一是项目的计划和设计数据；其二是项目实施的实际数据；其三是项目后续发展的预测数据。由此，使得这种项目评估具有了很强的监测性和一定的预测性。这是项目阶段评估的最主要特性之一。

（二）动态性

由于项目阶段评估是在整个项目实施过程中反复不断进行的一种跟踪和评估工作，所以它还具有很强的动态性。这包括对于项目实施情况的动态监测和跟踪，对于项目实施及其所带来的影响的动态评估，对于项目实施方案和项目整体方案的动态调整等。项目阶段评估的动态性是由于项目的一次性和不确定性等特性造成的，同时它也是项目成功实施的保障。

（三）阶段性

由于项目阶段评估是每隔一段时间开展一次，所以它又具有阶段性的特性。实际上项目阶段评估中的监测工作是连续的，而它的评价工作是不连续的。另外，有些项目的阶段评估与项目的绩效评价是同步进行的。在这种情况下，项目阶段评估的次数就会相对多一些，因为项目绩效评估与结算一般为每月或每周一次。

（四）控制性

项目阶段评估的根本目的是确保项目和项目实施的成功，这一评估主要是为项目实施中的管理控制服务的，因此它具有控制性。这种特性主要表现在项目阶段评估的方法、内容和评估时间的选择都必须为项目实施的管理控制服务，都是为制定和实施项目控制决策服务，而不是为了其他目的而进行的评估。

（五）集成性

项目阶段评估还有一个特性是它的集成性，即综合评价项目成本、工期、质量、范围、资源和风险变化等因素，而不能只是评价其中的某个单一要素。项目跟踪评估的集成性要求在项目阶段评估中对于项目某个要素出现的偏差、要采取的变更行动或纠偏行动都需要进行集成性的综合评估，因为项目任何一个要素的偏差或变更都会影响到其他的要素。

三、项目阶段评估的作用

项目阶段评估是为项目实施中的管理控制决策服务的，所以项目阶段评估的主要作用包括如下几个方面。

（一）它是项目实施工作的保障

项目阶段评估的根本目的是为项目实施中的控制决策提供支持和保障，任何项目实施工作都需要不断地评估项目实施的实际与项目计划和设计之间的差异，并且根据这些差异去调整项目计划和修订项目设计，进一步评估这些调整和修订工作的必要性和可行性，从而确保项目最终能够生成既定的产出物和实现项目既定的目标。人们对于项目实施工作和其中的偏差的认识都是通过项目阶段评估实现的，对于项目实施中所要采取的各种措施的可行性和合理性的认识也是通过项目阶段评估得到的，因此项目阶段评估的过程实际上就是项目成功实施的保障。

(二) 它是项目变更的前提条件

任何项目在实施过程中都会出现各种各样的变更，其中包括由于客观情况的变化而引起的项目变更，如由于项目前期决策失误所引起的变更和由于项目实施过程中的工作失误所造成的项目变更等等。所有原因引起的项目变更都会以两种方式提出：其一是由某个项目相关利益主体主动提出变更请求；其二是由项目实施者被动作出项目变更的决策。不管以哪种形式出现的项目变更都必须以项目的阶段评估作为其前提条件。换句话说，在项目实施过程中的任何变更决策都必须以相应的项目阶段评估工作作支持，都需要根据该项目阶段评估的结果去确定项目变更的内容和方案。

(三) 它是项目绩效度量的手段

项目阶段评估还有一个重要的作用是作为项目绩效度量的一种手段。在项目实施过程中，不管是项目业主、项目承包商或者是项目实施者都需要对整个项目实施的绩效不断地作出科学的度量。这种绩效度量也是项目费用支付管理的依据。需要注意的是，一般的项目绩效度量工作并不等同于项目阶段评估工作，因为项目阶段评估工作的内容、作用和范围要远远大于一般意义上的项目绩效度量工作，因为项目阶段评估不仅要作项目绩效的度量，而且还要做项目实施情况、项目变更方案和项目未来发展等更为广泛的评估工作。

(四) 它是项目跟踪决策的依据

项目前评估工作是为项目的投资决策服务的，而项目的投资决策实际上是项目的初始决策，所以项目前评估是一种项目初始决策的支持工作。但是，在项目实施过程中有很多情况需要对项目的初始决策作出必要的修订，即对于项目最初的计划和设计等安排作必要的修改，此时就需要进行项目的跟踪决策，在这种项目跟踪决策中就必须使用项目阶段评估作为其决策的根本依据。此时的项目阶段评估一般要全面评估项目的初始决策方案和项目实施中所出现的各种变化和发展，从而全面分析在新情况下的项目可行性和必要性，并进一步制定出新的项目跟踪决策方案。

四、项目阶段评估的基本原则

(一) 对照计划的原则

项目阶段评估中最主要的原则之一是对照项目前期决策的计划与安排，开展分析和评估的原则。这一原则要求任何项目阶段评估工作都必须对照项目既定的目标、计划和具体指标去评估项目的实施情况和在项目环境发生变化以后的形势下项目的必要性和可行性。这就是说，任何项目阶段评估工作不是以哪个评估者的个人意志为转移的，项目阶段评估结果的好坏是以项目计划和项目目标作为主要判据的。

（二）统计分析的原则

在项目阶段评估中还必须坚持使用统计分析作为评估的主要方法的原则。这是指在项目阶段评估中，首先要使用原始的项目实施工作统计凭证作为评估的根本依据；其次要使用统计分析的方法作为项目实施工作评估的主要方法之一。这就是说，在项目阶段评估中必须坚持不断收集、处理和保存项目实施的各种统计数据，同时要根据项目的特殊性规定好项目阶段评估的统计分析方法，只有这样才能够保障项目阶段评估的可靠性和有效性。

（三）内外结合的原则

这是指在项目阶段评估中对于各种项目实施差异的分析必须要清楚地给出是由于外部条件发生变化造成的，还是由于项目实施团队内部的原因造成的，从而全面跟踪和评估造成项目偏差的原因，为开展项目实施的控制工作和项目跟踪决策工作服务。实际上这是一个在项目阶段评估中分析、发现和区分项目实施中各种问题成因的基本原则，只有坚持这一基本原则才能够在项目管理控制中作出正确的纠偏行动决策。

（四）问题和对策评估并重的原则

在项目阶段评估中还有一项基本原则就是项目实施问题和对策并重的基本原则，即在项目阶段评估中，必须在评估项目实施问题及其成因的同时，还要对提出的各种解决项目实施问题的对策进行全面的评估。这是项目阶段评估中最为重要的一项基本原则，因为如果项目阶段评估只评估项目实施问题就不全面了，就变成了项目实施的绩效评价，只有同时评估解决项目实施问题的对策方案才能够为项目的跟踪决策提供全面的决策支持。

五、项目阶段评估的流程和方法

项目阶段评估主要涉及三个方面的内容：其一是项目实施情况和项目环境的发展变化情况的评估；其二是项目变更方案的评估；其三是变更后的新项目的全面评估。这三个方面的评估工作并不是在每一个阶段的项目阶段评估中都必须有的，当项目实施情况与项目计划安排相对比较一致的时候，人们不需要对项目作出重大的变更，此时就不必开展项目变更和变更后的新项目全面评估了。项目阶段评估的具体流程包括：项目实施的统计数据；项目实施情况的评估；项目环境变化数据；项目未来发展的预测数据；项目未来发展预测评估；项目变更方案的提出（必要时）；项目变更方案的全面评估；变更后的新项目的可行性评估。

在上述项目阶段评估的过程中同样需要使用很多种技术和方法，其中最主要的是项目专项指标的计划完成情况评估方法（也叫绩效评估方法），项目工期、成本和范围的集成评估方法（也叫“挣值”分析方法），统计预测的分析方法以及在项目前评估中用于评估项目备选方案的各种技术和方法等。

第四节 项目后评估

一、项目后评估的定义

项目评估除了作为项目决策的一种支持而需要项目前评估和阶段评估以外，还需要项目的后评估，以便能够重新审视和评价项目前评估和项目决策的实际结果，并且为修订未来的项目前评估和项目决策提供参考和支持。所以项目后评估也是整个项目评估的一个重要组成部分。

项目后评估是指在项目建成竣工验收并投产一段时间以后，对项目实际的建设成本和运行成本效益情况所作的项目评估。这种评估对照项目立项的决策、设计的技术经济要求，去分析项目决策、实施和运行中的成绩和问题，评估项目的实际效果、效益、作用和影响，判断项目目标的实现程度，总结经验教训，为指导拟建项目、调整在建项目、完善已建成项目提出意见，以便为未来的项目决策提供更好的支持。

项目后评估是对已经完成的项目的目的、执行效果、效益、作用和影响所进行的系统的客观的分析，是通过对项目实践活动的检查总结，确定项目预期的目标是否达到、项目或规划是否合理有效以及项目的主要效益指标是否实现。通过项目后评估分析找出项目成败的原因，总结经验教训，并通过及时有效的信息反馈，为未来新项目的决策和提高完善投资决策管理水平提出建议，从而达到提高投资效益的目的。

项目后评估也是一个学习的过程。项目后评估是在项目投资完成以后，通过对项目目的、执行过程、效益、作用和影响进行全面系统的分析，总结正反两面的经验教训，使项目的决策者、管理者和建设者学习到更加科学合理的方法和策略，提高决策、管理和建设水平。项目后评估还是增强投资活动工作者责任心的重要手段。由于后评估的透明性和公开性的特点，通过对投资活动成绩和失误的主客观原因的分析，可以比较公正客观地确定投资决策者、管理者和建设者工作中实际存在的问题，从而进一步提高他们的责任心和工作水平。项目后评估主要是为改善项目投资决策服务的，虽然后评估对已建成项目的指导意义不大，但是对指导未来待建项目具有重要的意义。更为重要的是，后评估对提高项目投资决策服务具有重大意义。因为通过项目后评估的反馈，人们可以完善和调整相关的方针、政策和管理程序，提高决策者的能力和水平，进而达到提高和改善投资效益的目的。

二、项目后评估的主要内容

（一）对于项目目标的后评估

在项目后评估中，对于项目目标的评估主要是对照项目在立项和可行性研究阶段的前评估中关于项目目标的论述和确定，找出实际发生的目标变化，分析项目目标的实现程度以及成败的原因。同时还应讨论最初的项目目标确定是否正确与合理，是否符合客观实际和组织发展的要求。这一评估的具体内容包括：

1. 既定项目目标正确性与合理性的评估

对于项目目标的评估中的一项具体任务就是要对项目原定目标的正确性和合理性进行分析评估。有些项目原定的目标不明确或不符合实际情况，结果在项目实施过程中就会发生重大的目标变更。项目后评估要对项目原定目标给予分析和评估，项目目标正确性与合理性的评估工作主要是对项目可行性研究报告的目标进行评估。对项目可行性研究报告的目标的评估主要是评估在项目立项和可行性研究阶段，项目前评估者根据对国内外市场上供求状况的预测分析所确定的项目目标是否科学合理，对项目产品、项目产品的服务对象、产品市场定位、市场占有率、产品价格、质量、售后服务、市场综合竞争能力、产品盈利和项目盈利等目标的确定是否合理，以及对项目投入、产出、经济效果等目标是否正确与合理。若项目与预定目标偏离实际较远，就应在项目后评估报告中给出评价和说明。

2. 对于项目目标实现情况的后评估

对项目目标实现情况的分析和评估主要是分析和确认项目实际实现的各种目标的情况是否合理，以及评价它与项目原定计划目标的一致性程度。由于在项目前评估的支持下作出项目决策以后，项目所在国家及地区的宏观经济条件、市场供需情况和项目建设的各种条件都会发生变化，因此，由于这种变化使得原来预定的项目目标的实现程度就成了项目后评估的主要任务之一。项目后评估要对照原定项目目标去分析和检查实际完成的指标情况，检查项目实际实现目标的情况和变化的情况，分析项目目标实际发生改变的原因，以判断项目目标的发生变化的原因和程度。

（二）对于项目实施效果的后评估

对于项目实施效果的评估是指在项目竣工和运行一段时间之后所进行的评估（一般认为，生产性项目在竣工并运行后两三年左右，基础设施项目在竣工和运行后四五年左右，社会基础设施行业可能更长一些）。这种评估的主要目的是检查确定项目活动所达到的实际效果及其实现程度，从而总结经验教训，为新项目的决策提供政策和管理方面的反馈信息。这种评估要对项目决策和项目管理的不同层次问题进行全面的分析和总结。

对于项目的实施效果的评估应对照项目立项和可行性分析时的项目前评估

结果与可行性研究报告预计的项目指标和项目实际实施的结果，通过比较和分析找出差别并分析造成差距的原因。这一后评估内容的具体评估工作包括：实际项目的合同执行情况分析，项目实施与管理的情况分析，项目资金来源和使用情况的分析，以及项目实施效果的各种指标的全面分析和评估。对于项目实施效果的评估应注意项目前评估与实际情况的对比分析和问题原因分析。一方面要将项目开工前项目计划与项目实际的计划完成情况对比，另一方面还应把项目实施情况的结果与项目决策预期的效果进行对比，并在此基础上找出造成偏差的原因，总结经验教训。由于这种对比的数据时间的不同，所以这种对比数据的可比性也需要作统一。这也是项目后评估中需要做的工作之一。

在对项目实施效果的评估中要抓住项目主要指标的发展变化进行分析，找出差异或偏离，这样才可以比较顺利地进行这种分析和评估。

（三）对于项目技术的后评估

项目技术水平后评估主要是对项目工艺技术、技术装备和工程技术选择的可靠性、适用性、配套性、先进性、经济合理性的再分析。在项目决策阶段认为可行的工艺技术和技术装备以及工程技术，在项目实施或使用中有可能与预想的结果有差别，许多不足之处会逐渐暴露出来。在项目后评估中就需要针对实践中存在的问题、产生的原因认真总结经验，以便在以后的项目设计或设备更新中选用更好、更适用、更经济的设备，甚至对项目原有的工艺技术和技术装备进行适当的调整，更好地发挥技术和设备的经济效益。项目技术后评估的主要方法和内容与项目前评估基本相同。

（四）对于项目财务的后评估

对于项目财务的后评估和项目前评估中的财务分析与评估的内容基本是相同的，都要进行项目的盈利性分析、清偿能力分析等方面的评估。但在项目后评估中采用的数据不是简单的实际数据，还应该将项目实际数据中包含的物价指数扣除，以便使项目后评估与前评估中的各项评估指标在评估时点和计算范围上具有可比性。

1. 项目盈利能力分析

项目后评估测算项目财务净现值和内部收益率的目的是要用将项目实际的财务结果与项目前评估进行对比分析，并且还要将项目的行业基准收益率和项目贷款利息进行分析，用以评估项目的收益好坏。在项目后评估的成本效益分析计算净现值和收益率时要剔除物价上涨的因素。因此，这种项目后评估必须建立在同度量的原则之上，必须按照项目后评估与前评估的不变价格进行，使评估比较的项目数据具有可比性。另外，项目后评估的财务分析数据可分为两个时间段，以项目后评估的时点作为基准时间，此时点以前使用不变价的实际发生数据，此时点以后则使用变价的预测数据，这是因为考虑到现实价格因素和未来的通货膨胀、价格等因素的差异性所致。

2. 项目清偿能力

项目后评估中的项目清偿能力分析主要用于分析和评估项目实际的财务清偿能力。这需要从项目的损益和利润分配以及资产负债表中考察以下指标：负债资产比、流动比率和速动比率。这里的一项重要工作就是按项目的实际偿还能力来计算借款的偿还期。这可根据偿还项目长期借款本金（包括融资租赁的扣除利息后的租赁费）的税后利润、折旧和摊销等数据来计算。这方面的后评估可以根据项目投产后的生产运营实际数据和未来的预测数据进行分析和评估。

3. 项目财务评估指标的对比

项目的财务后评估中最重要的工作是对项目前评估和项目实际发生的财务评估指标的对比分析。

（五）对于项目国民经济的后评估

项目的国民经济后评估的主要内容是通过编制全投资和国内投资经济效益和费用流量表、外汇流量表、国内资源流量表等计算出项目实际的国民经济成本与盈利指标（包括项目投资的经济内部收益率和经济净现值、经济换汇成本、经济节汇成本等指标），分析和评估项目的建设实际上对当地经济发展、所在行业和社会经济发展的影响和推动本地区、本行业技术进步的影响等。其主要作用是通过项目后评估指标与前评估指标的比较，分析项目前评估和项目决策质量以及项目实际的国民经济成本效益情况，以及分析和给出项目的可持续性发展情况。

（六）对于项目环境影响的后评估

对于项目环境影响的后评估是指对照项目前评估时批准的项目环境影响报告书，重新审查项目对于环境影响的实际结果，并评估二者之间的差异及其原因。其中，最主要的内容包括：审查项目决策中有关环境管理的决定、规定以及参数选择的可靠性和实际效果；审查项目实施环境影响评估报告和项目环境实际影响现状的差异。同时，对有可能产生突发性事故的项目环境影响风险要进行进一步的识别和分析。如果项目生产中使用对人类和生态危害极大的剧毒的物品，或项目位于环境高度敏感的地区，或项目已发生严重的污染事件，那么还需要提出一份单独的项目环境影响后评估报告。

（七）对于项目社会影响的后评估

对于项目社会影响的后评估是要分析项目对国家或地方的社会发展目标的实际影响情况和项目社会影响前评估与后评估结果的对比分析等。项目社会影响后评估的具体内容主要包括：项目对于就业、地区收入分配的影响；项目对于社区居民的生活条件和生活质量的影响；受益者范围的分析；分析和反映项目对于地方和社区的发展、妇女、民族以及宗教信仰等方面的影响。

三、项目后评估的程序

项目后评估的程序涉及很多内容，从项目后评估的计划到项目后评估报告的编制都属于项目后评估程序中的主要内容。

（一）项目后评估计划

项目后评估计划的制定应越早越好，最好是在项目前评估和项目执行过程中就确定下来，以便项目管理者和执行者在项目实施过程中就注意收集资料。从项目周期的概念出发，每一个项目都应重视和准备后评估的工作。因此以法律或其他国家规定的形式，把项目后评估作为建设过程中必不可少的一个阶段而确定下来就显得格外重要。项目前评估和阶段计划是项目后评估的基础，所以项目后评估计划也应与项目前评估和阶段评估的计划一起考虑为好，以便使其能够更好地为组织的战略决策服务。

（二）项目后评估内容的确定

由于项目后评估的范围很广，一般项目后评估的内容要很好地安排，并限定在一定的范围之内，因此在项目后评估实施之前必须明确评估的范围和深度。项目后评估的范围通常是以项目后评估任务书的形式确定，这包括：后评估的目的、内容、深度、时间等，特别是有关项目后评估必须完成的特定要求应给出十分明确而具体的说明。国内外通行的项目后评估任务书的主要内容有六点：①项目后评估的目的；②项目后评估的范围；③项目后评估的内容；④项目后评估的方法；⑤项目后评估项目使用的指标体系；⑥项目后评估的经费和进度。

（三）项目后评估咨询专家的选择

项目后评估的工作通常分两种，其一是自我评估，其二是独立评估，多数情况下应该使用独立后评估的方法。在独立后评估阶段需要委托一个独立的评估机构或咨询单位去实施，或由组织内部相对独立的后评估专门机构来实施。一般情况下，项目后评估要确定一名负责人，该负责人不应是参与过此项目评估、决策和实施的人。该负责人聘请和组织项目后评估专家组去实施后评估。项目后评估咨询专家的选择要根据所评项目的特点、项目后评估的要求和专家的专业特长以及经验来选择。

独立的项目后评估专家组也要由内部和外部两部分人组成，其中的内部人员就是组织内部的专家，因为他们熟悉项目前评估和阶段评估中的情况和过程，同时又比较了解组织开展项目后评估的目的，但是在项目后评估中他们不能作为主要的评估人员。外部人员就是项目后评估咨询机构的咨询专家，这些外部专家一般更为客观公正和更加熟悉项目后评估的专业和程序，从而作出独立的项目后评估结论。

（四）项目后评估的实施

在项目后评估的程序中最重要的环节是项目后评估的实施，其主要内容包括如下几个方面。

1. 项目后评估书面资料的收集

项目后评估的实施首先应该从资料收集入手。项目后评估的基本资料应该包括：项目自我后评估的报告、项目完工报告、项目竣工验收报告；项目决算审计报告、项目概算调整报告及其批复审批文件；项目开工报告及其批复文件、项目初步设计及其批复文件；项目前评估报告、项目可行性研究报告以及项目审批文件等。

2. 项目后评估的现场调查与资料整理

项目后评估实施的另一项内容是现场调查与分析，这一调查分析的任务包括以下几个方面：项目的实施情况、项目目标的实现情况、项目目标的合理性、项目的作用和影响等。然后应该使用资料收集和现场调查的结果对项目的各种资料进行必要的归纳和整理，以便能够开展相关的分析和得出结论。

3. 项目后评估的分析和结论

根据项目资料收集和现场调查结果，人们就可以对全部信息进行全面而认真的分析，从而得出项目后评估的结论。这方面的分析主要包括的内容有：项目实际结果的分析与评估、项目前后评估结果的对比分析与评估以及项目未来发展的预测分析与评估三个方面。其中，项目实际结果的评估主要分析项目的成功程度和原因、项目的成本收益情况、项目目标的实现情况和项目成功与失败的主要经验等。项目前后评估的比较分析的主要内容是比较项目前评估和项目后评估各项指标的差异，分析造成这些差异的原因，评价项目前评估的有效性和可信度等。对项目未来发展的预测评估包括项目可持续发展评估，项目经验教训的分析与评估和项目未来发展的对策研究等。

（五）项目后评估的报告

项目后评估报告是项目后评估的最后一步工作，它是项目后评估各种评估结果的汇总和撰写。项目后评估报告必须真实地反映评估结果，客观地描述评估与分析的问题和情况，认真全面地给出对于项目后续发展的对策和建议。项目后评估报告不但有报告的功能，而且还有绩效评估的功能和改善项目后续发展以及提高组织未来决策质量的作用，所以项目后评估报告的内容必须能够起到这些相关的作用。项目后评估报告没有相对固定的内容格式，对于项目后评估报告的要求包括：报告的文字和数据准确清晰，并尽可能不要用过分的专业化词汇。报告应包括：摘要、项目概况、评估内容、主要问题、原因分析、经验教训、结论和建议、评估方法说明、评估中发现的问题和结论等。

四、项目后评估的方法

（一）逻辑框架法

1970年美国国际开发署（USAID）开发并使用了逻辑框架法（Logical Framework Approach，LFA）作为一种项目设计、计划和评估的方法与工具。目前大部分的国际组织把逻辑框架法作为援助项目的计划、管理和评估的主要方法。原因在于逻辑框架法已经不是一种简单机械的方法程序，而是一种集成的系统研究和分析问题的思维框架模式。在项目决策、可行性研究及评估以及项目实施与管理和项目后评估等工作中，都可以采用逻辑框架法。逻辑框架法有助于对关键因素和问题作出系统的合乎逻辑的分析。

1. 逻辑框架法的介绍

逻辑框架法是一种概念化分析和论述项目的方法。它使用一张简单的框图来清晰地分析一个复杂项目的内涵和关系，使之更易理解。逻辑框架法是将几个内容相关且必须同步考虑的动态因素组合起来，通过分析它们的关系及其目标、实际结果来评估一个项目或工作。逻辑框架法为项目计划者和评估者提供一种分析的思路和框架，通过对项目目标和达到目标所需手段的逻辑关系分析去确定工作的范围和任务并评价它们的结果。逻辑框架法的核心概念是项目事物层次间的因果逻辑关系，即项目“如果”提供了某种条件“那么”就会产生某种结果。

2. 逻辑框架法在项目后评估中的应用

项目后评估和项目前评估一样都是为项目决策服务的。项目后评估主要需要解决三个问题：一是项目的原定目标和目的是否达到了；二是项目的原定效益是否实现以及实现的程度；三是项目后续阶段如何发展。因而项目后评估也要回答三个问题：一是项目的原定目标和目的已经达到的程度；二是项目原定的成本效益指标的实现程度；三是项目未来可持续发展的程度。逻辑框架法可以针对这三个方面的问题进行全面的评估。

项目后评估所使用的逻辑框架法的逻辑框架客观验证指标一般应反映出项目实际完成情况与项目前评估中原来预测指标的差别，以及项目后续发展变化情况与项目前评估预测的差异情况。因此，在编制项目后评估的逻辑框架之前应设立一张项目前评估与项目实际和后续预测数据指标的对比表，以找出在逻辑框架表中应填写的主要内容。

采用逻辑框架法进行项目后评估时可根据项目后评估的特点和项目特征设计评估的内容和指标，以适应不同项目后评估的要求。逻辑框架法一般可用来进行项目实际目标实现程度的评估、项目成败原因的评估分析和项目可持续发展的评估等。

（二）对比分析法

项目后评估也可以使用对比分析的方法，这种评估方法的一条基本原则就是同度量基础之上的对比分析，这包括项目的前后评价结果的对比，项目的预计和实际结果对比，有无项目的情况对比等。对比分析法的目的就是要找出项目实施中的变化和差距，从而分析和找出项目的成败及其原因和改进的方法。

1. 有无对比法

有无对比法是指将项目实际的结果及其带来的影响与没有项目而可能发生的情况进行全面的对比，从而度量项目的真实效益、影响和作用。有无对比法的重点是要分析项目的实际作用和影响。这种对比分析法可用于项目的效益评估和影响评估，是项目后评估方法中的一个重要方法。

2. 前后对比法

前后对比法是指将项目前评估结果与项目后评估结果进行对比分析的方法。其中项目前评估使用的是当初根据调查给定的项目实施与项目运营的预测数据所作出来的项目评价的结果，而项目后评估使用的是项目实际实施结果、一部分项目运营实际结果和一部分项目运行的预测数据。通过二者的对比分析找出项目存在的问题和未来应对的措施。

五、项目后评估的结果反馈与应用

项目后评估的结果必须通过项目后评估报告的模式给出反应和反馈，所以任何一个项目的后评估工作都必须撰写和给出相应的项目后评估报告。

（一）项目后评估报告的要求

项目后评估报告的基本要求包括如下几个方面。

1. 项目后评估报告的内容要求

项目后评估涉及的内容较多，项目后评估报告最主要的内容一般包括项目背景、实施评估、效果评估和结论建议等部分。现分述如下。

（1）项目背景。项目的背景主要包括有：项目的目标和目的，项目的工作内容，项目的范围、工期、成本和资金的来源等。

（2）项目前评估的情况。这主要包括项目前评估的依据和结论，项目的必要性和项目可行性的分析与结论，项目对于国家、部门或地方发展的影响，以及项目的预测数据等。

（3）项目实际实施情况。这主要包括项目建设实施情况的各种结果数据，项目建设实施过程中出现的各种变化及其影响。项目建设实际实施情况与项目前评估的预测情况的差异等。

（4）项目实际运营情况。这主要包括项目建成以后所开展的项目运营实际情况的各种结果数据，项目实际运行情况与项目前评估中有关项目运行预测数据的差异等。

（5）项目后评估数据。这主要包括使用调整后的数据对项目建设和运行结果进行评估的指标，评估和分析项目达到实际效果所造成的影响指标和项目未来可能实现的效益、作用和影响的指标等方面的内容。

(6) 项目对比评估数据。这主要包括项目前评估结果指标和项目后评估结果指标的对比分析数据、项目有无对比分析数据和项目综合评估分析数据等方面的内容。

(7) 结论和经验教训。这主要包括有关项目后评估的结论和经验教训、项目前后对比和有无对比的结论、项目综合评估的结论，以及项目经验教训的说明等内容。

(8) 建议与对策等。这主要包括对项目后续阶段运营的改进建议和对策说明，以及对未来组织项目决策的改进建议等方面的内容。

2. 项目后评估报告的格式要求

根据项目后评估报告的主要内容，人们可以设计项目后评估报告的格式，一般的项目后评估报告格式要求如下。

(1) 报告封面与简介。这包括：报告，编号、密级、评估者名称、日期等，以及报告的一些假设前提条件。例如，汇率、评估指标权重安排、项目的重要基础数据、报告摘要和目录等。

(2) 报告正文。这包括：项目背景、项目目标、项目内容、项目工期、成本和质量等规定指标、项目资金来源和预算、项目建设实施评估、项目目标的实现程度、项目的运营和管理的情况、项目实际财务和经济效益评估、项目环境和社会效果评估、项目的可持续性评估、项目的结论和经验教训、综合评估结论以及改进建议和措施。

(3) 报告附件。这包括支持项目后评估结果的各种文件和资料、有项目前评估方面的文件资料、项目实际实施情况的文件资料、项目实际运行情况的文件资料以及项目发生的各种变更的文件和资料等。

(二) 项目后评估信息的反馈和应用

项目后评估信息的反馈是指将项目后评估的结果送达到项目相关利益主体的工作，项目后评估信息的反馈是项目后评估成果能否真正起到作用的关键环节之一。然而不少国家和企业由于机构、体制和方法等方面的原因，使得项目后评估的结果反馈和应用并不理想。这对项目决策的影响是十分巨大的。因为没有这种反馈和应用，项目后评估就失去了意义，人们不能从项目后评估中吸取经验和教训，后续的项目决策也不会得到改善和提高。

1. 项目后评估信息反馈和应用的重要性

项目后评估信息反馈和应用是项目后评估体系中的一个决定性环节，它是一个全面沟通和使用项目后评估成果信息的过程。它可以使项目后评估的结果和经验教训能够在未来新建项目中得到采纳和应用，以及能够用于改善被评估项目未来的可持续发展。因此项目后评估是否起作用的关键不仅取决于项目后评估做的好坏，还取决于对于项目后评估中所总结的经验教训能否反馈和被采纳与应用。因此，必须有一套项目后评估信息反馈和应用系统，并通过它提供有用的信息和经验教训，从而增强了项目组织未来的项目决策和项目管理能力以及被评估项目本身未来的可持续发展能力。

2. 项目后评估信息反馈和应用系统

项目后评估信息的反馈和应用是一个动态的过程，因此必须建立一个项目后评估信息反馈和运用的机制与系统。这样，项目后评估的结果就可以用于改进项目管理和项目决策。为了保证项目后评估信息反馈的及时性、易接受、有针对性和系统化，就需要对于项目后评估机构以及项目后评估信息反馈与传递机制和应用体制与系统进行科学的设计和合理使用。项目后评估信息反馈和应用系统与机制的建设应该根据科学而有效的原则去建立，以便使项目后评估中得出的经验教训能够得到应有的重视。项目后评估信息反馈和应用机制的有效性主要受四个方面联系的影响，即项目后评估与政策制定者的联系，项目后评估与项目计划管理者的联系，项目后评估与项目决策者的联系和项目后评估与项目实施者的联系。

专业术语

项目评估　项目前评估　项目运行环境评估　项目技术评估　前后对比法　项目财务评估　项目国民经济评估　项目环境影响评估　项目社会影响评估　项目不确定性分析　盈亏平衡分析法　敏感性分析法　概率分析法　项目阶段评估　项目后评估　逻辑框架法　对比分析法　有无对比法

思考题

1. 怎样理解项目评估的作用？
2. 简述项目评估的过程与方法。
3. 简述项目前评估的内容。
4. 简述项目不确定性分析的主要方法。
5. 简述项目前评估的流程和方法。
6. 简述项目阶段评估的流程和方法。
7. 简述项目后评估的主要内容。
8. 简述逻辑框架法在项目后评估中的应用。
9. 简述对比分析法在项目后评估中的应用。
10. 简述项目后评估信息的反馈和应用。

案例

采用不成熟工艺引起索赔的教训

某市于1999年兴建一座地下厂房，承包商为国内某家知名公司（以下简称承包商），负责此工程设计的是该省一家设计院，该工程咨询工程师为该省某监理机构。工程正式施工之前，业主与承包商根据目前通用的《土木工程施工合同条件》签订了有关此工程的施工合同。

1999年8月，承包商在厂房顶拱安装锚杆施工过程中，由于合同文件规定了在厂房顶拱必须使用水泥药卷（又称“水泥锚固定剂”）锚杆进行支护，因此承包商采购了合同推荐的水泥药卷生产厂家的产品，并在厂家的指导下试验合格，获得工程师的同意。但是在施工过程中，发现只有90%的水泥药卷锚杆质量合格，厂家技术人员到现场后也不能解决施工中出现的问题，声称其产品用于顶拱尚需进行试验，承包商据此提出索赔。

工程师就此问题与承包商进行了多次讨论，从设计、采购、施工等多方面进行了分析。工程师认为设计方选用7.0m长的水泥药卷锚杆用于厂房顶拱支护一定有设计依据，因此拒绝承包商的索赔，当水泥药卷生产厂家出具了“关于水泥药卷用于隧洞顶拱尚需试验”的证明时，承包商提出的索赔论点得到了支持。

此后，承包商提出了索赔论据及支持索赔权的合同条款，与此同时，业主工程师也提出了拒绝索赔的论据及拒绝索赔的支持合同条款。工程设计方认为，水泥锚固剂是一种新的科技产品，在理论上是可行的，并在施工实践过程中日臻完善，形成了系列产品，且在三峡等国家重点工程中大量使用。长度为5.0m的水泥药卷锚杆在中国成功用于顶拱的工程有小浪底导流洞工程和天生桥2号洞工程，长度大于6m的水泥药卷锚杆用于顶拱时，只要在水泥药卷的添加过程中严格按照厂家装填技术要求进行操作，质量是有保证的。

为彻底查清水泥药卷锚杆失败的原因，承包商、水泥药卷生产厂家及工程师方面的有关人员对水泥药卷锚杆进行了第三次试验，此次试验包括室内实验和施工现场安装实验。同时，工程师也对设计依据和生产厂家进行了调查。经设计院调查，在国内有两大工程在顶拱使用了5.0m的水泥药卷锚杆，但设计院未说明使用效果，也未说明使用的是哪一个厂家的产品。设计院指出，国内有6个单位被批准生产水泥锚固定剂，但工程师发现其中个别单位根本就不生产该产品，在这6个生产单位中，以指定生产厂家的水泥药卷锚杆业绩最为显著，但其产品主要用于边墙，而且长度在5.0m以下。

试验和调查结果表明，在合同中推荐使用指定生产厂家的水泥药卷是错误的，因为该单位的水泥药卷质量不稳定，安装技术不成熟。这种推荐还造成合同条款相互矛盾，由于设计指定按照厂家的要求进行施工，致使业主承担了厂家的风险。最终，鉴于水泥药卷锚杆事件给承包商造成的损失是属于业主风险造成的，因此承包商的索赔论点成立。根据相关的合同条款，业主应该给予承包商一定的补偿，但与工程451万元的实际损失相比相差甚远。

问题：

该项目在实施过程中忽视了哪些重要环节？设计人员、业主及承包商各自应负有怎样的责任？从中可吸取什么教训？

第十三章　公共项目管理模式

公共项目是项目管理的重要组成部分，并具有一定的特殊性。本章主要介绍公共项目的基本概念、分类，特别是公私合作关系——PPP 模式的分类、融资等。

第一节　公共项目的界定

一、公共项目的概念

（一）与公共项目相关的概念

1. 基础设施

广义上的基础设施泛指所有基础性结构或系统，包括政治、经济、社会文化和军事各个方面，可以分为经济基础设施、社会基础设施、政治基础设施和军事基础设施。一般意义上的基础设施指的是前两者。经济基础设施是指为居民生活和经济生产所提供生产服务的永久性工程、设备、设施等，它包括公用事业（如电力、管道煤气、电信、供水、环境卫生设施和排污系统、固体废弃物的处理系统等）、公共工程（如灌溉大坝、水利工程和道路等）以及其他交通运输（如铁路、城市交通、海港和机场等）；而社会基础设施主要包括教育、卫生医疗等与生产活动间接发生关系部门的基础设施。在本书中，基础设施一般指的是经济基础设施和社会基础设施。

2. 公用事业

狭义的公用事业是指具有自然垄断特征的为居民和企业提供生活或生产所必需的商品或服务的企业，如电力、管道煤气、电信、供水等。它是基础设施的一部分。广义的公用事业不仅包括上述狭义的公用事业，还包括铁路、公路、邮政以及教育、卫生、医疗等，从这个角度来说，公用事业和一般意义上的基础设施是两个等同并可以互换使用的概念。在本书中，一般情况下基础设施涵盖公用事业。

3. 公共物品和私有物品

一个项目所能提供的产品或服务，按其使用或受益的性质可以区分为公共物品和私有物品。所谓的公共物品，就是从消费上来说具有不同程度的非竞争性和非排他性的物品，例如不收费的道路，一个人的免费使用并不能排除其他人的使用。如果某种公共物品具有完全的非竞争性和非排他性，那么这种公共物品就是纯公共物品，如国防。但是大部分公共物品只部分具有排他性和竞争性，我们把这样的公共物品成为准公共物品。例如，不拥挤的收费高速公路，一个人有偿的使用并能不排除他人的有偿使用，但是，该高速公路会排除不付费的人使用，那么该种公共物品具有消费上的排他性却不具有消费上的竞争性。我们把纯公共物品和准公共物品统称为公共物品。而私有物品在消费上具有竞争性和排他性。例如，商店里一顶待售的帽子，不花钱的人无法得到这顶帽子(表明消费的排他性)，如果哪位顾客花钱买了这顶帽子，那么这顶帽子就归该位顾客所有了，其他人无论出钱与否都已无法享用这顶帽子（表明消费的竞争性。借出和赠送另当别论，但即使是借出或赠与，一个人在享用帽子时其他人仍然无法享用它，也表明了私有物品消费上的排他性)。

从上面的基础设施和公用事业的定义我们可以看出，这两个术语的是从不同的方面来定义同一个事物：基础设施的定义侧重于“实体”，并且明确了其“基础性作用”；而公用事业的定义则侧重于“用途”，并且明确了其“事业性质”。依照公共物品的概念，根据产品或服务的性质来分析，基础设施所提供的产品或服务一般都是公共物品，而且，基础设施本身也是公共物品。

（二）公共项目的界定

从字面上理解“公共项目”可以分解为“公共”和“项目”两个词，“公共”表明了项目的属性，即公共项目是提供公共物品的项目。

根据现代项目管理的思想，从动态角度讲，公共项目是指对已建或待建基础设施项目实施某种一次性活动的过程。公共项目都是以促进国民经济和社会发展、为公共生活服务、为提高社会科学文化水平和人民素质为目的，着眼于创造社会效益而不是以商业利润为主，这是公共项目有别于一般私有项目（提供私有物品，比如建立一个以赢利为目的服装加工厂）的本质特征。在本书中，“公共项目”一词含义涵盖两方面：一是指不同类型的公共项目；一是指待建公共项目设计、融资、建设等活动和已建公共项目的运营、管理、更新改造等各种活动范围。

二、公共项目的分类

根据提供公共物品的非排他性和非竞争性的强弱，公共项目可以分为非经营性公共项目（如敞开式城市道路等)、准经营性公共项目（如煤气厂、地铁、自来水厂等）和经营性公共项目（如收费高速公路、收费桥梁等）。这也是所谓的“项目区分理论”。根据公共项目的生产性与否，公共项目可分为生产性公共项目和非生产性共项目，二者分别与经济基础设施和社会基础设施相对应。

公共项目涵盖的范围如图 13-1 所示，而且该图也表明了公共项目和基础设施的对应关系。

(1) 能源系统。它包括电的生产及输变电项目，人工煤气的生产及煤气、

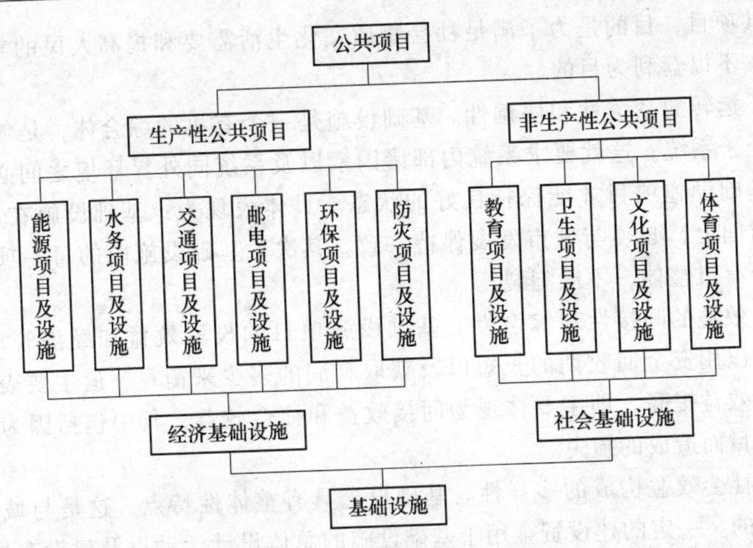

图 13-1　公共项目涵盖的范围

天然气、石油液化气的供应项目，集中供热的热源生产及供应项目。

(2) 水资源及供、排水系统。它包括水资源的开发、利用和管理项目，自来水的生产和供应项目，雨水的排放项目，污水的排放、处理项目。

(3) 交通系统。它包括城市内部交通及城市对外交通项目，电汽车、轨道交通、公共货运汽车、货物流通区等项目，城市外部交通，如航空、监路、公路、水运、管理运输等项目。

(4) 邮电系统。它包括邮政项目、电信项目等。

(5) 环境系统。它包括环境卫生、园林绿化、环境保护等。

(6) 防灾系统。它包括防火、防洪、防地面下沉、防风、防雪、防地震及人防备战等项目。

(7) 教育项目。它包括高等教育、基础教育、职业教育、岗位培训等各级各类普通教育和成人教育项目。

(8) 卫生项目。它包括医疗卫生，环境卫生，劳动卫生，营养卫生，少年儿童卫生，流行病防治，以及妇女、儿童、青少年、劳动和老年保健等项目。

(9) 文化项目。它包括图书馆、博物馆、美术馆、文化馆、展览馆、科技馆、广播电台、电视台及发射中心、电影院、戏院等建设项目。

(10) 体育项目。它包括群众体育项目、运动训练项目和运动竞赛项目等。

三、公共项目及其投资的特点

(一) 公共项目的特点

(1) 服务的公共性和赢利性。基础设施是城市社会化的产物，是整个城市社会化过程中的一般条件，是为整个城市提供社会化服务的。政府或其他机构兴办公共项目，目的是为了满足社会物质文化生活需要和提高人民的素质与生活质量，不以营利为目的。

（2）运转的系统性和协调性。基础设施是一个有机的综合体，是城市大系统的一个子系统。这就要求系统内部诸因素以及系统同外界环境之间必须协调一致，基础设施项目才能保持良好的状态。具体表现为：基础设施在质和量、空间和时间上，必须与城市发展保持一致。其次，基础设施内的每一项设施都自成一个有机整体，不能割裂。

（3）效益的间接性和综合性。基础设施项目的投资效益和经济管理效益，尽管也可以用资金回收期的长短以及获取利润的多少来衡量，但主要表现为服务对象的效益提高，即主要体现为间接效益和社会效益，其中包括因为没有基础设施项目而造成的损失。

（4）社会效益构成的多样性。基础设施具有整体性特点，这是与城市整体性相关联的。一定的建设资金用于基础设施的总体设计活动以及建设布局活动，就会有一个规划效果、布局建设效果的问题。这种规划与布局作为城市整体一个有机的组成部分，对城市的影响产生多种多样的社会效益。

（5）从属性和配套性。由于公共项目是为公共项目提供社会服务，并能适应建设的需要和发展，因此，公共项目也应从属于整个社会力的发展水平，并与其进行配套建设。

（6）规划性和地区性。公共项目一般是在一定的时间和空间的范围内。依据国民经济和社会发展的总体规划，按部门和地区进行规划建设。如按某个部门或某个地区、城市、乡镇等为单元进行统一规划建设。而对于国家指定的特大型重点项目，其服务范围可超越其所在地区而辐射到全国甚至国际的地域范围。

（二）公共项目投资的特点

由于上述公共项目的特点所致，对公共项目进行的投资一般具有如下特点：

1. 宏观性

社会发展目标，如经济增长目标、公平分配目标、社会安全与稳定目标、就业目标、控制人口目标、国防目标，一般是根据国家的宏观经济与社会发展需要制定的，而公共项目在很多时候是国家政府实现各种社会发展目标的手段，因而对公共项目进行投资分析时，必须从全社会的宏观角度考察项目的存在对社会的贡献与影响。社会发展目标涉及社会各个生活领域，虽然不是每个项目的社会效益都涉及社会各个领域的发展目标，但其考察角度应包括社会各个领域，有什么效益就分析评价什么效益。因而对公共项目的投资分析是对项目的全面的分析评价，既有与经济活动有关的社会效益、环境生态效益，还有广泛的非经济的社会效益。因此，在进行公共项目的投资分析时，必须注意其具有的宏观性。

2. 间接效益

公共项目的社会效益与影响虽然有直接的，如就业效益、节能效益、对教育的影响、对文化生活的影响等，但许多社会效益往往是间接效益或外部效益。例如，新建公路减少相关公路拥挤、节约旅客时间的效益；图书馆项目的各种效益等都是间接效益或外部效益。

3. 多目标性

公共项目不同于一般的项目，因此在分析时，就必须从不同的方面，进行多目标分析，以便综合考察项目的经济性及社会效益，判断项目的经济及社会可行性。

4. 长期性

一般项目的经济分析计算期一般为20年，而在对公共项目进行投资分析时，必须考察近期与远期社会发展的目标，公共项目对人们生活习惯、人口素质、生态环境等的影响可能是几十年的，甚至是几代人的问题。因此，对公共项目进行分析时，要注意其长期性的特点。

5. 定量难

公共项目的社会效益与社会影响多种多样，许多很难用货币进行定量。例如，项目对文化的影响、对社会稳定的影响、对增加人们闲暇时间的影响、对人们生活习惯的影响等，都不容易进行定量分析。

第二节 公共项目的公私合作模式

一、PPP的概念范畴

PPP是“Public-Private Partnerships”的缩写，意为“公共部门和私营部门的合作关系”，也有的译为“公私部门的伙伴关系”或“公私合作制”。它是公共部门和私人部门之间的一种合作经营关系。它建立在各自经验的基础上，通过适当的资源分配、风险分担和利益共享机制，很好地满足了事先清晰界定的公共需求。

PPP所具有的基本特征：各合作者对共同或兼容目标的追求，共同负责提供公共服务；要求合作关系能实现互惠互利；共同投入资源，共享权力；强调风险共担和风险的最优分配，以及为纳税人提供物有所值的服务。因此，PPP应包含公私部门合作需要或意愿、具有法律效力的合作协议和合作目的三个核心要素。

从两个层面来理解PPP含义。其一是公共项目治理理念层面的，即通过建立公私合作关系来治理公共项目以达到公共项目的“充分效用和利益实现”，更好地提供公共产品或服务。其二是公共项目治理模式层面的，广义上 PPP 泛指公共部门与私人部门为提供公共产品或服务而建立的各种合作关系以及形成的各种具体的公共项目的治理模式的总称；狭义上 PPP 是基于公私合作关系的一系列公共项目融资模式的总称，它包含 BOT、TOT、DBFO 等多种模式。狭义的 PPP 更加强调合作过程中的风险分担机制和项目的资金价值（Value for Money）。

表 13-1　PPP 目标划分

目标层次	公共部门	私营部门
低层次目标	更有效的公共产品	合理、稳定的利润
高层次目标	公共项目的良好治理更好地服务社会	增加市场份额企业的发展壮大
共同目标	互惠互利、风险的最优分配、为公众提供物有所值的公共产品	

PPP 侧重于通过在政府部门和私营部门之间建立合作关系来为公众提供物有所值的公共项目和服务，并且在合作各方之间合理分配风险、收益。在 PPP 项目中，政府、企业和投资方等各方签订的有法律效力的协议或合同来搭建合作平台，建立规范的合作关系。这些文件对相关各方都将形成一种制约，不论何方不履行合同义务，都必须承担规定的责任；法律制度对协议或合同的有效执行发挥着保障作用。因而，PPP 方式是一种以法律制度为保障、平等互利的合作关系，它能有效防范合作各方的不当行为对项目建设运作的损害，使合作各方均可达到与单独行动相比更为有利的结果。

二、PPP 模式的优势

PPP 能在国外得以广泛应用，不仅是因为它顺应了历史的潮流，是现实的客观需要，并且取得了良好的效果，更主要的原因在于 PPP 具有各种内在的优势或益处，能够实现“多赢”的结果。这些潜在益处（并不是同时存在于所有的 PPP 中）包括以下几个方面。

（一）公共资金的杠杆作用

作为私营部门资金的注入媒介，PPP 能够增加提供公共产品和服务所需要的资源。PPP 可及时筹集所需资金，提高效率。从协调性来看，有些投资规模大的公共项目，特别是初期投资非常大的情况下，PPP 可以分散在一个比较长的时间内做各种各样的投资安排。

（二）减轻政府事务性压力

政府可以从繁重的事务中脱身出来，从过去的基础设施公共服务的提供者变成一个监管者的角色，从而保证服务质量，也可以减轻政府压力。

（三）优化风险的管理和分配

典型的 PPP 运作通常要对合作项目所带来的各种风险进行细致的识别、量化、管理，并在合作各方之间合理地分配。在传统的公共部门提供服务过程中，由于缺乏正式的风险分析，成本要素中经常忽略了风险的成本，使得那些本应被终止的项目也会得以实施。由于风险是真实的项目成本，所以这种框架性风险管理方法将产生更高的经济效率。

（四）提高运作效率

PPP 能够促进双方所做的努力和系统上的协同作用，并能提供更广泛的专业知识。另外，由于摆脱了官僚化作风和政治干涉的束缚，合作各方的运作要比单独的政府部门更灵活、更有效。

（五）提高服务提供的响应度

PPP 可以促进服务提供者与顾客之间的交互作用，增进相互了解，从而使政府更好地识别和满足公众的需要。

（六）有利于提升公共服务水平

由于私营部门参与建设或经营公共项目的机会取决于自身的竞争力，在合作过程中还要受到政府的规制，所以私营部门出于自身利益的考虑必然想方设法提高服务质量，以维持合作伙伴的地位，因此，消费者将享受到更优质的产品和服务。

（七）获得规模经济或范围经济

一个私营部门合伙人可以向其他客户或合作伙伴承担 PPP 所要求的活动。这些活动的总体后续规模要显著大于最初的 PPP 规模。这样，这些合作伙伴就可以维持和利用 PPP 所带来的高度专业化知识，而这对单独的 PPP 项目来说是不经济的。另外，由 PPP 带来的规模经济、创新技术和富有灵活性的项目程序可以帮助降低公共服务的供给成本。

（八）鼓励公共项目设施的多重利用

PPP 中的私营企业具有足够的动力以辅助性商业发展的形式吸引次要的用户，从而促进合作性资本资产的集约化利用。

第三节　PPP 模式的分类及 PPP 项目融资

一、PPP 的基本实现模式

（一）PPP 概念模式

由第二节 PPP 的概念范畴，可以得到 PPP 概念模式，如图 13-2 所示。

图 13-2 根据 PPP 的核心要素展现了 PPP 的最基本的概念模式，覆盖了公私双方的基本活动，展示了 PPP 的层级目标，通过“效益辐射”表示了一个成功的 PPP 项目应最终使公众、社会以及经济的发展受益。从图中可看出，PPP 模式中最大的变量是公私合作的模式选择，即利用 PPP 的关键是根据具体的公共项目设计合作各方的关系结构，即具体的治理模式。

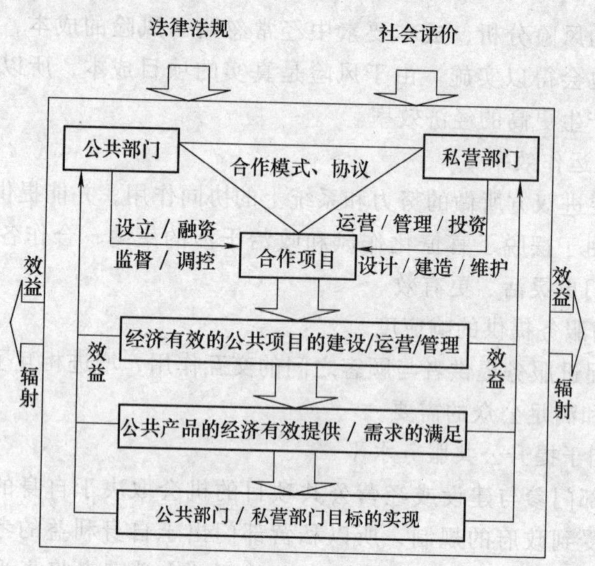

图 13-2　PPP 的基本概念模式

（二）PPP 的基本实现模式

国际上不同的机构和个人对 PPP 模式的设计及其分类方法也不尽相同，但基本都包含一些比较成熟的 PPP 模式，比如 O&M、BOT、BOOT、BOO、DB、DBO 等。本着用语规范和不产生歧义的原则，下面将国内外出现的基本 PPP 模式进行汇总。

(1) 服务外包（Service Contract）。与基础设施项目有关的某些特定服务，可以以合同的形式发包给私营部门去完成。例如：铁路部门的售票，供水系统的读表、寄发账单和收费服务，公路路面的清洁等。在这种形式下，除了被承包出去的服务以外，政府公共部门仍需对设施的运营和维护负责，承担项目的融资风险，公共部门拥有基础设施的产权。私营企业的承包者的报酬主要基于以下的因素：工作量或工作时间、收费标准、付款方式、成本附加原则等。服务承包合同的期限一般在五年以下。

(2) O&M（Operate & Maintenance Contract，运营和维护外包）。政府与私营部门签订运营和维护协议，由私营部门负责对公共项目进行运营和维护，获取商业利润。这种方式和服务外包有些相似，公共部门依然拥有基础设施的产权和管理权限。在该协议下，私营部门承担公共项目运行和维护过程中的全部责任，需要作出日常经营决策，但不承担任何资本上的风险。该形式的目的在于通过引入私营部门，提高公共项目的运营效率和服务质量。公共项目被租给民营部门后，私营部门通常要向用户收费，并向政府部门支付一定的租金。如果协议中约定由私营部门负责该项目的管理工作，那么 O&M 就变成了 O&M&M，最后一个 M 代表管理（Management）。

(3) WA（Wraparound Addition，外围建设）。政府与私营部门签订协议，由私营部门负责对已有的公共基础设施进行扩建，并负责建设过程中的融资。完工后由私营部门在一定的特许权期内负责对整体公共基础设施进行运营和维护。这个期限可以是固定的，也可以以私营部门收回投资并取得合理报酬为期限来确定。在这种形式下，私营部门可以保持对自己所建的附属设施的所有权，因而会影响到基础设施的公共产权问题。

(4) DB（Design-Build，设计—建造）。私人部门按照公共部门规定的性能指标，以事先约定好的固定价格设计并建造基础设施，并承担工程延期和费用超支的风险。因此私人部门必须通过提高其管理水平和专业技能来满足规定的性能指标要求。如果建造完成后，公共部门和私营部签署协议，由私营部门负责实施的维护，这就演化为了 DBM（Design-Build- Maintenance，设计—建造—维护）模式。

(5) DBO（Design-Build-Operate，设计—建造—经营）。私人部门除承担 DB 和 DBM 中的所有职能外，还负责经营该基础设施，但整个过程中资产的所有权仍由公共部门保留。

(6) DBFO（Design-Build-Finance-Operate，设计—建造—投资—经营）。DBFO 是英国 PFI 架构中最主要的模式，在该模式中，私人部门投资建设公共设施，通常也具有该设施的所有权。公共部门根据合同约定，向私人部门支付一定费用并使用该设施，同时提供与该设施相关的核心服务，而私人部门只提供该设施的辅助性服务。

(7) DBTO（Design-Build-Transfer-Operate，设计—建造—转移—经营）。私人部门先垫资建设基础设施，完工后以约定好的价格移交给公共部门。公共部门再将该设施以一定的费用回租给私人部门，由私人部门经营该设施。私人部门这样做的目的是为了避免由于拥有资产的所有权而带来的各种责任或其他复杂问题。

(8) LUOT（Lease-Upgrade-Operate-Transfer，租赁—更新—运营—移交）。政府与私营部门签订长期的租赁协议，由私营部门租赁业已存在的基础设施，向拥有产权的政府部门交纳租金，并在已有设施的基础上凭借自己的资金融资能力对基础设施进行扩建，同时负责其运营和维护，私营企业通过合同条款享有收回投资并取得合理回报的权利，获取商业利润。这种方式可以避免国有基础设施完全被私人拥有可能遇到的法律问题。

(9) BLT（Build-Lease-Transfer，建设—租赁—转让）。在该模式下，政府只让私营部门（成立 PPP 项目公司）融资和建设公共项目，在项目建成后，由政府从私营部门那里租赁并负责公共项目的运营，项目公司用政府付给的租金还贷，租赁期结束后，项目资产移交政府。

（10）BLOT（Build-Lease-Operate-Transfer，建设—租赁—经营—转让）私人部门先与公共部门签订长期租赁合同，由私人部门在公共土地上投资、建设基础设施，并在租赁期内经营该设施，通过向用户收费而收回投资实现利润。合同结束后将将该设施交还给公共部门。

（11）BTO（Build-Transfer-Operate，建设—转让—运营）。政府与私营部门签订协议，由私营部门负责公共项目的融资和建设，完工后将设施转让给政府主管部门。然后，政府把该项基础设施租赁给该私营部门，由其负责基础设施的运营，在合约规定的租期内，发展商经营这些基础设施，通过向用户收费的方式以及其他商业活动收回自己的投资并取得合理回报。在此模式中，也不存在基础设施公共产权问题。

（12）BOT（Build-Operate-Transfer，建设—运营—转让）。BOT 概念最早由土耳其总理奥扎尔于 1984 年提出来的，在国际范围内引起极大的兴趣与反响。在发达国家它成为 PPP 的一种重要模式，主要是利用民间资本；而在发展中国家它成为利用外资的主要方式之一。BOT 方式是目前国内采用最早也最多的一种公私合作模式。1984 年深圳沙角 B 电厂项目是我国第一个 BOT 项目。国内对于 BOT 模式的理论研究及其应用已经比较成熟，这在一定程度上为 PPP 在我国的推广和应用积累了有利条件。

BOT 是 PPP 模式的一个重要形式，首先由项目发起人通过投标从委托人手中获取对某个项目的特许权（Concession Agreement），随后组成项目公司并负责进行项目的融资，组织项目的建设，管理项目的运营，在特许期内通过对项目的运营以及当地政府给予的其他优惠项目的开发运营来回收资金以还贷，承担风险，并取得合理的利润。特许期结束后，将项目无偿地（或获得政府提供的一定量资金）移交给政府。在 BOT 模式下，投资者一般要求政府保证其最低收益率，一旦在特许期内无法达到该标准，政府应给予特别补偿。这种形式的特点在于政府通过出让建设权和经营权，吸引增量资金。同时，在 BOT 模式的基础上演化出许多其他同类的模式，主要包含 BOOT（建设—拥有—经营—转让）、BLOT（建设—租赁—经营—转让）、BOO（建设—拥有—经营）等。

（13）BOOT（Build-Own-Operation-Transfer，建设—拥有—运营—转让）。这种模式和 BOT 模式极为相似，不同的是项目公司不仅拥有经营权而且还拥有所有权，因此，可以将现有项目作为资产抵押进行二次融资。一般来说，采用 BOOT 模式项目公司对项目的拥有和运营时间比 BOT 模式要长，私营部门也拥有比 BOT 模式下更大的决策权。

（14）PUO（Purchase-Upgrade-Operate，购买—更新—运营）。它也叫做 BUO，即第一个字母代表 Buy，和 Purchase 意思相同，为了避免混乱本文采用

BUO。在该模式下，政府部门将原有的公共基础设施出售给那些有能力改造和扩建这些基础设施的私营部门，在特许权下，由私营部门负责对该基础设施进行改、扩建，并拥有永久性经营权。这种形式类似于政府撤出其资本，让撤资后的公司在特许权下运营。在出售前的谈判中，政府公共部门通过特许协议对基础设施服务的定价、进入、安全、质量以及噪声、未来的发展等作出规定，实施政治控制。

值得指出，偶尔出现的 PBO（Purchase-Build-Operate，购买—建设—经营）模式和 BBO（Buy-Build-Operate）模式与 PUO 模式相同，本文统一用 PUO 表示。

(15) BOO（Build-Own-Operation，建设—拥有—经营）。它是 BOT 的变体之一。在 BOO 形式下，私营部门的开发商通过特许权投资兴建基础设施，同时私营部门拥有这些基础设施的所有权并负责经营。当然，这种特许权的获得并不是无条件的，私营部门必须接受政府在定价和运营方面的种种规制。这种长期所有权为民间资本注入基础设施建设提供了重要的财政上的激励，并在世界各地得到了广泛的应用。

(16) TOT（Transfer-Operate-Transfer，转让—经营—转让）。TOT 是我国国内经常出现的一种提法，它是指把已经投产运行的公共项目（公路、桥梁、电站等）的特许权移交给私营部门经营，私营部门凭借项目在未来若干年内的现金流量，一次性地付给公共部门一笔资金，用于建设新的项目。项目经营期满，私营部门再把设施移交回公共部门。它最突出的特点是以现有资产项目为基础，无需偿还资金，因而风险较低。TOT 是一种既不同于以资信为基础的传统融资方式，也不同于 BOT 融资方式。

TOT 可以分为只转移经营权的 TOT 和伴随产权转移的 TOT 两种，前者实质是租赁关系，后者实质是购买关系。又由于设公共施转让给私人部门后一般需要先进行一定程度的更新、扩建才能经营，故 TOT 可分别用国外常用的两个模式 LUOT（Lease-Upgrade-Operate-Transfer 租赁—更新—运营—转让）和 PUOT（Purchase-Upgrade-Operate-Transfer，购买—更新—运营—转让）表示。

上述这些模式中，容易引起混淆的是 DBO、DBTO、DBFO、BLOT、BOOT 以及 BOO，表 13-2 分别从融资、建设、经营、所有权四个方面来比较这些模式的异同。表 13-2 表明，这几种模式的相同之处在于公共设施的建设和经营均由私人部门负责，不同之处主要体现在投资关系和所有权关系两个方面。

（三）PPP 主要模式的适用范围及优缺点比较

表 13-3 展示了 PPP 主要模式适用范围和它们之间的优缺点。该表虽然看起来比较清晰，但是做到十分精确的分析几乎是一件不可能的事，不能说一种 PPP 模式就绝对不具有另外一种模式的优点或缺点，可能只是考虑的重点不同。不妨把所有 PPP 模式的优点或缺点归纳集中在一起，分别形成优点集合和缺点集

合。在讨论应用某种具体 PPP 模式时，可以根据 PPP 模式从两个集合中选择最可能的优点和缺点，然后再选择考虑的重点，最终选择出合适的 PPP 模式并重点解决应用过程中面临的问题。

表 13-2　各种模式的比较

比较项		DBO	DBTO	DBFO	BLOT	BOOT	BOO
融资	私人负责融资			√	√	√	√
	通过向用户收费收回投资		√		√	√	√
	通过政府付费收回投资	√		√			
建设	私人部门建设工程	√	√	√	√	√	√
经营	私人部门提供服务	√	√	√	√	√	√
拥有	公共部门永久拥有	√	√		√		
	合同期间私人拥有			视合同定		√	
	私人部门永久拥有						√

注释："√"表示肯定；空白表示否定。

表 13-3　PPP 主要模式适用范围及优缺点

PPP 模式	适用范围	优点	缺点
O&M	非常广泛的市政服务，包括水务、固体垃圾收集、道路维护、公园维护、停车场、下水道与泄洪系统等	提高服务质量和效率 节约成本 设计合同的灵活性 政府所有权	集体协议可能不允许外包 如果承包商不履行职责，再获得服务的成本增大 削弱所有者的控制 降低对公众需求变化的应变能力
DB	大多数公共基础设施建设项目，包括道路、自来水厂和污水处理厂、排水供水系统、公共娱乐场所等	利用私营部门的经验和技术 采购中的灵活性 提高建设效率、缩短建设时间 私营部门分担风险 对所有人的单一责任	降低所有者的控制权 可能加入其他设计特征与改变、成本的增加 更复杂的授予程序 较高的运营和维护成本可能抵消较低的资本成本
DBO	适用于政府希望拥有所有权，但是又从私人的建设和运营中获取利益的情形，范围与 DB 的基本相同	把建设的风险转移到私营部门；通过征求建议书可以控制设计、运营目标等；运营责任的转移可以提升建设的质量；公共部门可能从私营部门建设和运营的效率中受益；将设计与建设联系在一起加速建设	政府对设施的控制权降低 更加复杂的授予程序 一旦合同订立，对设计和运营进行调整的成本增加 政府可能面临投资风险，这与设施的类型有关

（续）

PPP 模式	适用范围	优点	缺点
WA	与 DB 的基本相同	政府不用为扩建和更新提供资金 投资风险由私营部门合作者承担 建设效率的提高和工期的缩短 采购中的灵活性	进行再更新可能困难 合同的变更将付出代价 可能轻微地失去控制 复杂的合同授予程序
BLT	适用于资本性资产，如交通设施、自来水厂与污水处理厂等	提高建设效率，提供了创新的机会 租赁的支持可能低于借债的成本 将运营成本转移给私营部门 较低的成本提供更好的服务	减少政府对服务或设施的控制权 更加复杂的授予程序
LUOT PUOT （TOT）	适用于大部分基础设施，包括道路、供排水系统、自来水厂和污水处理厂、停车场、剧场等设施	如果私营部门购买设施，政府可获得一笔可观的现金收入；政府不用为更新投资；融资风险由私营部门承担；服务质量得到提高使公众受益；提高建设效率、缩短工期；双方都有增加收入的机会	可能实际上失去对设施的控制权；曾接受过资金援助的资本性资产在出售或租赁时存在的问题；未来的更新不能写入合同中，再更新可能遇到困难
BTO 或 BOT	与 TOT 基本相同	公共部门能够从私营部门的专业建设知识中获益；公共部门通过私营部门的运营获益并节省成本；公共部门保持资产的所有权；公共部门保持控制服务水平和收费标准的权威；如果未达到绩效标准，政府可以终止契约；建设、设计成本的节约以及长期运营成本的节约	在私营部门出产或违约情况下，替换合作者将遇到困难；公共部门可能丧失对建设和运营的控制权；合同需要考虑得十分周全，涵盖未来可能出现的问题；私营部门有很大的权力决定收费标准；政府可能提供补贴

（续）

PPP模式	适用范围	优点	缺点
BOT或BOOT	同上	能够最大限度地利用私营部门的资金资源 在终身成本的基础上，确保能够建设最有效率、效果最好的设施 在不增加大额政府支出或不发生长期负债的情况下，向公众提供公共设施 所有项目启动时的问题均由私营部门来解决 可以利用私营部门的经验、创新能力与劳动关系节约成本，转移风险	运营后，如果运营成本上涨，设施可能转回给公共部门；公共部门可能丧失对建设和运营模式的控制权；合同签订时需要考虑得十分周全，涵盖未来可能出现的问题；私营部门有很大的权力决定收费标准；政府可能提供补贴；如果私营部门出现破产或违约情况，要替换合作者将遇到困难
BOO	同上	公共部门不介入公共设施的建设或经营，对私营部门提供的服务进行监管；私营部门能以最有效的方式提供服务；公共部门不需要投资；政府可能通过私有设施征收所得税和财产税，增加公共利益；长期的所有权能够鼓励开发商进行重大的资本投资	在建设、运营和提供公共服务时，私营部门可能不会从公共利益角度考虑问题 公共部门可能没有监管服务价格的机制 可能形成垄断，造成缺乏竞争，需要制定必要的法规来规范经营活动并控制价格

资料来源：根据《Public Private Partnership-A Guide for Local Government》中的图2.1改编。

二、PPP项目融资

（一）项目融资的含义及其特点

1. 项目融资的含义

项目融资（Project Financing）是相对于传统融资方式而言的。所谓传统融资方式，是指一个公司以本身的资信能力主体所安排的融资。在这种融资方式下，外部的资金投入者决定是否对该公司投资或提供贷款的主要依据是该公司作为一个整体的资产负债、利润及现金流量的情况，而把该公司所要投资的某个具体项目的认识和控制放在次要的位置，这意味着即使该具体项目失败了，资金投入者仍可以获得投资收益或贷款的偿还。而项目融资是“以项目为主体安排的融资”，是具有无追索或是有限追索形式的融资活动。美国银行家彼得·克·内维特这样定义项目融资：为一个特定经济实体所安排的融资，其贷款人在最初安排贷款时，满足于使用该经济实体的现金流量和收益作为偿还贷款的资金来源，并且满足于使用该经济实体的资产作为贷款的安全保障。

2. 项目融资的特点

与传统的融资方式相比，项目融资具有以下的特点。

(1) 项目导向。项目贷款在一定程度上依赖于项目的资产和现金流量来安排融资，而不是依赖项目发起人的资信，项目的还贷则依赖于项目未来的现金流量和收益。

(2) 有限追索。追索是指在借款人未按期偿还债务时，贷款人要求借款人用以除抵押资产之外的其他资产偿还债务的权利。在项目融资中，贷款人主要依赖的是该项目的经济能力，追索形式是有限的，即贷款人可以在贷款的某个特定阶段或在一个规定的范围内对项目借款人实行追索，除此之外，无论项目出现任何问题，贷款人均不能追索到项目借款人除该项目资产、现金流量以及所承担任务之外的任何形式的财产。

(3) 风险分担。项目的发起人以及其他与项目有直接或间接利益关系的参与者通过一系列的合同、协议共同承担与项目有关的各种风险。

(4) 非公司负债融资。项目融资中，项目的负债不进入项目发起人公司的资产负债表，不会影响其资产负债表上的债务与权益的比例结构，不影响项目发起人的其他融资、投资活动。

(5) 信用结构的多样化。在项目融资中，用于支持贷款的信用结构多种多样。例如，可以要求对项目产品的购买者提供一种长期购买合同作为融资的信用支持；在原材料和能源供应方面，可以要求供应商在提供长期供应保障的同时，设计一定的浮动价格公式，以确保项目的最低收益。一个成功的项目融资，可以将贷款的信用支持分配到与项目有关的各种关键方面。

(6) 充分发挥税务结构作用。项目融资注重发挥税务结构在安排融资重点作用，充分利用项目税务优势来降低项目的资本成本，即在税法允许的正常范围内，通过精心设计投资和融资结构，把项目的税务亏损作为一种资源最大限度地加以利用，以此为杠杆来降低融资成本，减少项目高负债期的现金流量压力，提高项目的偿债能力和综合收益率。

(7) 融资成本较高。项目融资的参与方众多，融资结构和信用保证结构复杂，为贷款或担保需要完成大量的风险分析、风险分担、出资比例等材料文件，因而前期费用较高。同时提供有限追索的贷款人因承担项目风险而要求较高的资金回报和费用。因此，项目融资的融资成本通常较高。

总的来看，项目融资有很大优势，在很多情况下可以帮助项目投资者更为灵活地安排资金，实现其按照传统融资方式下无法实现的目标。例如，为超过项目投资者自身筹资能力的大型项目提供融资；为一些经济效益较好的公共项目提供形式灵活多样的融资，从而较好的处理债务对政府预算或借债的影响。

（二）PPP 项目融资的结构与过程

PPP 项目融资由四个基本模块构成，即项目的投资结构、项目的融资结构、项目的资金结构和项目的信用保证结构，如图 13-3 所示。

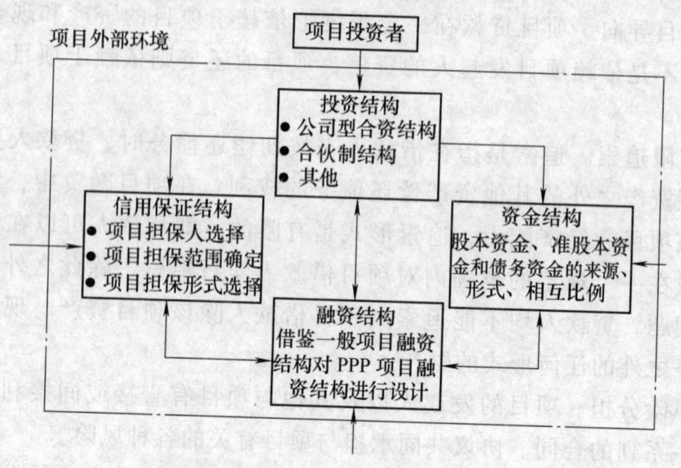

图 13-3 PPP 项目融资的基本模块

（1）PPP 项目的投资结构。项目的投资结构即项目的资产所有权结构，是项目的投资者对项目资产权益的法律拥有形式和项目所有者之间的法律合作关系。采用不同的投资结构，投资者对项目资产的拥有形式、对项目现金流量的控制以及对项目所拥有的权益和承担的义务都有很大的差异。本质上说，项目投资结构就是项目公司的组建形式。根据公共项目的特点，适合 PPP 项目融资的 PPP 项目公司的组建形式主要有公司型合资结构和合伙制结构两种。

（2）PPP 项目的融资结构。融资结构是项目融资的核心部分。项目投资者在项目投资结构确定后，接下来的工作就是设计和选择合适的融资结构，以实现投资者在融资方面的目标和要求。项目融资通常采用的融资方式包括投资者直接融资、通过单一项目公司融资、生产贷款、杠杆租赁等。借鉴项目融资通常采用的方式，根据具体项日设计 PPP 项目融资结构，即以私人投资为主体，同时辅以政府资助、银行贷款、杠杆租赁，以及向机构投资者或者社会公众发行债券等。设计 PPP 项目融资结构，应该解决以下几个方面的问题：如何实现有限追索；如何分担项目风险；如何降低投融资成本；如何结合项目投资者的近期和远期融资战略等。

（3）PPP 项目的资金结构。项目融资的资金结构是指在项目融资过程中所确定的项目的股本金（或叫权益资本）与债务资金的形式、相互间的比例关系及相应的来源。项目的资金结构是由项目的投资结构和融资结构决定的，同时资金结构又会影响到整个项目融资结构的设计。通常PPP项目来自于投资者的直接投资较低。项目股本金的资金来源主要包括投资者投入的自有资金、通过发行股票筹集的公募股本金和与项目有关的政府机构和公司为项目提供的资本金。项目的债务资金主要来源于银行贷款、资本市场、政府出口信贷和融资租赁等。银行贷款是PPP项目融资中最基本和最简单的债务资金形式。此外，PPP项目公司还能以项目的名义直接在资本市场上发行债券或商业票据筹集债务资金。当项目涉及到进口设备时，PPP项目公司也可能从设备的出口国政府的专设金融机构获得出口信贷。

(4) PPP项目的信用保证结构。基础设施PPP项目大多投资大、建设期长，项目参与各方均存在着风险。为了减少各方风险，尽量使融资风险共担，在确定融资方案中，一个非常重要的内容是信用保证结构的设计。对于银行和其他债权人而言，项目融资的安全性来自两个方面：一方面来自项目本身的经济强度；另一方面来自项目之外的各种直接或间接的担保。这些担保可以是由项目的投资者提供，也可以是由与项目有直接或间接利益关系的其他方面提供的。项目担保主要包括两方面的内容：一是直接的财务担保，如完工担保、成本超支担保、不可预见费用担保；二是间接的或非财务性的担保，如长期购买服务的协议、以某种定价公式为基础的远期供货协议等。这些担保形式的组合构成了信用保证结构。项目本身的经济强度与信用保证结构相辅相成，项目的经济强度高，信用保证结构就相对简单，条件就相对宽松；反之就相对复杂和相对严格。

(5) PPP项目融资过程。以PPP模式运作的公共项目建设是由政府和私人组织合作成立PPP项目公司组织实施的。政府赋予PPP项目公司基础设施项目的特许开发权，由PPP项目公司取代政府组织项目的开发。项目的资金主要来源于私营企业的出资以及PPP项目公司向银行的贷款，在有些情况下，政府也进行部分投资。项目的一切开支（如设计费、建设费、咨询费等）均由PPP项目公司负责。项目建成后，PPP项目公司通常在一定期限内拥有项目的经营权（如在BOT、DBFO模式下），在经营期限内，PPP项目公司以向享受公共产品服务的使用者收费的方式回收资金，经营期满，经营权转交给政府。在某些情况下，PPP项目公司同时拥有基础设施的产权（如在BOOT、BOO模式下）。一般来说，PPP项目融资大致分为五个阶段，即投资决策分析、融资决策分析、融资结构分析、融资谈判和项目融资的执行。

（三）PPP融资项目的基本类型

根据PPP项目融资的基本概念和结构，可将以PPP项目融资运作的公共项目分为三种基本类型。

(1) 经济独立型项目。在这类项目的开发和运营过程中，政府对项目的作用是有限的，政府公共部门仅参与项目的计划和认可，以及按法定程序帮助PPP项目公司开展前期工作。PPP项目公司独立进行项目的设计、建设、资金筹措和运营，通过向最终使用者收费的形式来回收投资和实现利润。项目开发可以采用BOT或BOO等形式。盈利性的交通设施，如收费公路、桥梁都可以采用这种形式，由公共部门通过政策设定收费的上限，PPP项目公司自主经营，独立承担风险。

(2) 向公共部门提供服务型项目。在这类项目中，政府公共部门向PPP项目公司购买指定的服务。PPP项目公司进行项目的设计、建设、资金筹措和运营，通过向公共部门收费来回收投资和实现利润。如基于DBFO（Design/Build/Finance/Operate）形式签订的道路建设项目，在合同期间PPP项目公司向公共部门（交通部门）收取影子通行费用（Shadow Toll）。

(3) 合营企业型项目。这类项目的开发是由政府和私营企业成立联合体，公共部门对项目的非经营部分（如解决交通拥挤、地域再开发等）给予一定的补助，项目的运营则由私营企业进行。项目在移交前的经营权通常由PPP项目公司所拥有，而政府只充当一个项目合伙人的角色，政府投资的数量因项目性质和规模的不同而不同，资金回收方式以及其他有关事项由双方在合同中规定。在日本这类项目也被称为“官民协同项目”。

三、应用PPP的操作性建议

政府考虑在公共项目中采用PPP时，需要综合考虑以下因素：

（一）坚持VFM原则

公共项目的PPP运作要比传统公共部门提供产生更高的资金价值（VFM），这是采用PPP的前提条件。如果不能证明PPP能产生较高的资金价值，那么，该项目仍应由传统的政府部门来提供。

（二）在公共项目中应用PPP是否可以提供创新机会

创新可以体现在制度创新、管理创新、技术创新或理念创新等方面。只有PPP的引入能够实现创新，才能说明私营部门的加入比政府单方提供公共服务更有效率，因而才有引入私营部门的必要性。

（三）潜在私营伙伴之间是否存在竞争

只有通过竞争机制选择合适的私营合作伙伴，才能避免政府垄断变成私营垄断，避免私营部门过分利用这种自然垄断地位。

（四）服务的产出是否可以被简单地度量和定价

在公共项目中应用PPP必须具有可操作性，主要体现在公共服务的产出能够转化成可比较的经济指标，这样才能衡量合作关系所产生的绩效变化，从而判断PPP成功与否。

（五）PPP 的引入是否有利于促进经济和社会发展

任何一个公共项目都是社会经济有机体的一部分，在政府提供的情况下，因充分考虑到社会各子系统之间的协调发展，这些项目可以促进经济和社会发展。这就要求在私营伙伴加入之后，公共项目不会因过分强调经济效率标准而产生过大的负外部性，影响经济和社会的协调与可持续发展。

（六）不应拘泥于现有的 PPP 实现模式

在具体、特定的项目里，在 PPP 的基本框架内，根据项目的具体需要精心设计，但使用术语应该做到规范。

（七）选择适当的合同期限

政府部门更倾向于期限较短的合同安排，这样就可以通过重新谈判为更具有竞争力的出价创造空间。同时，短期合同也减少了预测远期费用的困难，从而不必面面俱到地在合同规定中反映出来。但是，从私营部门的合作伙伴来看，合同期限的长短对他们是否接受转移的各种项目风险来说至关重要，因而合同期限过短会对优化资金价值产生不利影响。所以，政府部门应根据具体的 PPP 项目适当调整合同期限。

（八）建立个案协助辅导机制

对于具体的 PPP 项目，政府应对参与的公共部门提供法律以及程序方面的协助，提供各类技术咨询服务，在其他专业领域也提供相应的专家（或专家名录）供参与单位选择。

专业术语

公共项目　公用事业　宏观经济　社会效益　环境生态效益　治理模式　公共项目投资　PPP 模式　服务外包　O&M　WA　DB　DBO　DBFO　DBTO　LUOT　BLT　BLOT　BTO　BOT　BOOT　PUO　BOO　TOT　PPP 项目融资　现金流量　综合收益率　信用保证　银行贷款　杠杆租赁　资本市场　投资决策分析　融资决策分析　融资结构分析

思考题

1. 简述公共项目的概念。
2. 公共项目投资的特点是什么？
3. 简述 PPP 的概念。
4. PPP 有哪些内在优势？
5. 简述 PPP 的基本实现模式及各自的优缺点。
6. PPP 融资项目的基本类型包括哪三类？并进行相应的比较。
7. 简述 PPP 项目融资的结构与过程。

8. 政府考虑在公共项目中采用 PPP 时，需要综合考虑哪些因素？

案例

沙岭镇农村秸秆气化站建设与管理的 PPP 模式

于洪区沙岭镇位于沈阳市西郊，紧邻沈阳绕城高速公路，是二、三产业比较发达的农村乡镇。2003 年该镇按照全市统一规划，进行旧区改造，在沙岭村建设“园东小区”，村民统一搬进了新建的楼房。由于该地区远离城市煤气管网，村民炊事燃料问题突显出来，秸秆气化站的建设及时解决了这个问题。该站设计用户 1200 户，目前已增加到 1500 户，是沈阳市规模最大的秸秆气化站。该气化站在建设与管理过程中充分利用 PPP 模式，取得了良好经济社会效益。在建设资金筹集方面，资金由市区两级财政补助一部分，其余由农民自筹，自筹比例一般占总投资的 1/3。该站建设总投资 263 万元，其中：市财政补助 130 万元，区财政补助 25 万元，承建单位（于洪区旧区改造开发公司）投资 108 万元，负担了应由农民自筹的那部分资金。气化站建成后，由园区物业公司管理。服务周到，管理规范，收费合理，受到农民群众的欢迎。经过几年的摸索与实践，气化站目前已实现良性运转，显现出多方面的效果。一是农民满意，用秸秆燃气不但在经济上划算（每月至少节约资金 21.6 元，节支率为 48%），而且使用方便，解决了换液化气罐不方便和价格不稳定的问题。二是开发商满意，开发商在建站初期投入资金 108 万元，负担了应由农民自筹的那部分资金，受到农民的欢迎，为销售商品房赢得了人群，投资早已收回。三是政府满意，气化站建成以后，交由物业公司统一管理，改变了以往国家资金投放后无人管理的局面。据调查，园区物业公司 2005 年收取燃气费 21.5 万元，费用 18.5 万元，保证开支外，略有盈余，物业公司参与管理的积极性很高，从客观上为国家资金的投放营造了管理平台。

问题：

该气化站的建设与管理主要运用了 PPP 的哪一种实现模式？主要解决了哪些问题？

参考文献

[1] 甘华鸣．项目管理［M］．北京：中国国际广播出版社，2002.

[2] 毕星，翟丽．项目管理［M］．上海：复旦大学出版社，2000.

[3] 白思俊，王保强．关于项目中评价的若干问题研究［J］．项目管理，1997（1）．

[4] 张友生，田俊国，殷建民．信息系统项目管理师辅导教程［M］．北京：电子工业出版社，1997.

[5] 刘国靖，邓韬．21世纪新项目管理——观念、体系、流程、方法、实践［M］．北京：清华大学出版社，2003.

[6] Harold Kerzner．应用项目管理最佳实施实践［M］．徐成彬，王小丽，译．北京：电子工业出版社，2003.

[7] 王祖和．项目质量管理［M］．北京：机械工业出版社，2004.

[8] 许成绩，等．现代项目管理教程［M］．北京：中国宇航出版社，2003.

[9] 骆珣，等．项目管理教程［M］．北京：机械工业出版社，2004.

[10] 美国项目管理协会．项目管理知识体系指南［M］．卢有杰，王勇，译．2版．广州：现代卓越出版社，2004.

[11] 戚安邦．项目管理学［M］．天津：南开大学出版社，2003.

[12] 夏立明，朱俊文．基于PMP的项目管理导论［M］．天津：天津大学出版社，2004.

[13] 赵涛，潘欣鹏．项目成本管理［M］．北京：中国纺织出版社，2004.

[14] 纪燕萍，张婀娜，王业慧．21世纪项目管理教程［M］．北京：人民邮电出版社，2002.

[15] 孙慧．项目成本管理［M］．北京：机械工业出版社，2005.

[16] 加里·德斯勒．人力资源管理［M］．吴雯芳，刘昕，译．北京：中国人民大学出版社，1999.

[17] 刘晓君，张宏．基础设施项目融资的有效方式——TBT［J］．建筑经济，2004（4）．

[18] 卢勇．我国BOT项目的风险分析［J］．建筑，2000（6）．

[19] 史惠祥，杨万东，汪大翠．小城镇污水处理工程BOT［M］．北京：化学工业出版社，2003.

[20] 沈建明．项目风险管理［M］．北京：机械工业出版社，2004.

[21] 卢才武，孙庆文，栾晓慧．企业风险管理应对策略谈［J］．经济论坛，2004（2）．
[22] 张及井．项目融资［M］．北京：中信出版社，2003.
[23] 马秀岩，卢洪升．项目融资［M］．大连：东北财经大学出版社，2002.
[24] 克里斯·查普曼，斯蒂芬 沃德．项目风险管理［M］．李兆玉，译．北京：电子工业出版社，2003.
[25] 曾昭法．关于建设项目风险评估的若干思考［J］．广东金融，1999（1）．
[26] 李会刚．BOT项目融资风险防范［J］．发展，2003（3）．
[27] 丁荣贵．项目管理——项目思维与管理关键［M］．北京：机械工业出版社，2004.
[28] 翟松涛．项目——如何进行成功的项目管理［M］．天津：南开大学出版社，2004.
[29] 张宇．项目评估实务［M］．北京：中国金融出版社，2004.
[30] 简德三．项目评估与可行性研究［M］．上海：上海财经大学出版社，2004.
[31] 王蔚松，夏健明．项目评估［M］．北京：清华大学出版社，2004.
[32] 孙裕君，尤勤．现代项目管理学［M］．北京：科学出版社，2005.
[33] 董植葵．新农村基础设施建设PPP典型案例调查［J］．地方财政研究，2006（10）．
[34] 丁斌，吴剑琳．项目管理教程［M］．合肥：安徽科学技术出版社，2005.